殷周青銅器綜覽

殷周時代青銅器紋飾之研究

裘錫圭署端

第二卷

【日】林巳奈夫 著

【日】廣瀨薰雄

近藤晴香 譯

郭永秉 潤文

上海古籍出版社

圖書在版編目（CIP）數據

殷周青銅器綜覽.第二卷，殷周時代青銅器紋飾之研
究 /〔日〕林巳奈夫著；〔日〕廣瀬薫雄，〔日〕近藤晴
香譯；郭永秉潤文 .— 上海：上海古籍出版社，
2019.11（2023.8 重印）
　ISBN 978-7-5325-9351-4

　Ⅰ.①殷… Ⅱ.①林… ②廣… ③近… ④郭… Ⅲ.
①青銅器（考古）—器物紋飾（考古）—研究—中國—商周時
代 Ⅳ.① K876.414

　中國版本圖書館 CIP 數據核字（2019）第 216697 號

責任編輯：張亞莉
封面設計：何　暘
技術編輯：耿瑩褘

原 書 名：殷周青銅器綜覽二——殷周時代青銅器紋樣の研究
原 作 者：林　巳奈夫
原出版者：吉川弘文館

INSHÛ-JIDAI SEIDÔKI MONYO NO KENKYÛ
by Minao HAYASHI
Copyright © 1984 by Mayako HAYASHI
First published in Japan in 1984 by Yoshikawa Kobunkan Co., Ltd.
Traditional Chinese translation rights arranged with Yoshikawa Kobunkan
C., Ltd.
through Japan Foreign−Rights Centre/Bardon−Chinese Media Agency

殷周青銅器綜覽（第二卷）：殷周時代青銅器紋飾之研究
（全二冊）

〔日〕林巳奈夫　著　〔日〕廣瀬薫雄、近藤晴香　譯
郭永秉　潤文
上海古籍出版社出版發行
（上海市閔行區號景路159弄1−5號A座5樓　郵政編碼 201101）
（1）網址：www.guji.com.cn
（2）E-mail：guji1@guji.com.cn
（3）易文網網址：www.ewen.co
上海麗佳製版印刷有限公司印刷
開本 787×1092　1/8　印張 83　插頁 11　字數 598,000
2019 年 11 月第 1 版　2023 年 8 月第 2 次印刷
印數：1,501-2,100
ISBN 978-7-5325-9351-4
K·2705 定價：1200.00 元
如有質量問題，請與承印公司聯繫

圖版1 夔紋 瓿 殷後期Ⅰ 泉屋博古館 （泉屋博古館提供照片）

圖版2 羊角饕餮 卣 殷後期Ⅲ 白鶴美術館 （京都大學人文科學研究所提供照片）

圖版3 羊角饕餮 卣 殷後期ⅢB 白鶴美術館 （京都大學人文科學研究所提供照片）

圖版4 鳥身龍首神 卣 西周ⅠB 泉屋博古館 （泉屋博古館提供照片）

目　　録

第一編　緒　論

第一章 序 言

　　商周青銅器是這個時代圖像資料的淵藪。至今保存下來的商周時期的圖畫和雕刻極少，除了青銅器以外，可以舉出的相關資料只有軟玉製的裝飾品、骨製或象牙製的工藝品等，這些物品上的幾類圖像與青銅器上所見紋飾大致相同。商周青銅器上裝飾的圖像大都是老虎的頭和足、水牛的角、鳥類的羽毛等以各種動物因素拼湊而成的複合型鬼神的圖像，即所謂動物紋。其種類非常豐富，表現方式也富於變化，是令人興趣盎然的研究對象。

　　這些青銅器上所見的各種圖像具有什麼特性、青銅器上施加這些紋飾是什麼意思，是筆者長年來的研究題目。關於這個問題，筆者曾發表過幾篇文章。1984 年筆者出版了《殷周時代青銅器之研究》一書，討論青銅器的名稱，青銅器在祭祀、饗宴等禮儀中的使用方法，也詳細論述商代至春秋早期的器形演變。就青銅器紋飾而言，該書僅選取了可以作爲年代判斷標準的紋飾中比較好解釋的幾種，列舉這些紋飾的圖像，對它們加以簡單的說明而已。本書則專門討論商代至春秋早期的青銅器紋飾，對它們進行分類，整理筆者對每一種紋飾的研究成果，并搜集相關的拓片和照片。本書所用的資料以京都大學人文科學研究所考古學研究室日積月累長達半個世紀以上的圖像資料爲主，此外根據需要引用其他出版刊物中的資料。本書所收青銅器紋飾母題都標有年代，其依據是《殷周時代青銅器之研究》第二編第一章《器形的時代演變》的編年研究成果，我們根據這些紋飾所屬器物的形制來判斷年代。對商周青銅器紋飾的各種母題進行分類，并說明每種紋飾之年代的研究，應該以本書爲嚆矢。希望本書能够爲今後的青銅器紋飾研究奠定良好的基礎。

第二章 研究史

　　商周青銅器紋飾研究的歷史不久。如容庚所指出，宋代《博古圖録》對紋飾有解説，但除了此書之外，談到紋飾的書極少，例如《西清古鑑》用夔龍、夔鳳、蟠虺、蟠夔、蟠螭、雲雷、盤雲等紋飾名稱給器物命名，但其命名法毫無標準[1]。這種毫無原則地以紋飾名給青銅器命名的做法，日本大正到昭和十年代*刊行的青銅器圖録也沿襲了。

　　最早系統地對青銅器紋飾加以分類，并在商周青銅器的論述和研究中使用統一術語的是高本漢[2]。他把饕餮分爲面饕餮、帶身饕餮、牛科饕餮、變形饕餮、龍化饕餮、分解饕餮等，把龍分爲象鼻龍、有嘴龍、有顎龍、回首龍、帶羽毛龍、有翼龍、S形龍、變形龍等，也對其他紋飾進行了分類[3]。這些商周青銅器紋飾的分類和命名很方便，被學界廣泛使用。

　　在中國，容庚1933年編的《頌齋吉金圖録》和1934年編的《武英殿彝器圖録》不僅收録器影和銘文拓片，也收録紋飾拓片，給紋飾研究提供了資料。此後20世紀30年代出版的許多青銅器圖録均按照這個體例[4]。1941年出版的容庚《商周彝器通考》設"第六章·花紋"一章，收録許多青銅器紋飾拓片，并對此試圖進行分類。從此以後，中日學者在描述中國青銅器紋飾時都會參考此書，或多或少受到容

---

[1]　容庚1941：上，99—100。
[2]　Karlgren 1937：13—21。在此之前，他在 Karlgren 1936：91—98、110、117—120、130—131 中抽取紋飾要素，把它們作爲年代判斷的依據，并梳理了相關術語。
[3]　根據 Karlgren 1937：14，其分類和名稱如下：

A Elements:	C Elements:	B Elements:
1. Mask t'aot'ie.	1. Deformed t'aot'ie.	1. Dissolved t'aot'ie.
2. Bodied t'aot'ie.	2. Dragonized t'aot'ie.	2. Animal triple band.
3. Bovine t'aot'ie.	3. Trunked dragon.	3. De-tailed bird.
4. Cicada.	4. Beaked dragon.	4. Eyed spiral band.
5. Vertical dragon.	5. Jawed dragon.	5. Eyed band with diagonals.
6. Uni-décor.	6. Turning dragon.	6. Circle band.
	7. Feathered dragon.	7. Square with crescents.
	8. Winged dragon.	8. Compound lozenges.
	9. S dragon.	9. Spikes.
	10. Deformed dragon.	10. Interlocked T's.
	11. Bird.	11. Vertical ribs.
	12. Snake.	
	13. Whorl circle.	
	14. Blade.	
	15. Eyed blade.	
	16. Spiral band.	

[4]　容庚1941：上，100。

---

*　譯按：大正、昭和是日本的年號，大正爲1912—1925年，昭和爲1926—1988年。"昭和十年代"指1935—1944年。也就是説，"大正到昭和十年代"是二戰結束前的意思。

庚分類的好處和影響[5]。

　　高本漢試圖闡明商周青銅器紋飾的表現型式原則，使得對商周青銅器紋飾有興趣的人能够對此進行分析，明白這些繁縟複雜的紋飾雖然乍看之下似乎是隨意施加的，但其實都有一定的規律，是由紋飾單元反復組成的[6]。他指出，作爲地紋的雷紋是由 C 形渦紋、T 形渦紋和 S 形渦紋三種渦紋組合構成的[7]；龍角可以分爲瓶形角、C 形角、逗號形角、S 形角、T 形角和葉形角等幾類[8]；此外，他把筆者所謂羽毛的紋飾要素稱爲 quill（風切羽），并根據形狀分爲 13 種，對它們加以命名[9]。他把他所謂龍的紋飾分解爲角、quill、目、足等因素，并對此加以説明。不管是對初學者還是對專家，他的各個紋飾要素的命名和組合方法的説明都簡明易懂，頗爲方便。但高本漢只對他所謂的龍做了説明，没有對所有商周青銅器紋飾進行分析。

　　康斯滕（Consten）爲了方便歐美學者的研究，試圖確立能照顧到所有商周青銅器紋飾的各種紋飾名稱[10]。她的每一個紋飾名稱都是經過非常細緻的考慮才確定的，例如這個名稱《博古圖録》或《西清古鑑》是否用過；這個名稱能否準確表達所指圖像；如果這個名稱是因類比其他東西而起的，這個東西在青銅器時代有没有可能存在；這個名稱有没有可能引起誤解；這個名稱是不是中國青銅器研究的慣用語等。她首先把商周青銅器紋飾分爲龍、象徵性動物和抽象性象徵三大類，其次在這三類之下設定各種紋飾名稱。她的分類和命名都符合常識，很妥當。

　　此後的很長一段時間内，没有出現全面討論商周青銅器紋飾的論文。近年吴鎮烽先生發表了《商周青銅器裝飾藝術》一文[11]，但此文是很簡略的介紹性文章，包括圖像部分也總共只有 12 頁。在中國編寫的關於商周青銅器紋飾的論著有 1984 年出版的《商周青銅器紋飾》[12]。這部書是由上海博物館研究人員編寫的資料集，所收拓片以上海博物館藏品爲主，此外還收録從各地博物館藏品采取的若干拓片。此書把紋飾分爲獸面紋類、龍紋類、鳳鳥紋類、動物紋類、火紋類、目紋類、獸體變形紋類、幾何變形紋類、半人半獸類、人物畫像紋類，每一類再分爲幾個小類。該書還收録馬承源先生撰寫的《商周青銅器紋飾綜述》一文，對每一類紋飾加以扼要説明。這部書的分類和所收集的材料精粗不一，但這部書的出版可以説明中國學界開始關注青銅器紋飾，這是一件可喜的事。

　　除了上引論著以外，有些學者雖然不是專門討論青銅器紋飾，但在研究青銅器時對紋飾也有所探討。這類研究已經在《殷周時代青銅器之研究》第一編第二章《發現、搜集、研究史》中做過介紹，請讀者參看。此外，對個別紋飾進行討論的研究也不少。關於這類研究，我們會在本書第二編紋飾各論的

---

[5]　容庚的分類是 ① 饕餮紋、② 蕉葉饕餮紋、③ 夔紋、④ 兩頭夔紋、⑤ 三角夔紋、⑥ 兩尾龍紋、⑦ 蟠龍紋、⑧ 龍紋、⑨ 虯紋、⑩ 犀紋、⑪ 鴞紋、⑫ 兔紋、⑬ 蟬紋等，也包括戰國時代的紋飾，共有七十七類。其分類和排列順序没有明確的規律，此外有些種類包含着幾種不同的紋飾。

[6]　Karlgren 1951.

[7]　*ibid,* pp. 2—3.

[8]　*ibid*, p. 6.

[9]　*ibid*, p. 7.

A. Forward-hooked quill;	H. Double-hooked curve;
B. Forward-hooked curve;	I. C-and-double-hooked quill;
C. Backward-hooked quill;	K. C-and-double-hooked curve;
D. Backward-hooked curve;	L. Comma-bottomed hooked quill;
E. C-hooked quill;	M. Comma-bottomed hooked curve;
F. C-hooked curve;	N. S-bottomed Hooked quill.
G. Double-hooked quill;	

[10]　Consten 1957—1959.

[11]　吴鎮烽 1983。

[12]　上海博物館青銅器研究組 1984。

相關地方談到，在此不一一介紹。

在以上介紹的研究中，容庚在對青銅器紋飾進行分類和命名時，幾乎沒有考慮各個圖像在西周時期代表的意義和自己起的名稱之間有何聯繫。這一點與宋代至清代的圖錄編纂者沒有區別。高本漢和康斯滕則認爲，關於青銅器上的圖像當時代表什麼意義、被稱爲什麼等問題，很難得出讓所有人都同意的結論。基於這個認識，他們拋開了與紋飾含義相關的問題，只根據紋飾的外觀型式進行分類和命名。爲了描述青銅器，用詞的統一是有必要的。但毋庸贅言，在此之後展開的研究才算是真正的研究。

第三章　研究方法

　　如果要把商周青銅器紋飾作爲某種意義上的歷史資料加以研究，首先必須弄清自己所用資料的年代，這一點無須贅言。依筆者之見，如果要確定青銅器紋飾的年代，應該根據這個紋飾所屬青銅器的形制來確定。高本漢的青銅器編年是在紋飾分類的基礎上進行的，這導致他的編年陷入混亂，對此筆者曾予以介紹[1]。1984年筆者出版了《殷周時代青銅器之研究》，在第二編第一章《器形的時代演變》中説明商到春秋早期青銅器的型式演變。本文首先根據這個標準判斷這些紋飾所屬器物的年代，然後據此確定這些紋飾資料的年代。

　　只要通過如上所述的方法確定各個紋飾資料的年代，并按照年代順序排列這些資料，我們就能輕而易舉地弄清每一種紋飾的時代演變及興衰。接下來要探討的是這些紋飾代表什麼、含義是什麼、同一件器物上的幾種不同的紋飾間有什麼關係。但這些問題極爲棘手，因爲與此相關的商周時代的文獻資料没有流傳。可以利用的後代文獻資料也極少，例如戰國時代的文獻中有記載説周代的鼎上有怎樣的圖像，但這種傳説顯然不可靠。此外，利用民族學資料進行對比、解釋的研究至今不斷出現，但這種研究最多也就是一種有可能的解釋而已，我們只能把它看作很不負責的建議。筆者對這些問題采用的研究方法大致如下：漢代有些鬼神的圖像有題記，我們據此能夠確切地知道這些鬼神在當時的名稱，進而根據圖像譜系往上追溯；把商周時代的象形字和紋飾要素相聯繫，據此確定這些紋飾在商周時期的名稱和特性；根據紋飾的構成因素做推測[2]；根據各個紋飾在青銅器上所占面積的大小和位置推測各個圖像之間的主從關係[3]等。每想出新的研究方法，研究就有一定的進步。但目前的情況是，新方法能用得上的地方很有限，很多研究對象仍無從着手，有待今後深入研究。

---

[1]　林 1984：24—25。
[2]　參看本書第二編第一章第一節。
[3]　參看第四章之二、三*。

---

*　譯按：第一編第四章没有二、三，此"第四章之二、三"指的似是第二編第一章第二節和第三節。

第四章　用語説明

在進入正式討論前，有必要對紋飾的表現技法加以説明。

商周青銅器紋飾的表現技法相當多樣，并且随着時代變化，或在同一時期使用幾種不同的技法，因此我們有必要準確表達這些技法，但如果只用通常被使用的半圓雕、綫刻等詞語，遠不足以區分當時所有的紋飾表現技法。過去没有人對這個領域進行過梳理，因此筆者自己想出了分類法，如表1和表1説明圖所示。下面加以簡要説明，首先把表1的用詞自左往右逐一加以説明：

鑄造：本書討論的商至春秋早期的青銅器紋飾都是在鑄造青銅器的階段施加在陶範上的。鑿刻或鍍金錯銀的紋飾在戰國時期出現，但所占比例不高。此外還有鑲嵌緑松石做的紋飾，但寶石嵌入的凹槽也是鑄造的。

無地紋：主體紋飾周圍不填飾任何地紋。

渦紋地：主體紋飾周圍填飾渦紋。

平凸：凸綫或凸面的最高處與器表的高度相同。

高凸：凸綫或凸面的最高處比器表高出。

凸綫、凹綫、透雕、圓雕：這些詞應該不需要説明。

寬體：圖像部分有一定的寬度。

輪廓綫、細綫、中粗綫、石鑲嵌：這些詞也應不需説明。

附帶羽、渦紋：有一定寬度的圖像部分上用凹綫加羽紋或渦紋。

附帶單綫：有一定寬度的圖像部分上加平行於輪廓綫的單純綫條。

無紋：有一定寬度的圖像部分上不加任何綫條。

本書討論的青銅器紋飾表現技法都可以用此表各階段各分支的組合來表示。圖1是用具體的例子表示各種技法的"表1説明圖"。表1中［無地紋］標A，［渦紋地］標B，由此開始按照順序從左往右看分支，末尾的數字與圖中的編號相對應。例如［無地紋、平凸、寬體、附帶稀疏羽渦紋］是A1，而"表1説明圖"中標A1的圖是其實例。表1所列組合中包含事實上不存在的技法。圖1中號碼相同的A類和B類左右并列排放，標"無"的是事實上不存在的組合。

如《殷周時代青銅器之研究》圖版册所示，同一時期當然會使用幾種不同的表現技法，但值得注意的是有時候同一件器物上也使用幾種不同的表現技法。圖2(1)、(2)、(3)、(4)即爲實例。這四例基本屬於平凸類，分別是［平凸、中粗綫］和［平凸、寬體、附帶稀疏羽渦紋］并用例、［平凸、寬體、附帶稀疏羽渦紋］和［平凸、細綫］并用例、［平凸、寬體、附帶稀疏羽渦紋］和［平凸、輪廓綫］并用例、［平凸、輪廓綫］和［透雕］并用例。圖2(5)是高凸類的例子，匜蓋的兩端是［高凸、寬體、附帶稀疏羽渦

		寬體	附帶稀疏羽、渦紋　1
			附帶單線　2
			無紋　3
	平凸	輪廓綫	4
		細綫	5
		中粗綫	6
		石鑲嵌	7
A 無地紋	高凸　寬體		附帶細密羽、渦紋　8
B 渦紋地			附帶稀疏羽、渦紋　9
鑄造			附帶單線　10
			無紋　11
	凸綫		12
	凸綫、輪廓綫		13
	凹綫		14
	透雕		15
C 圓雕			

表1

紋〕(雖然照片上看不出來，但器側也相同)，蓋中部是〔高凸、寬體、附帶細密羽渦紋〕。圖2(6)是平凸和高凸幷用的例子，有鋬的一側是平凸，其他三面是高凸。

　　高本漢認爲如圖2(2)上段那樣的饕餮在拆開構件的過程中産生如圖2(3)下段那樣的饕餮，這個饕餮演變成如圖2(2)下段的那種[1]。這種結論是由於他整理和研究資料的方法有問題才得出來的。

A1 例

B1 例

A2 無

B2 例

B3 無

A3 例

A4 無

B4 例

圖 1　表 1 説明圖

〔1〕　Karlgren 1937：19。

A5 例

B5 無

A6 例

B6 例

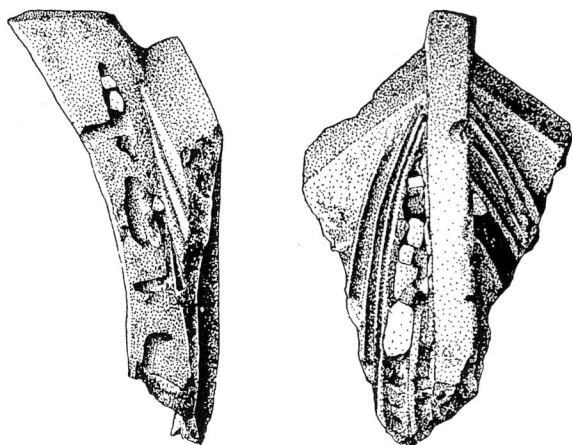

A7 例

B7 無

A8 無

B8 例

圖 1　表 1 説明圖（續 1）

圖1 表1説明圖(續2)

A9 例

B9 例

A10 例

B10 例

A11 例

B11 例

A12 例

B12 無

圖1 表1説明圖(續2)

A13 無

B13 例

A14 例

B14 無

A15 例

B15 例

C 例

圖 1 表 1 説明圖（續 3）

（1）

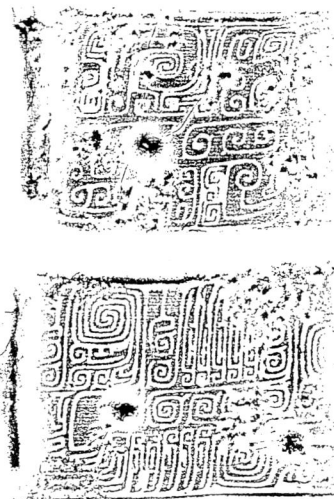

（2）

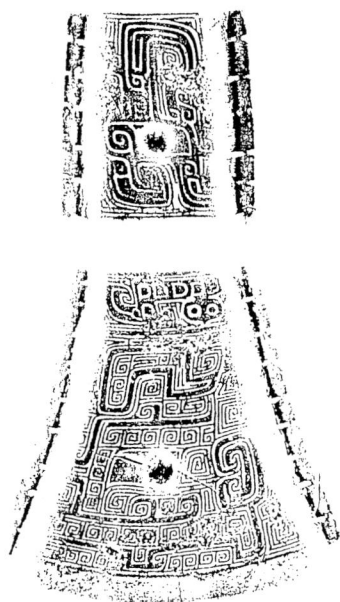

（3）

（4）

（5）

（6）

圖 2

第二編　紋飾分論

第一章 所謂饕餮紋表現的是什麼?

——根據同時代資料進行論證

第一節 前 言

　　商晚期到西周早期的青銅容器中，有些器物在器表最顯眼的地方裝飾大臉的幻想動物。這就是所謂"饕餮紋"。饕餮是貪財貪食的意思[1]，青銅器上所見的這種紋飾稱爲"饕餮"始自宋代。宋人是根據《吕氏春秋》和《左傳》的記載命名的[2]，《博古圖録》沿襲了這個名稱，自此一直沿用至今。然而把戰國時代流傳的饕餮傳說和時代更早的商代到西周早期的紋飾聯繫起來，是很有問題的。《吕氏春秋》中不僅有"周鼎著饕餮"的記載，還有記載説周鼎著象、倕、竊曲、鼠，其説法都相同，但與這些名稱相當的紋飾根本不見於目前可知的任何商周青銅[3]。這個事實表明，《吕氏春秋》的饕餮傳説是否有事實依據，是極爲可疑的。近年中國學界使用"獸面紋"這一名稱[4]，但這個名稱較爲籠統，也有可能讓人想象現在討論的圖像以外的紋飾，因此不甚妥當。這些紋飾根本不可能是宋人作爲命名依據的古書中所載的那些紋飾，我們是在此認識前提下使用"饕餮"這一慣用名稱的。

　　無論是所占面積的大小還是動人心魄的力量，饕餮紋在種類繁多的商晚期到西周早期青銅器紋飾中極爲突出，因此引起了許多學者的關注，并成爲研究對象。過去學者對饕餮紋的看法可以分爲以下幾種:

　　第一種意見是，以若干文獻資料爲綫索，認爲饕餮以真實存在的動物爲原型。例如瓦特培里《中國古代的象徵與文獻》根據《禮記·郊特牲》"饗農及郵表畷、禽獸，仁之至，義之盡也。古之君子，使之必報之……迎虎，爲其食田豕也"這一記載，認爲青銅器上的饕餮以守護農業的神虎爲原型[5]。關於利用

---

[1] 《春秋左氏傳》文公十八年"天下之民，以比三凶，謂之饕餮"注云:"貪財爲饕，貪食爲餮。"

[2] 《考古圖》卷1，5葉引用李氏(應是李公麟)之説。李氏引用《吕氏春秋·先識覽》"周鼎著饕餮，有首無身，食人未咽，害及其身，以言報更也"和《左傳》文公十八年"縉雲氏有不才子，貪于飲食，冒于貨賄……天下之民，以比三凶，謂之饕餮"，認爲此饕餮指的是我們正要討論的青銅器紋飾。

[3] 《吕氏春秋·審分覽·慎勢》云:"周鼎著象，爲其理之通也。"這句話的意思是:周鼎上鑄象，是爲了讓這個道理貫通(象有通譯的意思)。《審應覽·離謂》云:"周鼎著倕而齕其指，先王有以見大巧之不可爲也。"這句話的意思是:周鼎上鑄倕(堯時的巧匠)的圖像，其圖像是咬斷他自己手指的樣子，先王要以此表示裝飾不能太精巧。《離俗覽·適威》云:"周鼎有竊曲，狀甚長，上下皆曲，以見極之敗也。"這句話的意思是:周鼎有叫竊曲的紋飾，其形狀很長，上下都彎曲，以此表示凡事到了極點就會衰敗。《恃君覽·達鬱》云:"周鼎著鼠，令馬履之，爲其不陽也。"這句話的意思是:周鼎上鑄鼠的圖像，讓馬踩着它，是因爲鼠是不祥的動物。有些商代青銅器上鑄象紋，但《吕氏春秋》把象理解爲通譯官，因此《吕氏春秋》所説的象是不是動物的大象的紋飾，極爲可疑。關於竊曲，容庚説確有此紋(容庚1941:上，99)，但他只不過是説有他自己命名爲竊曲的紋飾而已。然而容氏命名爲竊曲紋的紋飾(容庚1941，圖194—210)，不管是哪一種，其使用時間都不長。

[4] 杜迺松1980:90。

[5] Waterbury 1942, p. 30。

古代文獻的記載進行青銅器紋飾研究，高本漢曾做過評價。他在 1951 年對以往的青銅器紋飾研究做過總結："這些研究對青銅器紋飾的象徵意義和巫術意義進行討論，但其成果不是很豐碩，而且很不可靠。因爲這些解釋所依據的文獻資料，即使是時代最早的，也遠遠晚於商代紋飾及這些紋飾形成的時代。"[6]

許多青銅彝器在西周中期發生了很大的變化。就西周中期之前消失的器物而言，不止使用這些器物的各種儀式，連這些器物本身也在傳世文獻中不見任何踪影[7]。可見西周中期確實在祭祀方面發生了大變革。饕餮紋也如此，西周中期之前的青銅器經常使用，而西周中期以後不像以前那樣大面積地使用在器物的主要部位。我們認爲，在這個變革發生之後，隨着人們忘記了那些已消失不見的青銅器，那些青銅器上使用饕餮紋的事實也一起失傳了。

第二種意見是，因爲饕餮——尤其是商晚期偏晚——具有特別大的眼睛，從全世界普遍存在的眼睛巫力信仰的角度去解釋饕餮的特性，如 1938 年發表的水野清一《邪視雙目について（論邪視雙目）》一文[8]。此外，石田幹之助、奧村伊九良、亨采等學者把饕餮和西方古典的記載或美洲大陸的民族學資料進行比較，解釋饕餮紋所蘊含的意義[9]。張光直則着眼於人類以巫覡爲媒介與神溝通、巫覡藉動物之力溝通天地的中國古代傳説，由此聯想到西伯利亞薩滿的例子，認爲商周青銅器上所見的動物（包括饕餮在内）是幫助薩滿溝通天地的動物[10]。這些學者，只是因爲外觀相似，就把尚無證據可以證明歷史上與中國有關的文化的遺物拿出來，把它們作爲參考資料引用，同饕餮類比。這種方法是極不可靠的，這一點應該不需贅述。

另外，例如長廣敏雄從藝術作品的角度解釋商周青銅器上的饕餮，認爲饕餮"應該是通過某種神秘的契機由人面升華的東西"，"饕餮的動物形象經過周代人對動物的興趣——這個興趣與神靈信仰密切相關——産生了饕餮的形而上特性"[11]。他的看法爲考慮饕餮的基本特性指出了一個不錯的方向，但遺憾的是他的結論缺乏論證。

筆者反思以往研究中存在的問題，采用了與此不同的方法對商周時期的圖像進行研究。首先，從文獻資料豐富、有些圖像具有題記的漢代資料出發，確認漢代稱爲龍、鳳等的圖像，由此追溯其祖先的圖像[12]。通過這個方法，我們可以知道没有相關文獻資料的商、西周時期的哪些圖像是後來被稱爲龍或鳳凰等的祖先。這樣，我們至少有了正當的理由把那些圖像稱爲龍類、鳳凰類。

與此同時，筆者還采用了另外一個方法：把甲骨金文中所見的幻想動物的象形文字——龍、鳳、羸、勺等，和商、西周時代的青銅器或玉器上所見的圖像聯繫起來，據此確定這些幻想動物當時的名稱，并參考後代文獻中被稱爲這些名字的動物的特性，以此類推商、西周時期的這些動物圖像的特性[13]。

過去的研究盲目地給圖像冠上時代相隔很遠的文獻中見到的名稱。與此相比，我們的方法有了很大的進步。雖説如此，即使是用同一譜系的圖像表示的神或精靈，其特性也會隨着時代的推移而發生變化，中間應該有統合或分化的過程，名稱也有可能有變化。因此，如果把文獻所記載的内容直接看作商周時期圖像的特性，那是很危險的。這個方法在這一點上有界限。

---

[6] Karlgren 1951, p. 1。

[7] 現在一般稱爲角、斝、觚的器物屬於此類。我們不能忘記這些名稱是根據極爲不可靠的理由給這些器種起的。參看林 1984，第一編第三章《青銅器種類的命名》、第四章《殷、西周時代禮器的類别與用法》。

[8] 水野 1938。

[9] 石田 1928、奧村 1939、Henze 1936。此外，伊藤 1975 也着眼於饕餮的眼睛進行考察，劉敦愿 1982 也按照同樣的思路發表意見。

[10] 張光直 1963、張光直 1981。

[11] 長廣 1933：111—116卷。

[12] 林 1952、林 1966。

[13] 林 1953、林 1964、林 1966、林 1968、林 1970、林 1976。

此外筆者還采用了另一種研究方法：比較商、西周時期的青銅器紋飾和這個時代的圖像表現，據此確定像饕餮這種合成圖像的每個構成因素，進而弄清圖像的特性[14]。在此所説的"這個時代的圖像表現"也包括虎、兕等象形文字。通過這一方法，我們發現饕餮中有水牛角、虎鼻、鳥羽等因素，由此我們得到了一些推測饕餮具有辟邪、降雨、帶來豐收等能力的證據[15]。這個方法是根據古代中國的資料來推測各個構成因素的特性，比隨便拿民族學資料來進行比較強多了。雖説如此，用這個方法得出來的解釋也只不過是一種可能性而已。

筆者用上述方法進行的研究，所依據的是中國的時代較晚的資料或同時代的資料，筆者通過這些資料得出了一些結論。就憑這一點，我們的研究基礎比以往堅實很多。但用這種方法可以確定的圖像特性的範圍是有限的。而且如果只用這個方法，連這些圖像是很厲害的天神還是小小的山河之神，抑或是某個氏族的祖先神，都難以搞清楚[16]。這一章則試圖采用與以往不同的新方法闡釋饕餮紋的特性。

第二節　饕餮紋在殷、西周時代青銅器上的優勢地位

一　饕餮紋的定義

我們所謂的新方法，是使用等級的概念對商代到西周早期青銅器進行分析。下面逐次説明。

在開始討論饕餮紋之前，有必要説明我們所謂的饕餮是怎樣的東西。本文所謂的饕餮具有以下幾個特徵：正面臉被裝飾在器表最顯眼的地方，頭上戴很大的角或鳥的羽冠等，其種類多種多樣；眼睛非常引人注目，鼻子像動物的鼻子，嘴巴的表現方法有點像被劈成兩半的乾魚。有些饕餮在頭部兩側有身軀，左右身軀各有一隻腳；有些饕餮則只有頭部。但兩者沒有多大區別，具有身軀的饕餮表現細緻，沒有身軀則表現簡略，如此而已。例如商晚期Ⅲ的卣有不少這種例子[17]：器腹裝飾的是具有身軀的饕餮，器蓋裝飾的是只有頭部的饕餮，但兩者頭部的圖像完全相同（圖3）。這個事實説明饕餮有無身軀沒有多大的區別。

爲了判斷是否可以稱爲饕餮，還有一個重要的標準。饕餮是在鼻梁或前額處有上部呈倒梯形的刮刀狀或倒U形裝飾。本文暫時把它稱爲篦形裝飾*。例如，有肩尊的肩部和簋耳上經常裝飾的所謂犧首（圖4），角、眼睛、嘴巴等身體部位與饕餮沒有區別，但缺少篦形裝飾，因此我們不把它看作饕餮。另外，雙龍相對而成的紋飾（圖5）雖然看上去像饕餮，但不能歸入

圖3　具有身軀的饕餮與只有頭部的饕餮，卣　根津美術館

---

[14]　林1953、林1970。

[15]　袁德星先生也采用與此相類似的研究方法（袁德星1975）。例如他把饕餮額部突出來的倒U形處所見陰綫讀爲収，并把用於這個部位的篦形裝飾讀爲卯。

[16]　但林1976在一定程度上使這個嘗試得以成功。

[17]　關於以下所引資料的時代，參看林1984第二編第一章。

---

*　譯按："篦"在日語中是刮刀的意思。林先生把饕餮額部的圖形比喻成刮刀。由於我們没能在漢語中找出與此相對應的合適的詞，故使用原書的"篦形"這個説法。

圖 4　所謂犧首，瓿　出光美術館

圖 5　相對的雙龍，瓿
Museum für Ostasiatische Kunst

饕餮。至於我們爲何根據箆形裝飾的有無判斷是否饕餮，在本章第四節第三項説明。

二　觚形尊例

　　就青銅器裝飾的饕餮紋而言，商中期的饕餮紋幾乎都是戴 T 形角的那種，并且呈寬度不大的帶狀[18]。繼承這個傳統的 T 形角、細綫或中粗綫的饕餮從商晚期到西周中期一直都呈寬度不大的帶狀，幾無例外[19]。但這種饕餮紋屬於例外，從商晚期開始，饕餮紋不僅裝飾在帶狀空間，還大面積地裝飾在以器腹爲中心的部位。如果饕餮紋和其他紋飾一起使用，後者被塞進很狹窄的紋飾帶中，饕餮紋與其形成鮮明的對比。

　　我們看觚形尊上的饕餮紋。商晚期 Ⅱ 的觚形尊目前只有 4 例，因此我們從商晚期 Ⅲ 的例子開始看。商晚期 Ⅲ 的觚形尊[20]大都裝飾饕餮紋[21]，而且在如下三種場合，饕餮紋都裝飾在腹部，而且圓鼓鼓的腹部上飾滿饕餮紋：第一，只裝飾饕餮紋的場合；第二，足部也裝飾饕餮紋或其他鬼神的場合；第三，頸部和敞口外壁施加紋飾的場合（圖 6 ～ 8）。

圖 6　只有腹部裝飾饕餮的觚
形尊　出光美術館

圖 7　足部也裝飾饕餮或其
他鬼神的觚形尊

圖 8　連頸部都施加紋飾的
觚形尊　松岡美術館

〔18〕　但截頭尊在整個腹部上施加這個紋飾。

〔19〕　關於例外，參看注〔95〕。

〔20〕　總共有 78 件，其中不包含未刊者。其出處在此從略。

〔21〕　不飾饕餮紋的商晚期Ⅲ觚形尊只有幾例：Karlgren 1937, Pl. 49, 733，腹部飾井紋，足部飾鳳紋；于省吾 1940：上，14葉，腹部和足部均飾龍紋；中國社會科學院考古研究所安陽工作隊 1979，圖版拾肆，2，腹部飾井紋。

西周ⅠA，情況基本没變[22]，但出現了商晚期Ⅲ未見的紋飾：腹部正中處不施加紋飾，而其上邊和下邊施加帶狀紋飾，畫饕餮以外的鬼神[23]。

西周ⅠB，裝飾饕餮紋的器仍然占據壓倒性多數，但其他紋飾的比例也有所增加[24]。從商代開始出現的裝飾井紋*的器[25]、從西周ⅠA開始出現的腹部正中處無紋的器也多起來[26]。此外還有腹部裝飾龍首渦紋[27]、鳥身回首龍首神[28]、象[29]等紋飾的器。

西周ⅡA，饕餮紋的壓倒性優勢仍然没變[30]，但其他紋飾的比例進一步增加。腹部正中處無紋的器也有所增多[31]。此外還有腹部正中處施加凸帶，凸帶上飾S形龍紋的器[32]。

縱觀觚形尊紋飾的情況可以知道，從商晚期Ⅲ開始，到觚形尊消失之前最後一個時代的西周ⅡA，饕餮紋一直占據器表最主要的位置。另外，饕餮的角或羽冠是一個非常顯著的特徵，我們根據這個部位的形狀可以把饕餮紋分爲好幾種，但無論是哪一種饕餮紋，都一律裝飾在器表最主要的地方，大小也相同。這説明這些饕餮的基本特性都相同。這同時能够證明，我們把這些紋飾定爲饕餮，對此加以統一分析，具有一定的合理性。至於裝飾在饕餮所占位置的其他圖像和避開這個位置而裝飾在邊緣的其他圖像的特性，我們在下一節進行討論。

就觚形尊紋飾的等級而言，還有一點值得關注。衆所周知，商晚期Ⅲ的有些觚形尊具有扉棱，有些没有，而且扉棱也可以分爲很誇張的一類和比較低調的一類。其中具有厚大扉棱的觚形尊給人以威嚴壯觀的印象，讓人一看就覺得等級很高。只要比較大小，就能够證明這類觚形尊在觚形尊中的等級確實很高。也就是説，没有扉棱的、僅腹部有扉棱的，以及腹部和足部有扉棱的觚形尊，其通高大都在20幾釐米到30釐米之間[33]。而口沿到頸部、腹部、足部的三個部位都裝飾扉棱的觚形尊，其通高都在30釐米以上[34]。此外還有一類觚形尊，除了腹部和足部以外，頸部也有較短的扉棱，其通高也比30

---

〔22〕　總共有58件，腹部飾井紋的例子有：瀧、內藤1919：1，24；考古1959—4，圖版肆，5。

〔23〕　文物1977—8，圖版肆：4；梅原1959—1962：2，152是回首、粗凸綫的龍。容庚1941：下，圖515；陳、松丸1977，A421是鳳紋，腹部中央是直條紋。

〔24〕　總共有50件。

〔25〕　于省吾1940：上，16葉；梅原1933：1，22；于省吾1940：上，13葉。

〔26〕　腹部的上邊和下邊施加回首、中粗凸綫龍的器："國立故宮中央博物院"聯合管理處1958：下，上，103；考古1974—5，圖版捌，4；陳、松丸1977，A438。施加鳳紋的器：Lion-Goldschmidt et al. 1963，13；梅原1959—1962：2，153。施加其他龍紋的器：容庚1941：下，圖539；陳夢家1955—1956：（三），圖版柒；孫海波1937：12—14葉。

〔27〕　于省吾1940：上，9葉；文物1972—7：8頁，圖一一；陳、松丸1977，A419。

〔28〕　陳、松丸1977，A420。

〔29〕　嘉納1934，4。

〔30〕　總共有45件。

〔31〕　西周ⅠB已經出現的紋飾：腹部的上邊和下邊施加回首凸綫龍："國立故宮中央博物院"聯合管理處1958：下，上，111；"國立故宮中央博物院"聯合管理處1958：下，上，106；梅原1959—1962：2，154。鳳紋：Karlgren 1937, Pl. 8；陳、松丸1977，A443。西周ⅡA新出現的紋飾，目申紋†：陳、松丸1977，A444；容庚1936，圖130。細綫、T形角龍：陳、松丸1977，A439。高凸、回首龍：根津美術館1942，36。

〔32〕　于省吾1940：上，17葉。

〔33〕　"國立故宮中央博物院"聯合管理處1958：下，下，220，高31.6釐米；文物1959—12：67，高31釐米。

〔34〕　水野1968，圖版42，高34.6釐米；陳、松丸1977，A417，高32.8釐米；Ecke 1943，高32.8釐米；Karlgren 1952，Pl. 39，高31.1釐米；陳、松丸1977，A413，高33釐米；上海博物館1964，8，高31.3釐米；梅原1959—1962：2，134，高32.1釐米；梅原1959—1962：2，135，高31.1釐米。

---

*　譯按：關於"井紋"所指的紋飾，參看本章第三節第一項，圖14（16）。

†　譯按：此"目申紋"所指的是本書所謂的"目羽紋"。參看本書第二編第十二章【2】（第175頁）。

釐米略高一點[35]。這說明扉棱的規模和等級是有關係的[36]。另外，腹部之上沒有扉棱的觚形尊，有時候不僅腹部和足部施加紋飾，從口沿到頸部的地方也裝飾所謂蕉葉紋。而口沿到頸部、腹部、足部三段都有扉棱的觚形尊，這三個部位都施加紋飾。可以説，這個事實證明，不僅是扉棱的規模，還有施加紋飾部位的多少也有等級的區別。

　　西周ⅠA的觚形尊中也有與具有厚大扉棱的商晚期Ⅲ器相對應的例子，其規格與商晚期Ⅲ器大致相同或比商晚期Ⅲ器更大[37]，可見當時還保留商代以來的傳統。

三　卣、方彝例

　　觚形尊上所能觀察到的現象是否也見於其他器種上？根據同時製銘可以知道，觚形尊和卣經常同時製作[38]，因此我們來看看卣。商代的卣根據容器部分的形狀可以分爲幾種型式，在此看橫斷面呈橢圓形、器體很長的一類（圖3），這類卣像商晚期Ⅳ[*]觚形尊一樣裝飾富麗堂皇的扉棱。商晚期Ⅲ，通提梁高在20釐米到32釐米之間的器比較多見，偶爾有34釐米的器[39]。再看腹部大面積地裝飾饕餮并具有很誇張的扉棱的卣，商晚期ⅢA器的通提梁高分別是30釐米、29.5釐米、36.5釐米、34.2釐米、27.2釐米、28.1釐米、20.9釐米[40]。總的來説，除了最後一例外，這類卣比前一類大一號。商晚期ⅢB器的通高分別是27釐米、24.5釐米、26.1釐米、26.7釐米、21.7釐米、32.1釐米、34釐米、29.1釐米、33.3釐米、21.3釐米[41]。裝飾扉棱的卣雖然不能説比沒有扉棱的卣大，但總體上可以説屬於較高的一類。但到了西周ⅠA，沒有扉棱的卣大都與商晚期Ⅲ的器一樣大，其中高34—35釐米的器比商晚期多見[42]。而裝飾扉棱的卣，雖然數量不多，但比商晚期的器大很多，其高度分別是40.3釐米、40釐米、37.9釐米、39釐米、51.1釐米、46.1釐米和32.2釐米[43]。[44]

---

[35] Lion-Goldschmidt et al. 1963，23，高32釐米；容庚1929：102葉，高32釐米；山東省文物管理處等1959，圖74，高30.8釐米；"國立故宮中央博物院"聯合管理處1958：下，下，216，高30釐米；朋來居清賞：9，高30釐米；陝西省考古研究所等1980a，圖版148，高30.3釐米（細長型除外）。

[36] 雖然是西周晚期的例子，但屬王自作的默簋（陝西省考古研究所等1980a，圖版138）通高59釐米，口徑43釐米，體積極大。這個例子表明器體的大小與等級相關。

[37] "國立故宮中央博物院"聯合管理處1958：下，上，102，高34.5釐米；文物1966—1：4頁，圖一：2（何尊），高39釐米；中國の青銅器，1，高39釐米；陳、松丸1977，A418，高34釐米。此外，水野1968，圖版44雖然是天圓地方尊，但高34.2釐米。

[38] 參看林1981：65。

[39] 陝西省考古研究所等1980a，圖版157；考古學報1980—4，圖版柒，3。

[40] 其出處如下（按正文引用順序排列）：水野1959，圖版78；Yetts 1939, no. 3；Pope et al. 1967, Pl. 49；根津美術館1942，16；陳、松丸1977，A587；梅原1933：1，72；梅原1951，7（提梁缺失者除外）。

[41] 其出處如下（按正文引用順序排列）：文物1979—7：79頁，圖一；陳、松丸1977，A588；Karlgren 1952, Pl. 22；d'Argencé 1966, Pl. 26；陳、松丸1977，A585；根津美術館1942，15；梅原1951，5、6；中國の青銅器，4；上海博物館1964，9；陝西省考古研究所等1979，圖版24。

[42] 34.8釐米（陳、松丸1977，A561）；35.4釐米（樋口1978，圖版131）；34釐米（文物1977—11，圖版貳：1；"國立故宮中央博物院"聯合管理處1958：下，上，127；Yetts 1929, Pl. 18, A24）。

[43] 其出處如下（按正文引用順序排列）：Karlgren 1937, Pl. 16, 509；廣西壯族自治區文物管理委員會1978，34；文物1964—7，圖版肆：1；中國古代青銅器選，21；Pope et al. 1967, Pl. 50；陳、松丸1977，A589；水野1968，圖版55。

[44] 到了西周ⅠB，卣的型式多樣化。爲了避免討論過於複雜，在此從略。

---

[*]　譯按：此"商晚期Ⅳ"當是"Ⅲ"之誤。《殷周青銅器綜覽》把商代晚期分爲Ⅰ～Ⅲ三期（參看第一卷第二編第一章第一節之四）。本章上文也説"商晚期Ⅲ的有些觚形尊具扉棱"。

根據同時製銘可知，在西周ⅠB，方彝也往往與瓠形尊同時製作[45]，因此方彝也在此可以作爲分析的對象。但從商晚期Ⅰ以來，絕大多數的方彝都具有扉棱，而且器和蓋的主要部位裝飾饕餮紋（圖9）。因此，如果要調查紋飾繁多的器物和簡樸的器物之間大小有沒有區別，這個器種不太合適。

只看以上討論的瓠形尊、卣和方彝的例子也可以知道，商、西周早期青銅彝器，每個器種使用紋飾的方法都不同，這一點值得注意。也就是説，瓠形尊在其主要部位的腹部裝飾饕餮紋，以此爲主體，在足部或頸部以上的部位再施加紋飾。方彝也大都在器和蓋的主要部位裝飾饕餮紋，但與瓠形尊不同的是其他部位不會保留空白。至於卣，主要部位大面積地裝飾饕餮紋的例子很少見，大多在器的頸部和蓋的邊緣處施加各種帶狀紋飾。

圖9　方彝的饕餮紋　　出光美術館

除了以上討論的幾種青銅器以外，圓鼎和方鼎也裝飾很誇張的板狀扉棱和很大的饕餮紋。但這些器種的裝飾方式與上述的三種器種很不相同。先説圓鼎。裝飾扉棱和大面積饕餮紋的一類和沒有這些紋飾的一類之間，大小沒有顯著的區別。商晚期Ⅱ、Ⅲ，頸部裝飾帶狀饕餮紋的圓鼎中出現體積極大的器[46]。再看方鼎。商中期以來，大型的方鼎都具有扉棱[47]，但到了商晚期Ⅲ，與圓鼎一樣，普通大小的方鼎也往往裝飾富麗堂皇的扉棱。一般來説，從商晚期到西周中期，按照器種的不同，還有隨着時間的推移，紋飾的種類和組合以及施加方式的流行是有變化的。在此無法一一討論這個問題，像圓鼎、方鼎這種不符合一般規律的器類我們暫且不談。

四　彝例

第二項的瓠形尊、第三項的卣和方彝，因爲商晚期Ⅱ的例子很少，我們只能對商晚期Ⅲ以後的器物進行驗證。但我們根據罍的例子可以確認，器物大小和紋飾繁簡之間的對應關係見於商晚期Ⅱ和Ⅲ的青銅器上[48]。

商晚期Ⅱ的有蓋方罍中，蓋、頸部、肩部、腹上部、腹下部、足部等部位都有紋飾，而且器、蓋都有扉棱的一類（圖10），通高分別是49.4釐米、50.8釐米、42.4釐米、56.3釐米、45.0釐米、50.9釐米和54.8釐米[49]，大致在40多釐米到50多釐米之間。形制與此相同，但沒有扉棱的一類，通高與前一類基本相同，分別是：52.5釐米、51.4釐米、52.7釐米和51釐米[50]。沒有扉棱，只在蓋緣和腹上部有紋飾的一類，通高都不到50釐米，分別是45.4釐米、44釐米和45釐米[51]。此外，沒有扉棱，蓋、肩

[45]　參看林1981，表七。

[46]　商晚期Ⅱ：中國社會科學院考古研究所1980，圖版五，通高72.2釐米；梅原1959—1962：3，200，高40.9釐米。商晚期Ⅲ：中國科學院考古研究所1962a，圖版三二；嘉納1934，2，高43.6釐米；陝西省考古研究所等1979，圖版127，通高40釐米；White 1956, Pl. 76，高45.8釐米；水野1968，圖版2，高55.7釐米。

[47]　商中期：河南省博物館1975，圖版壹，通高100釐米；圖六，通高87釐米。商晚期Ⅱ：梁思永、高去尋1970，圖版106—108，通高60.9釐米；圖版112—114，通高73.3釐米；米澤1963：37頁，圖版12，通高133釐米；中國社會科學院考古研究所1980，彩版一，通高80.1釐米。商晚期Ⅲ：中國古青銅器選，29，通高51.7釐米。

[48]　因爲商晚期Ⅰ的例子甚少，在此不引。

[49]　其出處如下（按正文引用順序排列）：梅原1959—1962：1，15；陳、松丸1977，A782；梅原1959—1962：1，16；梅原1933：1，45；Kelly et al. 1946, Pl. 9；根津美術館1942，12；梅原1959—1962：1，6。

[50]　中國社會科學院考古研究所1980，圖版三二，1；圖版三二，2；陝西省考古研究所等1979，圖版114；圖版115。

[51]　其出處如下（按正文引用順序排列）：梅原1959—1962：1，14；d'Argencé 1966, Pl. 27B；Kummel 1928, T. 1。

部和腹部有紋飾的圓罍（圖 11），通高分別是 44 釐米和 35 釐米[52]。這類圓罍雖然例子不多，但其通高似乎與前一類差不多。

其次看商晚期Ⅲ的情況。具有扉棱的方罍從蓋到足部都飾滿花紋，通蓋高分別是 51 釐米、65.8 釐米、62.3 釐米、61.8 釐米、45.4 釐米和 53 釐米[53]，大都在 50 釐米到 60 多釐米之間，比商晚期Ⅱ的器大了一號。沒有扉棱，頸部、腹上部、足部有紋飾的方罍只有一例，器高是 37.6 釐米[54]。飾滿花紋的圓罍有兩例，通蓋高分別是 48 釐米、器高 43.5 釐米[55]。只有肩部有紋飾的器，器高分別是 38.5 釐米、43.4 釐米、40 釐米、34.3 釐米和 33.5 釐米[56]，大小基本都差不多，但其中偶爾有 30 多釐米的較小的器。這個時期，最大的一類比前一期大一號，但扉棱的有無、紋飾的繁簡、方形或圓形等區別和器物的大小之間存在的對應關係，與商晚期Ⅱ相同。

此外，有些罍在腹部裝飾兩種角形不同的饕餮，靠近肩部的饕餮所占面積較小，而其下的饕餮所占面積大，并延展到足部。在這種場合，從角形看，蓋上的饕餮通常與腹下部的饕餮相同（圖 12）。如上所述，在卣和方彝的場合，蓋和器腹的饕餮紋使用角形相同的饕餮。這個規律還見於有蓋瓿和有蓋觶上[57]。以此規律觀察罍上的饕餮紋就可以知道，當時的人把角形與蓋紋相同的饕餮看作這件器的主紋，那個主紋并不是位於腹上部的寬幅帶狀饕餮紋，而是位於其下所占面積更大的饕餮。我們據此可以知道饕餮紋的一個原則：紋飾的主次不是取決於所在位置的上下，而取決於所占面積的大小。

雖說如此，有些罍在腹上部裝飾帶狀饕餮，其下的較大空間則裝飾裏面填滿龍紋的所謂蕉葉紋。在這種場合，蓋上的饕餮和器腹上部的饕餮角形往往不同（圖 13）。此外也有不少罍雖然在蓋上施加饕餮紋，但器腹沒有饕餮紋。這一點與卣和方彝不同，卣和方彝的器紋和蓋紋一定是相同的。我們在上文說過，每一類器物紋飾的裝飾方式各有不同的特徵。在器紋和蓋紋的對應關係上也可以看到這個現象。

圖 10　商晚期Ⅱ的方罍　根津美術館　　　圖 11　商晚期Ⅱ的圓罍　St. Louis Art Museum

[52]　Kidder 1956, Pl. 15；Karlgren 1952, Pl. 58。

[53]　其出處如下（按正文引用順序排列）：文物 1964—9，圖版柒：3；根津美術館 1942，22；瀧、內藤 1919：1，26；藤田美術館藏品目錄，圖版 78；梅原 1959—1962：1，26；上海博物館 1964，13。

[54]　陝西省考古研究所等 1980a，圖版 28。

[55]　梅原 1951，14；中國古青銅器選，14。

[56]　其出處如下（按正文引用順序排列）：嘉納 1934，15；梅原 1959—1962：1，27；陝西省考古研究所等 1979，圖版 26；圖版 66；考古 1981—2：113 頁，圖三，2；陝西江蘇熱河安徽山西五省出土重要文物展覽籌備委員會 1958，圖版 26，1。

[57]　瓿例：藤田美術館藏品目錄，圖版 79；新中國出土文物，42；水野 1959，圖版 8；水野 1968，圖版 60。不符合這個規律的例子：根津美術館 1942，2。觶例：d'Argencé 1977, Pl. 19, front right。

圖 12　商晚期 Ⅲ 的方罍　根津美術館　　　　圖 13　商晚期 Ⅲ 的方罍

第三節　從屬於饕餮紋的圖像

一　能與圖像符號相對應的圖像

上一節中，我們根據饕餮紋所占的位置和面積大小指出，商、西周前半期的青銅器中饕餮紋的等級很高。這個時期的青銅器中也有與此相反的紋飾，有些紋飾用在頸部、圈足等很狹窄的地方，呈帶狀；有些紋飾用在占據很大面積的饕餮紋的旁邊，畫得很小；有些紋飾用在器底，只有把器物翻過來才能看到。這些紋飾與高等級的饕餮紋相反，當時的人把它們視爲低等級的紋飾是顯而易見的。這種低等級的紋飾與饕餮紋不同，有些紋飾可以推測其特性，那是圖像符號或甲骨文所象的一類。圖 14 列出了這種紋飾和相應的圖像符號或甲骨文。下面對此加以簡單説明。

（1）

（2）

（3）

（4）

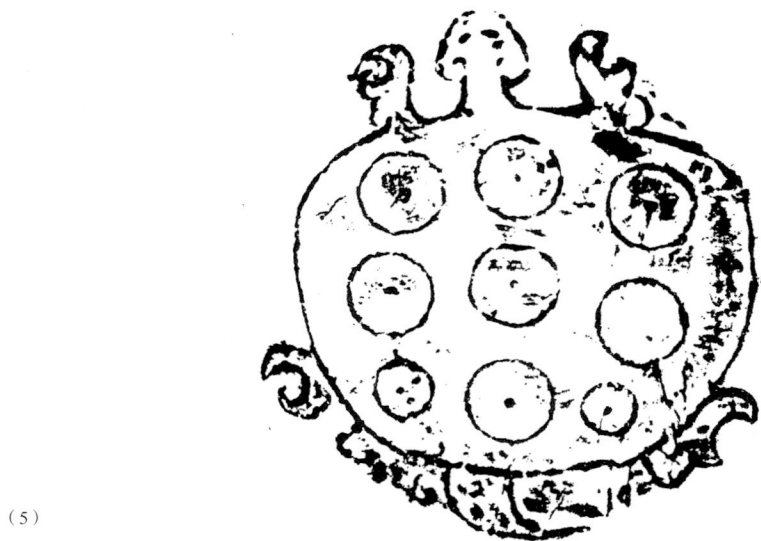

（5）

（6）

（7）

（8）

（9）

（10）

（11）

（12）

（13）

（14）

（15）

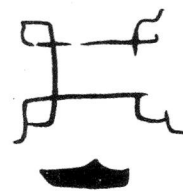

（16）

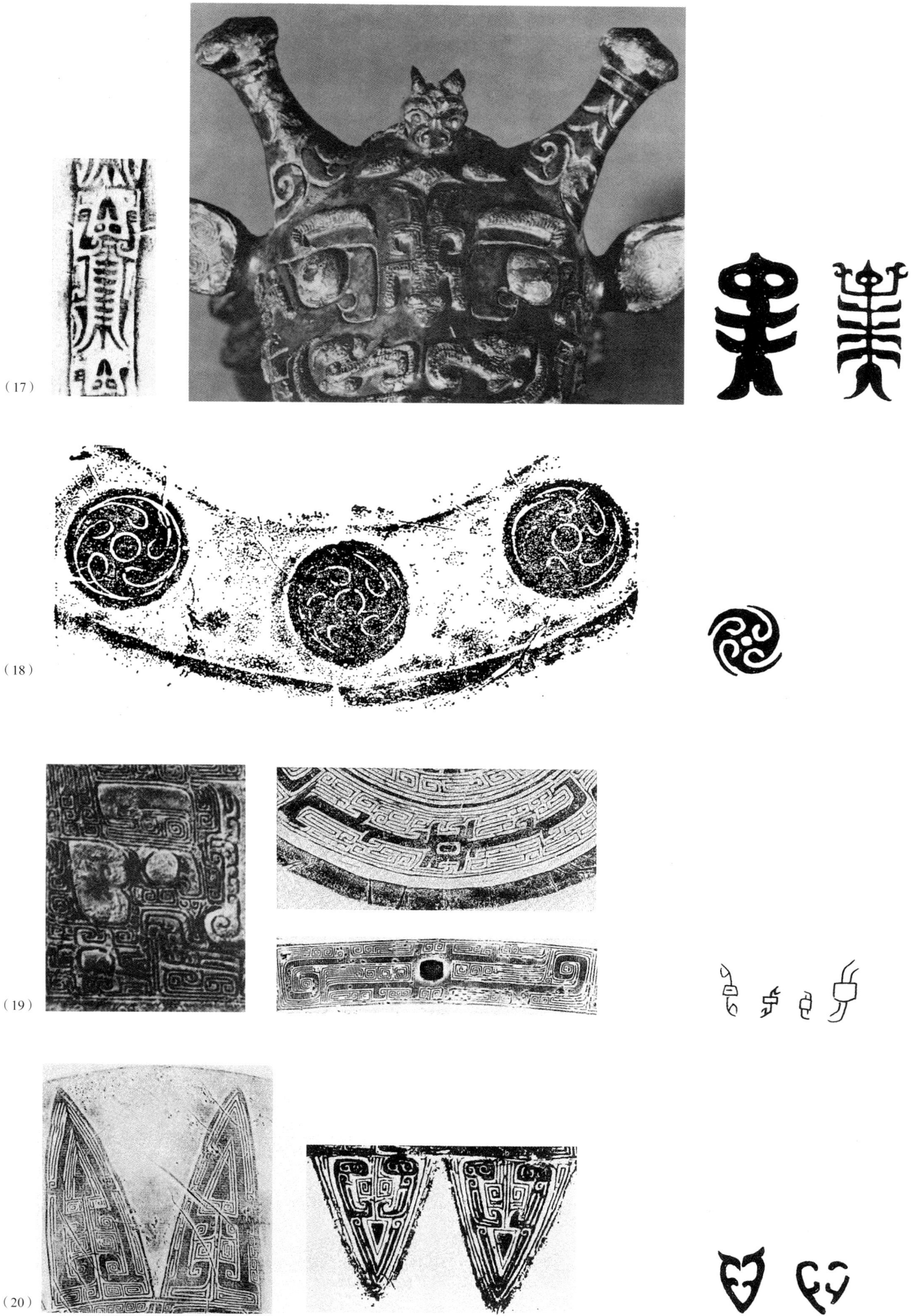

圖 14　等級不高的青銅器紋飾與圖像符號、甲骨文

　　筆者曾論證過，圖14（1）的圖像符號所象與甲骨金文 "虎" 字所象相同[58]。殷墟卜辭中，此字被用爲方國名 "虎方"，有時也表示地名，如 "省虎"、"在虎" 等[59]。圖中的照片是商晚期Ⅰ截頭尊肩部上成排裝飾的虎紋。

　　圖14（2）的圖像符號所象的是大象，這一點應該無須多做説明。與此相應的 "象" 字在殷墟卜辭中有人名和地名的用法，如 "令象"、"省象" 等[60]。圖中的照片是商晚期Ⅱ方彝足部上畫得很小的例子。此外也有時代大概屬於商晚期Ⅲ的、特殊形制的簋，其腹部上大面積地使用象紋的例子。

　　圖14（3）的圖像符號所象的是一種短尾上翹、大耳的動物。它與圖左邊、商晚期ⅢB匜頸部的小動物無疑是相同的。由這個圖像符號簡化而成的字在殷墟卜辭中被用爲人名和地名[61]。

　　圖14（4）的圖像符號所象的是魚，與甲骨文 "魚" 相應。此字在殷墟卜辭中没有獨立使用爲固有名詞的例子[62]。圖中的照片是相當於商晚期的地方型瓿頸部上成排裝飾的魚。此魚的嘴巴呈鈎形，這個特徵也和圖像符號一致。

　　圖14（5）的圖像符號所象的是鱉。圖中的拓本，雖然背甲上的圓點變成了圓圈，但整體形狀與圖像符號完全一致。這個紋飾被用在西周ⅠA卣外底。

　　圖14（6）的圖像符號所象的是頭上戴菌形角的所謂犧首。圖中的照片是裝飾在商晚期Ⅲ方鼎頸部紋飾帶正中處的所謂犧首，頭上戴菌形角。頭戴菌形角的犧首爲數不多，但與上引的圖像符號相應。

　　圖14（7）的圖像符號所象的是身軀彎曲成 C 形的龍。與此相應的甲骨文在殷墟卜辭中用爲人名和地名[63]。象這種龍形的玉器很多見，而青銅器上則一般用凸綫施加在容器外底。在此引用的圖是西周ⅠA觶上所見的例子。

　　圖14（8）是 "龍" 這個字所指的真正的龍的圖像符號。甲骨金文中有與此相應的字，這個字後來演變成楷書的龍字。此事筆者曾詳細論證過[64]，在此不再贅述。與這個圖像符號相應的甲骨文 "龍" 字在殷墟卜辭中有 "龍方"、"龍" 等表示方國名的例子。龍方在第一期卜辭中作爲與商敵對的方國出現，如 "王叀龍方伐" 等；但也有作爲商的友邦帶來羌的例子，如 "貞乎龍以羌" 等[65]。這個龍國可以理解爲被商征伐、歸順於商的方國。圖14 拓片中的龍以橫倒的樣子成排，是商晚期Ⅲ卣蓋緣上裝飾的例子。

　　圖14（9）的圖像符號也是身軀彎曲成 S 形的龍，但頭的方向與（8）不同。這個型式的龍不見於甲骨文。圖中的拓片采自商晚期Ⅱ方彝腹上部裝飾的帶狀紋飾。這個紋飾中的龍具有前爪，這一點與圖像符號不同。呈龍字形的圖像符號的龍有時畫作没有前爪的形狀，有時畫作具有前爪的形狀[66]。以此類推，在此引用的兩種龍也應該可以視爲同一種龍的象形。

　　圖14（10）是象鳳凰類動物的圖像符號[67]。頭部後邊有尖耳。圖中的照片采自西周ⅠA卣蓋緣上的

---

〔58〕 林 1953：213—216。

〔59〕 張秉權 1967：716。

〔60〕 陳夢家 1956：223。

〔61〕 張秉權 1967：702，（38）。

〔62〕 島 1971。

〔63〕 張秉權 1967：715，（66）、（71）。

〔64〕 林 1953：185。

〔65〕 參看島 1971：241。

〔66〕 參看容庚 1959：3，12。

〔67〕 漢代的圖像資料中有題記寫 "鳳凰" 的圖像，據此可以確定漢代把這種圖像稱爲 "鳳凰" 這個名字。筆者曾經從這個資料出發，往上追溯，探討商周時期的哪些圖像是漢代 "鳳凰" 的祖先（林 1966）。

紋飾。大鳳凰的尾羽下面有一隻與圖像符號相應的小鳳凰[68]。

圖 14（11）也是象鳳凰類動物的圖像符號。頭部後邊有几字形長羽冠，這一點與（10）不同。圖中的拓片是與此相應的青銅器紋飾的例子。左邊的拓片是商晚期Ⅲ匜足部上的紋飾，羽冠很寬。中間的拓片是西周ⅠA瓠形尊頸部上的紋飾，羽冠很細。後一類鳳凰有時也大面積地用在同屬西周ⅠA的匜腹部上[69]。

圖 14（12）是象頭部没有任何東西的鳥的圖像符號。在此舉了三例，如果最後一例與其他兩例是一個符號，這個形狀與甲骨文"隹"相近。"隹"在殷墟卜辭中有人名和地名的用例[70]。圖中的照片是與這個圖像符號相應的青銅器紋飾，在商晚期Ⅱ鼎上與圓渦紋交錯排列。

圖 14（13）是很少見的例子。這個圖像符號是鳥頭、Ｌ形身軀、前面有一隻腳的動物相對而成的。這是青銅器上常見的龍身鳥首神，這個龍身鳥首神始於商中期，其證據可以追踪到漢代。此事筆者在林 1970 中論證過。

圖 14（14）是單頭雙身蛇的圖像符號。筆者曾認爲這可能是戰國時期的人說居住在洞澤、洞川的神，名字叫蝸、蚘[71]。圖中的拓片是相應的青銅器紋飾。這是裝飾於西周ⅠB方鼎口沿下的例子，這個紋飾常見於這個時期的方鼎上。

圖 14（15）是蟬紋形的圖像符號，很少見[72]。圖中的拓片是商晚期Ⅱ鼎頸部上的紋飾。在此引用的是像圖像符號一樣拔掉翅膀和腳的形狀的例子。除了横着成排的例子以外，與囧紋交錯排列的例子也有不少，此外在很粗的鋸齒紋中一個一個地放進去的例子也比較多見。

圖 14（16）*的圖像符號，筆者曾經認爲相當於甲骨文"井"字，可以稱爲井紋形符號[73]。這個符號附在戈"内"上，畫得很精緻。如果只看這個例子，與左邊的青銅器紋飾難以區别，或許有人會懷疑它不是符號而是作爲紋飾施加的。但這件戈"内"的另一面有如圖 14（16）右上所示的符號。在戈"内"上施加圖像符號時，雙面的符號大都是一致的，但也有少數施加不同符號的例子。其中有些例子，我們只能認爲是把一個複合式圖像符號分别施加在正反兩面的，如殷墟甲骨文中所見的"子𪓐"[74]分别施加在正反兩面的例子[75]、"大保"和"𢼸"分别施加在正反兩面的例子[76]。在此引用的也是其一例，此"井"字形應該理解爲圖像符號。圖 14（16）下方的符號中上部的構件，筆者在上引論文中没有引用，但應該可以理解爲"井"字形符號的一種[77]。甲骨文"井"字在殷墟卜辭中用爲方國名"井方"[78]，"妌"這一婦名的存在也能證明名爲"井"的國族確實存在[79]。圖 14（16）左邊的照片是與這個圖像符號相應的井紋，是施加在西周ⅠB瓠形尊腹部上的例子。這個紋飾在商晚期到西周中期也往往與囧紋相組合，構成帶狀紋飾。

---

[68]　采用同樣表現手法的這個時期的青銅卣還有上海博物館藏品（馬承源 1964，圖一）和波士頓美術館藏品（京大人文研考古資料）。

[69]　上海博物館 1964，15；陳、松丸 1977，A654。

[70]　張秉權 1967：695。

[71]　林 1960：38—40。

[72]　有些簋的鋬内側有蟬紋（梅原 1932，圖版 40；靜簋［賽克勒藏品 v267]）。簋的這個位置一般不會鑄銘文，據此可知這些蟬應該不是圖像符號，而是紋飾。因此我們不把它看作圖像符號引用。

[73]　林 1970：35—38。

[74]　島 1958：443。

[75]　梁上椿 1944：下，17。

[76]　蔡遠章 1981。

[77]　這個符號亦見於羅振玉 1936：13，6。

[78]　島 1971：412。

[79]　林 1968：50。

---

*　譯按：原書先説明圖 14（17），然後説明圖 14（16）。現在考慮閲讀的方便，把這兩段的順序倒過來，讓説明的順序與圖的順序相對應。

關於圖14（17）左邊的符號，郭沫若認爲殷墟卜辭中常見的表示國族名的甲骨文與此相同，象魚脊骨之形，并把它讀爲"脊"[80]。唐蘭認爲此字所象的是蜥蜴之類[81]。但一眼就能看出，這個字與魚脊骨、蜥蜴都不像。筆者認爲這是以螻蛄爲原型的鬼神，詳見本書第十章【4】。這個國族在殷墟卜辭中有時按照商王的命令執行政治及軍事活動，有時給商王進貢卜骨等，非常活躍[82]。圖中的拓片是大約商晚期Ⅲ的方卣提梁上縱向排列的例子。照片是附於商晚期Ⅲ匜蓋的獸首鼻梁處的例子。這些例子與上引的圖像符號相應，這一點應該不用多做説明。

圖14（18）是甲骨金文"囧"字所象的囧紋形圖像符號[83]。甲骨文"囧"字在殷墟卜辭中用爲地名[84]。圖中的拓片是西周ⅠB罍肩部上裝飾的例子。這個紋飾如此圖所示，在紋飾帶中使用的例子比較多，此外也經常用在爵等器物的柱的傘形裝飾上。

圖14（19）中間有目，其左右各長出一條或兩條左右對稱的羽毛。這個青銅器紋飾與甲骨文"良"字相應，後世被稱爲罔兩，筆者曾撰文討論過[85]。甲骨文"良"字在殷墟卜辭中用爲地名或方國名，也有"婦良"這一辭例[86]。圖中的拓片是大約商晚期Ⅰ的白陶器蓋上的紋飾和商晚期Ⅱ小型盉頸部上的紋飾，與右邊的甲骨文相應。這個紋飾從商中期到西周晚期大多在紋飾帶中排列使用，但西周晚期出現新的用法，在器蓋捉手的内底等地方大面積地使用[87]。圖中左邊的照片是商晚期Ⅲ方卣的例子，紋飾畫得很小，并像脇侍＊那般附在饕餮嘴巴的兩側。這是饒有趣味的例子。

圖14（20）的兩個符號，一個肩部有小突起，另一個没有，雖然有這個小區別，但應該是同一個圖像符號。目前無法隸定的甲骨文中有與此相應的字[88]。此字在殷墟卜辭中有"王屮～"（王是否要對～進行屮祭）的辭例[89]，可見此字是神名。圖中的拓片是與這些圖像符號和甲骨文相應的青銅器紋飾，采自商晚期Ⅱ的鼎腹部和有肩尊頸部。這個紋飾嵌入所謂蕉葉紋中。肩部有小枝的例子和没有小枝的例子各舉了一例。

以上列舉了圖像符號、甲骨文和青銅器紋飾相應的例子共二十條。青銅器的紋飾單位種類很多，圖像符號的種類也不下於七八百種[90]。與此相比，這個數字出乎意料地少。但試想一下，古代的遺物被埋在地下，留存至今，被人發現，以我們也能看到的形式公布，每一個環節都發生的可能性極少。在此列舉的二十例是經過了種種幾率很低的偶然情況才被我們發現的，雖然數量不多，但其作爲證據的分量絶不能低估。我們基於這種認識，在這些例證的基礎上，進入下一步討論。

通過以上搜集到的爲數不多的例子，我們發現，與圖像符號相應的紋飾單位原則上都施加在青銅器中不顯眼的地方，其所占面積小，還有時悄悄地施加在平時看不到的地方。這個發現很重要。我們在上一節指出，饕餮紋施加在青銅器的主體部分，其所占面積大，據此可知其等級很高。與此相比，本項列舉的、能够找到相應圖像符號的紋飾，從所占的位置和面積看，其等級顯然比饕餮紋低。筆者

---

〔80〕 郭沫若 1965：考釋，10 葉。

〔81〕 唐蘭 1939：考釋，44—45 葉。

〔82〕 島 1971：31。

〔83〕 林 1936：7。

〔84〕 島 1971：504。

〔85〕 林 1970：29—34。

〔86〕 島 1971：487。

〔87〕 林 1970，圖一〇，11。

〔88〕 《甲骨文編》（6，10）根據羅振玉《增訂殷虛書契考釋》卷中 41 葉的看法把這個字和"貝"當作一字收録。但甲骨文"貝"象海貝殼中間有縫之形，左右分開，而此字下端是連着的，與"貝"不是一個字。

〔89〕 島 1971：254。

〔90〕 林 1968：104。

＊ 譯按："脇侍"是"脇侍菩薩"之"脇侍"，即侍立在佛兩旁的菩薩。圖14（19）左圖中，林先生所謂"罔兩"圖像畫在饕餮旁邊，而且畫得很小，像是饕餮的隨從。因此林先生把它比喻成脇侍。

曾指出[91]，與這些低等級的紋飾相應的圖像符號，在甲骨文中能够找到相應的字，這些字表示國族名、地名或神名。可見這些圖像符號是這些氏族的居住地的名字，同時也是其氏族名，其中有些也是其氏族在其居住地祭祀的神的名字。按照先秦時代的觀念，這些東西稱爲"物"，他們同時也是氏族的徽識。有些圖像符號根據相應甲骨文的用例可以知道其特性，我們在各條的説明中已經説明了這一點。我們從紋飾的角度觀察以上所講的現象，可以説，與在此列舉的圖像符號相應的青銅器紋飾單位是地方氏族的"物"。這些紋飾單位是地名，也是氏族的名稱，同時也是其氏族的徽識，有時也表示這個氏族在其居住地祭祀的神。由甲骨文的辭例可知，其中有些氏族臣服於商王朝的統治（1、2、3、7、8、12、16、17、18、19）。

　　以上討論表明，商晚期臣服於商王朝的國族的"物"在青銅器紋飾中的等級一般都很低。那麼饕餮紋究竟是什麼？它雖然同是青銅器紋飾，却與這些紋飾不同，受到特別高的待遇。如此看來，它只能是商王朝的"物"。

　　如果在青銅器的主體部分上占據很大面積的饕餮是商王朝的"物"，我們可以推測，很低調地施加在青銅器邊緣處的紋飾帶中的紋飾——即臣服於商王朝的國族的"物"——即使不跟這種高等級的"物"并列使用，也只是有意地避開很高的待遇而已。我們在第二節第二項介紹，有一類饕餮通常呈寬度不大的帶狀，這類饕餮的特性應該與此相同。

　　我們在第二節第二項引用的西周時期的瓠形尊（圖15），其施紋方式只能認爲有意地避開很高的待遇。這件尊，腹部正中間最顯眼的地方留着空白，其上面和下面施加饕餮以外的帶狀紋飾。這種施紋方式甚爲奇怪，除非認爲有什麼理由必須避開中間部分，否則無法理解這個現象。

　　關於西周時代青銅器製作的意義和製作者，可以采用根據銘文進行分析的方法[92]。但對商代青銅器而言，由於長銘很少，而且有銘文內容性質的問題，目前無法根據銘文對這個問題進行研究。筆者從紋

圖15　腹部正中間留空白的瓠形
尊　白鶴美術館

飾的角度進行的以上討論暗示，商王朝對臣屬國族在青銅器方面的控制是通過限制"物"的使用方法而實現的。這可以説是饒有趣味的事。

　　當然也有一些例子不符合饕餮占高等級位置這一原則。例如，我們在第二節第二項説過，瓠形尊的腹部大多裝飾饕餮，但商晚期Ⅲ的瓠形尊中有一些例子在腹部裝飾井紋或龍紋；西周ⅠA也有裝飾井紋的例子；西周ⅠB，除了裝飾井紋外，還裝飾龍首渦紋、鳥身回首龍首神、大象等這個時期其他器類上多見的紋飾。商晚期Ⅲ的瓠，有時在腹下部裝飾几字形羽冠的鳳凰，畫得很大；只在商晚期到西周ⅠA製作的、具有很誇張的扉棱和突起的卣，有時在腹部的下半部分大面積地裝飾有目手掌形羽冠的鳳凰[93]。此外，如圖14（11）所示，本來只占小面積的几字形羽冠鳳紋，到了西周Ⅰ，有時占滿匜的整個腹部。另外，我們在第二節第二項講過，一般以帶狀紋飾的形式施加的饕餮，到了商晚期Ⅲ和西周Ⅰ，開始出現大面積使用的例子[94]。就商代的例子而言，我們可以認爲商王朝對新興的國族給予了特

---

〔91〕　林 1968。

〔92〕　松丸 1976、松丸 1979。

〔93〕　Visser 1947, Pl. 12, no. 13；圖 14（10）及注（68）所引器。

〔94〕　商晚期Ⅲ，用中粗綫或陰綫表現這個紋飾的例子見於盉（陳、松丸 1977，A158）、瓠形尊（于省吾 1940：上，25 葉；人民美術出版社 1962，69）；用細綫表現的例子見於瓠形尊（Karlgren 1937, Pl. 49, 723）。西周ⅠA，用中粗綫表現的例子見於瓠形尊（河南省文化局文物工作隊第一隊 1957，圖一一），用高凸綫表現的例子見於方鼎（Heusden 1952, Pl. 19）、簋（Pope, Cettens, Cahill and Barnard 1867, Pl. 64）。

別的待遇，或商王朝對他們沒有足夠的控制力。至於商代一直受到高等級待遇的饕餮，到了西周中期，把它在青銅器上的位置讓給了鳳凰。我們對這個現象可以如此解釋：西周時代，前朝"物"的勢力逐漸衰退，新統治者的"物"取而代之，獲得了勢力[95]。

二 饕餮的隨從

上一項討論的紋飾，根據其所在的位置和所占面積的大小可以知道，是作爲青銅彝器的裝飾等級比饕餮紋低的一類。商周青銅器中還有一類紋飾因素，我們通過與此不同的方式可以知道它們從屬於饕餮。這類紋飾在紋飾單位中緊接在饕餮紋的後面，例如圖89的龍身鳥首神、張嘴直身的小型龍（圖16）比較常見。筆者曾指出，這些紋飾早在商中期出現，其形狀隨着時間的推移而變化[96]，在此不重複。相對於饕餮同樣居於從屬地位的還有鳳凰（圖90），此外還可以舉出頭上不戴羽冠的圖14（12）的鳥（圖17）、罔兩（圖14[19]左）等。這些紋飾和饕餮挨在一起，畫得很小，表示它們作爲饕餮的隨從、臣屬的地位。如上所述，這類紋飾通常不在饕餮旁邊，而被放在青銅器中很狹窄的地方，其待遇表明這些紋飾的等級低。

上引的幾例中，鳳凰在西周 I 多見。其中有頭上戴几字形羽冠的一類，如圖90。這類鳳凰與圖14（11）所引相近。圖90翅膀的尖端沒有像圖14（11）那樣往尾巴的上面突出，兩者雖然在這一點上不同，但應該可以視爲同一類。

圖16 從屬於饕餮的小型龍，卣腹

圖17 站在饕餮後面的鳳凰，疊肩
Museum für Völkerkunde

  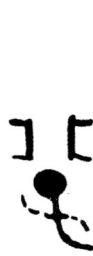 

　　　　（1）　　　　　　　　　　　　　（2）　　　　（3）　　　（4）　　　（5）

圖18 饕餮的額部和器内的銘文，禹鼎　Dr.Arthur M. Sackler Collection, New York

---

[95] 此外有飾滿蝎紋的商晚期 I 小型壺的例子（本書圖版10—1、2），這個紋飾有相應的圖像符號（李發旺1963，圖二），甲骨文中也有與此相應的"萬"字，在王族卜辭和第一期卜辭中被用爲人名和地名（饒宗頤1959：1178）。這件銅器或許可以認爲是"萬"族在受商的統治之前所作的器。

[96] 林 1970：13—14、18—19。

關於饕餮，筆者在 1969 年發表過大致如下的看法[97]：賽克勒藏品中有一件商晚期Ⅲ的鬲鼎，上面裝飾的饕餮如圖 18（1），額部有圖 18（3）的圖像符號，器內壁有圖 18（2）的銘文。如果把器內壁銘文（圖 18［4］）和外壁銘文（圖 18［3］）合成一體，成爲所謂"析子孫"形的圖像符號（圖 18［5］）。在此例中，內壁銘文（4）是"某子"式圖像符號，代表移居"非"地的商子姓的一族[98]。給這個符號加（3）的（5）則是"子某某"式圖像符號[99]。關於這個型式的圖像符號，筆者曾討論過[100]。根據筆者的研究，（3）只能理解爲擁有（4）形圖像符號的氏族新移居的地方的名字。這種銘文一般都鑄在器內壁上，這件器的作者爲何只把（3）從銘文分離出來，鑄在器外壁的饕餮的上面？筆者認爲，這應該是因爲符號（3）屬於這個饕餮。也就是説，這個饕餮是名爲符號（3）的地方的神，其名字也是符號（3），因此作器者才把這個符號加在其額部。

筆者接着關注下文引用的圖 27、28 兩件方鼎。前一件有鹿形的圖像符號，上面裝飾鹿角的饕餮；後一件有水牛形的圖像符號，上面裝飾水牛角的饕餮。根據這兩個例子，筆者認爲器物上裝飾的主要圖像是作器者所屬的氏族要祭祀的神，進而認爲饕餮是商代某一個氏族祭祀的自然神＝遠祖神的形象。某個地方的自然神——某個氏族的遠祖神——是能夠按照上帝的命令給人們降雨、帶來豐收的神，其地位在上帝之下。後代的文獻中有某姓是某帝的子孫這種記載，商代上帝和氏族遠祖神的關係以這樣的形式在後代的文獻中留下痕跡。商代人可能也認爲各個氏族的祖先神和上帝之間存在血緣關係。換句話説，當時用饕餮的形像畫出來的神可能被視爲上帝的後裔。

筆者的以上看法有不足之處。饕餮是屬於商王朝的高等級的"物"。筆者沒有對屬於地方國族的低等級的"物"和饕餮加以區別，而把兩者等同對待。這是錯誤的。

筆者過去的看法還有一個問題。筆者在上引文章中引用了如下一條殷墟卜辭：

> 于帝史鳳，二犬。

郭沫若云[101]：

> 此言"于帝史鳳"者，蓋視鳳爲天帝之使，而祀之以二犬。[102]

筆者在這個解釋的基礎上認爲，商周青銅器饕餮兩側的鳳凰是傳達上帝命令的使者。然而，如果認爲饕餮不是上帝本身而是上帝的後裔，青銅器上跟隨在饕餮後面的鳳凰同饕餮的關係就不清楚了。

關於這些問題，根據上一節和本節的討論，應該解釋如下：饕餮與國族的"物"相比，在青銅器上享有更高的待遇，當是統治這些國族的商王朝之"物"。饕餮圖像的旁邊還有小型的"物"，它們像侍者

---

[97] 林 1970：49—51。

[98] 林 1968：56—57。

[99] 此圖 18（4）形的圖像符號單獨出現的例子見於中國社會科學院考古研究所 1980：圖一六，4 之鬲鼎銘。

[100] 參看林 1970，注（100）。

[101] 郭沫若 1933：考釋，82 葉。

[102] 島邦男對這個解釋提出了反對意見（島 1958：198—200）。他説，"史"還見於其他卜辭中，讀爲"事"，即舉行祭祀的意思。在這條卜辭中，"史（事）"指卜辭中所謂的"寧鳳（風）"即祈求風停的祭祀，"于帝史鳳"當理解爲"在帝的祭祀中，舉行祈求風停的祭祀"的意思。然而卜辭中是否還有"于帝事"（在帝的祭祀中舉行……的祭祀）這種辭例？島氏之説難免有牽強附會之嫌。關於鳳，斯維至有簡明扼要的論證（斯維至 1948）。他説，鳳是中國古代的風神，當時的人相信鳳飛起來，風就起。關於鳳作爲帝的使者把帝的命令下達到下界這一點，除了卜辭以外，在《詩》、《尚書》、《楚辭》中也有證據。"風是天地的使者，傳達天的號令"這種觀念一直流傳到漢代。

似的，是低等級的國族之 "物"。這些用爲侍者的 "物" 之中也有 "帝使鳳"。既然如此，上文稱爲商王朝之 "物" 的饕餮應該是上帝。

以上的論證中使用的 "帝史鳳" 卜辭只有一條，作爲證據似乎弱一些。但青銅器本身有一個很有趣的證據，能够證明鳳凰是上帝的使者。那就是一般所謂的鴟鴞卣，其中有一類如圖 19，蓋上裝飾饕餮的臉，而且饕餮鼻子的前面還有鈎形鳥喙，這個紋飾延續到器身，器身呈鳥身形。或許有人認爲這是饕餮咬住鳥頭的形狀，但其實并非如此。因爲饕餮的嘴巴和下顎在鳥喙的旁邊，饕餮只不過平鋪在鳥頭上面而已。這個紋飾可以説是頭上戴着羊角饕餮面具的鳥[103]。

在此有必要講一下中國古代面具的使用情況。作爲宗教儀式中使用面具的例子最有名的是《周禮·夏官》的方相氏：

> 方相氏：掌蒙熊皮，黃金四目，玄衣朱裳，執戈揚盾，帥百隸而時難，以索室毆疫。

這句話的意思是：方相氏頭上戴熊皮面具，上面有四隻黃金眼睛，身上穿着赤黑色的衣和朱色的裳，一手持戈，一手舉盾，率領百隸，四時舉行儺禮，搜索室内，驅除疫鬼。

敍官中云：

> 方相氏，狂夫四人。

其注云：

> 方相猶言放想，可畏怖之貌。

也就是説，方相氏的角色由狂夫來擔任，神態恍恍惚惚，面貌很可怕。正文 "掌蒙熊皮" 之注云："蒙，冒也。" 此 "冒" 不是用熊皮面具罩住整個頭部，而是戴在頭上，把猙獰恐怖的臉露出來。否則我們無法理解爲何特意選面貌可怕的 "狂夫" 作爲方相氏。

圖 20 是杆頭裝飾，上面有三種鬼神的頭和面貌可怕的人頭。從型式看，這件器的時代可能屬於西周早期到中期。這三種鬼神都在青銅器耳或把手等部位經常能見到，可見它們具有嚇唬疫鬼之類的作用。這個人應該是像方相氏一樣戴這些鬼神的面具驅除疫鬼的人。可見宗教儀式上扮演某種角色的人戴面具的傳統可以上溯到西周時期[104]。

通過以上分析應該可以知道，我們并不是貿然認爲圖 19 的鴟鴞卣是戴面具的造型。如果這果真是戴面具的造型，這隻鳥是在扮演饕餮的角色。值得注意的是，凡是造型與圖 19 相同的卣，蓋上裝飾的都是羊角饕餮[105]。此外，西周 I 的觚形尊上，旁邊帶着鳳凰的饕餮比較多見，這些饕餮基本上都是戴

---

[103] 關於這類卣的鳥頭上戴犧首或饕餮面具的母題、下文引用的匜等器物的把手呈犧首咬住鳥頭之形的母題等，戴維森廣泛搜集相關資料，做了很有意義的分析。但關於這些母題的含義，他没有提出任何見解（Davidson 1945）。

[104] 安陽殷墟西區 701 號中型墓主室西側的二層臺上發現了俯身殉人，在其頸椎上發現了用青銅薄板製作的水牛角犧首形遺物，發掘報告稱之爲 "牛頭面具"。高 19、寬 10 釐米（中國社會科學院考古研究所安陽工作隊 1979：56、98 頁，圖七二，5）。黃展岳認爲這似是入墓驅鬼的方相（黃展岳 1983：939）。這種解釋或許可從。然而，雖然這是俯身的殉人，但這個人把面具戴在頭部後面。從這一點看，這個解釋可能還有商榷的餘地，須待今後例證的發現。

[105] 陳、松丸 1977，A570—577；梅原 1959—1962：1，38—41；水野 1968，圖版 8、53；黃濬 1937：上，18 葉；黃濬 1942：上，34 葉；Karlgren 1949, Pl. 11；水野 1959，圖版 48；文物 1958—1，封面；中國の青銅器，3；文化大革命期間出土文物：32 頁；湖南省博物館 1964，圖版八，1；Visser 1947, no. 15；瀧、内藤 1919：2，70。

羊角的一類[106]。但這個原則對其他器種不一定能成立[107]。再看非鴟鴞形的普通的卣，像上引的鴟鴞卣一樣在蓋上裝飾很大的饕餮、器腹也裝飾同一種饕餮的例子在商晚期Ⅲ比較多見，這種卣雖然蓋下的器身不是鳥形，但蓋上饕餮的鼻尖上仍然裝飾與鴟鴞卣同樣的鈎形鳥喙（圖3）。筆者調查了目前可知的所有例子，雖然有若干例外[108]，但如果卣的器腹和蓋上都裝飾很大的饕餮，并且有板狀扉棱，其饕餮的角都是羊角。這個事實值得注意。我們在這一點上也可以確認羊角饕餮和鳳凰之間的密不可分的關係[109]。

如此看來，如圖19那樣的具有饕餮臉的鳥應該是侍奉這種饕餮的鳳凰。它很有可能是爲扮演主人的角色而戴面具的"帝使鳳"。

《墨子》裏有一個故事説，上帝派人面鳥身之神賜予國君壽命。也有一個故事説，上帝命令國君去征伐，并派人面鳥身之神幫助他[110]。商代扮演上帝的這隻鳳應該可以視爲戰國時代傳説中出現的鳥身的上帝使者之原型。

商代容器中，只有所謂卣作成戴饕餮＝上帝面具的鳳之造型。筆者曾指出，這類型式的卣是盛放香草"鬱"（*Curcuma aromatica*）所煮之湯的容器[111]。這個鬱湯用以勾兑黑黍酒"鬯"，製作鬱鬯。鬱鬯是祭祀和饗宴時給最重要的人喝，或獻給祖先靈魂的。卣正是盛放鬱鬯原材料的容器。鬱鬯之所以如此貴重，當是因爲人們相信此酒充滿神奇的力量，能夠帶來人們渴望的長壽、子孫繁榮、戰勝等。從上引《墨子》中所見的傳説也可以知道，這些都是上帝所賜的。象上帝使者鳳之形的

圖19　戴饕餮面具的所謂鴟鴞卣

---

[106]　西周ⅠA：Karlgren 1948, Pl. 11, 1；陝西省考古研究所等1980a，圖版165；梅原1959—1962：2，149。西周ⅠB：安徽省文化局文物工作隊1959，圖版拾肆*；陳、松丸1977，A436；A440—442；梅原1959—1962：2，151；Consten 1978, no. 64；龍泉集芳：Ⅱ，19；Consten 1958, 22；Pope et al. Pl. 15。

[107]　在瓿形尊中，《朋來居清賞》6屬於例外。再看卣，帶領鳳的饕餮從西周ⅠB開始出現，其饕餮的角都是羊角形以外的角，如Karlgren 1937, Pl. 17, 591；Karlgren 1952, Pl. 18—19；于省吾1940：上，28葉。

[108]　虎耳形角的饕餮：根津美術館1942，16；京大人文研考古資料，昭和七（1932）年山中商會展覽會，戊木銘。以上例子時代屬於商晚期Ⅲ。几字形羽冠的饕餮：布倫戴奇藏品B60B60（京大人文研考古資料），時代屬於商晚期Ⅲ。

[109]　卣蓋側的這種鳥嘴形突起的意思似乎大概在商晚期ⅢB到西周Ⅰ的時候逐漸被人遺忘。從這個時期開始，這種鳥嘴形突起被廣泛使用在裝飾各種紋飾的卣蓋上。

[110]　《墨子·非攻下》云："昔者三苗大亂，天命殛之……高陽乃命玄宮，禹親把天之瑞令，以征有苗……有神人面鳥身，若瑾以侍，搤矢有苗之祥，苗師大亂，後乃遂幾。"這段話的意思是：從前三苗作亂，上天命令要誅殺它……高陽於是在玄宮給禹下命令。禹親手拿着上天所賜的玉符，去征伐有苗……有一個人面鳥身的神出現，捧着玉珪侍奉禹（其下六字意思不明），苗軍大亂，後來終於衰微了。《墨子·明鬼下》云："昔者秦（根據孫詒讓《墨子間詁》將鄭改秦，下同）穆公，當晝日中處乎廟。有神入門而左，鳥身，素服三絶，面狀正方。秦穆公見之，乃恐懼，奔。神曰：無懼，帝享女明德，使予錫女壽十年有九，使若國家蕃昌，子孫茂，毋失秦。穆公再拜稽首曰：敢問神名。曰：予爲句芒。"這段話的意思是：從前秦穆公白天在廟堂中，有一個神進入門中，向左走。他長着鳥的身子，穿着黑緣（孫詒讓認爲"三絶"是"玄純"之誤）的白衣，臉的形狀是正方形。秦穆公看到了他，很害怕，就逃走了。神説："不要害怕。上帝享用你的明德，派我賜給你十九年的壽命，使你的國家繁榮，子孫興旺，不會失去秦國。"穆公拜了兩次，叩頭説"敢問您的名字"。神回答説："我是句芒。"

[111]　林1981：9—11、17—18。

＊　譯按：這個信息似有誤。安徽省文化局文物工作隊1959：74頁，圖十一，2收錄尊腹部紋飾的拓本，其圖案由羊角饕餮和鳳凰構成。

器物不見於其他器種中。這種造型僅見於盛放鬱邑原材料鬱湯的卣，此事能够證實筆者對所謂卣的用途的看法。

圖 20　裝飾鬼神頭的杆頭裝飾　Courtesy of the Trustees of the British Museum

三　饕餮與所謂犧首的關係

上一項討論了戴着饕餮面具的鳳，母題與此相類的紋飾偶爾見於商晚期到西周早期的匜的把手上。圖 21 是商晚期Ⅲ的例子。在此用圖 21 右說明，把手的右上方有形狀與圖 19 卣相似的鈎形鳥喙，其左邊有圓眼，其下邊沿着把手外側有翅膀，鳥足在翅膀的後面用刻綫表現，鳥足下面有鈎形尾羽突出來。鳥頭後面有羊角形角動物的頭（圖 21 左），沿着鳥眼有張開嘴巴的上下顎輪廓綫。以這種方式出現的動物的額頭上一般都沒有饕餮標識的箆形裝飾。這個動物的頭部後面還有鱗紋，表示它的身體。這個時期這類鳥的身體下面往往還有頭向上的小龍（圖 22），鳥足抱住龍的身體。

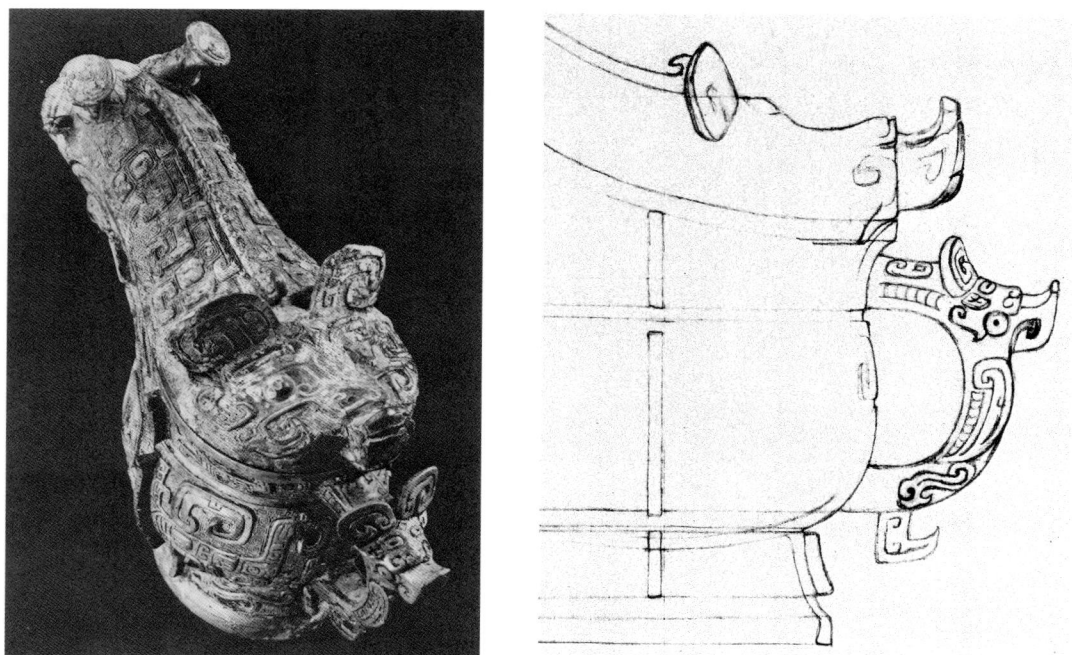

圖 21　匜鋬上的犧首與鳳　Musée Guimet-Paris

匜鋬上的這種紋飾的母題和上項討論的卣的不同點不僅在於以上所説的動物頭部的特徵，還在於眼睛的有無。匜鋬上的鳥有眼睛，不能説像卣上的鳥一樣被面具罩住臉。鳥頭上的動物張開嘴巴，好像想要吞噬鳥頭似的。另外也有如圖 23 那樣的例子，動物的上下顎根本沒有罩住鳥頭，看起來像是吐出鳥的樣子。

然而筆者認爲，這些鳥也和圖 19 卣相同，頭上戴着羊角形角動物的面具。其理由如下：具有這種鋬的匜，器蓋中位於鋬上面的部分經常裝飾很大的獸面，其造型與卣蓋上的獸面一樣，在鼻子前面有鈎形鳥喙。圖 21 是其中一例[112]。匜蓋裝飾的這種獸面乍看起來像與卣蓋同樣是饕餮，但仔細觀察就能發現，額頭上沒有箆形裝飾。按照我們的定義，這是低等級的“物”[113]。如上所述，卣蓋上裝飾的、鼻子前面有鳥喙的饕餮（圖 3）是戴着饕餮面具的鳳，這隻鳳的身體被省略，只有鳥喙被保留。如果這個解釋不誤，匜蓋上裝飾的獸面雖然在定義上是低等級的“物”，但既然其造型與卣蓋上的饕餮這麼相似，那麼也只能理解爲戴着“物”的面具的鳳之省略形。鼻子前面有這種鳥喙的羊角形角動物的圓雕，在商晚期Ⅲ的有肩尊、罍等器物上比較多見（圖 24）。其中有些例子雖然在鋬上沒有鳳的翅膀、足等部位，但羊角形角動物鼻子前面的嘴巴的後面有鳥目，如圖 25 的商晚期Ⅱ罍。這是一個過渡型式的例子，這個例子能够證實筆者的解釋。

圖 22　匜鋬上的犧首與鳳　白鶴美術館

圖 23　匜鋬上的犧首與鳳

Fogg Art Museum, Harvard University, Bequest-Grenvill L. Wintrop

[112] 此外還有如下幾例。商晚期ⅢA：White 1956, Pl. 5；陳、松丸 1977，A663；梅原 1951，8。商晚期ⅢB：瀧、内藤 1919：2，94；d'Argencé 1966, Pl. 20；陳、松丸 1977，A660；A661。西周ⅠA：梅原 1959—1962：3，262；3，263；3，264；梅原 1961，2；Trübner 1929，46—49；梅原 1959—1962：3，261。西周ⅠB：陝西省考古研究所等 1980，圖版 14。另外，商晚期Ⅱ的器物中有兩個現在我們正在討論的部位呈鷗鵰頭形的例子（梅原 1961，1；陳、松丸 1977，A650）。也有幾個例外：陳、松丸 1977，A662，位於鋬處的鳥上的動物是頭戴菌形角的犧首，蓋上的饕餮戴羊角形角；Pope, Gettens, Cahill and Barnard 1967, Pl. 45，鋬處的鳥上的動物具有尖葉形耳朵，蓋上的動物的角成爲身體扭曲的魚。

[113] 管見所及，蓋上裝飾的獸面是額頭上戴箆形裝飾的饕餮的例子只有上注引用的陳、松丸 1977，A662。

圖24　疊耳上裝飾的鼻尖上有嘴巴突出的
犧首　根津美術館

圖25　斝鋬上裝飾的鼻尖上有嘴巴
突出的犧首　根津美術館

　　當時的人應該知道，上文討論的卣、在此討論的匜蓋，以及母題相同的所謂犧首等是戴着饕餮或低等級"物"的面具的鳳之省略形。既然他們在匜蓋下面的鋬上也施加了與蓋同樣的"物"和鳳緊貼在一起的紋飾，我們無法想象這個裝飾的母題與匜蓋完全不同。

　　我們剛剛指出，匜鋬上的鳳和鳳頭上的"物"的關係，并不是鳳頭上的"物"咬住或吐出鳳，而是與所謂鴟鴞卣相同。圖26是根津美術館所藏的盉，其盉鋬給我們提供一個旁證。此鋬與上引圖22匜的鋬相同，其造型是腹下抱住小龍的鳳。此鳳連眼睛也沒有露出，嘴巴的後面就有羊角形角的獸面。但這個獸面比較特殊，不是饕餮的臉，而很像是人面。無論如何，鼻子前面有鳥喙突出這一點與圖19鴟鴞卣相同，這個造型根本無法看作這個獸面的動物咬住或吐出鳳的樣子。這個例子表明，上引圖21匜鋬的鳥不是用面具完全罩住面目，而是像圖20杆頭裝飾的人頭一樣把面具戴在頭上，露出臉和眼睛。

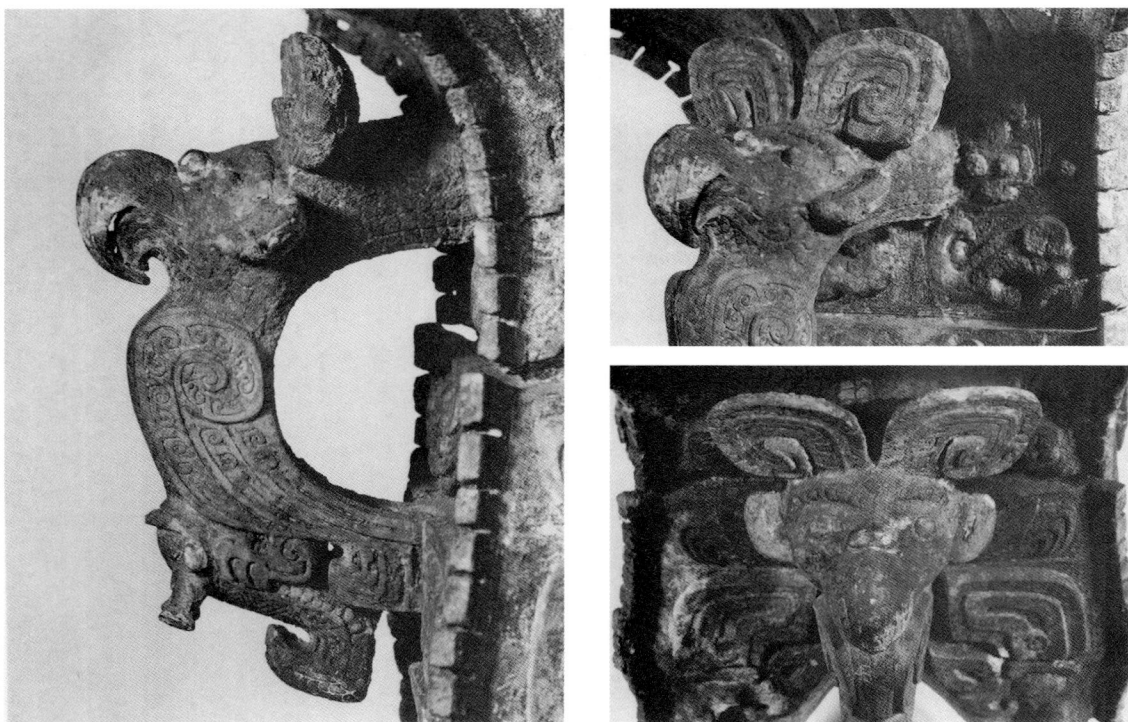

圖26　盉鋬上的戴着人面具的鳳凰　根津美術館

　　通過以上分析發現，像所謂犧首那樣的低等級的“物”在匜鋬等部位扮演像饕餮一樣的角色，而且在匜蓋上占據很大的面積，其樣子與饕餮很容易相混。那麼像饕餮這種高等級的“物”和低等級的“物”究竟是什麼關係？

　　安陽侯家莊 1004 號墓出土的所謂牛鼎和鹿鼎爲這個問題的討論提供很有力的綫索。圖 27a 是鑄在鹿鼎内底的圖像符號，其形狀與甲骨文“鹿”（圖 27b）相同，可見這件鼎是叫鹿的氏族鑄造的。這件鼎四根柱足上部裝飾所謂犧首，它擁有鹿的長嘴，額部有菱形裝飾（圖 27 左 c）；四面腹壁裝飾額部加筐形裝飾的大型的鹿頭形饕餮（圖 27 左 d）。也就是説，這些圖像符號、所謂犧首和饕餮都以鹿爲母題。我們對此只能如此解釋：這件鼎作器的器主名叫鹿，小型鹿頭 c 是這個鹿族的神即“物”，額部的菱形裝飾表示它不是自然界中真實存在的動物[114]；腹壁上裝飾的鹿頭 d 額部有筐形裝飾，其待遇更高，是等級比小型鹿頭更高的鹿族之神。

　　對圖 28 的所謂牛鼎也可以做同樣的解釋。圖 28a 是鑄在這件鼎上的圖像符號，其形狀與甲骨文“兕”（水牛）相同，可以釋爲兕。這件鼎四根柱足上部的小型水牛頭（圖 28 左 c）和腹壁的水牛角饕餮（圖 28 左 d）下顎向外彎曲，不像兕形圖像符號那樣把嘴巴寫得真實。這是這個時代的饕餮和犧首的固定表現形式，這一點與上引的鹿鼎有區别。

　　小型的水牛形“物”和大型的水牛形饕餮的例子，除此之外還有幾例。圖 29 是西周ⅠB 罍耳上裝飾的水牛角犧首，在頭部兩側即罍的肩部用圓雕的方法表現其身體，屈前腿，伸後腿，是正要站起來的樣子。與此相應的饕餮見於圖 30 卣上。器腹和器蓋紋飾相同，這個紋飾也在頭部外側有身體，屈前腿，伸後腿。這件卣的紋飾表現方法和器側的曲綫很有特色，圖 31 壺具有同樣的特徵，裝飾的饕餮也與卣相同，但没有水牛的身體，其形狀是很常見的饕餮那類。不管怎樣，這種很特殊的具有身體的水牛形紋飾中也有低等級的小型“物”和高等級的大型“物”饕餮的對應關係。

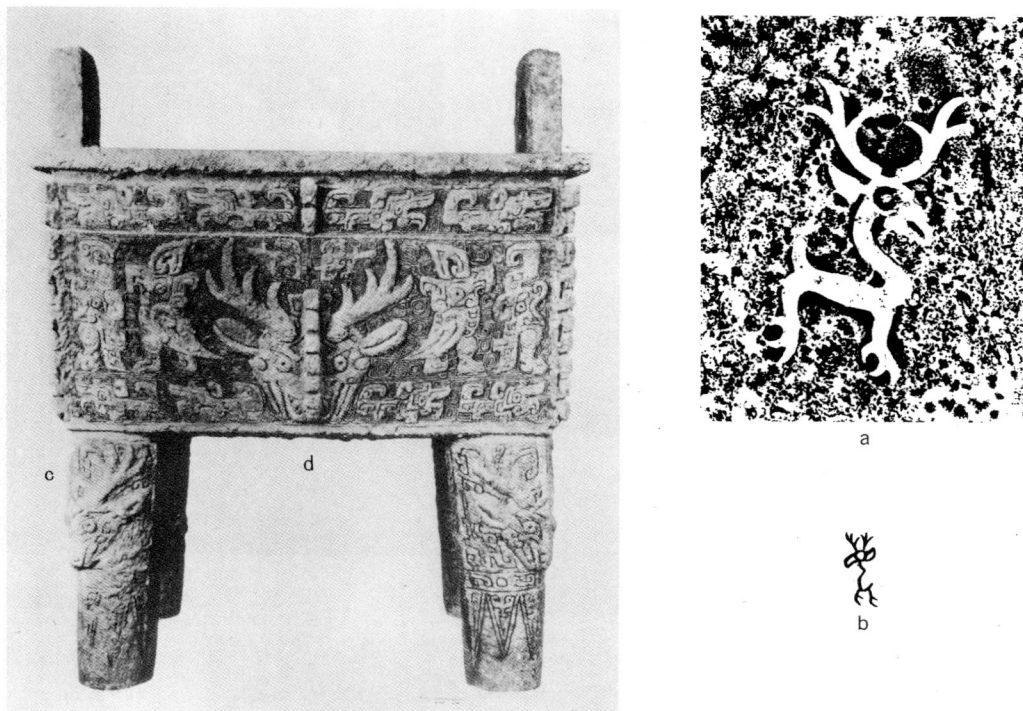

圖 27　鹿鼎和銘文、甲骨文“鹿”　　中研院歷史語言研究所

[114]　筆者認爲這種菱形裝飾源自揚子鰐的頭部後面成排的鱗片，具有與雷、雨有關的象徵意義。參看林 1983：554—557。

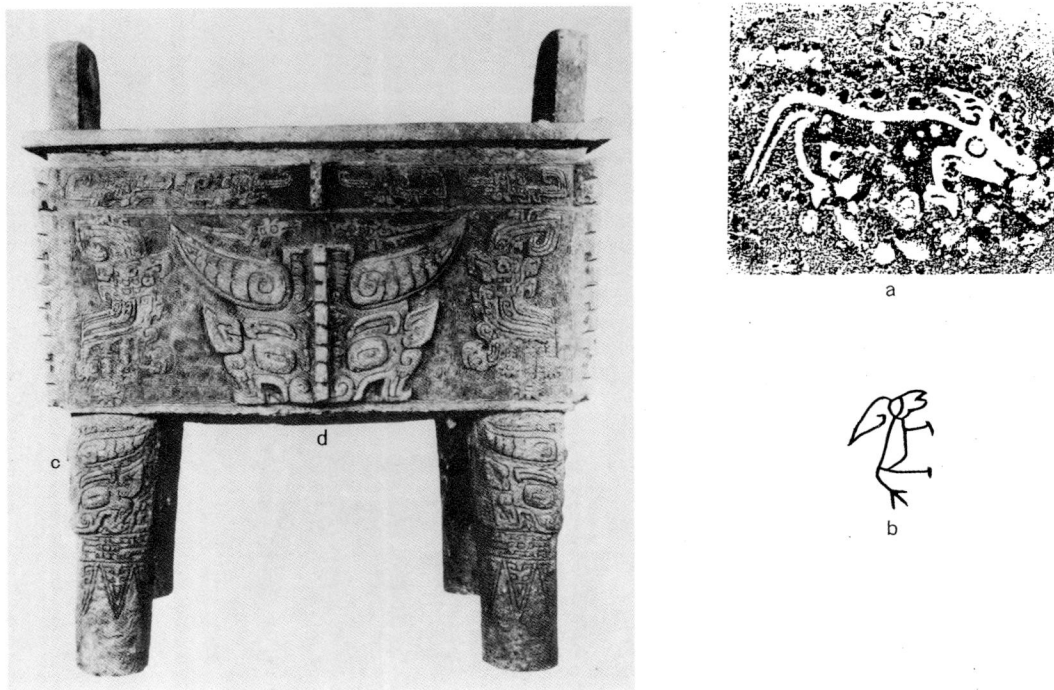

圖 28　牛鼎和銘文、甲骨文“兕”　　中研院歷史語言研究所

　　附帶講一下，我們在上文比較圖 3 卣的器腹和器蓋的紋飾，説明只有頭部的饕餮是頭部兩側具有身體的饕餮的簡略形式。圖 29 的例子暗示，這一點所謂犧首——即等級比饕餮低的“物”——也相同。所謂犧首的兩側具有身體的例子確實也見於其他種類的犧首，如圖 32 的虎頭犧首、圖 33 的羊角形角犧首等[115]。此外，用於卣提梁下端的犧首也是其一例。這種犧首頭上戴菌形角，以百步蛇爲原型[116]，鼻尖的形狀像船頭。商晚期 II，這種犧首在頭部後面具有菱形和三角形花紋的身體，如圖 34。這個形狀的頭的圖像經常用在匜蓋中靠流的位置，有時具有相同花紋的蛇身，有時則没有，占據了很大的面積[117]（圖 21）。

　　我們相信，以上討論證明，所謂犧首，所象的不是想象動物的游離的頭部，而是兕、虎等具有身體的真實動物的簡略形式，用這些動物的頭部代表以它們爲名的氏族之“物”。這些動物的額部都有菱形裝飾，説明它并不是單純的動物，而是以這個動物爲原型的一種神靈。如果讓這個頭再放大，在額部加箆形裝飾，并且放在高級的位置，它就成爲所謂饕餮。反過來説，所謂犧首是比饕餮低一級的東西。正是因爲如此，犧首比其他的“物”威風，左右帶着作爲隨從的其他的“物”，自己則占據青銅器紋飾帶正中間的位置，用很顯眼的圓雕形式表現，或用在把手上端的很顯眼的地方。本項開頭引用的匜的把手上，犧首像饕餮＝上帝那樣蓋在鳳的頭上。筆者認爲，這種小角色的犧首之所以能如此，是因爲這類“物”的地位比其他的“物”高一級。

---

[115]　此外，容庚 1934：134 的簋*裝飾菌形角犧首，此犧首具有鱗紋的身體，還有前腿和後腿。

[116]　林 1983：557—559。

[117]　商晚期 II：Karlgren 1952, Pl. 46—47；中國社會科學院考古研究所 1980，圖版二六，1；圖版二六，2；圖版二七，1；圖版二七，2；Loo 1940, Pl. 13, no. 17。商晚期 IIIA：White 1956, Pl. 5；梅原 1959—1962：3，260；梅原 1933：2，45；2，147；Pope Gettens, Cahill and Barnard 1967, Pl. 7；Loehr 1968, no. 34；戴尊德 1980，圖版柒，1、2。商晚期 IIIB：瀧、内藤 1919：2，94；陳、松丸 1977，A660；A662；d'Argencé 1966, Pl. 20；Yetts 1939, 13。

---

*　譯按：此信息恐怕有誤。“容庚 1934”指《武英殿彝器圖録》，但 134 葉所載的不是簋。此書只收録 100 件器，此 “134” 也不可能是第 134 器的意思。

圖 29　具有身體的水牛角犧首

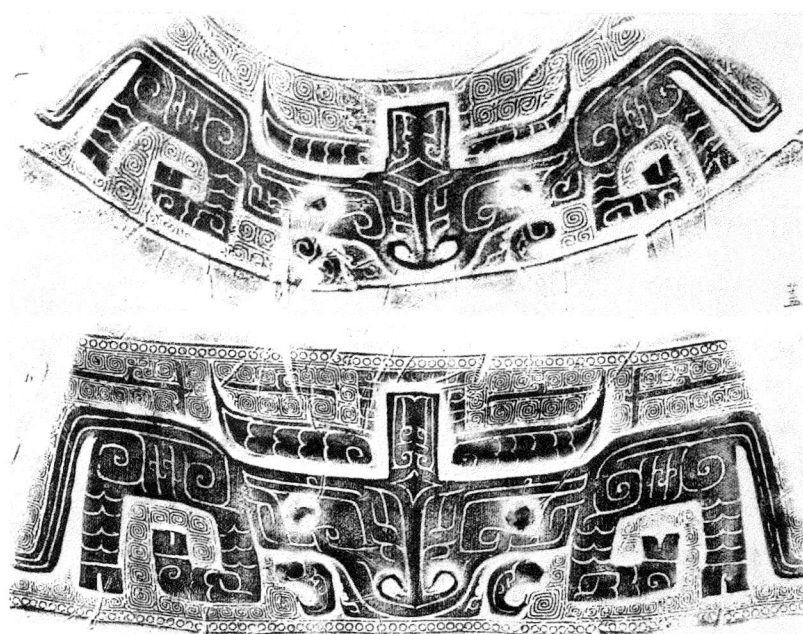

圖 30　具有身體的水牛角饕餮

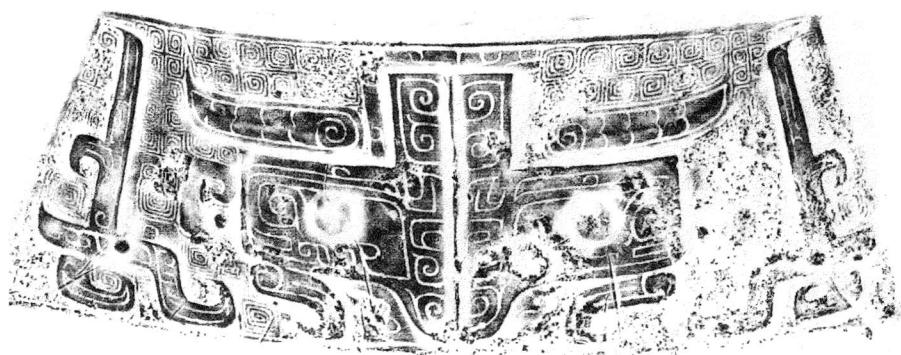

圖 31　水牛角饕餮，壺　Courtesy of the Trustees British Museum

圖 32　具有身體的虎形犧首，卣　Honolulu Academy of Arts

圖 33　具有身體的羊角犧首，有肩尊　根津美術館

圖 34　具有身體的百步蛇形犧首　白鶴美術館

第四節　饕餮圖像的系譜

一　從河姆渡文化的太陽神到山東典型龍山文化的鬼神像

接下來討論商代饕餮的由來。筆者曾對饕餮額部的篦形裝飾加以探討[118]，認爲饕餮的篦形裝飾的由來可以上溯到河姆渡文化的太陽和鳥的組合圖像[119]。其後進一步分析相關資料，認爲饕餮圖像的整體是從河姆渡文化的太陽和鳥的組合圖像演變而來的。下面對此加以説明。

根據碳十四年代測定，浙江省河姆渡文化的年代是公元前5000年左右[120]，這個遺址出土的遺物中有一支骨匕，柄上刻着圖35的花紋。一對鳥背對背，背部成爲一個發出光芒的圓形，圓形上面有三尖形，三尖形上加幾條細竪綫。此外還有一件象牙板，上面刻着圖36的花紋。雙鳥昂首，脖頸交叉，交叉點成爲同心圓形，圓形上方有火焰狀物。具有輻射綫的圓形應該是某種天體；這個圓形的上方有三尖形或向同一方向收束的東西，它們當是日全食時可以看到的日冕[121]；既然如此，這個天體只能是太陽。如果這個解釋不誤，這些圖像當是雙鳥服侍的太陽神的圖像[122]。

河姆渡文化遺物中還有一種叫蝶形器的木製品，如圖37、38。中間有細長的梯形脊，左右兩側是鳥的胸像，有喙。圖38蝶形器相當於眼睛的地方有圓孔，此處可能鑲嵌某種東西。這些蝶形器雖然中間沒有圓形，但表現的應該是圖35的鳥。這些器是否另有圓形部分可以安裝，目前無法確定。圖39是進一步簡化的型式，其形狀更符合蝶形器這一名稱，有一個很大的圓形眼睛，其位置與圖38相同。這個遺址還出土過石製蝶形器（圖40）[123]。

圖41是出土地不明的玉器，這當是像圖39那種器物規格化的東西。相當於眼睛的圓形移到翅膀的正中間，開始失去圖38、39器所具有的鳥目這一原來的意思。它雖然還保留着中間的梯形脊，但其形狀變成了上寬下窄的倒梯形。左右兩側下角刻劃渦紋，與圖40器這個位置的缺口相對應。河姆渡的

---

[118]　瓦特培里也曾關注這個篦形裝飾（Waterbury 1942：36），説亨采（Hentze）認爲它源自蟬形，普里斯特（Priest）認爲它源自鴞，但瓦特培里認爲無法確定其來源。

[119]　林1981a。

[120]　關於河姆渡文化，參看浙江省文物管理委員會1977*、河姆渡遺址考古隊1980。附帶講，河姆渡文化發現於浙江省余姚縣，遺址位於錢塘江、杭州灣南岸地區。下文引用太湖周邊地區的古文化，認爲它與河姆渡文化有關係，但兩者在地理位置上有些距離。姚仲源1980根據桐鄉羅家角遺址發現的資料，認爲太湖周邊地區的古文化中存在與河姆渡文化并行而且密切相關的羅家角類型。到目前爲止，羅家角類型文化的遺物中沒有發現與在此討論的河姆渡文化遺物相對應的器物。但我們根據這兩個文化之間的密切關係，討論河姆渡文化遺物和太湖周邊地區時代較晚的文化遺物之間的關係。

[121]　形狀與圖35中的三尖形相似的日冕見於齋藤1982，圖11日冕照片的左下方；與朝一個方向的幾個突起相似的日冕見於同書圖34的素描圖。

[122]　這些圖像中的鳥喙，尤其圖35的鳥喙彎曲很大，此鳥似是猛禽，不能看作後世的太陽之鳥。雖説如此，但至少應該可以説它們是《山海經》所載傳説的最古老的原型。也就是説，《山海經·大荒東經》云：曾經有十個太陽，每個太陽輪流出來，都被載在鳥鴉身上（"大荒之中有山，名曰孽搖頵羝，上有扶木……一日方至，一日方出，皆載於鳥"）。有學者認爲，《楚辭》所説的太陽乘着羲和駕駛的馬車在天上行走的傳説是後來興起的説法（管東貴1962：293—294）。因爲馬車的出現不早於公元前兩千年，此説自然是晚期才有的。

[123]　布法羅科技博物館藏品中有一件形制與此相似的黑色軟玉製品（Hartman 1975, no. 26），但它和在此討論的蝶形器的關係目前不明。

---

*　譯按：浙江省文物管理委員會1977不見於引用文獻目録，疑是"浙江省文物管理委員會、浙江省博物館1978"之誤。

木製或石製蝶形器背面有特殊裝置，蝶形器用它可以安裝在其他物品上，而圖41器下端有榫。

圖41器中間的梯形脊與河姆渡的蝶形器上下相反，但下引的良渚文化遺物連這個部分都沒有。與此相比，可以說圖41器還保留古老的型式。此外，這件器的眼睛是雙層同心圓，沒有眼白，這一點也與良渚文化的遺物不同，而與圖42的吳縣張陵山出土玉鐲相同。這件玉鐲出土於張陵山上層墓葬（四號墓），此墓屬於比良渚文化早一個階段的張陵山類型。我們不能確定圖41器是否屬於張陵山類型，但可以推測它的製作年代早於良渚文化。

圖43是江寧昝廟遺址出土的良渚文化玉器。它屬於圖41的譜系，但眼睛具有良渚文化的典型特徵，呈不對稱的圓角菱形，兩眼中間沒有中脊綫，由雙眼和嘴巴構成臉。這件玉器的下邊也有安裝在其他物品上用的榫。其他的良渚文化遺址也出土過形狀與此相類的玉器，但沒有眼睛和嘴巴（圖44）。此外還有幾個缺少出土信息的例子（圖45—47）。這些玉器上邊的中間都有較淺的缺口，缺口的中間有一個小突起。這個部分應該與河姆渡蝶形器及圖41梯形器的梯形脊相對應。

圖47是這種倒梯形器的典型例，邊綫都呈稍微向外彎曲的曲綫。良渚文化中有使用這種曲綫構成的符號，如圖49，這是玉鐲外表上綫刻的符號。上半部是把圖47向左右拉長的形狀，眼睛像圖41一樣在兩翼中間。此外，正中處刻很大的圓形，這可以證明我們把蝶形器和倒梯形器視爲圖35太陽神形象的後裔是正確的。圖49兩翼下方靠近根部的地方有缺口，這個缺口與圖40石製蝶形器下邊的缺口、圖41蝶形器這個位置的渦紋相對應。這個符號的中部變細，長出一對枝條，下部的形狀像大樹的根部。

圖48是良渚文化玉璧上刻劃的符號[124]，下半的盾形裏面靠上的位置有一個符號[125]，它雖然表現方法不同，但應該是上文所講之物的圖像。中間有圓形，兩側有伸出的羽翼狀物。此羽翼狀物乍看起來與圖49不同，但仔細比對就可以知道，這個圖形是把圖49羽翼的上下角以及根部的突起極端地拉長而做的。中間的圓形上面有三尖形，與圖35河姆渡太陽圓盤上面的三尖形很相似。圓形下面有樹根狀物。

綜上所述，圖41以下的倒梯形器可以理解爲圖49有翼形符號上半部分的簡化表現。倒梯形器的下邊都有安裝在其他物品上用的榫。我們推測，當時還另外製作如圖48、49符號下半部分那樣上窄下寬的底座，把倒梯形器安裝在這個底座上，兩者一起使用。

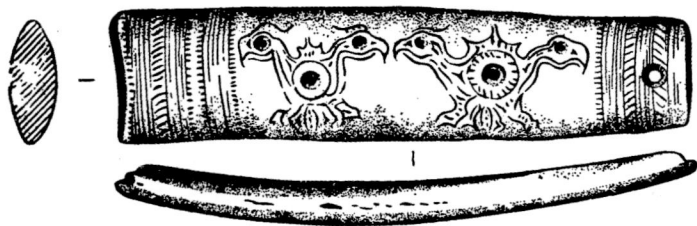

圖35　河姆渡文化的雙鳥和太陽的圖，骨質匕柄

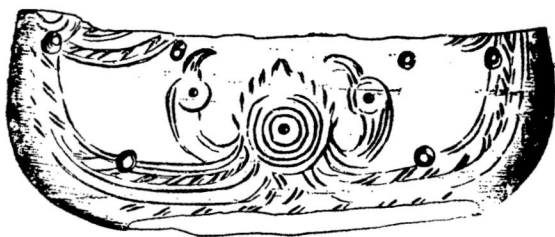

圖36　河姆渡文化的雙鳥和太陽的圖，象牙質板

〔124〕　南京博物院 1962*：26—27、29、34—35。

〔125〕　關於這件玉器上的符號的年代，筆者曾經把它和良渚文化陶器的刻紋進行比較，探討它屬於什麼時代（林 1976：17—18）。

＊　譯按：南京博物院 1962 不見於引用文獻目録，疑是 "南京博物院 1982" 之誤。

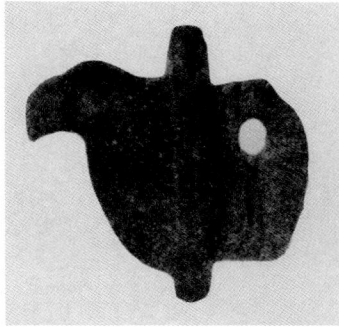

圖 37 河姆渡文化的木製蝶形器

圖 38 河姆渡文化的木製蝶形器

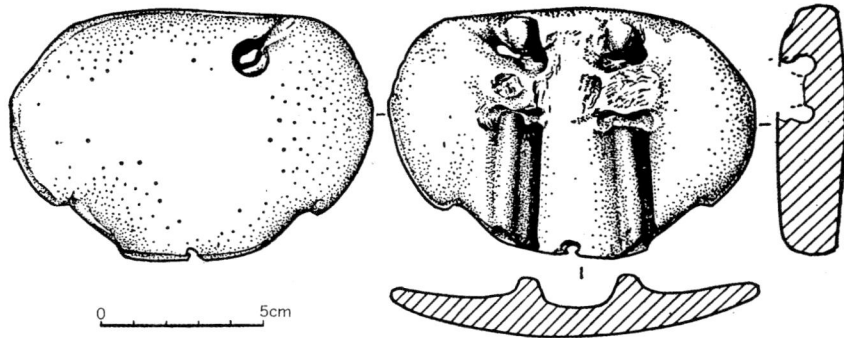

圖 39 河姆渡文化的木製蝶形器

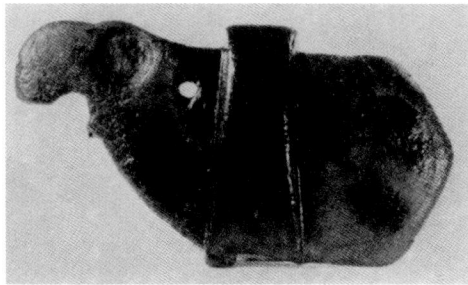

圖 40 河姆渡文化的石製蝶形器

圖 41 型式比良渚文化更古老的玉製倒梯形器

Fogg Art Museum, Harvard University, Bequest –

Grenville L. Winthrop

圖 42 張陵山類型的陽起石製玉鐲

吳縣張陵山，南京博物院

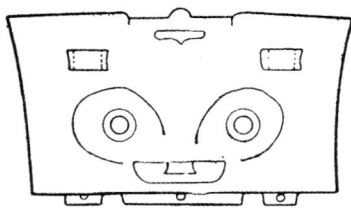

圖43　良渚文化的玉製倒梯形器　江寧昝廟

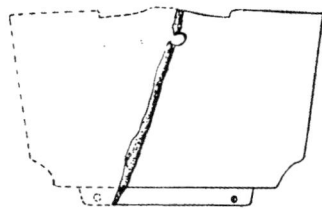

圖44　良渚文化的玉製倒梯形器　武進寺墩

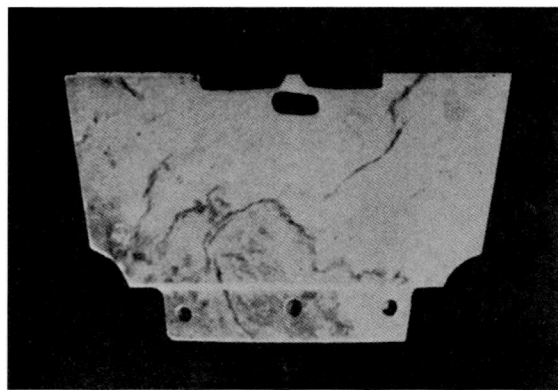

圖45　良渚文化的玉製倒梯形器

圖46　良渚文化的玉製倒梯形器　Courtesy of the Freer Gallery of Art, Smithsonian Institution, Washington D. C.

圖47　良渚文化的玉製倒梯形器　Courtesy of the Freer Gallery of Art, Smithsonian Institution, Washington D. C.

圖48　良渚文化玉璧上刻劃的符號

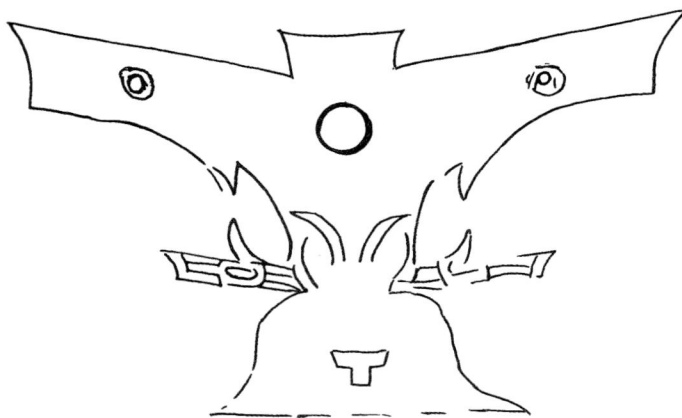

圖49　良渚文化玉鐲上刻劃的符號

　　良渚文化遺物中，除了倒梯形器以外，還有另一種器物可能來自河姆渡文化的太陽神。那是筆者所謂尊形器的東西。圖50是其一例，器形呈山字形，器體中間有臉。根據圖43類推，此臉的形狀應該來自圖36雙鳥尾羽上翹的太陽神形象。雙眼之間有略尖的三尖形，暗示此臉的由來。圖51

器眼睛畫得較爲粗率，與上引的良渚文化遺物略有不同，但表現的應該是同一種圖像。額部中間有如圖 41 一樣的具有雙眼的倒梯形器，由此輻射出大量光芒，呈〰狀。這個圖像用這種形式表示，其下方的臉具有上引倒梯形器所代表的太陽神的特性。圖 52 也可以說是同一類器物。雖然磨損嚴重，但仍能看出雙眼。器物上邊的形狀與圖 45 的倒梯形器上部的形狀一致——中間有橢圓形孔，上方呈〰形，兩側有方形突起，這是把倒梯形器插在上邊的形狀。如此看來，圖 51 器把很小的倒梯形器畫在臉的上方，而這件器把它大大地刻在臉的上邊。這件器像倒梯形器一樣下邊有榫，可以安裝在其他物品上。

　　綜上所述，河姆渡文化中有一種圖像，一對頭朝外的鳥支撐圓盤形的太陽，這是太陽神。這個太陽神的圖像在其 1000 多年後的良渚文化中變成了倒梯形器；有時在倒梯形器上還畫了由大眼睛和嘴巴構成的臉；有時則變成另一種圖像——以中間的圓形爲中心，兩側伸出羽翼的圖像。河姆渡文化的圖像中，太陽的上面有火焰。這個火焰在良渚文化的圖像中也被保留，表明它是太陽神。河姆渡文化的太陽神有時被一對頭朝內的鳥支撐，這種圖像也在良渚文化中變成由大眼睛和嘴巴構成的臉。臉上畫三尖形或額部上方畫倒梯形，這個圖形代表太陽神的特性。

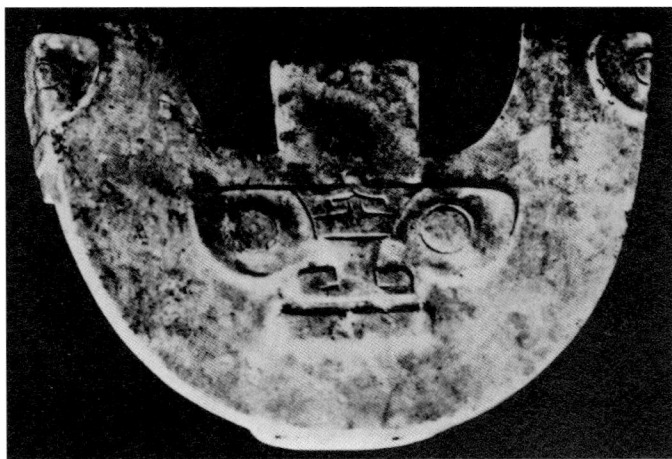

圖 50　良渚文化的玉製弯形器

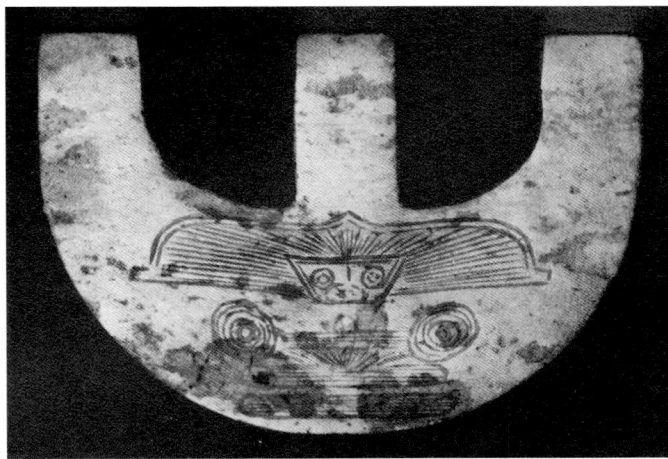

圖 51　良渚文化的弯形器

Dr. Arthur M. Sackler Collection, New York

圖 52　良渚文化的玉製弯形器

Courtesy of the Trustees of the British Museum

圖 53　良渚文化的刻劃兩種臉的玉鐲

Fogg Art Museum, Harvard University,

Bequest – Grenville L. Winthrop

　　就目前可知的資料而言，山東典型龍山文化的鬼神圖像與以上介紹的良渚文化玉器上的太陽神圖像密切相關。兩者并不是各自獨立存在的，在某段時期并行存在，而且互相影響。不止如此，從起源上追溯，兩者間存在某種繼承關係。其具體情況如下。

　　根據碳十四年代測定，長江下游的良渚文化的年代大致是公元前2700—前1900年[126]，而以山東爲中心的典型龍山文化的年代大致是公元前2400—前1900年[127]，兩者在年代上有不少重合的地方。我們目前能够利用的相關資料是玉器，玉器的製作使用在長江下游發達很早。例如早於良渚文化的張陵山類型[128]，出土遺物中除了素紋玉環、玉鐲、垂飾、小玉、玉瑗、玉觽等外，還有施加雕刻的玉琮（圖42）、蛙形或人頭形的佩玉等，可見玉器的製作非常盛行。據分析，這些玉器的質料是透閃石、陽起石和瑪瑙等，其產地是江蘇、浙江、安徽一帶[129]。另外，南京博物院1978云[130]：

　　　　雖然江北花廳期（引者注：即該論文所謂的第四期，與江南的張陵山類型相當[131]）也出土過少量的玉飾件，但上述璧、瑗、短筒形鐲等，却出土在較晚的景芝鎮墓葬中（屬江北六期）；另外，從張陵山下層（崧澤類型）開始出現，上層仍繼續存在的朱色（間用黄色）寬帶紋爲主的彩繪陶器，未見於江北的花廳類型，却在大汶口晚期墓葬和三里河下層墓（引者注：根據碳十四年代測定，年代是公元前三千紀初期到中期）發現了類似的彩繪陶器。這些現象頗耐人尋味，似乎説明這些因素在南方生産較早，而傳播到北方地區時間已較晚了。

可見公元前四千紀末到前三千紀初之間，長江下游太湖周邊地區玉器的製作技術非常發達，其玉器製作的文化傳播到了江蘇省北部和山東省南部。

　　圖54—56是刻劃鬼神頭像的石器和玉器，筆者曾經把其表現技法與黑陶的刻紋進行比較，指出它們是山東典型龍山文化的遺物[132]。刻劃這種臉的石器和玉器有時在正面和背面分別刻不同的臉，在此引用了一些這種例子。圖54的石器不很清楚，圖55、56是典型的例子。一面刻的是眼睛像人一樣有眼白的臉，另一面刻的是只用雙層同心圓表現眼睛的臉。值得注意的是，後者的嘴唇都像兔子嘴一樣，上嘴唇中間很尖[133]。再看上引圖42張陵山四號墓出土玉鐲上所刻的鬼神，也是雙層同心圓的眼睛、兔嘴狀嘴唇。圖54是石器上刻的臉，雙目之間用短綫連起來，這一點與圖42相同。這表明，山東典型龍山文化玉器上所刻的臉承襲着年代上遠早於龍山文化的張陵山類型的表現技法。有了這個例子，上引南京博物院1978的説法更加具有説服力。

　　以上關注的是良渚文化和山東龍山文化的鬼神臉在細節上存在的一致性。其實不止如此，兩者在

---

〔126〕　黄宣佩1979：129—130。

〔127〕　伍人1982，56頁表。

〔128〕　根據碳十四年代測定，張陵山類型的年代上限在公元前3310±135年，與仰韶文化晚期相當（南京博物院1978：53—54。此文説“下限”，似是“上限”之誤）。因此可以説，張陵山類型的年代在公元前四千紀末到三千紀初。

〔129〕　南京博物院1982：28—30、34—35。

〔130〕　南京博物院1978：56。

〔131〕　參看南京博物院1978，15頁*所載的表。

〔132〕　林1979a。

〔133〕　Dohrenwend 1975, Pl. 5, fg. 13。

---

*　譯按：此頁碼信息當有誤。南京博物院1978年刊登在《文物》1978年第4期的第46—57頁，第15頁的内容與長江下游的新石器時代文化毫無關係。第54頁所載表格説明江南青蓮崗文化和江北青蓮崗文化分期的對應關係，林先生此處要引用的似是此表。

整體結構上也一致。圖 55、56 中，一張臉具有像人一樣有眼白的眼睛，露出獠牙。此外有只刻着這種臉、另一面不刻另一種臉的例子（圖57），也有半圓雕的例子（圖58、59）[134]。這些臉有共同特徵，頭部兩側有形狀對稱的突起。這些突起前端很尖，向內彎曲，下方有兩個（或一個）彎曲的突起。這個突起是什麼？筆者認爲這個突起的起源可以追溯到圖48、49 的向外伸出的羽翼狀物。這些羽翼狀物下方有兩個突起，這兩個突起構成向內彎曲的邊綫，這個特徵與山東玉器鬼神頭側伸出的突起基本相同。但兩者也有不同點，良渚文化的圖像用單純的綫條構成，而山東龍山文化的圖像則使用像藤蔓那樣的極爲彎曲的曲綫。

　　知道了這一點，再看現在討論的山東龍山玉器的整體形狀，就能發現這個圖像是在良渚文化有翼符號的輪廓裏面畫臉形成的。也就是説，縮小圖48 和49 良渚符號的羽翼部分，并把上部的倒梯形部分和底部的大樹樹根部分拉扁，擴大中間的空白部分，在這個地方畫臉。如上所述，良渚文化的倒梯形器是把圖49 有翼符號上部的寬度縮短而形成的，并像圖49 的符號那樣，安裝在用木或其他什麼東西做的底座上使用。有些倒梯形器上還刻着臉，如圖43。這個臉只有眼睛、眉毛和嘴，而山東玉器上的臉再加上從頰到下顎的輪廓綫、戴着耳環的耳朵等，表現得更加真實。

　　圖55、56 玉器中，圓目的臉和有眼白的眼睛的臉成爲一組。雖然形式不同，但這種組合的來源也可以上溯到良渚文化。圖53 的玉鐲上，良渚文化特有的帶圓角菱形眼的臉和帶同心圓眼——其實左右兩端略尖，因此嚴格地説，是同心圓狀的眼睛——的臉交錯排列。也就是説，圖55、56 玉器中分別刻在正反兩面的兩種臉，雖然以左右并列的形式，但也一起出現在良渚文化的玉鐲上。但這些兩種一組的臉具有什麼特性？至今沒有找到解決問題的綫索。

　　如此看來，長江下游太湖周邊地區發達的玉器文化，似乎連同玉器上所刻的鬼神一起傳播到江蘇省北部及山東省南部。弗利爾美術館所藏的玉環不僅刻着山東土著符號，而且在玉環外側的與此相應的位置刻着可以追溯到長江下游地區河姆渡文化的歷史悠久的符號。筆者曾關注這件玉環，據此設想兼并這兩個世界的存在[135]。如上所述，良渚文化的鬼神保留有翼形符號的整體形狀，隨着玉器傳播到山東。綜合這兩件事考慮，我們更加有理由認爲，這位兼并者似乎是在太湖周邊地區居住的人。

圖 54　山東典型龍山文化石斧的鬼神臉　　日照兩城鎮

〔134〕　類似的例子還有 Dohrenwend 1975, Pl. 2。
〔135〕　林 1981a：32。

圖 55　山東典型龍山文化的鬼神臉玉

National Museum of American Art, Smithsonian Institution, Gift

of John Gellatly (Courtesy of the Arthur M. Sackler Gallery,

Smithsonian Institution)

圖 56　山東典型龍山文化的鬼神臉玉

National Museum of American Art, Smithsonian Institution, Gift

of John Gellatly (Courtesy of the Arthur M. Sackler Gallery,

Smithsonian Institution)

圖 57　山東典型龍山文化的鬼神臉玉

National Museum of American Art, Smithsonian Institution, Gift

of John Gellatly (Courtesy of the Arthur M. Sackler Gallery,

Smithsonian Institution)

圖 58　山東典型龍山文化的鬼神臉玉

Courtesy of the Trustees of the British Museum

圖 59　山東典型龍山文化的鬼神臉玉

Asian Art Museum of San Francisco, Avery Brundage Collection

　　附帶説，山東龍山文化的遺物中還有與圖 55—57 等有眼白眼睛的鬼神相似的圖像，如圖 60。頭部後面有由幾條曲綫組合而成的羽翼狀物，這一點與上引圖的正面形相似。此外，嘴下有曲綫表示下顎，其下還有橫綫，此橫綫與圖 57 玉器的下邊綫相對應。但頭後部披垂長髮，嘴是普通的人嘴，没有露出獠牙，這幾點與圖 55—57 不同。比較圖 60 和圖 61 玉器中間的正面頭像，可以知道圖 60 頭上的東西并不是倒梯形器，而是修剪好了的短髮。圖 61 頭像的頭側部也有長到肩旁的頭髮。據此可知，圖 55—57 的頭像没有頭髮，并不是由於頭髮在頭部後面見不到，而是本來就没有。

　　圖 62，同樣髮型的頭像上有一隻大鳥，展開翅膀，具有鈎曲的猛禽喙。圖 63 的玉器也刻着同一個母題的紋飾，但大鳥作側視狀，大鳥翅膀上站立着小鳥。與這個例子相比較，可知圖 62 大鳥翅膀上的紋飾似乎也是小鳥。這兩例圖像頭部後面没有羽翼狀物。這類玉器被學界稱爲鷹攫人首佩，但此鳥既不是在飛翔，也不是要飛起來，而是站在人頭上。此外，被稱爲鷹攫人首佩的玉器還有圖 64。但照片不清晰，無法辨認出“人頭”。這種展開一半翅膀、昂首的鳥亦裝飾在圖 65 的玉斧上，其另一面裝飾鬼神圖像。這件玉器上的鳥和鬼神似乎是對等關係，其特性可能與圖 62、63 不同。以上引用的披垂長髮的人頭像與上引的頭上戴倒梯形器的鬼神有所區別，因此不把它們放在討論範圍之内。

　　上引的圖 55—59 與良渚文化的遺物相比，人面的因素比較多一些。但山東龍山文化遺物中也有與良渚文化遺物差不多的、只有眼睛引人注意的一類。上引的日照出土石斧（圖 54）是其一例。仔細觀察該圖右邊的不是兔嘴的圖像，可以發現其上部三分之二的輪廓承襲着圖 48、49 符號的傳統。最上面有平屋頂狀的三尖形，其下兩側有羽翼狀物，中間有眼睛，其下是平底底座。圖 48 和圖 49 的玉器，只有從兩側伸出的羽翼狀物用小枝突出的羽毛形表示，最上面的倒梯形和下面的底座呈幾何圖形。圖 54 則與此不同，這兩個部位也被畫成羽毛形。

　　圖 66 是温索甫（Winthrop）搜集的一件玉斧的刻紋。最上面有三尖形，其下兩側有上下兩層的羽翼狀物，最下面的底座部分是用小枝向上突出的羽毛形表現。底座具有三層結構。眼睛有一個特徵，眼尾呈卜字形。雙目之間用短綫連起來，其下有兔嘴狀小嘴，這一點與圖 42、54 相同。頭部中間三尖形的左右有一對左右對稱的羽毛，作角狀。此羽毛的根部也有眼睛，此事在下文再討論。這張臉不僅是羽翼狀物，底座也用羽毛形表現，這個特徵與圖 54 的日照出土石斧相同。

　　圖 67 是賽克勒所藏石庖丁形玉器 * 的刻紋，紋飾沿着玉刀的短邊刻劃。紋飾上部約五分之二與温索甫所藏玉斧的人面紋很相似。但這件器把人面以鼻梁爲中軸綫對折，分別刻在正背兩面。最上面的 a 部分是小型倒梯形。b 部分是羽翼狀物，用小枝向下突出、向内彎曲的羽毛形表現。其下的 c 部分是底座，用小枝向上突出的羽毛形表現。d 部分是眼尾呈卜字形的眼睛，這個形狀與圖 66 很相似。底座 c 以下的部分是向下突出、向内彎曲的羽毛形的集合體。關於這個部分，我們會在下文説明。

　　概括以上討論的圖像的結構：頭上有三尖形或倒梯形，其下有很顯眼的大眼睛，兩側有伸出的羽翼狀物，底座是上下顛倒的羽翼狀物形。鼻和嘴有時候有，有時候没有。另外，有時候還有角狀突起。

---

* 　譯按：“石庖丁”是收割莊稼用的磨製石器。林先生所謂“石庖丁形玉器”是學界一般稱爲“玉刀”的器物，如下圖。林先生認爲這種玉器是《周禮・玉人》所謂的“璋邸射”。關於林先生對“石庖丁形玉器”的看法，參看《中國古代の石庖丁形玉器と骨鏟形玉器》（《東方學報》第 54 册，1982 年 3 月）。

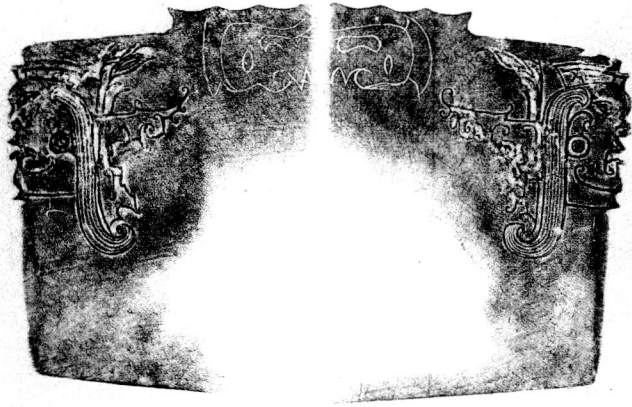

圖60　山東典型龍山文化的長髮人面，石庖丁形玉器
Courtesy of the Freer Gallery of Art, Smithsonian Institution, Washington D. C.

圖61　山東典型龍山文化的長髮人面玉
Courtesy of the Freer Gallery of Art, Smithsonian Institution,

Washington D. C.

圖62　山東典型龍山文化的鳥與長髮人
頭的玉器　故宮博物院

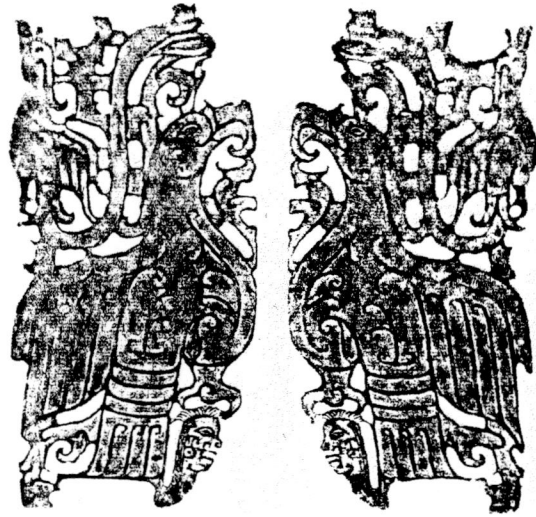

圖63　山東典型龍山文化的鳥與長髮人
頭的玉器　上海博物館

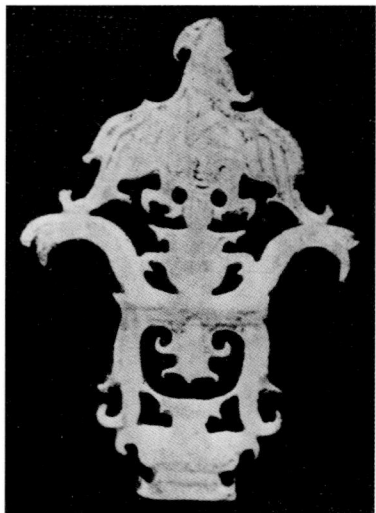

圖64　山東典型龍山文化的鳥形
玉　天津市藝術博物館

圖65　山東典型龍山文化的鳥與鬼神臉，
玉斧　臺北故宮博物館

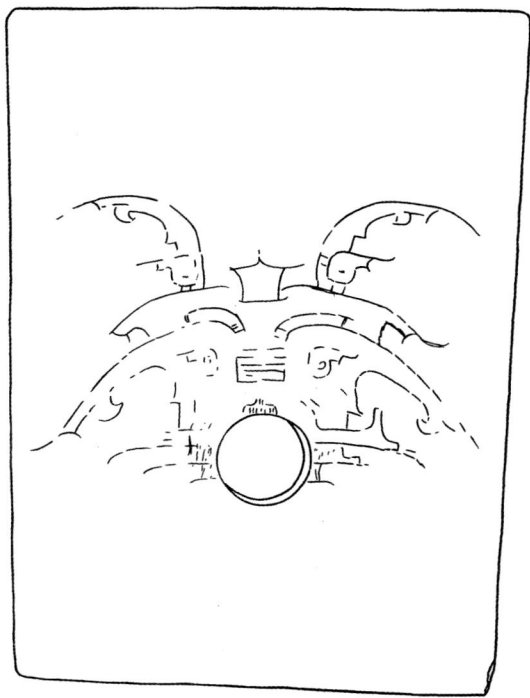

圖 66　山東典型龍山文化的鬼神臉，玉斧

Fogg Art Museum, Harvard University,

Bequest – Grenville L. Winthrop

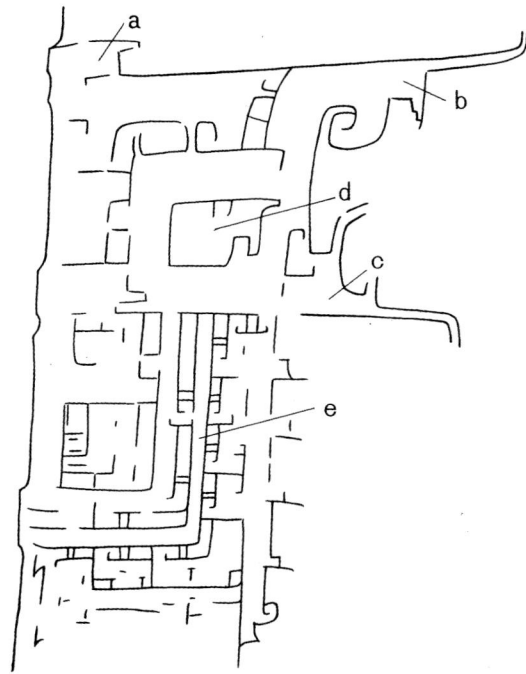

圖 67　山東典型龍山文化的鬼神臉，石庖丁形玉器

Dr. Arthur M. Sackler Collection, New York

二　從山東典型龍山文化的鬼神像到殷的饕餮

　　商代饕餮紋中屬於最早階段的是商中期的饕餮紋。與或多或少具有動物因素的商晚期饕餮紋相比，商中期的饕餮紋很抽象，很難看出其淵源。其實這是把上一節談過的圖 54、66、67 等作為鬼神像構成要素的典型龍山式羽毛（圖 68a、b）替換成商式羽毛（圖 68c）形成的。

　　在構成要素替換的過程中，人們對它的認識發生了很大的變化。山東典型龍山文化的鬼神像，雖然外形由羽毛形構成，但仍然保持兩側的羽翼狀物、下部的底座等良渚文化以來的基本結構，在這個基本結構的基礎上把臉大大地畫在其中間。而商中期的饕餮紋，關心的重點移到臉部，原來構成兩側的羽翼狀物和底座的羽毛只不過是臉部兩側的附加裝飾而已，完全失去了用這些羽毛表現的原型的輪廓。雖然如此，從良渚文化傳到山東典型龍山文化的基本結構各個部分所具有的原意，即使到了商代以後，仍然被保持很長時間。這一點在下文逐步說明。

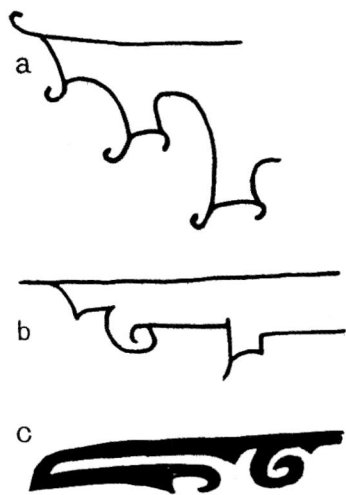

圖 68a、b　山東典型龍
山文化的羽毛
c　商式羽毛

　　不管怎樣，先看商代饕餮的形狀。圖 69—71 是由額部的倒梯形、大眼睛和向兩側展開的兩片腹部相對的羽毛構成的饕餮。這是沒有鼻子和嘴巴的一類。這類饕餮與龍山文化遺物中的圖 54、66、67 相對應，向兩側展開的兩片腹部相對的羽毛是用商式羽毛把圖 67b 和 c 表現出來的東西。圖 69 在雙眼中間有菱形。這種菱形也見於山東典型龍山文化中，如圖 65。圖 72 是具有鼻、下顎和角的例子。圖 73 和 74 是向兩側展開的羽毛有三層的一類。龍山文化遺物中也有羽毛有三層的例子，如圖 66。

　　仔細觀察商中期饕餮臉部兩側的羽毛，羽毛和臉的連接部分大都很細，給人以弱不禁風的印象，如圖 71、72。筆者曾認爲，這種形狀難以理解爲這張臉的身軀或尾巴[136]。現在知道這個部分的由來確實不是身軀、尾巴等身體部位。

既然商代饕餮是把山東典型龍山文化鬼神像的構成要素替換成商式羽毛而成的，那麼上引圖 67 臉部下邊綫之下展開的部分也應該在商代遺物中能够找到與此相對應的圖案。那就是圖 75、76 商晚期骨杯上所刻饕餮下面的三角形。圖 75、76 饕餮的鼻子下面有用羽毛形勾勒出來的大嘴，圖 67 中的 e 是與此相對應的部分。商晚期青銅器扉棱上常見的由 L 形和 F 形交錯排列而成的形狀與圖 67e 兩側的形狀很相似，但圖 67e 兩側的 F 形的橫綫有兩條。

圖 75、76 是商晚期的例子。商中期 II 的例子中，圖 77 饕餮是圖 75、76 的早期形態。商中期 I 的例子很少見，但根據表現方法可以知道圖 78 是商中期 I 的例子。如上所述，圖 66 鬼神像頭上有角狀物，其根部有眼睛。如果山東典型龍山文化的圖像和商代的圖像之間果真有繼承關係，圖 66 的這個部分似可以理解爲商晚期饕餮呈龍形的角的早期形態。

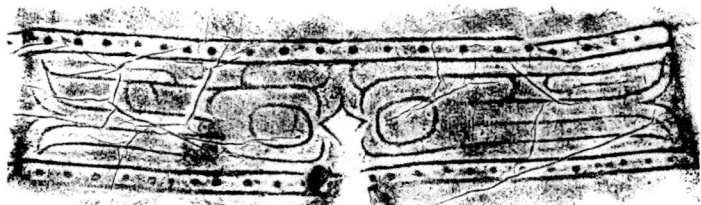

圖 69　商中期的饕餮，盃　Asian Art Museum of San Francisco, Avery Brundage Collection

圖 70　商中期的饕餮，爵　輝縣琉璃閣

圖 71　商中期的饕餮，斝　輝縣琉璃閣

圖 72　商中期的饕餮，斝

圖 73　商中期的饕餮，斝　鄭州白家莊

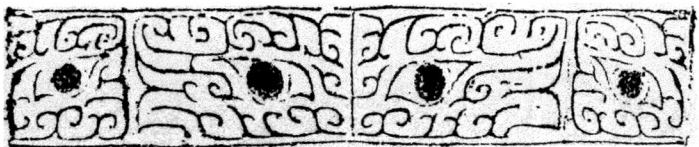

圖 74　商中期的饕餮，方鼎　鄭州張寨南街

---

〔136〕 林 1970：46。

圖 75　商晚期的下面有三角形的饕餮，
骨杯　安陽侯家莊 1001 號墓

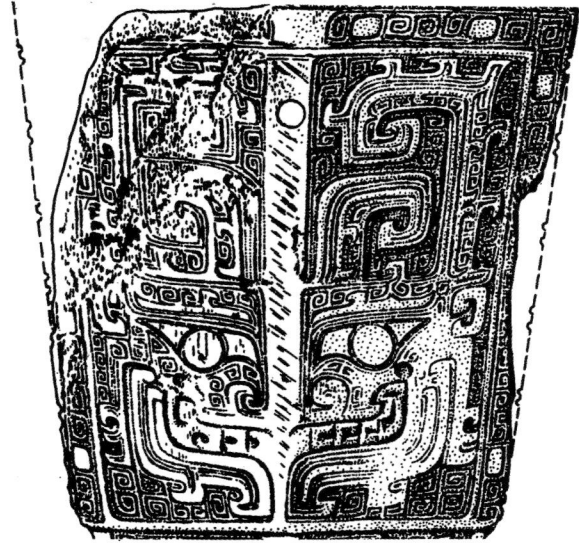

圖 76　商晚期的下面有三角形的饕餮，骨製
容器　安陽侯家莊 1001 號墓

圖 77　商中期 II 的下面有三角形的饕餮，
有肩尊　鄭州向陽回族食品廠

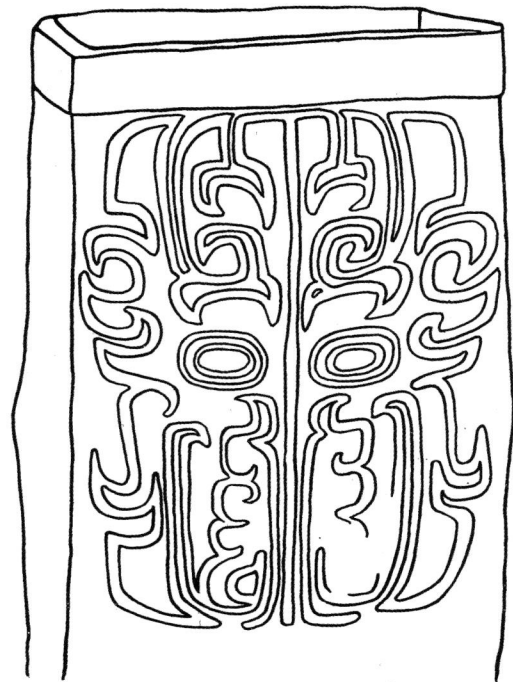

圖 78　商中期 I 的下面有三角形的
饕餮，斧　滎陽體育場

如上所述，商代的饕餮繼承良渚文化和山東典型龍山文化的譜系。雖說如此，保留原型的部分只有額部的倒梯形而已。商代以前鬼神像的上下不齊的獠牙不是消失，就是變形。而且商代饕餮具有以前沒有的各種動物的角。至於與臉兩側展開的羽翼狀物和臉下面的底座相對應的羽毛形，到了商晚期，被看作臉的身軀，而且身軀具有前腳的形狀成爲普遍，雖然目前可知的遺物中，早在良渚文化的 D 形玉器上所刻的鬼神臉有前腳（圖 79）。但商晚期出現筆者所謂分散饕餮——像福笑 * 那樣把倒梯形

---

* 譯按：關於 "福笑"，參看第一卷第二編第二章之 7 "分散饕餮" 的譯按（第 380—381 頁）。

和其下面的鼻子、眼睛、角、嘴等部位都拆開形成的，表現技法甚爲奇怪的饕餮（如圖 80），這類饕餮中倒梯形、其下的橫枝和一對鼻翼組成一個單元，這個紋飾單元只能解釋爲圖 48、49 良渚文化符號遺留的痕迹。這個符號裏面畫的臉是饕餮的原型，而商晚期以分散饕餮的方式把眼睛和嘴巴畫在這個符號的外面。既然如此，我們不得不認爲，商晚期的人仍然熟知饕餮的由來。商晚期以後，分散饕餮臉正中處的紋飾要素經常使用在紋飾帶的正中處。這個現象也可以同樣解釋，這一點在本節第三項加以説明。

　　商代之前的圖像與商代的饕餮或鬼神像之間的傳承關係，一般難以看出來，但也不是没有比較容易看出來的例子。其一是圖 81，這是安陽小屯 331 號墓出土的玉人頭像，使用商式羽毛的表現技法。頭部後面長出羽翼狀物，羽翼狀物上有往外突出的突起。這種圖像目前只有這一例，但顯然是模仿圖 55—57 等紋飾而爲之。人頭頸部下面有箍狀裝飾。毋庸贅言，這個紋飾也與圖 55—57 的同一個部分相對應。

　　其二是圖 82 的玉器，正面和背面各刻劃不同的臉。一面刻的臉像人臉，另一面刻的臉具有牛類動物的眼睛和公羊的角，頭髮竪起。這個例子可以視爲像圖 56 那種圖像的翻版。與圖 82 商代玉器不同的是，圖 56 山東龍山文化玉器背面的臉（玉器的正背可以根據毛髮的彎曲方向判斷）用雙層同心圓表現眼睛，頭上没有角。

　　其三是圖 85 的商晚期大理石琮，四角雕刻羊角犧首。玉琮以這種形式裝飾鬼神像，我們不得不認爲來自良渚文化玉琮的傳統。圖 83、84 是常州寺墩發現的玉琮，圖 83 左邊是右邊器物的拓片。把這兩種不同的鬼神像刻在一件器物上的現象，我們在看圖 53 良渚文化玉鐲時已經講過。多節琮往往只裝飾這兩種鬼神中的圓目的一種，圖 84 是其一例。圖 84 玉琮上裝飾的圓目鬼神有時與歪斜卵形眼的太陽神成對出現，如圖 53 和圖 83。由此可見，圓目鬼神是與太陽神等級相同的神靈。再看圖 85 商代玉琮上以同樣的形式裝飾的鬼神，其等級僅次於商代青銅器中等級最高的饕餮。如果説圖 83、84 良渚文化玉琮和圖 85 商晚期玉琮各自獨立製作，兩者形狀相類只不過是巧合，那就根本説不過去了。

圖 79　良渚文化的具有前腳的鬼神臉，D 形玉器

Courtesy of the Freer Gallery of Art, Smithsonian Institution,

Washington D. C.

圖 80　商晚期的分散饕餮，鉞　益都蘇埠屯 1 號墓

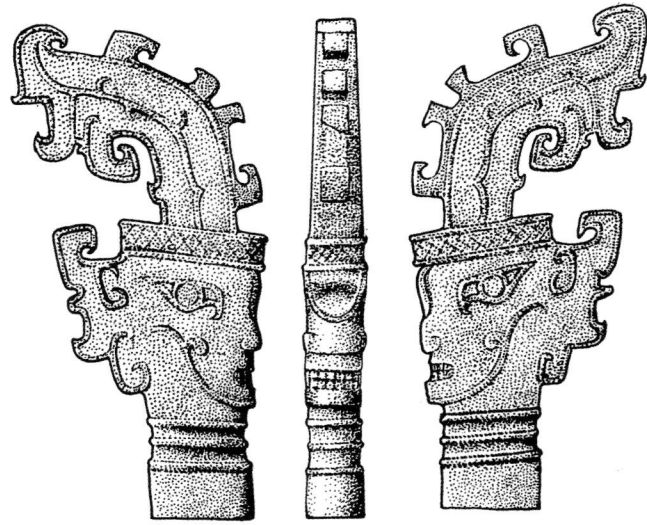

圖 81　商晚期的玉人頭像　安陽小屯 331 號墓

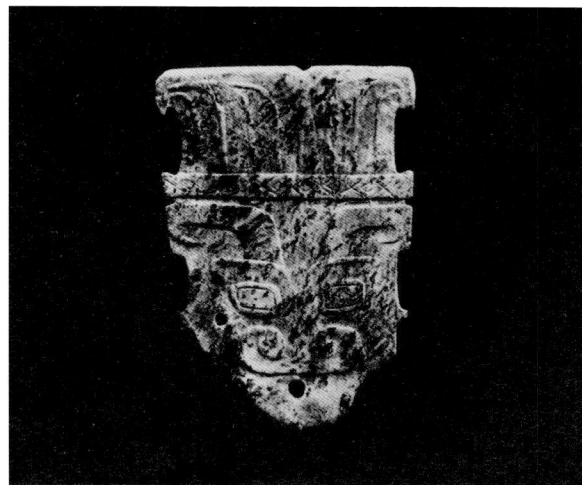

圖 82　商晚期的正背各刻不同臉的玉飾

圖 83　刻劃兩種鬼神像的良渚文化玉琮　常州寺墩

圖 84　只刻劃一種鬼神像的良
渚文化玉琮　常州寺墩

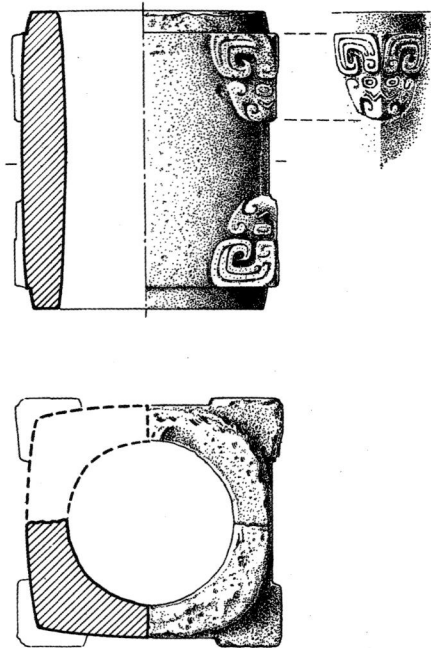

圖 85　刻劃犧首的商晚期大理
石琮　安陽侯家莊 1002 號墓

　　除了這些比較容易看出來的例子之外，還有一些例證讓我們不得不認爲商代饕餮保留比它早幾千年的原型的傳統，那就是商晚期青銅器中所見的饕餮和鳥的奇妙關係。圖 86 是筆者曾在討論源於商中期的鬼神時引用的例子[137]。這類饕餮在商晚期 Ⅰ—Ⅱ 銅爵上很常見，尾巴前端成爲鳥頭，下面有腳，根據位置關係可以知道這是此鳥的腳（雖然形狀不同，但犧首的身軀成爲鳥的圖像到戰國時期一直能夠見到，如圖 87、88）。但饕餮的身軀和尾部爲何要成爲鳥？關於這個問題，除非考慮這些部位的來源，否則恐怕無法做出合理的解釋。饕餮的原型是像圖 43 那種中間有眼睛和嘴巴的倒梯形器，而這個倒梯形器是從圖 37、38 蝶形器演變過來的；饕餮的從身軀到尾部的部分相當於圖 55—59 的羽翼狀物，而這個羽翼狀物是從圖 37、38 的鳥演變過來的。也就是説，圖 86 商晚期饕餮尾部成爲鳥是回歸原型。商代饕餮中的鳥不是畫在饕餮旁邊，而是構成饕餮的身體。既然以這種形式表現鳥，我們不得不認爲，自從河姆渡文化以來在某個地方極爲忠實地保留着關於饕餮原型的知識。

　　如第三節第二項所述，商晚期，饕餮兩側配龍身鳥首神或鳳凰之類的例子比較多見。這個傳統延續至春秋時期（圖 89—92），然後中間隔了一段時間，重新出現在漢代玉璧上（圖 93）。筆者認爲這是把上帝使者之鳳畫在饕餮＝上帝旁邊的圖。但現在重新考慮這個問題，上帝使者之鳳爲何從商晚期到漢代無例外地背對主人？這恐怕只能認爲是從圖 35、37、38 等河姆渡文化圖像以來流傳幾千年之久的傳統。

　　此外，爲人熟知的關於商人始祖出生的玄鳥生商傳説，雖然不是商代圖像資料的證據，但只有知道商代上帝源自河姆渡文化的太陽神，才能得到合理的解釋。根據這個傳説，商先祖有娀氏女簡狄吞食玄鳥之卵，因而生契。這個玄鳥，或釋爲燕，或代以鳳[138]。燕子是代表太陽季節的鳥。燕子在春天風和日麗時飛來告知太陽季節的到來，隨着春天的結束往南飛去。玄鳥生商傳説中，上帝把燕子作爲使者派到人間。只有瞭解商代上帝是太陽神的後裔，才能合理地解釋其原因。

---

〔137〕　林 1970：15—17。

〔138〕　楊寬 1941a：381—389。至於玄鳥或釋爲燕，或代以鳳，筆者認爲其原因大致如下：鳳凰是以不同的幾種鳥爲原型的幻想動物（林 1966），其中有以燕爲原型的鳳凰。因爲玄鳥是上帝派到下界的，有些人認爲它不是真實存在的鳥類之燕，而是以燕爲原型的幻想動物之鳳凰。

圖 86　商晚期的尾部成爲鳥的饕餮，爵

圖 87　戰國時代的尾部成爲鳥的犧首，玉飾　Fogg Art Museum,
Harvard University, Bequest–Grenville L. Winthrop

圖 88　西周中期的尾部成爲鳥的犧首，
觶　St. Louis Art Museum

圖 89　商晚期的龍身鳥首神隨從的饕餮，罍
Honolulu Academy of Arts

圖 90　西周早期的鳳凰隨從的饕餮，觚形尊　Courtesy
of the Freer Gallery of Art, Smithsonian Institution, Washington D. C.

圖 91　春秋早期的鳳凰隨從的饕餮，壺　上海博物館

圖 92　春秋晚期的鳳凰隨從的犧首，鑒　白鶴美術館

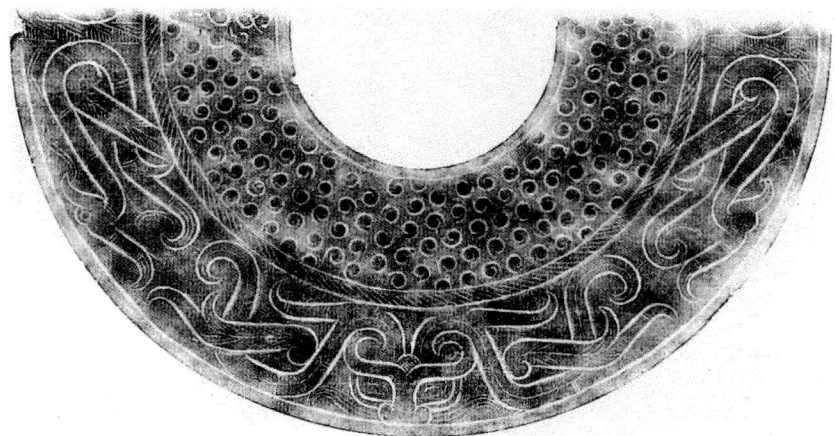

圖 93　漢代的鳳凰隨從的犧首，玉璧　東京國立博物館

三　饕餮額頭的篦形裝飾

第二節和第三節着眼於饕餮的等級展開了討論，認爲饕餮是優越於方國小"物"的商王朝之"物"，即上帝。本節則尋找饕餮圖像的原型，指出饕餮源於河姆渡文化的太陽神。河姆渡文化的雙鳥服侍的太陽神圖案變成良渚文化的倒梯形器，此倒梯形加底座的形狀傳到山東典型龍山文化，把鬼神臉畫在裏面的圖案成爲普遍，然後把這個圖案改成殷商風格，這才是商中期的饕餮。河姆渡文化圖

案中，太陽上面有火焰形，表示太陽的炎熱。這個火焰形當以日全食時可以看到的日冕爲原型。毋庸置疑，這個火焰形表示稻穀生長不可或缺的盛夏炎熱，代表的是帶來豐收的力量。這個太陽燃燒出來的火焰的形狀，即代表神靈最重要力量的形狀，後來或變成三尖形，或變成倒梯形，連綿不斷地流傳到商代。不難想象，隨着時代的推移和文化群體的變化，這些形狀代表的意義也發生了變化。對以種稻爲主的長江下游流域的人和以種粟爲主的華北地區的人而言，盛夏炎熱的意思不可能相同。本來代表太陽炎熱的三尖形的意思後來稍微發生了變化，成爲帶來豐收和富裕的神靈之德的象徵，是完全有可能的。

　　無論如何，這個形狀長達幾千年都沒有變化，當是因爲用這個形狀代表神靈力量的傳統一直存在，頭上戴這個東西是作爲最高神必須具備的條件。也就是説，我們通過探尋饕餮圖像的淵源證實了上一節得出的"饕餮即上帝"這個推論。筆者從以往稱爲饕餮或犧首的一群圖像中特意析出額部有筐形裝飾的一類，把它稱爲饕餮，并進行了研究。這是因爲我們能夠證明額部有筐形裝飾的一類是上帝。

　　下面，把上帝之德的象徵即饕餮額部的筐形裝飾按照時間順序排列，説明商代人對筐形裝飾認識的演變[139]。商中期極爲常見的［無地紋、平凸］饕餮紋中，筐形裝飾呈很單純的圓角筐形，如圖94（1）、（2）。這是青銅器紋飾中最早的形狀。像圖94（2）這種長度較長的筐形裝飾後來配上細長的羽毛，如圖94（3）；有時還加陰綫，如圖94（4）。這個陰綫在後來的筐形裝飾中都刻成金文"収"字形。圖94（4）的陰綫也呈"収"字形，但這個時期的陰綫一般沒有有意地刻成"収"字形，如圖94（5）。

　　圖94（6）、（7）、（8）是商晚期 I 的例子。商中期的圓角筐形在圖94（6）、（7）中成爲用直綫勾勒的幾何圖形。有時像圖94（3）一樣配上單純的羽毛，如圖94（7）。配上的羽毛還有小枝。圖94（8）是加"収"字形的例子。

　　圖94（9）—（15）是商晚期 II 的例子。其中（9）—（11）是這個時期開始流行的、鼻梁和筐形裝飾連成一體的分散饕餮。從這兩個部分的裝飾方式能夠看出，倒梯形的部分和其下的部分當時被看作兩個不同的東西。圖94（12）的倒梯形部分和小枝以下的部分被看作一體，筐形裝飾開始成爲兩側帶小枝的羽球拍狀筐形 *。圖94（13）是加"収"字形的例子。這個筐形裝飾作包子狀，這種筐形裝飾在商晚期 III 鬲鼎上多見，如圖94（18）。圖94（13）是比較早的例子。

　　圖94（14）筐形裝飾裏面的"収"字形，綫條直直的。至於圖（15），其形狀與其説是"収"字形，不如説是幾條平行的橫綫。知道了這個例子再看圖94（11），發現筐形部分的上部劃很多橫綫，這種形式的筐形裝飾其實比較多見。從圖42張陵山的玉鐲開始，到圖54、66的山東典型龍山文化鬼神臉，雙目之間加平行綫。我們懷疑，筐形部分的這種橫綫雖然位置不一致，但似乎與這個傳統有關。但這個平行綫所代表的意義目前無法闡明。

---

[139]　關於筐形裝飾的型式演變，瓦特培里認爲最早呈倒 U 形，後來變成平頭、兩側有枝條的型式（Waterbury 1942：36）。

---

* 譯按：羽球拍的原文是"羽子板"。羽子板是呈倒梯形、帶柄的木製球拍，在日本過年時玩的球類遊戲中使用（下圖）。如果羽子板的柄兩側加小枝，其形狀與圖94（12）的筐形裝飾比較相似，因此林先生使用這種比喻。

　　圖94（16）—（18）是商晚期Ⅲ的例子。圖94（16）的箆形裝飾像（12）一樣作帶小枝的羽球拍形。圖94（17）的箆形裝飾，當時的人可能把它看作把帶小枝的兩根羽毛背對背接在一起而成的形狀。這是西周ⅠA以後流行的型式。圖94（18）的箆形裝飾屬於（4）、（5）、（8）、（13）的一類。袁德星認爲刻在箆形裝飾中的"奴"字形正是奴字，并把它理解爲尊敬、奉承之意[140]。如上所述，商中期的人似乎并沒有把它看作"奴"字。但多用這個紋飾的商晚期Ⅲ和西周Ⅰ，人們似乎確實是把它看作"奴"字而刻的。雖説如此，袁氏的解釋稍微太籠統了點。

　　圖94（19）和（20）是西周ⅠA的例子。兩側的小枝很誇張，并且由曲綫構成，給人以裝飾過多的印象。圖94（21）—（23）是西周ⅠB的例子。小枝更加往外伸出。

（1）商中期　鼎

（2）商中期　斝

（3）商中期　截頭尊

（4）商中期　有肩尊

（5）商中期　有肩尊

（6）商晚期Ⅰ　爵

（7）商晚期Ⅰ　瓴

（8）商晚期Ⅰ　鬲鼎

---

〔140〕　袁德星1975：28—30。附帶説，如袁氏所指出（30頁），這種箆形裝飾多見於沒有軀幹的、虎耳形角的饕餮。這種箆形裝飾集中見於特定的器種（即鬲鼎）。此外偶爾見於有肩尊〔陳、松丸1977，A404〕、觶〔陳、松丸1977，A526—528、531〕、方彝〔陳、松丸1977，A626〕等），應該歸爲一種特殊的型式。

（9）商晚期Ⅱ　爵

（10）商晚期Ⅱ　罍

（11）商晚期Ⅱ　罍

（12）商晚期Ⅱ　瓿

（13）商晚期Ⅱ　罍

（14）商晚期Ⅱ　偶方彝

（15）商晚期Ⅱ　觶

（16）商晚期Ⅲ　卣

（17）商晚期Ⅲ　觶

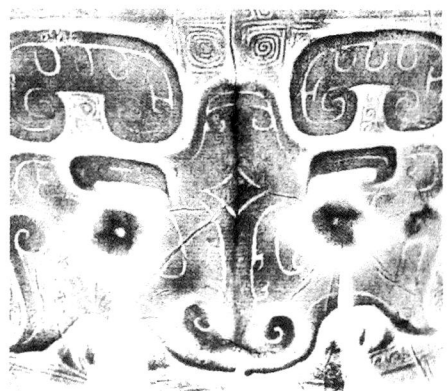

（18）商晚期Ⅲ　鬲鼎

（19）西周ⅠA　瓠形尊

（20）西周ⅠA　瓠形尊

（21）西周ⅠB　方鼎

（22）西周ⅠB　鼎

（23）西周ⅠB　瓠形尊

圖94　各個時期饕餮額頭的篦形裝飾

　　饕餮的鼻子和額部的篦形裝飾組成的圖案，在像圖80那種分散饕餮中，作爲一個獨立的紋飾單元，構成饕餮的身體部位。但省略下部的鼻子，并把鼻子改成一個臺形的紋飾單元則單獨使用在紋飾帶中（圖95〔2〕—〔11〕）。

　　這種篦形紋飾單元一般使用在裝飾其他紋飾單元的紋飾帶的正中處，但商中期未出現這種例子。印紋陶器肩部裝飾的所謂蝶形飾（圖95〔1〕）可以視爲具有中脊的篦形紋飾單元的早期形態。這種印紋陶器在吳城文化中比較多見[141]，此外黃陂盤龍城也出土過[142]。

　　篦形紋飾單元的典型圖案從商晚期Ⅱ開始出現，商晚期以後極爲常見，到西周晚期一直廣泛使用。其形狀的演變與饕餮額部的篦形裝飾大同小異，不再贅述。這個篦形紋飾單元在商晚期ⅢB和西周ⅠA的簋上比較多見，如圖96。頸部和足部的紋飾帶中排列同一種鬼神，頸部紋飾帶的正中處裝飾圓雕的犧首，而足部紋飾帶的正中處裝飾篦形紋飾單元。由此可知，這個時期犧首和篦形紋飾單元具有同樣的象徵作用。如上所述，犧首的等級比普通的"物"高，僅次於饕餮＝上帝[143]。這個篦形紋飾單元，只要再加上眼睛、嘴巴等，就成爲饕餮。它可以説是饕餮中具有核心意義的代表性符號，保留良渚文化以來的古老傳統。它被看作與犧首相同等級的存在并被使用，也是很自然的事。附帶講，如果能找到這個篦形紋飾單元的象形字，我們可以知道這個圖案當時代表的意義。但到目前爲止，這個嘗試尚未

〔141〕　江西省博物館"印紋陶問題"研究小組 1981：25—26。
〔142〕　湖北省博物館 1976，圖版伍：6。
〔143〕　本章第三節第三項。

成功[144]。

（1）商中期　印紋陶器

（2）商晚期Ⅱ　罍

（3）商晚期Ⅱ　斝

---

[144]　乍看起來，"辛"的字形與篦形裝飾的形狀很相近。有一例"祖辛"之"辛"作①形（此號碼表示【甲骨金文字形表】的編
　　　號。羅振玉1936：14，28，7；"國立故宮中央博物院"聯合管理處1958：下，上，185，商晚期Ⅱ，觚），也有"父
　　　辛"之"辛"作②形的例子（中國社會科學院考古研究所安陽工作隊1979，圖五八，5，商晚期Ⅱ，爵），這些"辛"字
　　　上部的形狀與現在討論的篦形裝飾的上部很相似。此外，有一例"父辛"之"辛"作③形（于省吾1957，348、349，
　　　觚），橫筆稍微下垂，似象篦形裝飾的枝條之形。但在此引用的字形都屬例外，"辛"的甲骨文、金文以及篆文最正宗
　　　的寫法是④，橫筆朝上，因此不能把篦形和"辛"字等同對比。
　　　　《説文》有"辛"字，云："⑤，皐也。"有人認爲甲骨文⑥⑦是此字（中國社會科學院考古研究所1965：98）。甲
　　　骨文的這個字下半曲折，這一點與篆文不合，但⑦的上半可以説與篆文⑤相對應。如果認爲篦形裝飾的枝條被簡化
　　　成直綫的話，或許可以視此字爲篦形裝飾的象形字。但例如"麥"字的橫筆到篆文一直寫作鈎形，從這一點看，這種
　　　解釋恐怕難以成立。
　　　　"帝"字也與篦形裝飾的形狀比較相似。甲骨金文"帝"多作⑧形，這個字形到篆文一直不變（甲骨文"帝"還有
　　　很多不同的寫法，如⑨⑩⑪等）。雖然甲骨文中不見，但金文中有些"帝"字作⑫形，普通"帝"字所從的⑬寫作⑭
　　　（羅振玉1936：13，37，4，卣）。從帝從口的"商"字也有時寫作⑮形（郭沫若1957：圖76—78，簋等），所從的"帝"
　　　也寫作這個字形。此"帝"的上半部分由倒梯形和下垂的鈎形構成，可以説與現在討論的篦形裝飾的形狀相對應。然
　　　而"帝"下部都作⑯形，而篦形裝飾下部呈塊狀，這一點兩者不一致。但如果把這個部位追溯到良渚文化，這個部位
　　　如圖48、49，呈大樹樹根之狀，而"帝"下部的⑯與"木"字相當於根部的部位形狀相同，因此可以説兩者一致。如
　　　果"帝"字來自這種古老的形狀，甲骨文⑩⑪所從的方形或圓形可以説來自圖48、49中間的圓形。但良渚文化和商晚
　　　期之間有幾百年到一千年左右的時間間隔，要考慮"帝"字和篦形裝飾之間的關係，首先需要找出能够填補兩者之間
　　　缺環的資料。
　　　【甲骨金文字形表】

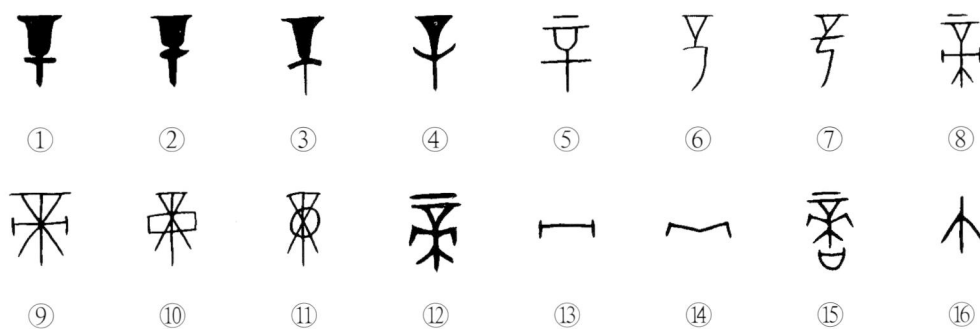

①　　②　　③　　④　　⑤　　⑥　　⑦　　⑧

⑨　　⑩　　⑪　　⑫　　⑬　　⑭　　⑮　　⑯

（4）商晚期Ⅲ　卣

（5）商晚期Ⅲ　罍

（6）商晚期Ⅲ　禁

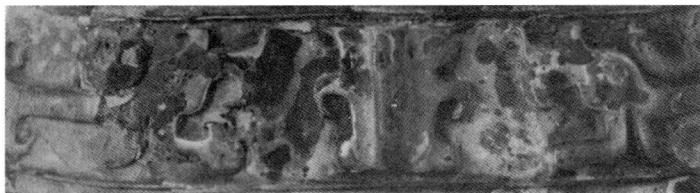

（7）商晚期Ⅲ　觶

（8）西周ⅠA　簋

（9）西周ⅠB　簋

（10）西周ⅡA　卣

（11）西周ⅡA　卣

圖 95　各個時期紋飾帶中使用的篦形紋飾單位

圖 96　紋飾帶中的犧首和篦形紋飾單位

第五節　關於帝與帝使的若干問題

一　上下帝

從第二節到第四節，我們對饕餮、犧首和各種小鬼神進行了討論。爲了討論的方便，有些相關的問題分別在不同的地方加以討論。因此在這裏整理一下前幾節的内容：

饕餮在青銅器上占據特别大的面積，享有極高的待遇。反觀大面積地裝飾饕餮的青銅器，其等級也很高。其他鬼神和象徵性符號則以帶狀紋飾的形式裝飾在青銅器不顯眼的地方，占據面積很小，與饕餮有很明顯的區别。據此可以推測，其他鬼神和象徵性符號是方國的"物"，而饕餮是統治者的"物"，即上帝[145]。上帝圖像的饕餮源於大約公元前5000年河姆渡文化的太陽神圖像，龍山文化在由此演變過來的圖像裏面畫鬼神臉，饕餮是把這個鬼神圖像改成殷商風格的翻版。河姆渡文化的太陽神火焰升起，代表着太陽神的生産力，這個火焰形在饕餮中成爲倒梯形的箆形裝飾，火焰形的象徵意義也一起被保留。但商代爲饕餮添加了公羊、水牛和老虎等野生動物的因素。

所謂犧首與饕餮很相似，其圓雕被用在青銅容器的肩部、頸部、鼎足、把手上部等很顯眼的地方，有時也被用在紋飾帶的正中處，其待遇比其他方國的"物"高。它和饕餮最大的區别是饕餮額部有箆形裝飾，代表上帝的生産力即德，而犧首没有這種箆形裝飾。此外，饕餮没有像動物一樣的身體，而犧首擁有虎、水牛等四腳動物的身體。犧首的等級雖然比上帝低一等，但比方國的其他"物"高。從圖像表現的角度看，犧首可以説是具有肉體的上帝，也可以説是在成爲比較抽象的上帝之前的、地上存在的"物"。

饕餮＝上帝還帶着鳳、小龍等隨從，而這些隨從也是方國的"物"。小龍的來歷目前不明，但鳳是侍奉河姆渡太陽神的雙鳥的後裔。商代，鳳作爲上帝之臣降臨地上，傳達上帝的意思，有時作爲上帝的分身戴着上帝的面具出現。

前面幾節的結論大致如上。在此稍微更深入地討論一下這個"帝"。殷墟卜辭中，除了"帝"以外，還有"上帝"一詞[146]。此外金文中還出現"上下帝"。郭沫若在討論周公簋銘"克奔走􀀀"時對"上下帝"做過解釋，認爲"􀀀"是"上下帝"的合文，上帝指天神，下帝指人王，并説："帝本天神專稱，特殷末人王已稱帝，故有上帝與下帝并存也。"[147]如果只看這個例子，這個解釋講得通。但再看下一個例子，此説恐怕難以成立。也就是説，大豐簋銘云："丕顯考文王，事喜􀀀，文王臨在上。"郭沫若把此"􀀀"

---

[145] 附帶講，目前可以確定是帝的圖像見於漢、三國時期銅鏡的背面紋飾中，如天皇大帝、黄帝（林1973：圖19—21、30、32—39、42、43）等，他們都是普通人類的形象。因此，如果説帝被畫成複合型怪獸的形象，應該有不少人覺得不大可能。然而西王母雖然在漢代被畫成普通女性的形象，但看時代比漢代早一點的例子，大約戰國晚期形成的《山海經·西山經》（袁珂1982）云"西王母，其狀如人豹尾，虎齒而善嘯，蓬髮戴勝"，把西王母描寫成具有動物身體的很可怕的形象。我們應該想到，大概在戰國到漢初成書的《山海經》（袁珂1982）中，具有動物因素的複合型神靈還有很多。

[146] 島1958：197以下。

[147] 􀀀余初以爲三帝之合文，説爲太王、王季、文王，頗不安。嗣於《大系》已改釋爲"上下帝"之合文，上帝自天神，下帝指人王……帝本天神專稱，特殷末人王已稱帝，故有上帝與下帝并存也（郭沫若1954：307—308）。

讀爲上帝[148]，云：

　　“上帝”原銘僅於“帝”上作一橫畫，前人或讀爲“禘”。然以卜辭上甲或作田例之，則“帝”自
爲“上帝”無疑。

但大豐簋銘的🔣，承上的一横畫寫得很長。此字的字形是從上引“上下帝”的合文“🔣”中除去“二”即
“上”而成的。既然如此，它應該不是“上帝”合文，而是“下帝”合文[149]。按照郭沫若的解釋，下帝指
人王。這一句説文王爲它舉行某種禮，那麼我們只能認爲這一句是追述文王在克殷前臣事商王帝辛時
候的事。但這種解釋與下一句“文王臨在上”完全不諧調。因此“下帝”應該不是人王，而只能是神靈的
某種帝。

　　以上引用的是與“下帝”相關的金文資料，其實殷墟卜辭中也有相關資料。卜辭中“下上弗若”、
“下上若”等辭例比較常見。此“若”是“帝弗若”、“帝若王”之“若”，即上帝對王的行爲給予許諾的意
思[150]。這一點學界無异議，但關於“下上”的解釋有争論。島邦男先生引用郭沫若“（下上）謂上天下民”
的説法[151]、胡厚宣“‘下上’之上必爲上帝，而下者或指地祇百神而言”的説法[152]、陳夢家“‘上’指上帝
神明先祖，‘下’或指地祇”的説法[153]，然後做如下考釋。他引用如下幾條卜辭：

　　　（一）《續》3.3.2：貞勿佳王正舌方下上弗若不我受又。
　　　　　《前》6.58.4：貞勿伐舌方帝不我其受又。
　　　（二）《乙》8069：不佳下上戈王疾。
　　　　　《乙》7913：佳帝戈王疾。
　　　（三）《前》4.38.1：貞勿好乎从沚戜下上若受我又。
　　　　　《乙》7826：貞沚戜啓王从帝受我又。
　　　　　《庫》1059：貞沚戜再册王从下乙弗又七月。

島氏説：

　　　第一組、第二組卜辭爲同一内容，一稱“下上”，一稱“帝”，故“下上”之“上”是指上帝。第
　　三組卜辭都卜“能從沚戜否？”，分别貞問《前》4.38.1 版的“下上”、《乙》7826 版的“帝”、《庫》1059
　　版的“下乙”可否授祐，由此可知“下上”之“上”是指上帝，“下”是指下乙（即祖乙）等祖神。*

　　這個推論是有問題的。一般而言，即使有“甲 A”、“乙 A”兩條卜辭，甲也不一定是乙。何况島氏

---

[148] 郭沫若 1961：30。最早提出“上帝”這一讀法的是《奇觚室吉金文述》4，11。此外《從古堂款識學》15，8 把它讀爲
　　　“禘”。其後的學者不是讀爲“上帝”，就是讀爲“帝”（出處從略，參看白川 1962—1983：1，1—2）。
[149] 奇怪的是，過去從來没有人把它讀爲“下帝”。
[150] 島 1958：196—198。
[151] 郭沫若 1965，第 1084 片考釋。
[152] 胡厚宣 1944：8。
[153] 陳夢家 1956：568。

＊　譯按：此次翻譯利用濮茅左、顧偉良翻譯版（上海古籍出版社，2006 年 8 月），引文見第 361 頁。

的説法是：乙是甲的一部分，這種説法更不可能成立了。

我們認爲卜辭中所見的"下上"應該如此解釋：殷墟卜辭中，"帝"對王的行爲給予許諾或保佑。此外卜辭中也有"上帝"的例子，而周代金文中除"上帝"和"上下帝"外還有"下帝"的例子。既然如此，"下上"只能理解爲"下帝和上帝"。

過去有些學者把金文的"下帝"誤釋爲"上帝"；也有些學者雖然把"下上弗若"之"上"釋爲"上帝"，但不把"下"釋爲"下帝"，提出了種種解釋。這可能很大程度上是因爲古書中沒有"下帝"這一詞例。但就我們現在討論的商代而言，古書中沒有留下任何痕迹是常有的事。

饕餮＝帝的圖像既然繼承太陽神的傳統，饕餮無疑是"上下帝"中的"上帝"。那麼"下帝"是什麼？筆者目前的看法是：它大概是等級比饕餮＝帝低一等的犠首——具有肉體的、地上生活的帝。這類神靈的圓雕裝飾在青銅器紋飾帶的正中處，很顯眼，左右帶着其他方國的"物"。如第三節第三項所述，這種神靈的圖像還裝飾在匜的上面，占據很大的面積，威風凛凛，如果不注意觀察，會誤以爲是饕餮。此外，帝使之鳳有時戴着帝＝饕餮的面具出現，也經常戴着等級低一等的、額部沒有篦形裝飾的神的面具。筆者相信，除非認爲饕餮是上帝，犠首是下帝，否則無法合理地説明鳳和饕餮的關係與鳳和犠首的關係爲何沒有區別。

根據殷墟卜辭，商代人以爲"帝"能夠左右雨、風、年成、戰争的勝敗，有時降災難，對作邑等王的行爲給予應允或否定[154]。因爲殷墟卜辭很少提到祭祀帝之事，因此一般認爲商代沒有祭祀帝[155]。商王雖然貞問帝的意思，但沒有祭祀帝。這説明，商代人相信帝完全按照自己的意思行事，人根本影響不了它。商代饕餮的臉讓人覺得它不容許人揣測，擁有深不可測的力量。只有知道這是商代帝的臉，才能徹底地明白商代工匠的藝術表現多麼精確。

二　西周中期以後的饕餮＝帝與帝使

西周Ⅰ以後，饕餮圖像很少大面積地裝飾在青銅器腹部。只有瓠形尊直到西周ⅡA還經常裝飾饕餮，但這個習慣從西周ⅡA以後也消失了。可見，以西周ⅡA爲界，傳統饕餮從青銅器全面退出。

赤塚忠先生認爲帝是商的至上神，從周代開始經常提到天，作爲國家宗教的上帝崇拜從此衰落[156]。但小南一郎先生根據《尚書》和金文資料指出，"帝"在整個西周時代始終是給天子和貴族的職責賦予權威的存在[157]。我們通過祭禮中使用的青銅容器種類的變化以及銘文格式和常用句子的演變，可以知道祭禮在西周中期發生了很大的變化[158]。饕餮紋從青銅彝器退出應當是與這個變革相對應的現象，反映着從殷禮到後世所謂周禮的轉變。具體地説，商代人比較隨意地以青銅器紋飾的形式讓饕餮＝帝降臨到祭祀用器上；而周代則對上帝敬而遠之。

周室東遷後，秦襄公被封西周故地，開始了上帝祭祀，其後的上帝祭祀的歷史在《史記·封禪書》中有詳細記録。再看戰國時代的出土史料，中山王𤦡鈁銘文中有"以鄉（饗）上帝"一句[159]；長沙子彈庫發現楚帛書的傳説中，"帝"對諸神下命令，保持像商代上帝一樣的地位。饒宗頤注意到這一點，并引

---

〔154〕　陳夢家 1956：571。

〔155〕　島 1958：198—200。島氏引用五條祭祀帝的卜辭，但其中兩條是我們在注〔102〕引用的"帝史"的卜辭，他的解釋難以成立。不管怎樣，至少可以確定，商代幾乎沒有祭祀上帝。

〔156〕　赤塚 1977：515—516。

〔157〕　小南 1983：31—37。

〔158〕　林 1981、1983a。

〔159〕　河北省文物管理處 1979，圖一〇。

用《禮記・表記》所載孔子之言"殷人尊神，率民以事神，先鬼而後禮……周人尊禮尚施，事鬼敬神而遠之"，認爲楚國似乎沿襲殷制[160]。

其次看圖像資料。饕餮圖像從青銅器消失後的動靜幾乎不見於任何資料，文獻中所記載的上帝當時被想象成什麼樣子，目前連考慮這個問題的綫索都沒有。春秋到漢代的圖像中，雖然數量不是很多，但還有一些帶着鳳凰的饕餮的例子，如圖92和93。這些圖像額部的箆形裝飾不很清楚，但像圖97那種圖像在春秋晚期到戰國時期比較多見，而且額部有貌似繼承箆形裝飾而來的東西。但春秋時代到漢代出現的這種圖像當時是否被視爲上帝的圖像，我們無從得知。商、西周時代的犧首與此不同，從漢到魏晉南北朝，一直到唐代，每個時代的變遷都可以追踪，可以知道其特性的例子也有不少[161]。

圖97　春秋晚期的饕餮，鎛　Museum of Asiatic Art, State Museum, Amsterdam

漢代，鳳凰的出現被視爲祥瑞。例如《淮南子・覽冥》云：

鳳凰之翔，至德也，雷霆不作，風雨不興……

這句話的意思是：鳳凰飛翔表示君王之德至高，雷霆也不發作，狂風驟雨也不興起。此外《說文・鳥部》云：

鳳，神鳥也……見則天下大安寧。

也就是說，鳳是神鳥，如果它出現，天下安寧。

商到西周初，鳳是深不可測的上帝之意的傳達者，它的出現——當然只在虛構的故事中出現——像《墨子・明鬼》的故事那樣[162]，一定會給當時的人們帶來極大的衝擊。既然是虛構，人們當然期待鳳給他們帶來喜訊。西周中期上帝從青銅器上銷聲匿跡後，上帝和鳳的關係發生了怎樣的變化，我們無法得知。但漢代人認爲，鳳在地上世界出現，意味着超絶萬物的存在物嘉獎國王之德，保佑天下太平。可以說，漢代雖然關注點從上帝移到鳳，但幾乎完整地保留了商到西周早期鳳作爲上帝意志傳達者的特性。

饕餮＝帝的隨從中，上面只討論了鳳。但商代到西周早期，作爲站在上帝圖像旁邊的隨從更常見的其實是小龍。這個小龍出現頻率很高，但遺物中卻沒有多少綫索告訴我們它當時扮演了什麼角色。這類龍一般低着頭出現在饕餮旁邊，或許表示它能够隨時飛到下界去。但有些迹象似乎表明，這小龍

〔160〕 饒宗頤1968：29—30。
〔161〕 林1985。
〔162〕 同注〔110〕。

在上界和下界之間往來都依靠鳳凰。

具體情況如下：上引圖 22 和圖 26 匜的把手，身體彎曲成 S 形的菌形角小龍緊緊貼在鳳凰腹部。乍看起來它好像咬住鳳凰腹部，但仔細看龍的嘴巴就知道其實并非如此，小龍是鳳凰用腳抱住的。這個構圖，其他例子也相同。雖然角作尖葉狀的小龍有兩例[163]，但其他的例子連龍的菌形角都相同。看這個構圖，小龍似乎在請鳳凰從上帝那兒下去或上到上帝那兒去時順便帶着它一起去。圖 98—101 是大約商代的玉器，鳳凰頭上有形狀相類的小龍。這種圖像偶爾還見於青銅器（圖 102）。母題相同的例子還有殷墟五號墓出土的鳳形卣等[164]，但與前幾例相比，龍鳳大小的比例小了許多。圖 98 和圖 99 的小龍看上去似乎在向鳳凰猛撲過去，咬住它的頭部。但看圖 100 的例子，一隻小鳥站在大鳳的頭上，小龍在上面用身體把它圍起來。這個圖像的母題也與圖 98、99 應該相同，因此這些例子應該都理解爲小龍站在鳳頭上的圖像[165]。若果真如此，這些例子也是小龍用另一種方法搭乘鳳凰上下天地的圖像。圖 103 是商晚期Ⅲ尊腹部的饕餮紋，旁邊帶鳳凰。如上所述，這種圖像可以理解爲饕餮＝上帝帶使者鳳凰的圖。此例中，鳳凰上面還有與圖 98—102 相類的、身體彎曲成 S 形的龍。這個例子可以證實上述觀點。

附帶講，這些搭乘或抱住鳳凰的小龍一般都把身體彎曲成 S 形，而跟隨在饕餮旁邊的小龍的身體大都很直，或只有尾端彎曲，兩者似乎有所不同。但搭乘或抓住鳳凰的小龍中也有與饕餮旁邊的小龍相同的例子，如圖 101。此外，如下所述，圖版 9—1 鴟鴞形神的旁邊有身體彎曲成 S 形的龍，而圖版 9—2 同一個位置的龍與那種跟隨在饕餮旁邊的小龍相同。由此可知，這兩種小龍可以互相替代。

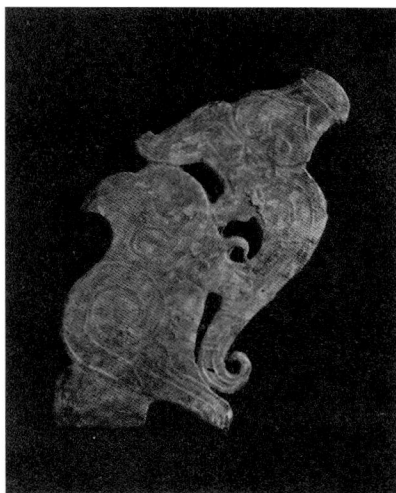

圖 98　小龍騎在頭上的鳳凰
　　　　形的玉

圖 99　小龍騎在頭上的鳳凰形的玉
Buffalo Museum of Science, Buffalo, New York

圖 100　小龍騎在頭上的鳳凰
形的玉　　Ernest Erickson Collection,
New York

〔163〕　陳、松丸 1977，A649；瀧、內藤 1919：2，94。

〔164〕　中國社會科學院考古研究所 1980，圖三六、圖版二四；Delbanco 1983, cover, no. 15。

〔165〕　黑川古文化研究所藏品中也有母題相同的玉器（整理番號 087）。

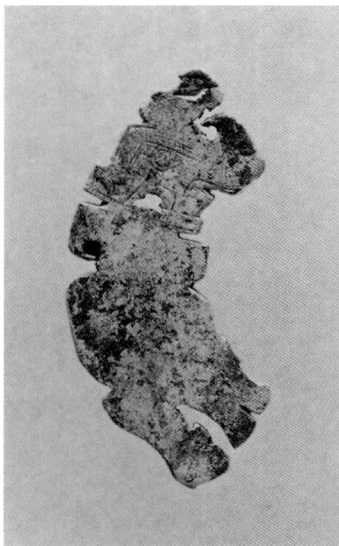

圖 101 小龍騎在頭上的鳳凰
形的玉 黑川古文化研究所

圖 102 小龍騎在頭上的鳳凰的紋飾，簋 Cunliffe Collection

圖 103 隨從饕餮、小龍騎在頭上的鳳凰，商晚期 III 瓠形尊

《淮南子·主術》云：

> 夫螣蛇游霧而動，應龍乘雲而舉，猨得木而捷，魚得水而騖。

這句話的意思是：螣蛇在霧中游動，應龍乘着雲朵上天，猴子在樹上動作敏捷，魚兒在水中自由游泳。這句話説明，漢代人相信有一種龍只有乘雲才能飛翔。這種抱住鳳凰或坐在鳳凰頭上的小龍出現在饕餮旁邊，當時人們可能相信這種龍只有得到鳳凰的幫助才能往來天地之間。

鳳和龍扮演的角色有什麼區別？目前我們還沒有找到任何關於這個問題的綫索。無論如何，我們完全可以想象，當時人們相信它們是爲傳達上帝之意降臨人間的。後代，龍的出現和鳳凰一樣被視爲祥瑞。《淮南子·覽冥》云：

> 今夫赤螭青虯之游冀州也，天清地定，毒獸不作，飛鳥不駭……

這句話的意思是：如果赤螭或青虯（都是龍的一種）遨遊冀州，天空晴朗，大地安寧，毒蟲猛獸都不出現，飛鳥不會驚動人類。這些龍、鳳等祥瑞之物成群出現的場面在東漢畫像石中經常出現，大家都很熟悉[166]。

---

〔166〕　林 1974：289—293。

第二章 各種饕餮

我們在前一章指出，商周時代青銅器上所見的各種鬼神圖像之中，所謂饕餮是當時被稱爲上帝的至上神。衆所周知，雖然統稱爲饕餮，但從角、目的形狀，身軀的彎曲方式，下顎的形狀等特徵看，同一時期的饕餮其實有好幾個種類。另外，饕餮圖像的每種表現技法只屬於某一特定時期。也就是説，表現技法是隨着時代變化而變化的，其中包含各種技法出現和消失的歷史。這是同一時期存在的每種饕餮上都能看到的現象。因此本章首先觀察表現技法演變史。因爲饕餮以外的其他鬼神圖像中也可以看到同樣的現象，我們只要以饕餮爲例進行討論，就能闡明所有鬼神圖像表現技法的演變。在此之後，我們跨越時代的變化和表現技法的差异歸納出各種饕餮，并對它們進行討論。

第一節 饕餮紋表現技法的時代演變

本節對饕餮紋的各種表現技法的特徵和使用年代加以説明。

【1】［無地紋、凸綫］及［無地紋、平凸、寬體、無紋］

圖104（1）頸部的饕餮紋屬於前者，腹部的饕餮紋屬於後者。這兩者是商中期使用的技法，我們在下一節會引用很多例子。圖104（1）是同一件器物上使用兩種技法的例子，但一般只使用其中的一種技法。

這種形式的饕餮紋有如下幾個特徵：第一，身軀、尾、角、鼻、下顎等各部位不一定表達得很清楚，都用羽毛形畫出各部位的曲綫，這些部位有機地組合成一個整體。第二，帶爪的前肢明確畫出來的例子幾乎沒有。第三，身體各部位呈現的曲綫靈活地彎曲，不一定與饕餮紋上下的框綫保持確定的角度。

【2】［無地紋、平凸、寬體、附帶羽渦紋］

這種表現技法與【1】同樣出現於商中期（表1説明圖 A1*）。從類型學的角度而言，這種技法應該比【1】更進一步，但這類饕餮紋在表現上的特色與【1】相同。這類饕餮紋往往用在有肩尊上，只有角部用半浮雕的方法表現。圖104（2）是其一例。

【1】、【2】的饕餮紋，有時候後代演變成鳳凰或小龍的紋飾要素貼在饕餮外側，但這個時期還没有形成清晰的形狀。

---

* 譯按："表1説明圖"見於第一編第四章。

【3】［平凸、寬體、附帶稀疏羽渦紋］或［平凸、中粗綫］

　　圖104（3）、（4）引自商中期Ⅱ的器。圖104（3）往外展開的較寬的身軀，既可以認爲填飾羽紋而爲之，也可以解釋爲用中粗綫表達整體。這是這個時期特有的表現技法。

　　圖104（5）、（6）采自商晚期Ⅰ的器。圖104（5）眼睛旁邊的身軀是用細綫表現的，但竪立在身軀上方的羽毛是用中粗綫表現的，也就是説這個饕餮紋也具有兩種技法的中間形態。圖104（6）饕餮身軀後方和下方，用較粗綫表現的羽毛和用細綫表現的羽毛交錯排列。換個角度看，也可以説這個饕餮紋用羽毛形襯底，并用中粗的輪廓綫表現饕餮，可以視爲商晚期Ⅱ、Ⅲ多見的【6】［渦紋地、輪廓綫］的原始形態。由此也可以知道，商晚期Ⅰ以後開始多見的渦紋地其實是從如圖104（6）那樣的羽毛形演變過來的。

【4】［無地紋、平凸、細綫］

　　圖104（5）、（6）是見於商晚期Ⅰ偏早時期的饕餮紋的例子。這種饕餮紋中有一部分在商晚期Ⅰ、Ⅱ之際變成［平凸、細綫］饕餮紋，如圖104（7）、（8）。如果除去用中粗綫畫的羽毛，剩下的紋飾乍看起來像是用細綫畫的漩渦的集合體。但稍微仔細看一下就能發現，眼睛後面有排列渦紋而成的類似身軀的部分，眼睛上面有變成渦紋的角。如果把圖104（7）、（8）和圖104（6）相比較，應該可以知道，前者極其細密的漩渦是從後者當中可以清晰辨别的羽毛尖端和根部的羽枝發展而來的。例如圖104（7）、（8）饕餮眼睛旁邊有往外排列的渦紋，圖104（6）中與此相對應的部分是羽毛，其根部的羽枝成爲渦紋，渦紋的綫條比（7）、（8）稀疏。這是圖104（7）、（8）的細密渦紋的原型[1]。

　　［無地紋、平凸、細綫］這一表現技法使用時間很長，用到西周中期[2]。

【5】［渦紋地、平凸、附帶稀疏羽渦紋］

　　圖104（9）是商晚期Ⅰ的例子。這種表現技法也可以認爲是從如圖104（3）那樣的商中期Ⅱ的饕餮紋演變而來的。也就是説，圖104（3）饕餮身軀的凸出部分更明顯地表達出來，這個部分所占面積與凹綫羽渦紋所占面積的比率變大。此外，長在饕餮身上的羽毛變成細綫，并成爲地紋。仔細觀察圖104（10）所示的商晚期Ⅱ饕餮紋例就可以看出，渦紋地紋中還保留很多羽毛原型。例如圖104（10）右邊的卷起來的尾巴周圍比較容易看出來。

　　這種表現技法在商晚期多見，但西周早期也繼續使用[3]。

【6】［渦紋地、平凸、輪廓綫］，［渦紋地、透雕］，［渦紋地、凸綫、輪廓綫］

　　圖104（11）上部的饕餮紋用較粗的平凸綫勾勒出饕餮輪廓，這是［渦紋地、平凸、輪廓綫］的表現

---

［1］　胡博（Huber）也注意到了這一點（Huber 1983：19）。
［2］　林 1984：正文册，238 頁*、圖 142。
［3］　林 1984：正文册，圖 141。

---

*　譯按：中文版第 380 頁。

技法。只要把這個紋飾和圖 104（6）的商晚期Ⅰ饕餮紋相比較就很容易看出，這種表現技法是從圖 104（6）那樣的饕餮紋衍生出來的。

［渦紋地、透雕］的表現技法如圖 104（11）下部所示，這是把［渦紋地、平凸、輪廓綫］中的輪廓綫以透雕形式表現的技法。輪廓綫這一表現技法在商晚期Ⅱ、Ⅲ的爵和觚上比較多見。透雕這一表現技法雖然例數不多，但已用在商晚期Ⅱ、Ⅲ的觚上。觚的圈足內壁一般不做鑄後處理，但就筆者曾觀察過的觚而言，透雕圈足內壁則處理得很光滑。

［渦紋地、凸綫、輪廓綫］的表現技法如圖 104（12）所示，這是把［渦紋地、平凸、輪廓綫］中的輪廓綫用凸綫表現的技法。圖 104（12）是商晚期Ⅲ的例子。雖然數量不多，但這個技法從這一時期肇始，經歷西周Ⅰ，到西周Ⅱ[4]，一直使用着。

【7】［渦紋地、平凸、寬體、無紋］

這是在渦紋地上用平凸綫表現下一類分散饕餮的技法，饕餮身軀部分不施加任何紋飾，如圖 104（13）、（14）。這個技法與下一類技法在同一時代并行，在商晚期Ⅱ、Ⅲ多見，但此技法的使用時間比下一類技法更長，延續至西周Ⅰ（圖版 2—476）。

【8】［渦紋地、高凸、寬體、附帶細密羽渦紋］

本技法把饕餮的眼睛、眉毛、角、上下顎、身軀、尾巴等部位分散布置（本文稱之爲分散饕餮），并在饕餮身軀上填滿細密的羽渦紋，如圖 104（15）、（16）。饕餮身上所填滿的綫條可以分爲凸綫（圖 104［15］）和凹綫（圖 104［16］）兩種。

這個技法應該也是由圖 104（6）那樣的比較原始的商晚期Ⅰ［細綫、輪廓綫］這一技法衍生而來的。本技法和表現技法【6】同樣凸顯出饕餮的身體，但後者（圖 104［11］）用輪廓綫實現這個效果，本技法則讓較寬的饕餮身體部分高出器表來達到這個目的。這兩種技法，製作花紋的原理不同。圖 104（11）是用輪廓綫或透雕的方法把饕餮的整體勾勒出來，而本技法首先拆開饕餮的身體，然後把身體各個部位貼起來，拼裝成一個整體，這個做法有點像 appliqué*。比較圖 104（15）和圖 104（6），這兩種饕餮紋都在身軀上填滿保留羽毛原狀的羽渦紋，在這一點上兩者很相似。這可以説明以上所説不誤。

以前筆者無法理解，古人爲什麽花費很大的功夫在饕餮身上密密麻麻地填滿羽渦紋。但只要知道這類饕餮的前身是如圖 104（6）那樣除了眼睛之外全部由細綫羽毛構成的饕餮紋，這個疑問就迎刃而解。也就是説，饕餮的身軀部分本來就是用羽毛表現的。

這個表現技法，圖 104（15）、（16）等商晚期Ⅱ的例子屬於最早，在商晚期Ⅱ到商晚期Ⅲ的觚、爵上多見。此外在尊、瓿、方彝等酒器上也使用，但還有極少數的例子見於鬣彝的鬲鼎[5]。

【9】［渦紋地、高凸、寬體、附帶單綫］

本技法將把上一類的分散饕餮身上的細密羽渦紋換成一條平行於輪廓綫的單純陰綫，如圖 104

---

〔4〕　林 1984：圖版册，角 17、18，卣 184 等。

〔5〕　林 1984：圖版册，鬲鼎 55。

---

*　譯按：appliqué 是一種布料裝飾方法，把剪好的布貼在布料上作裝飾。

（17）。這個技法始見於商晚期Ⅲ，延續至西周Ⅰ（圖版 2—470），應該可以視爲上一類表現技法的簡化形式。

　　此外，本技法還經常使用在西周Ⅰ多見的半分散饕餮（雖然頭部未被拆解，但身、尾和腿被分散布置的饕餮）上（圖 104［18］）。這一類可以視爲下一類中的稀疏羽渦紋的簡化形式。

【10】［渦紋地、高凸、寬體、附帶稀疏羽渦紋］

　　表現技法【2】的饕餮紋中，有些例子只對角部采用半浮雕的表現技法。這個技法則把整個饕餮凸起來，看上去像是較厚的平板貼在器表上做的。圖 104（19）是比較早期的例子，時代屬於商中期Ⅱ；圖 104（20）是商晚期Ⅰ的例子。這些饕餮紋的地紋是比較稀疏的羽毛，我們從這一點可以看出早期的特徵。現在可知的這個時期的例子爲數甚少。

　　例數較多的是細密的渦紋地地紋上鑄出高凸饕餮，并在較寬的身體上陰刻稀疏羽毛紋，如圖 104（21）和（22）。這種技法從商晚期Ⅱ開始多見。雖然是同一種圖案，但與平凸技法相比，這種高凸技法的紋飾更爲誇張，充滿威嚴，經常使用在商晚期Ⅲ的帶有大扉棱的高級青銅器上。使用這個技法的饕餮紋到西周時期仍然使用，延續至西周中期[6]。

【11】［渦紋地、高凸、寬體、無紋］

　　這是饕餮比渦紋地高出，身上不加任何紋飾的一類，也可以説是把技法【7】的平凸換爲高凸的表現技法。圖 104（23）是商晚期Ⅲ的例子。這個技法雖然例數不多，但從商晚期Ⅱ開始出現[7]，也出現於西周Ⅰ[8]。

【12】［無地紋、高凸、寬體、無紋］

　　這是器地不加羽渦紋，無紋地上鑄出高凸饕餮，而且其身上也不加任何紋飾的一類。圖 104（24）是根據遺址可以知道時代大約屬於商晚期Ⅰ的車器。本技法在這個時期很罕見。圖 104（25）是商晚期Ⅲ的例子，采用的是分散饕餮，這種饕餮紋延續至西周Ⅱ[9]。無論是哪一個時期，本技法的用例都很少。

【13】［無地紋、凸綫］

　　這是不加任何紋飾的無紋地上用凸綫表現饕餮的一類。圖 104（26）是西周ⅡA 銅簋器底上使用的例子。這個部位裝飾 C 形卷身龍的例子在西周Ⅰ比較常見，但把饕餮用在這個地方的例子則很少見。

---

［6］　林 1984：正文册，圖 140。
［7］　林 1984：圖版册，鼎 77。
［8］　林 1984：圖版册，鬲鼎 95。
［9］　林 1984：圖版册，卣 185。

（1）

（5）

（6）

（2）

（7）

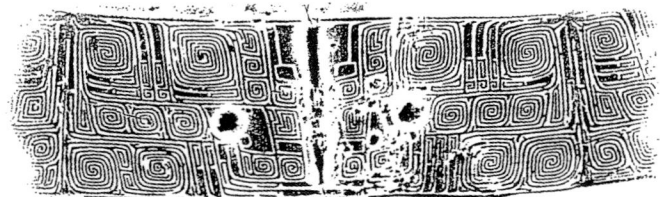

（8）

（3）

（4）

（9）

圖 104　饕餮紋的各種表現技法

（10）

（14）

（11）

（15）

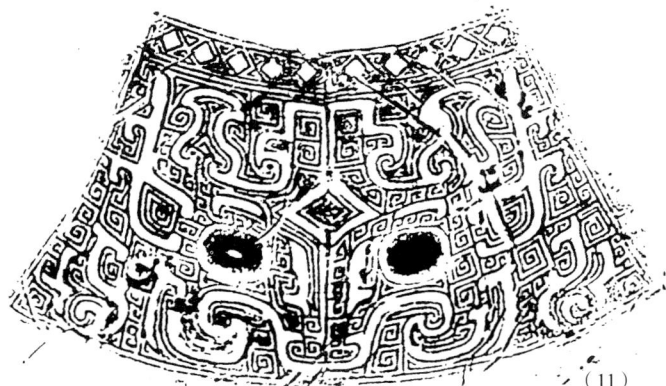

（16）

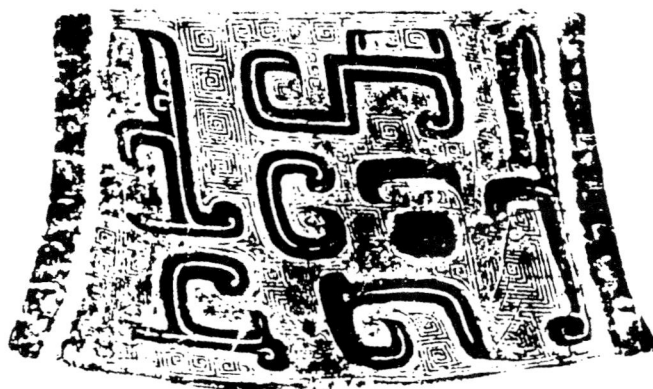

（17）

（13）

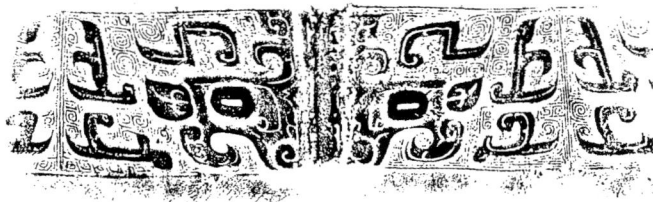

（18）

圖 104　饕餮紋的各種表現技法（續 1 ）

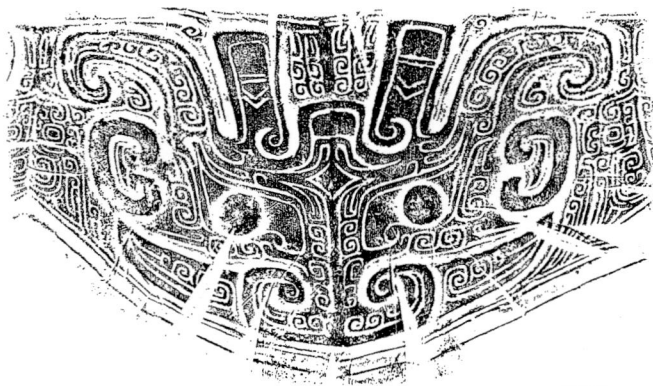

（19）

（24）

（20）

（25）

（21）

（22）

（26）

（23）

圖 104　饕餮紋的各種表現技法（續 2）

第二節　饕餮紋的種類

【1】分類法

觀察各種饕餮紋就能發現，角或羽冠、眼睛、額部的箆形裝飾、下顎、身尾所呈曲綫等因素都有幾種不同的形狀。如果對這些因素詳加分類，只要有一個身體部位具有不同的特徵，就把它單獨作爲一類的話，所分出的種類會非常多[10]。如果連例數很少的類型也單獨作爲一類，那麼饕餮的種類會更加繁雜。

毋庸贅言，要根據形狀對某種神靈的圖像加以分類，必須要弄清楚圖像中的哪些部位代表神靈的本質，哪些部位可以忽略。按照這個原則，饕餮紋應該怎麼分類？下面討論這個問題。

我們在第一章第二節之一說過，比如商晚期卣的饕餮紋通常采用如下格式：器腹的饕餮紋帶有身軀和尾巴，而器蓋裝飾的是從器腹的饕餮去掉身軀和尾巴的饕餮臉部。這應該是因爲施紋空間的原因，器腹可以裝飾饕餮全身的圖像，器蓋則只能把它簡化，以臉部代表全身。由此可知，把只有頭部的饕餮和具備身尾的饕餮歸爲同一類才是正確的分類方法。

我們看眼睛的表現技法。商中期的饕餮普遍使用無瞳孔的橢方形眼，到了商晚期Ⅰ則幾乎全都使用無瞳孔的圓形眼（分散饕餮除外）。商晚期Ⅱ，羊角[11]饕餮的眼睛，橢方形眼和圓形眼兩種都有，到了商晚期Ⅲ基本使用橢方形眼，再到西周Ⅰ幾乎一律使用橢方形眼[12]。從這些現象可以知道，饕餮眼睛的形狀根據每個時期的喜好而改變。因此，對饕餮的分類而言，眼睛的形狀應該沒有多大的意義。

其次看下顎的形狀。商晚期Ⅲ到西周Ⅰ的鬲鼎上比較多見的虎耳饕餮*無例外地帶有往外卷的下顎。水牛角饕餮、尖葉角饕餮也均如此，羊角饕餮中頭上戴着上面刻鱗波紋的一類（外側帶羽毛者除外）也有同樣的現象，這種形狀的下顎也見於與上述幾種饕餮相對應的犧首上。由此可知，在特定的幾種饕餮中，下顎的形狀被看作與饕餮的本質有關的重要部位。知道了這一點，重新觀察其他饕餮的下顎形狀，可以發現，商晚期Ⅱ到西周Ⅰ的大耳饕餮和商晚期Ⅲ到西周Ⅰ的羊角饕餮的下顎有往外卷和往內卷的兩種，几字形羽冠饕餮的下顎全都往內卷。

其次看身尾所呈的曲綫。T形羊角饕餮的曲綫頗爲單純，都是水平直綫、末端上翹。再看其他幾種饕餮，從商晚期Ⅰ開始一直到西周Ⅰ，絕大多數都是首先向外伸，然後上翹，最後往下內卷。因此，身尾所呈的曲綫不能作爲饕餮分類的標準。

如此看來，對所有饕餮可以使用的分類標準是頭上的角或羽冠的型式。我們在上文中已經以此爲標準對各種饕餮進行了觀察，這個觀察確實很有效。從理論上看，如前一章所述，所謂犧首是與饕餮＝上帝相對應的下帝，它是生活在地上、帶有肉體的鬼神。犧首頭部的造型雖然千篇一律，但從角

---

[10] 例如參看 Karlgren1951, fig. 258—450；張光直等 1973：134，001 號～149，219 號。

[11] 關於饕餮頭上的各種角或羽冠的名稱，參看以下各頁説明。

　　T形羊角：84頁　　　　羊角：90頁　　　大　耳：86頁　　　牛　　角：94頁

　　几字形羽冠：87頁　　水牛角：88頁　　菌　形　角：88頁　　尖葉角：88頁

　　羊角形兩層角：88頁　大　眉：89頁　　兩尖大耳：89頁

[12] 關於我們對各類饕餮的看法，參看本節下一項以後的相應的圖。

＊　譯按："虎耳饕餮"這種饕餮不見於本節的饕餮分類中，指的當是大耳饕餮，參看本節【5】大耳饕餮。

的形狀可以知道其原型是哪一種真實動物，進而可以辨別犧首的種類。既然如此，上帝＝饕餮也可以根據角或羽冠的形狀加以分類，就是很自然的了。

我們根據以上認識，將角的型式作爲第一標準，對商到西周的饕餮進行了分類。其結果表明，饕餮的種類數比預期的少很多，大多數饕餮可以歸屬於這幾類中。不能歸屬於這幾類的例外也有一些，但我們難以確知這些少數例外究竟是用不同的身體部位表示另外一種饕餮，還是工匠自由發揮改用不同身體部位的同一類饕餮，抑或是由於工匠的無知導致的結果。因此我們不把這種饕餮單獨作爲一類，而是根據角的形狀歸在例數很多的某類饕餮中。

下面以角或羽冠的形狀爲主要標準，對饕餮圖像進行分類，并對每種饕餮加以説明。如果下顎有往外卷和往内卷的兩種，則首先根據角的形狀分大類，然後再分小類。

【2】無角饕餮

這一類與第【3】類以下的幾種饕餮不同，額部篦形裝飾的兩側没有相當於角（或羽冠、耳等）的部位，我們把這種饕餮一律稱爲無角饕餮。無角饕餮可以再分爲三類：（1）類是篦形裝飾兩側没有任何東西（圖版 2—1、2）；（2）類是篦形裝飾兩側有凹字形的羽毛根部，但其形狀并不像是角（圖版 2—3、4）。以上兩類饕餮頭部兩側有一對相背的羽毛，這個部位可以看作饕餮的身軀。（3）類是無角，頭部兩側有類似身軀的部位，這個部位上翹彎曲（圖版 2—5 ～ 7）。我們把圖版 2—8 也歸入此類。

【3】T形羊角饕餮

所謂 T 形羊角，例如圖版 2—9 饕餮額部篦形裝飾兩側的角，形狀呈横倒 C 形，内側的一端較粗。這些與第【4】類的羊角相同，但這類角的中間有柄。因爲整體形狀呈 T 形，我們起了這個名字。T 形羊角有兩種：（A）角的一端較粗，（B）角兩端的粗細程度相同。這類饕餮與下一類饕餮可以按照同一個標準分爲兩類：（1）類是頭部兩側有一對相背的羽毛，這個部位分成兩層（圖版 2—9 ～ 22）；（2）類是頭部兩側有類似身軀的部位，這個部位上翹彎曲（圖版 2—23 以下）。

圖版 2—9 ～ 20 是（1）類中戴（A）角的一類，主要見於商中期。圖版 2—21 和 22 是（1）類中戴（B）角的一類，例數很少。

圖版 2—23 以下是（2）類。商中期的這類饕餮有（A）角和（B）角兩種，圖版 2—23 ～ 28 屬於前者，圖 2—29 以下屬於後者。後者的譜系從商晚期 I 開始出現[*]，延續到西周 II，如圖版 2—23[†] ～ 74。這類饕餮紋整體呈帶狀，用細綫或中粗綫畫饕餮，脊背上有許多羽毛像芒草似地排列，我們把它作爲（3）類。有些饕餮雖然與此很相似，但脊背上排列的不是羽毛，而是凹字形羽毛的根部（圖版 2—75 ～ 91），這個紋飾的使用時期與（3）類大致相同，我們把它作爲（4）類。與（3）類很相似的還有兩類：圖 2—92 ～ 100 是饕餮脊背上排列單純渦紋的一類，圖 2—101 ～ 105 是饕餮脊背上排列 T 形渦紋的一類，我們把這兩類分別作爲（5）類和（6）類。

T 形羊角饕餮中還有一類，整體形狀基本上都與前幾類同樣呈帶狀[13]，但圖像比前幾類簡單一些，

---

[13] 但有一些例外，偶爾大面積地裝飾在器物主體部位，如圖版 2—114。

---

* 譯按：根據圖版，這類饕餮紋從商中期 I 開始出現。
† 譯按：根據文義推測，此 “23” 當是 “29” 之誤。

如圖版 2—106 ～ 117。頭部兩側有中粗綫羽毛往水平方向展開，其下還有與此平行的長羽毛，前端上翹內卷，我們把它作爲（7）類。這一類的形狀從商晚期 Ⅱ 到西周 Ⅱ 一直不變。這也是例數很多的一類。

【4】羊角饕餮

我們把主體彎曲成 C 形，前端尖銳的角稱爲羊角，詳見第三章"犧首"【1】羊角犧首。商中期的羊角饕餮中，有些饕餮的頭部兩側有重疊的羽毛，如圖版 2—118 ～ 120，我們把它作爲（1）類。此外，頭部兩側有水平方向長出的身體，而且其末端上翹的饕餮在這個時期比較多見（圖版 2—121 ～ 136），後代占較大比例的、尾部彎曲成尸字形的饕餮也從這個時期開始出現（圖版 2—125、126），我們把這兩者作爲（2）類。此羊角饕餮（2）類采用［細綫、平凸］或［平凸或高凸、寬體］的表現技法，從商晚期 Ⅰ 到西周 Ⅱ 頗爲多見，成爲饕餮紋的主流，我們把具體例子列在圖版 2—137 以下。西周 Ⅰ，頭部旁邊有獨立的脚和止字形羽毛的饕餮開始出現，這個現象在其他種類的饕餮中也能看到，我們暫且把這種饕餮稱爲半分散饕餮。我們認爲這是西周時代出現的一種特殊的表現方式，因此不把這一類從（2）類分出來，作爲（2）a 類。下面其他的半分散饕餮也都如此處理。

我們把（2）類再分爲甲乙兩小類：甲類是下顎往內卷的一類，在整個商周時期可以看到，如圖版 2—121 ～ 213；乙類是下顎往外卷的一類，從商晚期 Ⅲ 到西周 Ⅰ 比較多見，如圖版 2—214 ～ 240。商晚期 Ⅰ 到 Ⅱ 還有一種饕餮，例如圖版 2—138，下顎的綫條與上顎平行往中心延伸，形成橫寬的嘴。我們把這種饕餮也包括在甲類中。

當時甲類和乙類可能被看作兩種不同的饕餮，因爲有如下情況：早在商中期 Ⅰ，乙類中有頭上戴着上面刻有鱗波紋的半圓雕或圓雕角的一類（如圖版 2—214 等，外側帶羽毛的角［圖版 2—163］除外）。這類饕餮帶有身軀的例子目前沒有發現。這類饕餮的下顎無例外地往外卷，據此可以推測，上面刻有鱗波紋的、很逼真的角與往外卷的下顎之間有內在聯繫。

這種饕餮的頭部往往像犧首一樣用在鼎足上部，如圖版 3—14。因爲這個饕餮的額部有倒 U 形的箆形裝飾，根據我們的定義，它是饕餮，而不是犧首。這是商晚期 ⅢB 的例子。用在鼎足上部的羊角饕餮中，角上沒有鱗波紋的例子也不少，這類饕餮繼續使用到西周 Ⅲ（圖版 3—31），這些饕餮的下顎大都往外卷[14]。這一事實表明，羊角饕餮有一個長期存在的慣例，用在鼎足上部的羊角饕餮都是特定種類的。也就是說，這證明下顎往外卷的一類，在當時被視爲不同於其他饕餮的特定種類。

我們在第【1】項中已經談到，商晚期 Ⅱ 的羊角饕餮圓形眼和橢方形眼都有使用，到了商晚期 Ⅲ 主要使用後者，再到西周 Ⅰ 幾乎一律使用橢方形眼。

分散式的羊角饕餮從商晚期 Ⅱ 開始出現（［3］類）（圖版 2—242 ～ 270）。除去商晚期 Ⅱ 的若干例外，這類饕餮的眼睛都是橢方形眼。

此外，分散式的羊角饕餮中，有一類饕餮的臉部兩側斜放一對羽毛——其外側往往還像鬍鬚一樣重疊排列羽毛（［4］類）（圖版 2—271 ～ 277）。這類饕餮都用圓形眼，可見我們把這些饕餮單獨視爲一類是正確的。

羊角饕餮中有尾巴成爲鳥的一類，如圖版 2—278 ～ 280（［5］類）。這類饕餮似乎只出現於商晚期 Ⅰ。關於這類饕餮，在第一章第四節第二項加以討論，認爲這個形狀與饕餮源流的河姆渡文化有關係。

此外還有角的根部成爲龍頭、整體成爲小型龍的一類（圖版 2—281 ～ 285），我們把它作爲（6）類。

---

〔14〕　西周 ⅠB 的大盂鼎（林 1984：圖版册，鼎 184）和西周 Ⅱ 的厚趠方鼎（林 1984：圖版册，方鼎 81）屬於例外。

【5】大耳饕餮

有一種饕餮頭上戴着兩端呈圓形的很大的東西，如圖版2—293。筆者曾經認爲這是虎耳[15]，但如第三章"犧首"【4】大耳犧首所述，其中也有前端較尖的一類，這個形狀不像是虎耳。目前還不清楚這個形狀的原型是哪種動物的耳朵，但因爲這個耳朵很大，我們暫且把它稱爲大耳。圖版2—286 的大耳可能是比較早期的形狀，雖然兩端很圓，但這個形狀與同時期的圖版2—122 的羊角比較相似，似是某種角。然而世上沒有前端呈圓形的角。我們可以舉一個旁證説明商周時期的人確實把我們所謂大耳的身體部位看作耳朵。其他種類的饕餮偶爾在眼睛旁邊有尖葉形耳朵，但頭上戴着大耳的饕餮中，帶有這種耳朵的例子一個也沒有[16]。這應該是因爲商周時期的人認爲它既然已經有了大耳，再加小耳是多餘的。

下面看大耳饕餮的分類。商中期的大耳饕餮中，雖然例數極少，但有頭部兩側重叠排列羽毛的一類（［1］類）。圖版2—286 是其很少見的例子。

圖版2—287 以下是帶有身軀且身軀後端上翹彎曲的一類，我們把它作爲（2）類。這類饕餮使用［平凸或高凸、寬體］的表現技法，未見使用［細綫］、［分散］等技法的例子。這一點與水牛角饕餮相同。再看眼睛，商晚期Ⅱ到西周Ⅰ的饕餮基本呈圓形，商晚期Ⅲ也有橢方形眼。大耳饕餮與羊角饕餮同樣可以分爲下顎往内卷的甲類和下顎往外卷的乙類。圖版2—287、288 時代於屬商晚期Ⅰ，這個時期的大耳還保留商中期的特徵，輪廓不很清晰。商晚期Ⅱ才開始呈典型的形狀，如圖版2—289。

大耳饕餮中有一類與羊角饕餮（4）類相對應，是羊角變成大耳的饕餮，如圖版2—328。我們把它作爲（3）類。除了以上幾例外，戴大耳的饕餮還有幾種，如圖版2—329 ~ 334。這幾種例子都很少，因此我們不把它們作爲獨立的一類。

【6】牛角饕餮

關於牛角這個名稱，參看第三章"犧首"【6】牛角犧首。這類饕餮商中期的例子很少，而且不太好認，因此對它稍微詳細地加以説明。圖版2—337 是商中期Ⅱ斝上的饕餮，眼睛的後上方有我們在此要討論的角的原型，這個東西和眼角卷在一起，其外側有饕餮的身軀和上翹内卷的尾巴。圖版2—338 與2—337 時代相同，其形狀是從2—337 去掉身軀和尾巴的樣子。如果這兩例可以歸入牛角類，商中期Ⅰ的圖版2—336 可以視爲其早期形態。圖版2—335 和2—336 大致相類，兩者都在正中處箆形裝飾的兩側各有一枚羽毛，其外側還有相當於角的往内卷的東西，可見兩者屬於同一類。但圖版2—335 額部箆形裝飾兩側的葉子形圖像*與相當於角的部分成爲一體，形成凹字形羽毛的根部。從這一點看，我們視爲角的部分當時也有可能被視爲羽毛的一部分。但這類饕餮與第【2】類無角饕餮（2）類相比，兩者凹字形圖像中彎度大的那一端的位置相反。從這個不同點看，商周時期的人把現在討論的部分看作牛角的可能性還是比較大。

---

[15] 林 1953：213。

[16] 據管見所及，賽克勒藏品 V18 方鼎上的饕餮乍看起來似乎既帶有尖葉形耳朵，又帶有大耳。但這個大耳的内側一端很尖，是一個很特殊的例子，我們無法確定這個部位是否可以看作大耳。此外，賽克勒藏品 V157 簋上的饕餮是帶有耳朵的大耳饕餮，但這件簋的真僞似有討論的餘地。

---

* 譯按：即上文所謂的箆形裝飾外側的羽毛。

下面看牛角饕餮的分類。按照對前幾類采用的分類法，把頭部兩側有羽毛的一類作爲（1）類，如圖版 2—335。但目前只有這一例。（2）類是頭部兩側有身軀或省略身軀的一類。這類饕餮出現於商晚期Ⅰ到西周Ⅱ，大都采用［細綫］或［平凸或高凸、寬體］的表現技法。這類饕餮的下顎大都往内卷（甲類）（圖版 2—336 ～ 397），但西周Ⅰ出現一些下顎往外卷的例子（乙類）（圖版 2—398 ～ 400）。圖版 2—401 和 402 是采用［分散］這一技法的例子，我們把它作爲（3）類。這類饕餮的眼睛無一例外地呈橢方形，這一點與分散式的羊角饕餮相同。

附帶指出，在此列舉的這類饕餮中，商晚期Ⅰ、Ⅱ的例子——尤其采用［細綫］技法的幾例，我們認爲是角的部分呈内卷漩渦狀，根部在眼睛的上面，而且兩者相接。乍看起來，這個形狀與其說是角，不如說是眉毛。但按照時代順序看這個類似眉毛的部位的演變，這個部位的根部在商晚期Ⅱ到Ⅲ變大，其形狀無論怎麽看只能認爲是角。其實我們還可以考慮另外一種可能性。也就是說，隨着時代的推移，對同一個身體部位的理解發生了變化。我們把這個部位一律稱爲“角”是爲了討論的方便。

此外，西周Ⅰ的饕餮中有一類饕餮，看起來好像角端分成兩叉，兩個尖端向下内卷（圖版 2—403）[17]。這可以看作像圖版 2—379 那種饕餮的訛變，是往外卷的尾巴緊貼在牛角形角外側的一種。

【7】几字形羽冠饕餮

所謂几字形羽冠，例如圖版 2—408 饕餮頭上戴的是其典型例。其形狀與几字不是那麽像，但比較接近，因此起了這個名字。這個羽冠多見於鳳凰類。我們在第七章第三項討論這個圖像，認爲它的原型是金雞的羽冠，因此把它叫做几字形“羽冠”。至於這個羽冠爲什麽彎曲成几字形，我們在第十一章第二項說明我們的看法，請大家參看。

根據目前可知的例子，几字形角*的饕餮紋在商晚期Ⅰ以後才出現。從商晚期Ⅰ到商晚期Ⅲ的例子大都采用［輪廓綫、平凸或高凸、寬體］的表現技法，而没有［細綫］的例子，我們把它作爲（1）類。商晚期Ⅲ以前的例子，下顎都往内卷（甲類）（圖版 2—404 ～ 440）。圖版 2—438 ～ 440 是前腳獨立的半分散式饕餮。半分散式饕餮在西周Ⅰ出現。到了西周Ⅰ，下顎往外卷的例子也出現（乙類）（圖版 2—441 ～ 443）。附帶說，几字形羽冠的犧首極少見，但其極少見的例子下顎都往外卷，參看“犧首”的一章。

頭上戴几字形角的饕餮在商晚期Ⅱ、Ⅲ經常以［分散］的形式用在爵、觚上，一直用到西周時期（［2］類）（圖版 2—444 ～ 477）。時代屬於西周ⅢA 的圖版 2—478 和 479 也歸入此類。圖版 2—480 是特定地域型的例子。

第（3）類是尾巴成爲鳥的一類（圖版 2—481 ～ 486）。尾巴成爲鳥的羊角饕餮是商晚期Ⅰ爵的例子，而几字形羽冠的這類饕餮大都用在商晚期Ⅱ的爵上。

第（4）類是角根成爲龍頭，整個羽冠呈小龍形的一類（圖版 2—487 ～ 492）。圖版 2—492 與其他的例子不同，龍頭在羽冠尖端。

---

[17] 與此相似的角出現於這個時期的鼎上的例子，還有“國立故宮中央博物院”聯合管理處 1958：下，上，16、17、19。

* 譯按：我們根據原書使用“几字形角”這個說法，但在此用“角”與上文的說明相矛盾。附帶說明，第【7】項中所謂的“角”都與所謂“羽冠”所指相同。

【8】水牛角饕餮

在此討論的饕餮在頭上戴的是水牛類動物的角，這一點應該無須贅述。戴這個角的饕餮中目前可知的最早的例子是商晚期 I 的例子。但如果看犧首，如"犧首"一章所説明，戴這個角的犧首大約從商中期 II 開始出現。圖版 2—493 是［平凸］的例子，但這類饕餮幾乎都用［高凸、寬體］的技法只畫頭部，而從不使用［細綫］、［分散］等技法（圖版 2—494 ～ 509）。下顎都往外卷。偶爾帶有水牛的身軀（圖版 2—503），而不像其他的饕餮那樣帶有龍形身軀。可以説，這類饕餮具有很濃厚的水牛特徵。

【9】菌形角饕餮

菌形角這一名稱是根據其形狀起的。戴這個角的犧首和龍的例子不勝枚舉，但戴這個角的饕餮則極少。雖説如此，從商晚期 I 到西周 I B，每個時期都有一些例子（圖版 2—510 ～ 515）。這類饕餮如果帶有身體的話，其身軀彎曲成波形，其形狀很像是真實動物的樣子，而且還帶有前腳。匜蓋上裝飾的菌形角鬼神，頭部從匜蓋前端突出來，其後面帶有身軀。這個鬼神絶大多數没有額部的篦形裝飾，但偶爾有帶篦形裝飾的、具有饕餮資格的例子，如圖版 2—513。此外也有一些例子雖然是犧首，但額部有収字形裝飾的，其形狀與饕餮的倒 U 形篦形裝飾中所見到的紋飾相同，比如我們在"犧首"一章中介紹的枓。

這類饕餮采用［高凸］、［半圓雕］等表現技法的例子比較多，而采用［細綫］、［分散］等技法的例子則一個也没有。

【10】尖葉角饕餮

尖葉角這一名稱是根據其形狀起的。例如圖版 9—1、2，我們根據眼睛的形狀可以確定它是鴟鴞，它在頭上戴的是這個形狀的角。據此可見尖葉角源於鴟鴞的毛角。尖葉角可以分爲兩個下端都呈圓形的一類（如圖版 2—518）和其中一端呈尖形的一類（如圖版 2—523）。但由於缺乏判斷材料，我們無法確定這兩類是否應該視爲不同的兩類。因此我們暫且把這兩者歸爲一類。

雖然商晚期 I、II 的尖葉角饕餮中有一些使用［平凸］的例子（圖版 2—516、518），但商晚期 II 到西周 I 基本都使用［高凸、寬體］。這類饕餮有少數下顎往內卷的例子（甲類）（圖版 2—516、517），但這類饕餮的下顎大都往外卷（乙類）（圖版 2—518 ～ 523）。戴這個角的犧首的下顎也都往外卷。

【11】羊角形兩層角饕餮

所謂羊角形兩層角是雖然整體呈羊角形，但中間有分界綫，分成兩層的角，我們根據其形狀起了這個名字，其實這是"𝄐"形角上長出"フ"形羽毛的東西。圖版 2—527 是一個例外，其"𝄐"形角上没有"フ"形羽毛。這個例子可以證明我們對這個圖像所做的説明是正確的。

這類饕餮例子不多，但從商晚期 II 到西周 I 出現，使用［高凸、寬體］的表現技法，而從不使用［細綫］和［分散］。這類饕餮可以分爲往內卷的一類（甲類）（圖版 2—524 ～ 527）和下顎往外卷的一類（乙類）（圖版 2—528 ～ 534）。

【12】大眉饕餮

這類饕餮的眼睛上面有商晚期一般用來表示饕餮眉毛的東西。但這類饕餮的眉毛特別大，而且它所占的位置是其他饕餮的角或羽冠的位置。我們把這種饕餮稱爲大眉饕餮。

這類饕餮可以分爲下顎往内卷的一類（圖版 2—535 ～ 542）和下顎往外卷的一類（圖版 2—543 ～ 546）。兩者使用的表現技法也有區別，前者使用［分散］的表現技法，後者則用［高凸、寬體］，因此我們把這兩者分爲（1）類和（2）類，而不是分爲甲類和乙類。

我們在討論其他類饕餮時也注意到，每類饕餮都有常用的表現技法和從不使用的表現技法。大眉饕餮的例子能够證明饕餮的種類和表現技法之間確實有一定的關係。

【13】兩尖大耳饕餮

這類饕餮與第【5】類大耳饕餮很相似，但第【5】類饕餮大耳的兩個下端呈圓形，而此類饕餮的耳朵兩端呈尖形（圖版 2—547 ～ 549）。此類饕餮應該是大耳饕餮的變種，但我們在討論第【5】類時已指出，大耳饕餮使用［分散］技法一例也没有，而這類饕餮中有分散饕餮的例子，如圖版 2—548。我們考慮表現技法和饕餮的種類之間存在一定的關係，分出了這一類。例數很少。

【14】其他類饕餮

最後搜集例數很少的饕餮，并根據時代的早晚把它們分爲四類（圖版 2—550 ～ 556）。這些饕餮應該不需要特别説明。

以上，我們對饕餮即上帝的圖像進行了粗略的分類，但已經分了十幾種。後代的文獻中也有關於幾位上帝的傳説，他們分別屬於譜系不同的幾個部族[18]。這些傳説中的幾位上帝應該與我們在此分類的饕餮＝上帝在歷史上有某種關係，但哪個上帝和哪個饕餮可以相聯繫？這個問題的實證研究留待將來進行。

---

[18]　徐旭生 1962，第二章。

第三章 犧 首

　　在青銅器紋飾帶的正中位置、把手等很顯眼的地方，經常裝飾半圓雕或圓雕的鬼神頭部，學界一般把這種鬼神稱爲犧首。我們在第一章説明，所謂饕餮是當時稱爲上帝的神，而犧首是等級比饕餮低一等、具有肉體、生活在地上的神，當時被稱爲下帝。其等級低於上帝，額頭上没有戴饕餮＝上帝之德的象徵、上帝標志的筐形裝飾。但犧首是在紋飾帶正中裝飾的紋飾，這個位置還經常裝飾獨立的筐形裝飾，可見犧首和筐形裝飾的等級相同，而高於紋飾帶中的其他小"物"。此問題也在第一章第五節第一項已經講過。

　　本章對這類紋飾加以分類，并對每種紋飾進行討論。分類的標準與饕餮相同，即采用角的形狀進行分類。如下所述，例如大耳、羊角在饕餮中經常使用，而與此相應的、戴這些角的犧首也很普遍。但几字形角饕餮例數很多，戴這個角的犧首却極少見；菌形角饕餮例數很少，戴這個角的犧首却不少。也就是説，饕餮和犧首的對應關係不均匀。這是值得注意的現象。這表明，這些鬼神在商周人的心裏曾經真的存在過，每個鬼神都有不同的存在方式。但我們在此只不過對這些鬼神進行分類，觀察每種犧首的出現形式而已，其他没能討論多少。那是因爲資料有限的緣故。

【1】羊角犧首

　　這裏所謂的羊角之羊不是家畜的羊，而是野生動物的盤羊。關於盤羊，我們會在下一項説明。從角的形狀看，這類犧首可以分爲兩種：第一種是角上有鱗紋，角的横斷面呈圓形的那種（圖版3—1）；第二種是角的整體或多或少呈平板狀的那種（圖版3—5）。前者的角尖端往往高高突起。臉的形狀也可以分爲兩種：第一種是鼻子的形狀有時讓人覺得像羊，有時讓人覺得像老虎，不管怎樣都圓滚滚的動物的臉（圖版3—1）；第二種是整體往前翹，鼻頭尖鋭的臉（圖版3—6）。後一種的頭亦見於菌形角犧首。我們會在菌形角犧首處説明，頭部的這種形狀以尖吻蝮爲原型。如下所述，這兩種大約在西周Ⅱ合并成一種。從這一點看，雖然兩者的形狀不同，却并不説明兩者的來源不同。雖然如此，從比較早期的例子看，這兩種臉的形狀截然不同，因此我們對它們加以區别，把鼻子圓滚的一類稱爲a型，把鼻頭尖鋭的一類稱爲b型。

　　下面介紹各時期的例子，并加以簡單説明。圖版3—1、2是商晚期Ⅰ的例子，都是a型，用渦綫表示往内卷的下顎。圖版3—3～6是商晚期Ⅱ的例子，圖版3—6是典型的b型。原來表示嘴巴的綫條變成了單純的渦綫，一點也没有内卷下顎輪廓的意思。圖版3—7～10是商晚期Ⅲ之a型的例子。尊肩部等部位所飾犧首的臉早在商晚期Ⅰ就很寬，但商晚期Ⅲ變得更寬。圖版3—11～13是商晚期Ⅲ之b型的例子。圖版3—11、12，鼻面棱角下面的嘴巴處用刻綫畫牙齒。圖版3—13是簋耳上裝飾的例子。簋耳上裝飾犧首的現象從西周Ⅰ開始多起來。角與頭側面平行，角的後一個轉彎處很尖，鼻面的棱角表現得極爲誇張，呈板狀。這是多見於這個時期匜蓋犧首的顯著特徵。圖版3—14～16是鼎足上部裝飾的例子。這個裝飾雖然用法與犧首相同，但額頭上戴倒U形筐形裝飾。從定義上説，這是饕餮。鼎足上使用的鬼神頭形裝飾，不管是哪一個時期，一般都在額頭上戴筐形裝飾，例如圖版2—118商中期的例子也如此。圖版 3—17 也是鼎足上裝飾的例子，但此例沒有篦形裝飾。

　　圖版 3—18、19 是西周 I 之 a 型犧首，圖版 3—20 ～ 22 是 b 型犧首。像圖版 3—20 那種籃耳上部裝飾的例子從這個時期開始多見。圖版 3—23 是鼎足上部裝飾的例子，額頭上戴篦形裝飾。

　　圖版 3—24 ～ 26 是西周 II 之 b 型犧首。圖版 3—26，羊角饕餮篦形裝飾的上面有角形相同的犧首。這種犧首在西周 I 到 II 偶爾能見到。這可以理解爲饕餮額頭上戴犧首形徽章的形狀，通過這個犧首表示饕餮的特性。筆者曾經論述過，很大的神面上加小型神像的例子直到六朝時期都能見到[1]。圖版 3—24 的犧首既像是 a 型，又像是把 b 型的圖版 3—25 稍微壓扁而成的型式。似乎到了這個時期 a、b 兩型的區別消失了。圖版 3—27 ～ 29 是西周 II 鼎足裝飾饕餮的例子。

　　圖版 3—30、31 是西周 III 的例子。圖版 3—30 額頭上沒有篦形裝飾，圖版 3—31 則有。到了這個時期，這類犧首不在紋飾帶中出現。圖版 3—33 是虎身——器座的動物帶有虎耳，犧首身上的鱗紋（條紋）與器座的動物相同，據此可知是虎身——羊角，是很罕見的例子。有些羊角犧首的頭部與虎頭很相似（圖版 3—8）。從這個例子可以推測，當時的人以爲這類鬼神中存在帶有虎身的一種。

【2】盤羊犧首

　　上一項是帶有羊角的犧首，可以分爲鼻子圓滾的 a 型和鼻頭尖銳的 b 型兩種。此外，雖然是少數，但還有像圖版 3—34 ～ 36 這樣的一類。其造型與上一項不同，臉細長，鼻子圓滾，跟羊頭很像。這個犧首乍看起來像羊首，但圖版 3—34 眼睛上面有眉毛，這個造型裏用了這個時代鬼神頭部的典型形式。此外，例如下一項的圖版 3—44 是鎣上部裝飾這個犧首的例子，這個犧首額頭有菱形，蓋在鳥的頭上，顯然不是普通的羊，我們不得不認爲是與其他犧首同等的鬼神。這應該是下面介紹的、帶有盤羊身體的鬼神的頭部。

　　青銅彝器中有一種容器采用帶有四條腿的羊的造型，如圖版 3—37 ～ 40。圖版 3—38 ～ 40 腿粗，頭短，而圖版 3—37 的所謂四羊尊，足細長，很容易讓人聯想到圖版 3—41 的盤羊（*Ovis ammon Linnaeus* Hodgson）。在中國，盤羊分布在華北地區、陝西、内蒙古、甘肅、西藏、新疆等地區的山地[2]。雌雄都有角，雄羊角大。圖版 3—41 是雌羊的照片。

　　圖版 3—37 四羊尊的羊，站立姿勢、角形，以及細長腿彎曲的程度都與圖版 3—41 很相似。圖版 3—41 的盤羊從顎部到胸前有長毛，這種長毛雖然以圖像的形式，也見於圖版 3—37。雖說如此，這類羊的頭部飾滿羽渦紋，額部有菱形，鼻子上有囧紋，如圖版 3—37、39。它們無疑不是普通的野生盤羊，而是以盤羊爲原型的鬼神。

　　圖版 3—38 ～ 40，頭和角的形狀與圖版 3—37 的羊相近，可能也以盤羊爲原型。這些器的腿很粗短，這可能是爲了保持容器的功能，故意把腿的形狀改成這個樣子。據說盤羊可以與家羊雜交配種[3]，那麼這些器的原型或許也有可能是與盤羊同類的家畜羊，頭部較短是因爲這個原因。不管怎樣，我們在這一項開頭引用的圖版 3—34 ～ 36 與圖版 3—37 ～ 40 的頭部形制很相近，圖版 3—34 ～ 36 的犧首無疑是帶有盤羊身體的鬼神的頭部。

　　另外，通過與盤羊角進行比較，可以知道上一項的羊角犧首的角是以盤羊角爲原型的。

---

〔1〕林 1985：17—20。
〔2〕壽振黄等 1962：508—509，圖 138。
〔3〕壽振黄等 1962：509。

【3】羊角犧首與鳳凰

我們在第一章第三節第三項引用了圖 21 ～ 24，這是青銅器斝上部裝飾的犧首，犧首之下有鳳凰，露出鳥喙以下的部分或眼睛和鳥喙以下的部分。我們指出，這是戴着面具的鳳凰，面具是犧首所代表的神靈的臉，鳳凰戴這個面具扮演這個神靈。第一章引用的是商晚期Ⅱ的典型例子，在此則介紹各個時期的例子，其中也包括一些不典型的例子。這類犧首可以分爲兩類：鳳凰有身體的一類（[１]類）和省略身體、只有頭部的一類（[２]類）。

首先看（1）類。圖版 3—42 是商晚期Ⅱ的例子。羊角犧首之下有鳳凰的喙，再下面有鳳凰的身體和尾羽，但沒有腿。鳳凰頸部的鱗紋穿過很扁的犧首下面，延續到斝的上端。按理說，鳳凰頸部的鱗紋應該在鳳凰頸部下面結束才對（如圖版 3—46），而犧首頸部和身軀的鱗紋從犧首頭部的後面開始（如圖版 3—48）。但圖版 3—42 的斝沒有後補的痕迹[4]。如下所述，犧首下面有鳳凰的紋飾母題，造型準確的例子到西周Ⅰ一直出現，但似乎不是商周時期的所有人能準確理解這個母題，造型不準確的例子早在商晚期Ⅱ已經出現了不少。

圖版 3—43 是商晚期ⅢA 的例子，第一章圖 22 是這件器的側視形。圖版 3—44，蓋後端的犧首是很普通的造型，而斝上部的犧首與羊頭很相似。這一點在上一項已經講過了。

圖版 3—45 是西周ⅠA 的例子。犧首的角很大，高出器物口沿，這是這個時期的典型特徵。再看鳳凰，喙、翅膀、尾羽、腿都有。圖版 3—46、47 是西周ⅠA 的裝飾很誇張的例子。整體四四方方，各部位的大小比例不均衡，但造型上沒有任何錯誤。圖版 3—48 也是西周ⅠA 的器物，犧首之下的板狀突起本來代表鳳凰的喙，但其下還有另外一隻鳥的頭部。圖版 3—49，犧首下面有翅膀、腿和尾羽，卻沒有鳥喙。這個犧首的頭部與第【1】項 b 型犧首相同，是鼻頭尖銳的那種。我們認爲恐怕犧首鼻子的高凸棱角和犧首鼻子前面突出的鳥喙被弄混了。西周Ⅱ以後，這個型式的斝似乎再也不出現了。

下面看（2）類。犧首和鳳凰合爲一體的裝飾，經常省略鳳凰的頸部以下部分。圖版 3—50 ～ 52 是商晚期Ⅱ的例子。圖版 3—50，較小的犧首之下有鈍角的圭頭狀物，上面刻着兩道波綫。只要把它和圖版 3—42、47 相比較就可以知道，這是上面刻着兩道波綫的鳳凰的喙。圖版 3—52 也是商晚期Ⅱ的器物，但沒有犧首的鼻子和下顎的綫，眼睛下面就有鳳喙的兩道波綫。側面刻着鈎形綫條，以此表示鳳喙。或許可以認爲作器者不小心忘了加犧首和鳳凰之間的界綫，但也可以認爲當時存在一個流派，以這種形式表示犧首和鳳是一體，因爲這種例子并不少見。

圖版 3—53、54 是商晚期Ⅲ的例子。圖版 3—53，犧首的位置比鳳喙高一段。圖版 3—54，犧首和鳳喙構成同一平面，但用 T 形渦紋表示犧首的鼻子和往內卷的下顎。這種綫應該寫成像圖版 3—51 那樣的形狀才對。圖版 3—54 犧首可能是誤把它簡化成這種形狀。圖版 3—55 是西周ⅠA 的例子，這個犧首的鼻子和下顎的綫條也有點不對。

【4】大耳犧首

大耳饕餮極爲常見，同樣戴大耳的犧首也從商晚期Ⅱ到西周Ⅱ很多見。大耳犧首的整體形狀，包括大耳在內，與羊角犧首同樣構成倒梯形。

上文引用了匜蓋端裝飾羊角犧首的例子，大耳犧首也有同樣的使用方法，如圖版 3—56。根據器形

---

[4]　筆者於 1986 年調查過這件器。

可知這件器的時代屬於商晚期Ⅱ。這個犧首的下顎很強壯，這是老虎的特徵。從頭部長出像龍一樣細長的身軀和尾巴，這個身軀沿着器體前部的兩側延伸，此外還有前後腿。身軀上裝飾以斜羽毛組成的條紋，尾部裝飾篆文白字形鱗紋——因爲這個鱗紋的形狀與篆文"白"字凷很相似，所以我們使用這個名稱。這個身軀不像頭部那樣寫實地描繪老虎的形狀，可見這個犧首被描畫成以老虎爲原型的幻想動物。

　　身軀上裝飾以羽毛形組成的條紋、尾部裝飾篆文白字形鱗紋的大耳動物形鬼神還見於圖版3—58的骨雕上。前面是頭上戴几字形羽冠的立人像，大耳動物形鬼神從背後用四腿抱住這個人，并用長尾巴纏住他。它的大嘴蓋住人的後頭部。關於這個圖像，我們在第【7】項中加以解釋。

　　像圖版3—56那種、身軀上裝飾以羽毛形組成的條紋、尾部裝飾篆文白字形鱗紋的大耳動物形鬼神，亦見於圖版3—57商晚期Ⅱ司戊鼎耳部。這個鬼神有前後腿，姿勢像站起來的狗一樣，這些特徵也與圖版3—56相同。不同的是圖版3—57鬼神的下顎往外卷。但大耳畫得非常大，這一點與同樣戴大耳的饕餮和犧首相同。

　　從這些例子可知，本項討論的大耳犧首是以老虎爲原型的鬼神的頭部。它省去了身軀部分，只保留了頭部。我們在第一章第三節第三項已經講過，犧首是具有身體的鬼神的簡略形式。通過本項討論，可知大耳犧首也如此。

　　下面介紹大耳犧首各個時期的例子。圖版3—59、60是商晚期Ⅱ的例子，圖版3—61～63是商晚期Ⅲ的例子。大耳的形狀歪曲得很生動，顯示出這個時代的特徵。圖版3—64是西周ⅠA鼎足的例子。鼎足上使用的犧首以羊角類占多數，使用大耳犧首的例子很少見。圖版3—65、66是西周Ⅰ的紋飾帶中使用的例子。這個用法頗爲多見。

　　圖版3—67、68是西周Ⅱ的紋飾帶中使用的例子。角的形狀無力，很圓，顯示出這個時期的特徵。圖版3—69、70是從西周Ⅱ開始出現的類型。鼻梁隆起呈棒狀，可以看出要讓臉形往猫科動物靠近的意思。此外，頰部的表現上也可以看出同樣的傾向，例如圖版3—69能看得出這一點。整體比較扁平，這個特徵也見於這個時期的饕餮上。

　　帶有像圖版3—69～71那樣的鼻梁、整體扁平、耳形稍有不同的犧首，從西周Ⅱ到Ⅲ出現。這是下一項的犧首。這類犧首或許可以歸於大耳犧首的一類，但根據圖像譜系，我們把它歸入下一類。兩者的混淆大約在西周Ⅱ發生。

【5】虎首犧首

　　上一項的大耳犧首是身軀部分以老虎爲原型。還有一類犧首與此相類，這類犧首則是頭部以虎頭爲原型。這個犧首頭上戴的不是橫倒C形的耳朵，而是倒心字形的耳朵。數量不多。

　　圖版3—72是商晚期Ⅱ斝鋬上的裝飾，這是這類犧首中時代早到商晚期Ⅱ的很罕見的例子。這個犧首有前後腿，其姿勢像站起來的狗一樣。倒心字形的耳朵很大，眼睛上面有眉毛，額部有菱形，可見它是幻想動物。圖版3—73是西周Ⅰ卣提梁下端的紋飾。頭部圓圓的，顯然以猫科動物爲原型。耳朵沒有圖版3—72犧首那麽大，像這種大小的耳朵才可以看作虎耳。耳朵裏面刻有渦紋。圖版3—74是西周Ⅱ鼎耳的紋飾，其姿勢讓人聯想到上一項司戊鼎的例子。但圖版3—74的耳朵不是大耳，而是倒心字形。從身軀到尾巴飾有條紋，可見這類犧首以老虎爲原型。

　　圖版3—75、76是西周Ⅱ的例子。前者很好地保留圖版3—73西周Ⅰ的特徵。圖版3—77、78，頭部的形狀與上一項西周Ⅱ的例子很相似，但耳朵上端略尖、裏面刻有渦紋等特徵承襲着圖版3—75、76的傳統。圖版3—80是春秋Ⅰ的例子。這個例子表明，與上一項相比，這類犧首使用到更晚的時代。

【6】牛角犧首

所謂牛角之牛，準確地說，是羚牛。羚牛是中文名，學名爲 *Budorcas taxicolor* Hodgson，分布於中國四川、甘肅、陝西秦嶺一帶的海拔 2000 米左右到 4000 米的高山，性情甚爲粗暴[5]。圖版 3—81 是筆者 1983 年在北京動物園拍攝的照片。角端尖銳的是雄性，短角的是雌性。吻鼻部巨大是這個動物的特徵之一[6]，從眉間到鼻子大弧度彎曲的臉給人以很深刻的印象，很容易讓人聯想到圖版 3—85、90、91 等犧首。這種頭形與水牛的頭（圖版 3—103）及商周時代水牛雕刻類遺物（圖版 3—123、125）的消瘦面頰形成鮮明對比。此外，商周時代水牛角的彎曲度不大，而羚牛角彎曲度很大。圖版 3—81 北京動物園羚牛的角沒有發育完成，但圖版 3—82 頭骨上的角很大，彎曲度也很大。可見圖版 3—85 的角是以這種角爲原型的。

羚牛角饕餮從商中期開始出現，而羚牛角犧首中目前最早的是商晚期 II 的例子。圖版 3—83 是圖版 3—90、91 一類犧首的時代較早的一例，只是由於此圖是拓片，難以看出這一點。圖版 3—84 是商晚期 II 盉蓋上大面積裝飾的犧首。圖版 3—85 是特定地域型銅器，從器形看，時代大致相當於商晚期 II。犧首前額有扉棱，表明此羚牛是神靈。附帶講，商晚期的羊角犧首、水牛角犧首等犧首的吻鼻部與盤羊、水牛不同，而像圖版 3—85 那樣大。據此可知這些犧首的頭以羚牛爲原型。

頭上戴這類角的犧首在商晚期很罕見，但從西周 I 開始比較常見。圖版 3—86 是西周 I A 的例子，角像圖版 3—84 一樣幾乎呈平板狀，臉屬於尖吻蝮的類型，下顎上翹。圖版 3—88 犧首是圓鼻的一類。圖版 3—89 是時代大約屬於西周 I 的杆頭裝飾，鼻子與圖版 3—88 同樣圓。圖版 3—87 是西周 I A 的例子，角外側貼着很誇張的羽毛，這是西周 I A 到 I B 很常見的特徵。圖版 3—90、91 在本項開頭已經引用過，忠實地模仿羚牛的外貌。

圖版 3—92 是時代大致屬於西周 III 的馬具裝飾。這是角呈平板狀的一類。這類角，大致在西周 I A，彎曲處外側變得很尖，如圖版 3—86；到了西周 I B，這個部位成爲刺狀突起。至於圖版 3—92，這個刺狀突起變得更大。似乎到了這個時期，人們已經忘記了這類角是以羚牛角爲原型的。

附帶講，圖版 3—88 是提梁兩端裝飾這類犧首的例子，這個形狀讓人想起甲骨文虹字"𧍧"。倒 U 形的卣提梁兩端有時裝飾菌形角犧首，提梁可以看作後背帶菱形紋的身體，整體是一身雙頭的神靈。參考這個例子，圖版 3—88 的犧首也可以看作一身雙頭的神靈。看甲骨文虹字，倒 U 形身體的兩端有倒 L 形角，角端向外，這個角似乎以羚牛角爲原型。如果這個推測能夠成立，這類羚牛角犧首是虹神之像。商代人把棲息在高山的羚牛與彩虹聯繫起來是完全有可能的。

【7】几字形羽冠犧首

几字形羽冠的饕餮非常普遍，但几字形羽冠的犧首極爲少見。

圖版 3—93 是杆頭裝飾，根據下半部鬼神的造型，可以知道時代大致屬於西周晚期。再看上半部，一個人像青蛙那樣跪坐，雙手捧着貌似雞的鳥，几字形羽冠的動物從他背後抱住他。這個動物形鬼神張開大嘴，人頭的後半部完全在其嘴裏。這個人似乎没有穿衣服，顯然不是普通人，而是鬼神[7]。從這

---

〔5〕　壽振黄等 1962：496—498，圖 133。
〔6〕　壽振黄等 1962：496。
〔7〕　林 1960：28—29。

個人手捧着鳥、平静跪坐的樣子看，從背後抱住他、張開大嘴、把人頭含在嘴裏的動物應該不是在咬住或從嘴裏吐出這位鬼神，這個造型與第一章討論的把鳳凰頭含在嘴裏的犧首相同。也就是説，這個造型應當理解如下：這位跪坐的人形鬼神披着這個動物的皮毛裝扮這一動物，或他和這個動物是一體的。第【4】項圖版 3—58 雖然人在站立這一點與圖版 3—93 不同，但大耳的鬼神從背後抱住他，這個構圖是一致的，兩者應該可以同樣理解。

根據圖版 3—93 可知，几字形羽冠的犧首與其他犧首一樣，雖然一般只有頭部被使用，但其實在當時人的心目中是具有身體的四足獸形鬼神。

下面引用具體實例。圖版 3—94 是商晚期 II 的例子，圖版 3—95 ～ 97 是商晚期 III 的例子。圖版 3—96 是鼎足的裝飾，雖然用法與犧首相同，但額頭上戴箄形裝飾，其實是饕餮。

【8】八字形羽冠犧首

我們之所以用"八字形"命名，是因爲這類羽冠的整體形狀與明朝體＊的"八"字比較相似。上一項的羽冠後端上翹，而這類羽冠的後端往外垂。這類羽冠可以分爲兩種，一種在羽冠的中間有分界綫，另一種没有分界綫。但這類羽冠的犧首只有少數例子，因此我們合并了這兩種（圖版 3—98 ～ 102）。這類犧首是上一項犧首的變種，還是與它完全不同的另一種，目前無法確知。頭上戴這個角的饕餮不是没有，但極爲罕見（圖版 2—551）。雖然圖版 3—100 的頭像兔子，但其他幾例的頭都是鼻子兩側有棱綫的那種。

【9】水牛角犧首

頭上戴水牛角的犧首有時帶有水牛的身體，我們在第一章引用過這種例子。我們引用了所謂牛鼎，以此證明它是以水牛形圖像爲自己圖像符號的氏族之神。在此引用身上裝飾羽渦紋或鱗紋的、據此可知不是普通水牛而是水牛形鬼神的例子（圖版 3—104 ～ 106），以補充第一章的討論。

下面列舉水牛角犧首的例子。圖版 3—107 是商中期 II 的例子，用法與犧首相同，但額頭上戴箄形裝飾。這個犧首的臉像羚牛一樣寬。圖版 3—108 也是商中期 II 的例子，面頰消瘦，具有水牛頭的特徵。根據安陽發現水牛骨的研究，它是 *Bubalus mephistopheles* Hopwood 1925，中文名爲聖水牛。與現在分布在印度到中國中南部的水牛（*Bubalus arni*）相比，聖水牛的角更粗壯且短，這是兩者的一個很大的不同點[8]。圖版 3—103 是華中地區現在的水牛，與青銅器的犧首相比，角大很多。可見犧首的水牛角以當時棲息在中國的聖水牛的角爲原型。

圖版 3—109 是商晚期 I 的例子，圖版 3—110 ～ 113 是商晚期 II 的例子。圖版 3—110 與圖版 3—107 同樣額頭上戴箄形裝飾。圖版 3—111、112 鼻梁上有羽毛形裝飾。圖版 3—114 ～ 117 是商晚期 III 的例子。圖版 3—114 是鼻子兩側有棱綫的一類，圖版 3—115 是寬臉的一類。圖版 3—116、117 是匜蓋後端大面積裝飾的例子。圖版 3—117 額頭上戴箄形裝飾，角成爲魚形，非常罕見。這些犧首的耳朵都與水牛耳做得很像。

圖版 3—118 是西周 I A 的例子。圖版 3—119 是西周 I A 鼎的器銘（左）和蓋銘（右），後者是寬臉

---

〔8〕　林 1958：303。

＊　譯按：明朝體是日文常用字體的一種，即所謂的"MS Mincho"。

的一類；前者面頰消瘦，很像水牛，而且額頭上有貌似篦形裝飾的突起。這兩者當然只能看作同一個氏族的圖像符號。據此可知，與這些圖像符號各自相對應的兩種犧首至少在西周 I 的時候被看作同一個鬼神的不同造型。

圖版 3—120、121 分別是西周 I A、西周 I B 鼎足上的裝飾，額頭上戴篦形裝飾。圖版 3—122、123 是西周中期的例子。圖版 3—124 頭部的型式與圖版 3—114 相同，鼻子兩側有棱綫。可見這件尊不是普通的水牛，而是頭上戴水牛角的鬼神之像，它是把犧首連同身體一起造出來的。

圖版 3—125 是時代屬於西周 III 的梁其壺蓋上的裝飾。躺臥側頭的姿勢很像是現實自然中的水牛，但眼睛上面有與圖版 3—124 犧首一樣的眉毛，肩部和腰部有渦紋，此渦紋似屬於圖版 3—124 水牛形鬼神的譜系。因此我們把它和圖版 3—124 視爲同類鬼神，一起放在此處。

除了上引幾例外，還有圖版 3—126 的例子，這個紋飾見於商晚期 III B 匜的頸部。左邊的水牛和右邊的水牛上下相反，或許可以説是右邊的水牛用頭把左邊的水牛撞出去的樣子。這對水牛的左邊還有另一個圖像，它與第一章圖 14（3）的兔形圖像符號相對應。由一對水牛構成的圖像與以上列舉的圖像不屬於同一種，但因爲它也是呈水牛形的鬼神像，我們在此一起引用。

【10】菌形角犧首

筆者曾經[9]引用圖版 3—127 的尖吻蝮照片[10]，認爲像圖版 3—133、134 那種動物是以尖吻蝮（*Deinagkistrodon*）[11]爲原型的。圖版 3—133、134，鼻頭很尖、上翹，頭前半部的形狀像船頭，身上有一排菱形，被頂角相對的兩排等腰三角形圍起來。這種頭部形狀、身上斑紋與尖吻蝮都相同。尖吻蝮有劇毒，分布於現在的湖北、湖南、福建、廣東、臺灣[12]。但這裏討論的犧首有菌形角，眼睛畫成“目”字形，而且還有眉毛。這種犧首只采用了尖吻蝮的頭前半部的形狀和身上的菱形紋。總而言之，它和其他類犧首同樣也是合成圖像。

下面看這類犧首的各種形態。圖版 3—128 是商晚期 I 的例子，張開嘴的角度非常大。與此相類的例子亦見於同時期的圖版 3—129。能張開這麼大的嘴確實與尖吻蝮很像。據説尖吻蝮因爲方骨（Quadrate）的結構能够把嘴張開得特別大[13]。然而圖版 3—128、129 犧首的下顎往外卷，這一點與蛇類動物不同，我們只能認爲這個下顎是鬼神下顎的一個型式——如下所述，這個下顎可能源於大象的下顎。這類犧首不僅上顎有毒牙，而且下顎有尖吻蝮所没有的長牙，這些特徵也和尖吻蝮没有關係，是采自饕餮的造形。類似於圖版 3—129 的圖版 3—130 是斗柄端的裝飾，斗柄被當作身軀，尾巴在容器部分纏繞一圈。柄上的紋飾與尖吻蝮的斑紋不同，而是下述蕈紋的一種變形。這個犧首額頭上戴倒 U 形篦形裝飾。此外，圖版 3—131 是形制特殊的舟形器蓋的紋飾，但無法根據器形判斷這件器的時代屬於商晚期的哪一階段。其身軀與圖版 3—130 同樣是蛇身，但可能是因爲這件器有足够的空間，圖版

---

〔9〕　林 1983：557—559。

〔10〕　這是群馬縣藪塚町的財團法人日本蛇族研究所飼養的尖吻蝮的照片，承蒙該所研究員森口一先生幫助，筆者拍攝到了這些照片。

〔11〕　上注介紹的森口先生告訴筆者，這類蛇過去被稱爲 *Agkistrodon acutus*，最近按照 Howard K. Gloyd 的建議（Gloyd 1978）使用這個名稱的學者越來越多。關於這類蛇背上的花紋，參看林 1983 之注（24）。附帶講，筆者在林 1983 之注（23）中提到 Pope1935, Pl.23 所引尖吻蝮的素描圖，説“不知是什麼原因，此圖的蛇嘴没有上翹，因此筆者没有引用此圖。此圖可能是没有見過活蛇的人畫的”。但森口先生説，尖吻蝮的嘴并不堅硬，用手指一按就往下彎曲，把手指拿開就恢復原狀。因此，素描圖使用的標本可能在製作時從上施加壓力，保持着這個狀態而變硬了。

〔12〕　Pope 1935, p.399.

〔13〕　此事承蒙注〔10〕介紹的森口一先生指教。

3—131 的身軀像蛇一樣蜿蜒，身上有菱形紋。圖版 3—132 是弓形器上裝飾這個鬼神的例子。

圖版 3—133 ～ 135 是商晚期 II 的例子。前兩例犧首在鼻端兩側的棱綫下面刻畫牙齒。至於圖版 3—135，雖然鼻頭兩側的棱綫還保留尖吻蝮的原型，但加了鼻翼，還有耳朵，與犧首的標準型式發生了融合。

圖版 3—133、134 以及下引的 3—136，卣提梁上沿着兩側邊綫排列等腰三角形，把菱形放在中間，構成尖吻蝮的斑紋。可見提梁被當作犧首的身體。

圖版 3—136 ～ 138 是商晚期 III 的例子。前兩例沿襲圖版 3—133、134 的傳統，但鼻子變短，鼻頭翹起的程度變大。圖版 3—138 是在圖版 3—135 犧首的基礎上把鼻子兩側的棱綫加厚而成的。兩腮很寬，完全失去了尖吻蝮的模樣。棱綫下面還有一層，這是下顎。圖版 3—139、140 是時代晚到西周 I B 的例子。

與以上幾例同樣的犧首往往大面積地使用在匜蓋上。圖版 3—141、142 是商晚期 II 的例子。頭部後面有彎度不大的 S 形蛇身，身上有菱形紋。但這類犧首有前腿，這一點與圖版 3—133 以下卣的提梁、圖版 3—130 等犧首不同。但如下所述，盤内底裝飾的、帶有這個頭的鬼神雖然大都是蛇身，但有時有前腿。從這一點看，這兩者很有可能没有嚴格的區别。西周晚期的銘文云“作盤匜”，據此可知西周晚期盤和匜構成一套。雖然目前還没有來自商代的證據，但匜和盤在商代可能也有時構成一套。頭部形狀相同的鬼神出現在匜和盤，其身軀在匜蓋上呈 S 形，在盤上則盤繞。這可能是因爲同一個鬼神的紋飾使用在成套器物上時，按照施紋空間的形狀采用不同姿態的圖像的緣故。

商晚期 II，這種帶有 S 形身軀和前腿的犧首有時在圓雕犧首的兩側都畫有身軀，如圖版 3—143。同一個時期的圖版 3—144 帶有四足獸形的身體。這類犧首延續至更晚時期。

圖版 3—145、146 是商晚期 III 的例子。鼻子兩側的棱綫極爲强調，呈板狀，并且凸出。變成這個地步，尖吻蝮的原型已經被完全忘記了。圖版 3—148 是綫刻這個鬼神的例子。這個例子雖然不是犧首，但在此順便引用。圖版 3—147 在匜蓋上大面積地裝飾這個犧首，并在器體兩側畫這個鬼神的身體，還有前腿和後腿。這個形狀與上引圖版 3—144 同屬一類。

圖版 3—146 的譜系中時代最晚的是時代屬於西周 II 的圖版 3—154 的例子。鼻子甚短，臉變得有點像日本狆[*]。

像圖版 3—143 那樣在犧首兩側都畫身軀的一類，到了西周 I B，出現像圖版 3—149、150 那種造型。圖版 3—149 是蛇身，圖版 3—150 有前後腿。羊角犧首和几字形羽冠犧首中也有四足獸形身體的例子。此外，這個時期還出現新的型式。頭部的形狀雖然相同，但不采用圓雕的技法，而與身體部分同樣采用高凸技法，并且畫成側視形狀，如圖版 3—151 ～ 153。圖版 3—155、156 是西周 III 器蓋上的裝飾。前者只有前腿，後者前後腿俱備。至少可以説，在這個時期，這兩種犧首很有可能被視爲同一個鬼神。鼻子進一步變短，其樣子更加像日本狆那種滑稽可笑的模樣。但這種犧首在這個時期屬於例外。

---

[*]　譯按：日本狆是狗的一種，如下圖：

　　下面看一下頭部形狀與以上例子相同、身軀盤繞的，容庚所謂蟠龍紋的一類[14]。這類圖像頭上戴菌形角，臉很大，但這是用平凸技法畫在盤內底的紋飾。與這個紋飾的盤構成一套的匜有時也裝飾頭部形狀相同的鬼神，我們據此認爲這種用平凸技法畫出來的鬼神與匜上使用的犧首相對應，因此雖然這個紋飾的表現方式與犧首不同，但在此對這個紋飾也加以討論。

　　圖版3—157、158是商晚期Ⅱ的例子。前者身上有菱形紋，菌形角頂部有目形圖案。後者身上有兩排金文"口"字形鱗紋。裝飾菱形紋的例子和裝飾"口"字形鱗紋的例子有什麼區別，目前不明。圖版3—159 ～ 161是商晚期Ⅲ的例子。圖版3—159的角與圖版3—157相同，菌形角頂部有目形圖案。圖版3—161是瓿蓋捉手的裝飾，身上裝飾菱形紋。

　　圖版3—162 ～ 164是西周ⅠB的例子。圖版3—162、163是罍蓋的裝飾，雖然身軀盤繞，但支着前腿，把上半身立起來。角不是菌形角而是羊角，但姿勢相同的鬼神出現在婦好墓出土的石質器蓋上[15]，據此可知這種造型出現的時代相當早。圖版3—163的角有小枝。下引的圖版3—173是與這件器同出的罍蓋，其犧首的角是有眼的手掌形角。既然把角做成各種不同的形狀，可見這些犧首分別屬於不同的種類。圖版3—164是與3—163、173同出的罍的肩部紋飾。菌形角鬼神的兩側有一對龍，據此可以推測它是等級相當高的神靈。但這件器腹部大面積裝飾的是龍首渦紋，從這個待遇看，此犧首的等級沒有龍首渦紋高。

　　圖版3—165是特定地域型銅盤底部的紋飾。圓中心有黑點的連珠紋與大約西周Ⅱ的銅鐘相同，而且從菌形角的形狀看，這件器大致是西周Ⅱ的器，這個例子四條腿畫得很精細。圖版3—166是春秋Ⅰ的例子，菌形角的形狀走樣嚴重，從身體長出來的F形突起可能是前後腿。

【11】手掌形角犧首

　　所謂手掌形角是菌形角的頂端變成手掌形的角，如圖版3—167、169 ～ 173。我們根據這個形狀起了這個名。手掌中間有眼。如上所述，彭縣竹瓦街同時出土的三件罍蓋上都裝飾犧首，每個犧首的裝飾方式基本相同，但角的形狀都不相同。由此可知，頭上戴這個角的犧首當時被看作獨立的一類。但手掌形角的主體部分呈菌形，而且手掌形角中間的眼有時也出現於菌形角頂部（圖版3—157、159），說明兩者間有親緣關係。

　　筆者曾經對菌形角頂端的有眼手掌形做過分析[16]，認爲菌形角以蝸牛角爲原型。其理由之一是兩者的形狀很相似。而且，如上所述，有些菌形角頂部有眼，頂部有眼的角不正是蝸牛角嗎？此外，有些菌形角的頂端裝飾星形，如圖版3—168。我們在第十四章【4】説明，這個星形相當於于省吾釋爲"窲"字的圖像符號。窲，《説文》云"際見之白也"（從牆壁縫隙照進來的白光）。可見這個形狀象太陽光綫。至於中間有眼的手掌形，它以中間有發光圓形的孔雀尾羽爲原型，當時的人可能把這個圓形看作太陽＝眼睛。此問題我們會在第七章【2】詳細討論。但象太陽＝眼睛和光芒的形狀爲何與菌形角合成一體？這是因爲它是以頂端有眼的蝸牛角爲原型的角。

　　下面按照時代的先後順序列舉頭上戴這個角的犧首的例子。圖版3—167是安陽小屯202號車馬坑出土的車馬器，時代大致屬於商晚期Ⅰ ～ Ⅱ。橢方形眼的周圍有光芒，其形狀與圖版14—47牛鼎上的鳳凰尾羽相同，幾乎是星形。這是圖版3—163的菌形角頂端所飾星形光芒突出在角外的形狀[17]。圖

---

〔14〕　容庚1941：上，111—112。此外，赤塚忠認爲這是禹的圖像（赤塚1964：285—288），但并沒有論證這一點。
〔15〕　中國社會科學院考古研究所1980，圖版一六九，6；圖九八，3。
〔16〕　林1976。這篇文章中關於羸角形的論述需要訂正。至於訂正後的解釋，參看林1985：2—25。
〔17〕　羅森也講過同樣的看法（Rawson 1983：16）。

版 3—169 是時代大致屬於商晚期ⅢB 的例子。手掌形尖頭的形狀像楓葉。圖版 3—170 是西周ⅠA 偏早階段的例子，其形狀像五指張開的手掌。圖版 3—171 是西周ⅠA 型式的器物，但角的形狀與西周ⅠB 的圖版 3—172 相同，尖頭很短，整體形狀像蒼蠅拍。圖版 3—173 犧首的角形與圖版 13—211 山紋中的皇字上半部的形狀很像，手掌形的下面還有萼片般的小枝，時代屬於西周ⅠB，這種小枝已經見於圖版 3—163。

【12】漩渦眉犧首

所謂漩渦眉是延伸到頭後部、向内卷的眉毛，如圖版 3—186。我們根據這個形狀命名。這個犧首多見於西周Ⅰ的方鼎，其形式如圖版 3—180 ～ 183。饕餮中沒有與此相對應的類型。頭部的整體形狀與第【10】項引用的尖吻蝮很相似，應該是以它爲原型的。但尖吻蝮并沒有類似漩渦眉的部位，因此這個犧首當然也是一種合成圖像。

帶有這個頭的犧首中時代最早的是商晚期Ⅱ的圖版 3—174。它與第【10】類圖版 3—133、134 同樣裝飾在卣提梁下端，而且提梁被當作其身體，提梁上面裝飾尖吻蝮的菱形紋。雖然不是犧首，但帶有同樣的頭部、身軀盤繞的蛇，有時見於商晚期Ⅱ的斝柱上，如圖版 3—174。這種用法還見於時代更晚的器物上，如圖版 3—176。林 1984：圖版冊，觶 22 的蓋是蛇身盤繞成長方形的例子。這些圖像都在身上有"口"字形鱗紋或篆文"白"字形鱗紋。圖版 3—177 是瓚柄端的裝飾。它與圖版 3—135 的犧首相對應，是頭部開始變成方形的例子。這件器的時代大致屬於商晚期Ⅱ到Ⅲ。

圖版 3—178 是商晚期方鼎足上部裝飾的例子。有棱角的筐形裝飾附在額頭上，説明這是饕餮。這種例子很少見。鼎足上部裝飾的犧首額頭上往往戴筐形裝飾，這一點我們已在第【1】項講過。

圖版 3—180 ～ 184 的型式與菌形角犧首中的圖版 3—143、149、150 相同，是頭部兩側都有身軀的型式。這個型式多見於西周ⅠA 和ⅠB，偶爾有晚到西周Ⅱ的例子，如圖版 3—184。筆者曾經認爲它是一頭雙身蛇[18]，這種理解是不對的。然而像圖版 3—179 那種例子當然得視爲一頭雙身蛇。因爲它不像圖版 3—180 那樣把身軀向頭部左右分開，而是在頭後部有兩個身軀。根據頭形判斷，它的時代大致屬於商晚期Ⅱ。

像圖版 3—180 ～ 184 這種形狀的鬼神大都在身上裝飾菱形紋，如圖版 3—183、184；但也有裝飾篆文"白"字形鱗紋的例子，如圖版 3—181；此外還有像圖 3—149 一樣在身上長出幾根短羽毛的例子，如圖版 3—182。這類鬼神往往在蜿蜒身軀的彎曲處加内帶小點的圓形（圖版 3—180、181、183、184）。如第十四章第【4】項所述，這些圓形代表星。按照這個解釋，如果只看星的位置，它們排成一個長長的橫隊。嘗試尋找這種形狀的星座，筆者能想到的是位於天鵝座東北的螣蛇[19]。像圖版 3—182 那樣在身上長羽毛的蛇合乎螣蛇之名。但我們無法確定螣蛇這一星座是否在西周早期已經存在。在此提出這個想法，只不過是爲了提供一種解釋的可能性。

西周Ⅱ以後，具有身體的這類犧首幾乎不見了，但只有頭部的犧首繼續使用。圖版 3—185 是西周ⅡA 的例子，圖版 3—186 ～ 190 是西周ⅡB 的例子。這個時期形成鼻梁、眉毛、渦紋連成一體的形狀，如圖版 3—186。此外，頭部類似虎頭的型式也開始出現，如圖版 3—188 ～ 190。圖版 3—191、192 是西周ⅢA 的例子，圖版 3—193 是西周ⅢB 的例子。圖版 3—191 是鼻梁、眉毛和渦紋連成一體的一類，圖版 3—192、193 是類似虎頭的一類。圖版 3—192 中，從頭部垂下的似是這個頭部的身軀，但這個造

---

〔18〕　林 1960：38。
〔19〕　《考古》1975 年第 3 期，天文圖。

型甚爲古怪。頭後部的漩渦，按從圖版 3—191 到 193 的順序旋轉逐漸變弱，後來演變爲春秋 I 圖版 3—194、195 的型式。

【13】角貝角犧首

像圖版 3—200、208 那樣的頭上戴角貝狀角的犧首在西周晚期很多見。根據形狀，我們把這種角稱爲角貝角。

頭上戴這種形狀的角的鬼神，從商代到西周中期極爲少見。圖版 3—196 是盉，内底立着一根柱子，上端裝飾星形花朵，還有一個環圈套住此柱，兩對龍附在環圈上。這兩對龍，角貝角龍和菌形角龍交錯排列。這個環圈可以旋轉，如果盉裏盛滿水，能够讓這四條龍圍繞花朵游來游去。雖然照片上看不太清楚，但這四條龍的頭部與圖版 3—197 的犧首相同，是鼻子兩側有棱綫、以尖吻蝮爲原型的型式。

角貝角和菌形角的組合還見於圖版 3—198 簋。這是斂口深腹簋的蓋，角貝角的鬼神和菌形角的鬼神相對。這對鬼神額頭上戴倒 U 形箆形裝飾，當是饕餮，但鼻子像犧首一樣有棱綫。器體上有一條菱形紋蛇身盤繞。根據器形判斷，這件器的時代大致屬於西周 I B。圖版 3—197 是西周 I A 鼎蓋捉手上裝飾的例子，一對頭共用一個帶菱形紋的身軀。

西周 II B 的圖版 3—199 以下的例子，鼻子的形狀有特色。打個比方，鼻子好像一隻被打開的花卷。看上一項的漩渦眉犧首，西周 II A 和 II B 出現鼻尖突出的型式，如圖版 3—185、186，像被打開的花卷的鼻子與此相類。從這一點看，我們完全可以考慮這種可能性：漩渦眉被看作角貝角，漩渦眉犧首和角貝角犧首合爲一體，形成如圖版 3—199 以下那種型式。

關於西周 III A 和 III B 的例子，應該無須多做説明。圖版 3—202、203、207 中，嘴下的逗號形圖像是舌。圖版 3—205 中，從頭後部長出的身軀分成兩條。圖版 3—206 帶有一條蛇身。圖版 3—205 似乎像上一項的圖版 3—180 一樣，因爲器表比較寬，把一條身軀向左右兩側分開畫。

圖版 3—209 是特定地域型盉（林 1984：圖版册，盉 91），蓋上裝飾角貝角鬼神。頭部是鼻子兩側有棱綫的一類，身軀像圖版 3—162、163、173 一樣盤繞，支着前腿，把上半身立起來。照片中，從頭後部出來，由後往前穿過角下面的是前腿。紋飾的造型與圖版 3—165 盤基本相同，時代可能大致相當於西周 II。

【14】尖葉角犧首

所謂尖葉角是附在犧首頭上的尖葉狀物，如圖版 2—212、213。它看起來像是很大的耳朵，但有些例子不僅頭上有葉狀物，而且頭部兩側還有小耳朵，如圖版 3—213。可見當時的人并没有把這個葉狀物看作耳朵。那它是什麼？這個問題我們會在第九章第【1】項討論，它是以鴟鴞頭上的毛角爲原型的東西。鴟鴞當時被稱爲雈，《説文》曰："有毛角，所鳴其民有旤。"因此把這個部位稱爲雈毛角是最準確的，但這個名稱不那麼耳熟，因此我們把它稱爲尖葉角。它應該代表叫聲給民衆帶來禍害的鴟鴞之神秘力量。

如上所述，戴這個角的饕餮目前很少，但相應的犧首從商代到西周時代很多見。圖版 3—210 是商晚期 II 器的紋飾帶正中處裝飾的例子。圖版 3—211 是這個時期的鼎足上使用的例子，按照鼎足裝飾的常例，額頭上戴箆形裝飾，應是饕餮。看圖版 3—211 的右角，飄帶狀寬帶形成角的輪廓，兩下端圓，向内卷。再看左角，由於角内的空間不大，其形狀成爲裏面刻巾字形葉脉的闊葉。小型犧首多用的是後者。

圖版 3—212～214 是商晚期Ⅲ的例子。圖版 3—212 與這個時期的其他犧首同樣在鼻子兩側有棱綫。圖版 3—213 像圖版 3—52 一樣在鼻嘴處有兩層波綫。圖版 3—214 的下顎與圖版 3—211 同樣往外卷。圖版 3—215 與第一章第三節第三項、本章第【3】項介紹的例子相類，是犧首罩住鳳凰頭的例子。這個母題在這個型式的犧首中很少見。尖葉角旁邊有フ形突起這一點也與常見的尖葉角犧首不同。

圖版 3—216、217 是西周Ⅰ A 的兩個例子。前一例的角特別長，另一種的角則不長。圖版 3—218 是西周Ⅰ B 鼎足上部裝飾的例子，下顎往外卷，額頭上戴篦形裝飾。圖版 3—219 犧首的鼻梁類似貓科動物的鼻梁。這是西周Ⅱ以後多見的型式，在此舉的是這個型式中時代較早的一例。頭部兩側有長着羽毛的蛇身，這種蛇身在漩渦眉犧首中出現過。根據這些例子可知，當時的人認爲犧首中有帶有這種身體的一類。

圖版 3—220、221 是西周Ⅱ A 的例子。整個頭形較寬，這是這個時期的特徵。圖版 3—222 是西周Ⅱ B 的例子，角端很尖。這個形狀在這個時期也很常見。圖版 3—223、224 是鼻梁高起的型式。圖版 3—225 是時代晚到西周Ⅲ的例子，鼻子的形狀與圖版 3—221、222 相同，是鼻子兩側有棱綫的型式。到了這個時期，這個形狀的鼻子例數很少。

【15】羊角形兩層角犧首

羊角形兩層角饕餮從商晚期Ⅱ開始出現，如圖版 2—524。戴這個角的饕餮很少見，犧首也同樣很少。圖版 3—226 是商晚期Ⅲ的例子，鼻子兩側有棱綫。圖版 3—227、228 是西周Ⅰ B 的例子。圖版 3—227 是鼎足的裝飾，額頭上戴篦形裝飾，當是饕餮。圖版 3—228 是罍蓋的裝飾，這種例子很少見。

圖版 3—229、230 是西周Ⅲ B 的例子，圖版 3—231 是春秋Ⅰ的例子。角第二層部分的彎曲變得很大。圖版 3—229 是大克鼎的例子，額頭上戴倒 U 形篦形裝飾；圖版 3—230 是小克鼎的例子，額頭上沒有篦形裝飾。這或許是因爲根據器物的大小有意加以區别。

【16】大象犧首

在此匯集的是帶有大象長鼻的犧首。角等部位的形狀有好幾種，但因爲例數不多，在此不加以分類。圖版 3—232 是商晚期Ⅲ A 匜蓋上裝飾的例子，帶有尖葉形耳朵。

圖版 3—233 是所謂乳虎卣的提梁兩端裝飾的例子，耳朵呈上端分叉的尖葉形。圖版 3—234 也屬於同一類，時代屬於西周Ⅰ B，鼻子向下卷。圖版 3—235 是同一個時期的形狀相類的例子，但耳朵上端不分叉。

圖版 3—236、237 分别是西周Ⅰ A 和西周Ⅰ B 的有肩尊的肩部紋飾*，前者頭上戴根部成爲龍頭的羊角形角，後者戴的是几字形角。

圖版 3—238 是西周Ⅱ B 簋的例子。頭上戴牛角形角，一條小龍坐在上面。

圖版 3—239、240 是西周Ⅲ的例子†。抓束西用的鼻端的突起物表現得非常誇張，鼻端變得完全分叉。頭上戴羊角形角。

其次列舉與上述幾類鬼神相對應的有身大象形鬼神。

圖版 3—241、242 是西周Ⅰ B 的大象形鬼神。這個鬼神的特徵是，長鼻下垂，身上有大渦紋，腿呈很粗的羽毛形。耳朵是上端分叉的尖葉形耳。鼻子下垂、耳朵形狀相類的犧首已經見於圖版 3—234，其時代也相同。當時的人可能相信這個犧首帶有像圖版 3—241、242 那樣的身體。但圖版 3—241、242

---

*　譯按：根據圖版的説明，圖版 3—236 和 3—237 的時代都是西周Ⅰ A。

†　譯按：根據圖版的説明，圖版 3—239 的時代是西周Ⅱ，3—240 的時代是春秋Ⅰ。

的鬼神額頭有一對渦紋，而圖版 3—234 的犧首没有這種渦紋。

同樣的大象形鬼神還見於西周 II A 的圖版 3—243。與此同一個時期的圖版 3—244 中，大象的耳朵是圓形大耳。同樣屬於這個時期的圖版 3—245 中，鬼神缺少額頭的渦紋，頭上戴几字形羽冠。

圖版 3—246 是時代晚到西周 III 的例子。身上有大渦紋，耳朵是上端分叉的尖葉形耳。雖然四條腿的形狀像真實的象腿，但身上的渦紋和耳朵的形狀與圖版 3—241 ～ 245 一致，因此前者應該是後者的後裔。

往上追溯，圖版 3—247 是商晚期 III 的象形尊，圖版 3—248 是西周 I 的象形尊，額頭都有一對渦紋，當是圖版 3—241、242 的祖先。圖版 3—249、250 是把額頭有一對渦紋的大象用爲青銅器紋飾的例子。前者時代屬於商晚期 III A，後者屬於商晚期 III B，頭上戴羊角形兩層角。

順便引用圖版 3—251、252。前者時代屬於西周 I B，後者屬於西周 II。這兩件器物上并没有象頭，只把很大的象鼻附在器側。大象的身體中最有威力的是鼻子，想必古人認爲僅憑象鼻就可以代表大象形鬼神的力量。

【17】犀牛犧首

圖版 3—255 ～ 257 是把犀牛頭用爲犧首的例子。根據器形判斷，圖版 3—255、256 的時代分別屬於西周 I A 和西周 I B。圖版 3—257 是車轄構件上裝飾的例子，因爲這件車轄是規格化的物品，時代可能晚到西周 III 左右。以上幾例的形狀正是真實的犀牛頭，額頭没有菱形紋，以其他動物爲原型的角也没有，這些特徵與其他犧首很不相同。

關於這種帶有兩隻角的犀牛的品種，筆者曾經發表過如下看法[20]：

　　殷墟出土過犀牛的指骨，爲此筆者曾經討論犀牛是否在華北地區棲息過[21]。由於發表此文的雜志性質的原因，當時筆者没能引用相關照片。雖然筆者的觀點本身没有變化，但爲了使讀者更加清晰地瞭解筆者的意思，在此用照片重新加以説明。

圖版 3—254 是銘文説小臣艅製作的犀牛形容器，背部有口。筆者曾經對這個犀牛做了如下解釋[22]：這個犀牛當與漢許慎《説文解字》所説的"南徼外牛，一角在鼻，一角在頂，似豕"（據段注本）之兩角犀牛屬於同一類。看現在世界各地的犀牛，棲息在非洲的白犀牛和黑犀牛都有兩隻角。但從棲息地看，它們與商代的犀牛扯不上關係。棲息在亞洲的犀牛中，在阿薩姆地區很多的印度犀牛（*Rhinoceros Unicornis* L.）只有一隻角；爪哇犀牛（*R.sondaicus Desmarest*, 1822）的公犀牛只有一隻角，母犀牛没有角，因此這些犀牛也可以排除。剩下的是公母犀牛都有兩隻角的蘇門答臘犀牛（*Didermoceros sumatrensis* Fischer, 1814），此類犀牛又可分爲兩種：一種是分布於蘇門答臘和婆羅洲的 *D. S. sumatrensis* Fischer, 1814，另一種是分布於阿薩姆邦 (?)、緬甸、泰國、中南半島、馬來半島的 *D. S. lasiotis* Buckland, 1872。圖版 3—254 的犀牛形容器的特徵與這類犀牛的特徵一致。

圖版 3—253 是蘇門答臘犀牛標本的照片。圖版 3—254 的青銅製品是一件容器，因此整體胖墩墩，其形狀與真實犀牛有所不同，但很忠實地模仿這個蘇門答臘犀牛標本的特徵。臉的整體形狀、很小的眼睛、眼睛周圍的同心圓狀皺紋、下唇的皺紋、鬆弛的頸部皮膚、像墊肩那般從背到

---

[20]　林 1983：559—561。
[21]　林 1958：20—21、26—29。
[22]　林 1958：28。

肩垂下的肩部皮膚的皺紋、三個很大的趾頭等特徵引起我們的注意。只是標本上可以見到的腰部皺紋在銅器上沒有表現出來。蘇門答臘犀牛的牙齒曾在河南省淅川下王崗仰韶文化早期地層和中期地層被發現[23]。因此我們沒有必要認爲製作這件犀牛形銅器的工匠模仿的犀牛一定是從中國境外很遙遠的南方搬運過來的。

【18】貘犧首

圖版 3—264 ～ 270 是帶有圓盤狀大耳和較長的鼻子的一類。這類犧首從西周ⅠA 開始出現，在西周Ⅱ的卣和尊上比較多見。筆者曾經對這類犧首做分析，認爲它是以貘爲原型的鬼神。筆者的看法如下[24]：

圖版 3—258 ～ 260 是現在棲息於馬來半島、爪哇、蘇門答臘的貘（*Tapirus indicus* Cuvier）的照片。圖版 3—261 是有 "遽父己" 銘的尊，根據同銘卣可知時代屬於西周早期偏晚[25]。以往學界稱之爲象尊[26]，但只要排列它們的照片加以比較，誰都明白這件器是象貘形的。這件青銅器背部有口，是容器。可能是因爲這個原因，其形狀與真實的貘有所不同，整體更加胖墩墩。雖說如此，鼻子的長度、腰部以下消瘦的體形、把前後腳的趾頭都放在腹下站立的姿勢等，很好地抓住貘的特徵。眼睛、眼睛下方的彎曲的凸起、耳朵、三個趾頭等比真實的貘大一些，但如果沒有觀察過活着的貘，這種形狀是根本做不出來的[27]。然而貘形青銅器在身上有鱗紋，表示它不是普通的貘，而是以貘爲原型的幻想動物。

圖版 3—262 容器所象的和圖版 3—261 所象的無疑是同一種動物。但鼻子變得比較直，給人以僵硬的印象；身軀的形狀也沒有圖版 3—261 那麼逼真；腿太短，與其他部位不相稱。前腿和後腿的根部有綫，看起來像犀牛的垂下的皮膚，這應該是貘身體的黑色和白色之間的條紋。眼尾綫向下延續，這種綫條亦見於圖版 3—264。

圖版 3—263 是陝西省寶雞茹家莊二號墓出土的器物。因爲同出青銅器都是西周中期器，這件器的時代也應該屬於這個時期。圖版 3—269 是競卣提梁的裝飾，根據銘文可知時代屬於西周中期，這是圖版 3—263 所象動物的頭部。圖版 3—265 耳朵較大，鼻子細長，但也是同一種動物。西周中期的卣中，裝飾這類動物頭部的例子還有很多，在此不一一引用。過去有些學者認爲這個動物是鹿或公牛[28]，但如果把圖版 3—262、263 和圖版 3—264、268 相比較，可知這些裝飾是將原型爲貘的幻想動物規格化的東西。但這些裝飾從眉間到鼻頭形成的棱綫比較明顯；耳朵很大，呈圓盤狀，上面往往有渦紋或 "明" 字紋，這些特徵與真實的貘不同。貘鼻雖然沒有象鼻那麼靈活，但也相當能動（從本書圖版所收的照片也可以看出這一點）。圖版 3—262、263、266 的鼻子比較僵硬，

---

〔23〕 賈蘭坡、張振標 1977：43。
〔24〕 林 1983：549—552。這次補充了關於該文發表之後搜集到的圖版 3—262 的看法。
〔25〕 林 1984，《同時製銘青銅器表》第 40 頁[*]，67。
〔26〕 容庚把它稱爲象尊（容庚 1936，圖 136）。1935—1936 年倫敦中國藝術國際展覽會圖錄把它描述爲 "象類動物"（The Chinese Exhibition, Catalogue p.9, No.165）。
〔27〕 如上所述，貘現在只棲息在中國以南的地區，但殷墟出土過貘骨（林 1958：20、25—26）。我們目前難以確知，商、西周時代貘是棲息在華北文化中心區域的動物，抑或是從其他地方進獻、只在王侯苑囿飼養的珍獸。因此暫時不討論這個問題。
〔28〕 Consten 1957—1959, vol. ⅩⅥ, pp.217—218.

---

[*] 譯按：中文版第 348 頁。

令人感到奇怪。但這并不是因爲規格化的緣故，真實貘的鼻子有時會成爲這種形狀。圖版 3—260 是正好拍攝到了這種鼻子。

圖版 3—263 等西周中期的這類犧首非常强調耳朵。這個現象似乎可以理解如下：筆者在動物園觀察貘，發現它的耳朵頻繁地改變方向，似乎對聲音敏感地反應。即使在躺着睡覺的時候，耳朵也在動。只要有一點聲音，耳朵就會聽到，并快速地向這個方向動。創造以貘爲原型的鬼神、把它的頭裝飾在青銅器上的周代人之所以特意强調它的耳朵，可能是因爲他們在貘的很靈敏的耳朵上看出了卓越的警惕能力，用這個大耳表現其超群的力量。耳朵上往往加“明”字紋，這個符號是神明之“明”（囧）字的原型[29]。從這一點也可以知道，周代人把這個鬼神的耳朵做得這麼大不可能只是因爲這麼做很好看。

另外，象這個鬼神的裝飾只有犧首和尊，一例也没有被用爲青銅器紋飾的例子。這是這個犧首的一個特徵。

【19】蛙

蛙形裝飾采用全身造型，如圖版 3—271 ～ 273。圖版 3—271 是特定地域型瓿。從器形看，這件器的時代相當於商晚期 II，肩部裝飾蛙，而瓿的肩部通常是裝飾犧首的部位。圖版 3—272、273 是大約商晚期 II 的壺形卣提梁上的裝飾，這個位置也是通常使用犧首的地方。這些都是蛙全身的造型，而不是“首”，但因爲其用法與犧首相同，故在此加以討論。

在此列舉的蛙形裝飾身體消瘦，此蛙像是黑斑蛙，應該與第十二章討論的蟾蜍屬於不同種類。圖版 3—271、273，背部飾鱗紋，腹部和前腿飾羽毛紋；圖版 3—272，全身飾鱗紋。可見這些蛙不是普通的蛙，而是以它爲原型的鬼神。蛙是一種弱小動物，除了會逃跑没有别的能耐。這種動物被用作犧首，或許是因爲它棲息在水邊，當時的人相信水神中有蛙形的一種。

【20】附帶小枝的菌形角犧首

圖版 3—274 ～ 285 是菌形角内側有鉤形小枝的犧首。這類犧首從商晚期 III 到西周 II 出現，尤其在西周 I 多見。除了裝飾在簋耳上部和卣提梁下端以外，也有大面積地裝飾在匜蓋前端的例子，如圖版 3—277、278。可見它是這個時代相當重要的鬼神。這類犧首的頭有時候是鼻子兩側有棱綫的那種，如圖版 3—274、281；也有時候忠實地模仿偶蹄類動物的鼻子，如圖版 3—276 ～ 278。總的來説，采用後一種造型的例子比較多。此外還有以這個犧首爲頭部的四足獸形尊，即林 1984：圖版册，鳥獸尊 17。它帶有類似鹿尾的短尾和偶蹄類動物的身軀。圖版 3—286 是玉器，它也帶有短尾，前腿像牛或鹿那樣趴着，俯卧在地上。圖版 3—279 没有頸部以下的部位，是圓雕犧首。

現實中當然没有戴這種角的動物。這個很有特色的角以什麼爲原型，目前不明。

【21】附帶小枝的牛角犧首

圖版 3—287 ～ 292 是西周 II 開始出現、西周 III 到春秋 I 多見的犧首。角根像菌形角一樣鼓起，兩

---

[29] 林 1963：1—11。

側向内卷，但上端分叉。犧首頭上的這個角，分歧的兩個前端呈方形。但青銅器紋飾的龍頭上的角，如圖版 3—293 西周 II 鬲，兩個前端很尖。類似的例子還見於圖版 6—97 西周 II 盉的龍身鳥首神等。其中有些例子，如圖版 5—147 的西周 II B 卷身龍紋，在角的小枝和主體之間有與角的軸綫平行的綫，它給我們暴露這個角的真面目。這個上端分叉的角原來是牛角的外側貼一根羽毛的東西，後來兩者間的界綫消失，成爲了這個角。貼羽毛的牛角早在商晚期 I 已經出現（如圖版 5—163）。"附帶小枝的牛角"這一名稱是根據這個起源起的。至於西周晚期的人是否把它看作牛角的一種，我們不得而知。

【22】外卷二歧角犧首

圖版 3—294 ～ 296 的犧首與上一項犧首相似，是角端分叉的一類，在西周 III 到春秋 I 出現。圖版 3—297 雖然角根成爲龍頭，但暫時歸入此類。這類犧首的角的分叉處在角的外側，而且角的方向翻轉了 90 度，如果從正面看，角的分叉可以看得很清楚。這是這類犧首和上一項犧首很不相同的地方。此外，角根没有鼓起。這表明這類犧首與上一項犧首來源不同。但目前還不清楚這類犧首以什麽爲原型。

當時的人似乎認爲這類犧首也帶有龍的身體。圖版 3—298 是林 1984：圖版册，盉 92 的部分照片。我們在第【13】項中引用了形制與此相類的盉，并認爲時代相當於西周 II。這個犧首的外卷二歧角比其他的例子更加複雜，而且這個犧首帶有龍形身體。盉蓋上的犧首身體盤繞，頭抬起；流上的犧首身體直伸，屈膝的前腿可以看得很清楚。

【23】附帶小枝的漩渦眉犧首

西周 II 出現像圖版 3—299 ～ 301 這種犧首，例數很少。頭上有與上一項的角相似的東西，但它與眉毛連成一體，把它看作漩渦眉更爲合適。鼻子是向内卷的象鼻。這類犧首很少見，未見其他時期的例子，但暫且爲它立一類。

【24】被用作犧首的鳥

在青銅器通常裝飾犧首的位置，偶爾也使用鳥形裝飾。圖版 3—303 是商晚期 III 偶爾能見到的裝飾，這是用在有肩尊肩部的例子。此鳥頭上戴菌形角，嘴呈鈎形，是鳳的一種。圖版 3—302，同類的鳳立在商晚期 II 罍蓋上。圖版 3—304，頭上戴羊角的鳥在這個位置。

圖版 3—305、306 是西周 II 偶爾出現的型式，篚耳作鳥形。這些鳥的羽冠向前卷，這是很特殊的一類。眉毛向後延伸，并向上卷。西周 III 的圖版 3—307 也是與此相類的一種，但缺少頭上的羽冠。

圖版 3—308 是偶爾見於春秋 I 的很有特色的鳥。嘴尖，且彎曲成鈎形。它被用在器蓋上。

【25】其他犧首

本項列舉由於數量極少而無法分類的犧首。

圖版 3—309 犧首的角是去掉羊角形兩層角的第二層鈎形部分而成的。這是商晚期 II 婦戊方鼎的足部。

圖版 3—310 是商晚期 III 卣的例子，鼻子長，額頭有渦紋。額頭有兩個渦紋的大象在第【16】項引用了幾例，但漩渦方向與此相反，而且這個犧首没有耳朵和角。圖版 3—311 也是象鼻、頭上有渦紋的犧首，但漩渦的形狀與第【12】項犧首的漩渦眉相同。

　　圖版 3—312 是商晚期鴟鴞卣胸部的紋飾。頭上的東西既像粗眉，又像角。圖版 3—313 是匜蓋和匜鋬上部裝飾相同犧首的例子，頭上戴類似於圖版 3—312 的角狀物，這是西周ⅠB 的例子[＊]。圖版 3—314 是春秋Ⅰ的例子。此例與前幾例形狀相類，但時代相隔很遠，兩者偶然相似也是很有可能的。

　　圖版 3—315 是西周ⅠB 簋耳的裝飾。這種犧首一般在耳朵的上面還有附帶小枝的菌形角，但這個例子則沒有。圖版 3—316 是筆者曾看作野驢（圖版 3—317、318）的杆頭裝飾[30]。圖版 3—279 也是杆頭裝飾，上面使用的裝飾是通常用作犧首的鬼神。根據這個例子可以推測，圖版 3—316 的杆頭裝飾野驢不是普通的野驢，而是野驢形犧首。圖版 3—315 沒有角，有長耳，這些特徵與圖版 3—316 相同，因此把這兩例放在一起。

　　圖版 3—319 是根據銘文可知是㝬所作的簋的耳部，學界認爲這個㝬是周厲王。頭上附加極爲華麗的裝飾，這種犧首沒有其他類似的例子。或許是因爲這是周王自作器，犧首也采用了特殊的造型。

【26】平面犧首

　　以上介紹的犧首是采用圓雕或浮雕的那種，因爲我們采用的犧首的定義如此。此外還有一種紋飾，它與犧首相同，造型是除去篦形裝飾的饕餮，一般只有它頭部的正面形被用在紋飾帶的正中處。但這個紋飾與相鄰的紋飾同樣采用平凸或高凸的表現技法。我們暫時把這種紋飾稱爲平面犧首。爲數不多。

　　圖版 3—320 的犧首被放進兩組相對的龍紋之間，方向上下倒置；圖版 3—321 的犧首也被放在造型與上一例相同的兩組相對龍紋之間，方向與龍紋一致；圖版 3—322 中，它被放在一對 S 形龍身鳥首神之間，這是平面犧首的一種用法。此外還有另一種即圖版 3—323 的用法，卣腹部裝飾一對大型羊角鳳，這個犧首被放進這兩隻鳳的臀部之間；圖版 3—328、334 也被放在卣腹部的一對大型鳳之間，前者在上方，後者在下方。

　　此外，圖版 3—324、330、331 是裝飾在簋方座頂部四角的例子，這也是一種用法；圖版 3—325、335、336 是裝飾在柱、足、蓋捉手等很小空間的例子，這又是另一種用法；此外，圖版 3—326 是觶蓋的紋飾，圖版 3—327 是連接卣蓋與器的環上的裝飾，我們把這些例子也歸入此類。

　　本項的圖版根據角的形狀編排：圖版 3—320 ～ 324 是羊角，圖版 3—325 是大耳，圖版 3—326、327 是牛角，圖版 3—328 ～ 330 是尖葉角，圖版 3—331 是几字形羽冠，圖版 3—332 是與圖版 3—309相同的角，圖版 3—333 是菌形角，圖版 3—334 ～ 336 是其他。

　　其中圖版 3—320 ～ 322 的造型比較單純，由很大的羊角、一對眼睛和心形或倒三角形鼻子構成。這種造型與下一章第【1】項引用的圖版 4—2 商晚期Ⅱ方彝蓋短邊兩面所飾圖像相同，我們將在下一章說明，這件器蓋的長邊兩面裝飾普通的羊角饕餮，前者的等級應該比後者低一等。若果真如此，像圖版 3—320 ～ 322 那種很小的平面犧首和饕餮的關係如同略綬和勳章的關係[†]。至於其他的平面犧首，雖然沒有這種證據，但可以想象其用途應該相同。這可以說明，我們把這類紋飾稱爲平面犧首是很準確的。

---

〔30〕　林 1983：501—502。

＊　譯按：根據圖版的說明，圖 3—313 的時代是西周Ⅰ A。

†　譯按：略綬是勳章的受章者在不佩戴勳章的時候戴的綬帶，以此代替勳章。也就是說，略綬是在不太正式的場面使用的勳章替代品，因此叫略綬。林先生的意思是，這種平面犧首是饕餮的簡略形式。有時候由於施加紋飾空間的原因，不能裝飾饕餮紋，就用這種平面犧首來代替。因此林先生說這種平面犧首和饕餮的關係如同略綬和勳章的關係。

第四章　與饕餮有近緣關係的龍

　　本章討論的是身軀或多或少有點細長的龍類。但進入正題之前，先説明一下命名所使用的詞彙和分類法。先説關於形狀的詞彙。本章所謂"向前"的意思是，龍的開口方向與身軀和頭部相接部分的角度和方向一致；"向下"是口向下張開，其開口方向與身軀和頭部的相接部分大致構成直角；"直身"是身軀和尾巴呈直線，没有彎曲；"凹字形"、"S形"等詞分別是頭、身、尾三個部位彎曲成"凹"、"S"等字形的意思。

　　我們按照身軀的彎曲方式加以分類，是因爲考慮如下事實：頭上戴菌形角、身軀彎曲成S形的龍是甲骨文"龍"字所象，它是以它爲名的方國之"物"即鬼神[1]；頭上戴形狀相同的角、身軀彎曲成C形的龍則是甲骨文"旬"字所象，可見它是另外一種鬼神[2]。這説明，對商周時代的人而言，龍的身軀所構成的曲綫是判斷龍種類的重要標準。

　　對饕餮進行分類時，頭上戴的角或羽冠等具有很重要的意義。有不少龍的情況與此相同，如果身體的形狀和姿勢相同，頭上戴的角幾乎都無例外地相同[3]。據此可知，角的形狀對龍的分類也很重要。

　　然而也有一些龍雖然頭上戴不同形狀的角，但被稱爲同一個名字。例如上述身軀彎曲成C形的龍，在甲骨文中有"⚭"和"⚮"兩種相應的形體。前者所象的是頭上戴尖葉形角的一類，後者是菌形角的一類，但殷墟卜辭中兩者的用法没有區別，可見它們的讀音和字義都相同[4]。這可以證明，這兩種龍當時被稱爲同一個名字，也就是説被視爲同一種龍。這兩種龍的關係尚不清楚，或許可以認爲它們是一對雌雄。另外，我們在上一章第【13】項看過，頭上戴菌形角，身軀不彎曲，從而可知種類與以上兩種不同的龍，有時與頭上戴角貝角的龍成爲一對。

　　以上引用的是，身體的形狀和姿勢相同而角形不同的兩種龍成爲一組，據此可知這對龍屬於同一類的例子。這種例子目前只有這些，此外還未見到其他例子。但通過以上的例子可以知道，身體形狀相同而角形不同的龍中，有些龍屬於同一類，我們要把它們看作一組，這種可能性是存在的。我們對龍進行分類時不像饕餮的分類那樣采用角形爲標準，而以身體形狀爲主要標準，是如上原因[5]。

　　現在進入正題。上一章討論的犧首是從饕餮除去筐形裝飾的鬼神，采用圓雕或浮雕的手法，形體不大，施加在器物的肩部、把手上部、提梁下端等部位。有些犧首大面積地施加在匜蓋前端等部位，乍看起來像饕餮，但它仍然采用半圓雕的手法，其造型正是帶有肉體的、地上生活的帝＝下帝的造型。

　　本章討論的紋飾與這些犧首不同，有一種像普通的饕餮一樣采用高凸或平凸的手法，施加在器表中很顯眼的地方，但没有筐形裝飾；另一種即第【2】項以下的幾類，是從帶有身軀的饕餮除去額頭上

---

〔1〕　參看第五章【12】"回首S形龍"。

〔2〕　參看第五章【10】"卷體側視形龍"。

〔3〕　例如第四章【6】"向前直身龍"絕大多數戴牛角；第五章【1】"長鼻向下凹字形龍"絕大多數戴羊角，【5】"向前長鼻、羽身龍"之（1）類絕大多數戴牛角；第六章【4】"凹字形龍身鳥首神（B型）"絕大多數戴牛角等。

〔4〕　同注〔2〕。

〔5〕　饕餮紋也有時在同一件器物上使用角形不同的兩種饕餮。我們可以歸納出幾種饕餮組合，指出某一特定時期的某一特定器類使用某種固定的組合。關於這個問題，我們另尋機會加以討論。

的篦形裝飾，把它劈成兩半，作爲龍形的那類。相對的一對龍的中間往往施加犧首或獨立的篦形裝飾，但也有不施加這些裝飾的例子，而且龍也不一定都是相對的。

這些紋飾中，大面積地施加在青銅器上的、貌似饕餮的一類，無疑與上下帝等級相同。至於把饕餮劈成兩半，中間夾犧首或篦形裝飾的一類，以及沒有這些裝飾的一類，雖然形狀類似饕餮，但所占的位置和大小與其他鬼神沒有區別，我們只能認爲它們在鬼神中的等級比饕餮和犧首低一等。

下面列舉各種實例。

【1】類似饕餮的龍

本章討論的龍類，每種龍的例數都很少。圖版4—1～20，看上去是很普通的饕餮，但仔細觀察就可以發現，其額上沒有篦形裝飾。圖版4—2是曾經引用過的方彝，器腹和蓋裝飾相同的羊角饕餮（林1984：圖版册，方彝13），但蓋短邊兩面的紋飾很簡略，只有角、眼睛和三角形鼻子，篦形裝飾也被省略。我們在上一章最後一項講過，這個造型的小型圖像以平面犧首的形式出現。可以推測，被配在真正饕餮旁邊的、省略篦形裝飾的這個圖像，與長邊兩面的饕餮有區別，其地位類似於上帝的隨從，是等級更低一等的下帝。其他的例子不是這種被節略的圖像，而是只去掉饕餮的篦形裝飾而做的，但應該也是用這種方法表現的、等級比饕餮低一等的神靈。

圖版4—13是瓴圈足的紋飾。按照商中期Ⅱ～西周Ⅰ的常例，瓴的腹部裝飾一對相向的牛角分散直身龍，圈足裝飾几字形羽冠分散饕餮。但這件器物是例外，足部的紋飾不是饕餮，額頭上沒有篦形裝飾。此外，圖版4—14嘴下長出羽毛，構成嘴的綫從兩側相連，呈"┠"形。我們可以認爲這條龍與用這個形狀表示嘴的饕餮相對應。

圖版4—15是林1984：圖版册，卣226的紋飾，器腹的紋飾上下倒置，雖然所占面積很大，但額頭上沒有篦形裝飾。圖版4—20是根津美術館所藏雙羊尊（林1984：圖版册，鳥獸尊13）容器部分側面的紋飾。瞳孔很大是這類特定地域型青銅器的特色[6]。圖版4—21、22也是長江中下游地區比較多見的特定地域型銅鉦的紋飾。這些用很有特色的羽渦紋表現的紋飾所占面積很大，其造型很像饕餮，但仔細觀察就知道這些紋飾也沒有篦形裝飾。特定地域型青銅器中出現這種不帶篦形裝飾的類似饕餮的紋飾，或許是因爲有意避免使用或被強制禁用中央王朝的帝＝饕餮的緣故。若果真如此，這意味着中央王朝連對特定地域型銅器的製作也具有控制力，但這一點有待今後進一步的研究。

【2】帶狀T形羊角龍

這類龍爲數很多，中間夾犧首的例子也不少。這一類可以根據相應的饕餮再分爲若干種。（1）類與角形相同的饕餮（4）類相對應，這是羽毛像芒草似地并列排在脊背上的一類，爲數最多。圖版4—23～29是商晚期Ⅲ到西周Ⅱ的例子。最常見的是把本來構成饕餮臉頰的部分在正中處劈成兩半，中間插入犧首而形成的。饕餮額頭上的篦形裝飾一般不會被劈成左右兩半，但有時候保留貌似篦形裝飾的一部分，如圖版4—25、26。

（2）類與角形相同的饕餮（5）類和（6）類相對應。在此把脊背上有凹字形羽毛的例子和T形羽毛的例子一起列出來，即圖版4—30～36。如圖所示，這種龍有些例子中間夾犧首，但不夾犧首的例子也不少。

---

〔6〕 參看林1980：52。

（3）類與角形相同的饕餮（7）類相對應。這是用中粗綫表現身軀的一類。有些例子中間不夾任何束西，只有二龍相對，如圖4—40；但大多數的例子中間夾單獨的篦形裝飾或犧首，如圖4—39。圖版4—41的上面一例，看上去像中間有篦形裝飾的饕餮。但有些器物頸部和足部或蓋和器施加相同的紋飾[7]，一個中間夾犧首，另一個中間夾篦形裝飾。根據這種例子類推，圖4—41也應該看作器紋中間夾犧首、蓋紋中間夾篦形裝飾的例子，只是此例中篦形裝飾和兩側的龍連成一體而已。

【3】向下S形對向龍

這是嘴巴向下張開，身軀從頭後部長出，向上彎曲，然後往下卷的一類。紋飾整體一般由兩條相向的龍構成。身尾彎曲成這種形狀的饕餮在商晚期很常見。雖然是少數，但也有商中期I的例子。把饕餮在鼻梁處劈成左右兩半而形成的這種龍從商晚期III到西周I很多見。其中頭上戴几字形羽冠的例子比較多（圖版4—43 ～ 47），一對相向的龍中間一般插入羊角犧首。圖版4—48是一對龍中間插入獨立的篦形裝飾的例子。

身軀形狀相同的龍中還有頭上戴羊角的一種，如圖版4—50 ～ 51。這對龍中間夾羊角犧首，身後還跟隨着小型的向前直身龍，可見這對龍的等級差不多與饕餮一樣高。圖版4—52是采用分散式的例子。

這類龍在商晚期III開始出現，有沒有時代更早的例子目前不明。

這類龍的鼻頭一般較圓，但也有鼻子既長又尖、像下一項的龍那樣上翹內卷的一類（圖版4—48、50）。

【4】向下S形卷鼻龍

身軀彎曲的形狀與上一項相同的龍往往朝同一個方向排列，鼻子既長又尖，并且上翹內卷。數量頗多的是用細綫表現的商晚期II的例子（圖版4—57 ～ 59），這些龍頭上戴牛角形角，不相對，朝同一個方向排列。圖版4—53是時代更早的商晚期I的例子，采用寬體的技法，結構很清楚。先看這個例子，然後再看圖版4—57 ～ 59，就應該明白其演變過程：首先身上加羽毛，然後這羽毛變成類似細密渦紋的集合體。

除了觚以外，還有商晚期I、II有肩尊的肩部等部位裝飾這種龍，并且像觚一樣把幾條龍朝同一個方向排列（圖版4—54 ～ 56）。此外也有兩條龍相對、中間夾羊角平面犧首的例子，如圖版4—60、62商晚期II的例子。由這些例子可以知道，我們把這一類和上一類歸於同一類，在此一起討論是對的。圖版4—64是時代較晚的西周I爵的例子。施加在爵上的同樣的紋飾中，具有篦形裝飾的例子也不少，我們在第二章引用過這種例子（圖版2—383）。這種現象表明本項討論的龍和饕餮的特性是相似的。

從數量來說，這類龍大多數施加於觚的足部，其腹部裝飾的都是頭上戴牛角、尾巴跟此類龍一樣上翹的饕餮，如圖4—59。例如第【6】項討論的龍，觚腹部裝飾的向前直身龍可以理解爲足部所飾几字形羽冠分散式饕餮的隨從。但在此討論的觚，腹部的饕餮和足部的卷鼻龍之間的等級高低關係卻未必如此。按照我們的定義來講，器腹所飾的、具有篦形裝飾的饕餮等級應該比卷鼻龍高。然而關於青銅器上裝飾的鬼神還有一個原則，即紋飾所占的面積越大，等級越高（第一章第二節之四）。這兩個原則的關係難以協調，因此無法確定饕餮和卷鼻龍之間的等級高低關係。

以上列舉的都是頭上戴牛角形角的龍，但向下S形卷鼻龍中，雖然數量不多，但也有頭上戴其他

---

[7]　前者見於第一章圖93，後者見於圖版4—39。

角的龍。這些龍身軀彎曲的形狀與以上例子相同，但大都可以知道是饕餮等鬼神的隨從，在鬼神中的地位較低。

圖版4—65、66是頭上戴羊角的例子。圖版4—65時代屬於商晚期 I，戴羊角的龍朝同一方向排列。圖版4—67是商晚期 II 的例子，頭上戴菌形角，以器足的邊角爲軸線與另外一條龍相對。圖版4—68是商晚期 I 的例子，相當於角的部分成爲兩端向内卷的曲線。圖版4—69也是同一時期的例子，龍作爲隨從站在蝎形鬼神的旁邊，頭上戴 T 形牛角，身軀很長，垂直豎立。這個圖像如果可以看作把圖版4—67上下方向拉伸的東西，應該與在此討論的龍屬於同一類。圖版4—70也是同樣被用爲蝎形鬼神之隨從的例子，但角形不清楚。圖版4—71、72也是形狀相同的龍，但頭上戴的是牛角形角。圖版4—73中跟隨在饕餮後面的也是同形的龍，但頭上沒有戴角。

圖版4—74是左右方向拉伸的這類龍。圖版4—75是骨雕中能見到的鬼神。圖版4—76、77是頭上戴几字形羽冠的龍，時代分別屬於商晚期 II 和商晚期 III，與上一項討論的龍不同，朝同一個方向排列。圖版4—78是商晚期 I 的例子，圖版4—79、80是商晚期 II 的例子，雖然沒有角，但眼睛上方有眉毛。圖版4—79中，用橫倒的羽毛表現眉毛，這種紋飾有若干例。

圖版4—81 ～ 83是西周 IIIA 的例子。我們以圖版4—81爲例説明，眼睛上方有橫倒的羽毛，從此往右下垂下一條綫，下端上翹；眼睛下方的綫則往上走，然後向右彎曲*。筆者認爲眼睛右邊的綫是由長鼻演變而來的，左邊的綫是由上翹之後向下卷的身尾演變而來的，這應該是本項所討論的龍的分散式造型。圖版4—82眼睛上方有眉毛。圖版4—83是簋蓋邊的紋飾，與圖版4—82相比較就能知道，這個紋飾要按照本書的排印方向看，才能讓眉毛的方向準確，長鼻、尾部也與圖版4—82相一致。這是有兩件的師痕簋蓋之一，其銘文是模仿另一件的銘文做的，到處有摹錯的字；紋飾也與常例不合，上下顛倒，但現在知道這個紋飾確實是西周 IIIA 存在的類型。有人認爲這件簋蓋是近代仿製品[8]，但從紋飾看，它應該是西周時期製作的拙劣仿製品。

圖版4—84、85是西周 IIIB 的例子，可以看作是像圖版4—74那種造型扁長的一類，但采用當時流行的風格，這一點與圖版4—74不同；頭上戴尖葉形角。

圖版4—86身軀形狀與以上幾例相同，但尾端成爲鳥頭。饕餮圖像中，帶有這種尾巴的例子很多，因此我們爲這種圖像單獨設了一類。但帶有這種尾巴的龍却很少，因此在這項中一起討論。在此順便列舉尾端成爲鳥頭的其他的龍（圖版4—87、88），但身軀彎曲的形狀完全不同。

此外，圖版4—89是特定地域型雙羊尊的羊肩上施加的紋飾。此龍的形狀與圖版4—71相近，頭部畫的是側視形，但角是畫了一對，很少見。最後介紹這個例子，以做補充。

【5】向下S形長鼻、垂尾龍

這類龍與上一項龍當中的圖版4—74的一類相似，身軀扁長，整體上幾乎沒有彎曲，但尾巴和鼻子的彎曲方向相反。爲了方便起見，緊接着引用這一類。

圖版4—90和91是商中期 I 的例子，是跟隨在饕餮後面的一類。它們乍看起來像是下述的罔兩紋，但仔細觀察就可以發現，眼睛上方有角，眼睛下方有小小的下顎。圖版4—90的龍頭上戴牛角，圖版4—91的龍戴羊角。圖版4—92是商中期 II 的例子，圖版4—93 ～ 97是商晚期 I 的例子。圖版4—92

---

〔8〕 白川 1962—1983：21，508。

---

* 譯按：根據圖4—81，應該是向左彎曲。

的龍頭上戴 T 形羊角，而其他的例子頭上戴的似都是扁平的牛角。此類龍是較早時期流行一時的一類。

【6】向前直身龍

向前直身龍，例如圖版 4—101，從商晚期 Ⅱ 到大約西周 Ⅰ，一般都被配在饕餮兩側，頭向下 *。被配在饕餮兩側的龍一般都是這類龍或下一項的龍，其他的龍均屬於例外〔9〕。圖版 4—98 是被配在饕餮兩側的龍的典型造型。圖版 4—99 是商晚期 Ⅱ 的例子 †，頭朝外，在饕餮的尾巴下方，這種例子很少見。圖版 4—100，從表現技法看，顯然是商中期的例子。右邊有饕餮的一半，其左邊有另一個圖像與饕餮相接。它以眼睛爲中心，左右兩邊各有兩片羽毛，左右位置不對稱。仔細觀察就可以知道，這個圖像和饕餮是分開的。這應該是圖版 4—99 位於饕餮尾巴下方、頭朝外的龍的原始形態。看圖版 4—122 商晚期 Ⅰ 的例子，用兩片羽毛表示下顎。參考這個例子，可知圖版 4—100 眼睛左邊的兩片羽毛是後來變成上下顎的部分。至於眼睛右下方往右展開的羽毛，它相當於圖版 4—99 中的身軀。

圖版 4—101 ～ 103 之例，不是把龍配在饕餮旁邊，而是把一對左右相向的龍施加在觚腹部。圖版 4—101、102 的龍沒有腿，圖版 4—103 有腿。如果只看這幾例，這類圖像似是把饕餮旁邊的兩條龍放在一起形成的。但其中像圖版 4—103 那種有腿的一類還有用分散式表現的例子，如圖版 4—104 ～ 112。換個角度看，這是從圖版 2—401、402 等分散式饕餮去掉篦形裝飾而形成的。按照這個看法，圖版 4—101 ～ 103 可以説是去掉饕餮的篦形裝飾，并把它劈成左右兩半而形成的。我們把這類圖像放在本章討論是因爲這個理由。

圖版 4—104 ～ 112 的造型是頭上戴牛角、去掉篦形裝飾的饕餮。這種紋飾在商晚期 Ⅱ 到西周 Ⅰ 被施加在觚腹部，而且不帶其他任何紋飾。饒有趣味的是，腹部施加這個紋飾的觚，其圈足無一例外地裝飾頭上戴几字形羽冠的分散式饕餮，如圖版 4—113、114。觚圈足裝飾的這種饕餮從來不在旁邊帶上小龍。而這個饕餮的上方即腹部裝飾的紋飾，可以理解爲一般被配在饕餮兩側的兩條牛角直身龍的分散型。綜合以上情況，爲數不少的觚的這種紋飾可以做如下理解：足部裝飾主紋的饕餮，跟隨饕餮的牛角直身龍配在其上方。爵與觚通常成套隨葬，在此引用爵上同時裝飾几字形羽冠分散饕餮和牛角直身龍的例子，即圖版 4—115。

按照我們的解釋，圖版 4—114 這種組合中，主人在下，隨從在它頭上。我們在第一章第二節第四項已經説明，商代青銅器紋飾的等級高低不取決於紋飾所在位置的上下，而與所占面積的大小直接相關。在此引用的觚的紋飾也可以按照這個原則説明。

根據以上列舉的牛角直身龍的例子，我們還可以做如下推測：如上所述，圖版 4—104 是一對牛角直身龍左右相對的圖像，并以這個形狀表現一個正臉；如果給它加篦形裝飾，它就成爲像圖版 2—401 和 402 那種饕餮。筆者在上一章指出，牛角犧首爲數很少。牛角饕餮可能以圖版 4—104 那種形式表現與牛角犧首相對應的、等級低一等的神靈。

另外，牛角直身龍中饒有趣味的例子還有圖版 4—116。這是湖南省發現的四羊尊，時代大致屬於西周 Ⅰ（林 1984：圖版册，有肩尊 56）。牛角直身龍施加於羊腳之間，一對龍以扉棱爲軸相對，其形式與圖版 4—101 ～ 103 相同。非常罕見的是，龍的眼睛用中間有十字形的圓形表示。這是什麼？金文

---

〔9〕　上一項引用的圖版 4—73 是其例外之一。附帶一提，高本漢（Karlgren 1937：16）云："只有臉的饕餮後面有時出現這種龍。我們或許可以認爲這是作器的工匠鬧着玩的，用這種龍形表現從臉分離出來的身軀。這的確是一個很有吸引力的説法，但需要注意的是，帶有身軀的饕餮後面有時也出現這種龍。"這當然只不過是隨便想出來的説法而已。

---

*　譯按："4—101"這個號碼恐怕有誤。圖版 4—101 不是 "被配在饕餮兩側"的例子，在此不能算是典型例。

†　譯按：根據圖版的説明，圖 4—99 的時代是商晚期 Ⅲ。

"雷"字由"申"（電）和幾個加十字形的圓形構成（盨駒尊），而加十字形的圓形代表雷鳴[10]。此龍的眼睛以加十字形的圓形表現，説明這條小龍代表雷鳴。如上所述，這類小龍跟隨在饕餮＝上帝的旁邊，似是饕餮的隨從。我們在第一章指出，商代上帝是可以命令風雨等天象的存在。跟隨在上帝旁邊的小龍擁有以雷鳴符號表現的眼睛，可以證實我們之前的推論。也就是説，這類龍與鳳凰同樣作爲上帝之臣傳達上帝的命令（第一章第三節第二項、第五節第二項）。

此外，這類龍還有另外一種用法，頭朝上的造型被用作扁足鼎的足，如圖版4—117。

【7】向前凹字形龍

向前凹字形龍是頭和身的方向一致，尾巴彎曲，頭突出，整體呈凹字形的龍，如圖版4—129。上一項的龍頭上戴的角都是牛角。這類龍也基本相同，雖然有一些例外，但戴牛角的例子占壓倒性多數。

上一項的龍，有很多例子頭朝下，左右相對，被配在饕餮兩側。這類龍的用法也與此相近。就饕餮旁邊使用的龍而言，上一類的例子比這一類多很多，但使用這一類的例子也從商晚期Ⅱ到西周Ⅰ一直能看到，如圖版4—118～121。尤其是爲數不少的鬲鼎上裝飾的大耳饕餮，旁邊的龍基本上都是這一類（圖版4—120）。

圖版4—118是斝的紋飾，頸部下邊的几字形羽冠饕餮旁邊配凹字形龍，腹部的羊角饕餮旁邊卻使用上一項的直身龍。可見這兩類龍雖然在用法上有相同之處，但當時被視爲兩種不同的龍。如上所述，鬲鼎上只用這類龍，這個事實同樣也證明兩者是不同的龍。此外，如下事實也能證明這一點。

我們在上一項引用了頭朝外的向前直身龍被配在饕餮尾巴下方的例子。圖版4—122是本項討論的龍以同樣的方式被配在饕餮旁邊的例子。這是商晚期Ⅰ斝腹部的紋飾。在此用圖版4—122中的綫圖説明，眼睛左邊有兩枚平行的羽毛，眼睛右下方往右展開的綫條右端上翹内卷。眼睛右邊的綫條表示的無疑是龍的身尾，眼睛左邊的兩片羽毛應該是龍的上下顎。

上一類龍往往以分散式、左右相對的形式出現在觚腹部，并構成没有篦形裝飾的饕餮形狀。與此相比，這類凹字形龍從不使用分散式，而且即使兩條龍左右相對，也很少構成没有篦形裝飾的饕餮形狀[11]。圖版4—127是其極少見的一例。此外，如果觚腹部裝飾左右相對的這種龍，足部則往往使用一對几字形羽冠回首L形相對龍（圖版4—123、124，參看圖版5—100）、几字形羽冠回首L形同向龍（圖版4—125）、几字形角向下乙字形龍（圖版4—126，參看下一項圖版4—150）等，而且在商晚期Ⅱ集中出現[12]。

這類龍與上一項的龍雖然屬於兩個不同的種類，但用法相同。如果觚腹部裝飾的上一項龍確實是足部所飾饕餮的隨從，那麼我們完全可以認爲觚腹部所飾的凹字形龍也是如此，當時被視爲觚圈足所飾鬼神的隨從。也就是説，既然觚腹部裝飾這種牛角凹字形龍，足部所飾的几字形羽冠回首L形龍和几字形羽冠向下乙字形龍當是等級比肩饕餮的高級鬼神，但也有一些例外，例如圖版4—127觚，腹部裝飾左右相對的牛角凹字形龍，這對龍構成近似饕餮的形狀，足部卻只是把型式相同的龍朝同一個方向排列而已。

這類龍，除了頭朝下、與饕餮等其他鬼神一起使用之外，還有其他用法。這一點也是這類龍和上

---

[10] 雷，《説文》作"靁"，云："象回轉形。"也就是説，此字象某個東西嘰里咕嚕滚動的聲音。

[11] 高本漢（Karlgren 1937：16）引用這種例子，説如果没有足够的空間可以施加真正的饕餮紋，有時用相對的一對 vertical dragon（即我們在此討論的龍）構成一種饕餮。筆者認爲饕餮和類似饕餮的鬼神需要加以區別，從這個立場看，不得不説高本漢的觀察不够細緻。

[12] 商晚期ⅢB的 Ecke 1944：2 觚和容庚1938，圖63觚的龍的組合與以上列舉的幾種不同。

一項龍的不同之處。圖版 4—129 的例子是商晚期 I 瓿頸部排列了這種龍。此例中的龍頭上戴的角似是菌形角的原型，這一點與以下幾例有所不同。牛角凹字形龍重複排列的商晚期 I 的例子還有圖版 4—128*。圖版 4—131 是商晚期 I 瓿肩部裝飾的例子，但頭上不戴角。圖版 4—132 是商晚期 II 有肩尊上施加同樣紋飾的例子。

　　圖版 4—133 是商晚期 II 有肩尊的例子，頭朝下，與囧紋交錯排列。與囧紋交錯排列使用的龍還有下述的向下乙字形龍和几字形羽冠回首 L 形龍。這兩類龍都在本項已經引用過，是瓿上出現的、牛角凹字形龍跟隨的鬼神。我們通過這個事實可以知道這三者特性相近。圖版 4—134 ～ 136 也是商晚期 II 的例子，但頭上所附是大耳。圖版 4—134 鼻子特別長。在此引用的圖版 4—134、135 的下顎前端尖銳而且下垂，根部很粗。筆者曾經指出這個部位以印度象的下顎爲原型，并引用了圖版 4—144 的照片[13]。筆者的這個看法至今沒有改變。

　　圖版 4—137 是商晚期 IIIA 簋的紋飾，頸部和圈足的紋飾帶分別以犧首和篦形裝飾爲中心，施加向前凹字形龍。圖版 4—138 是方彝足部的紋飾。圖版 4—139 是頭朝上的造型被用作扁足鼎足部的例子，這種用法還見於西周 IA，如圖版 4—140。圖版 4—141、142 是西周 I 爵流下面裝飾的例子，兩隻龍相對。這種用法比較常見。這類龍在西周 I 以後從青銅器紋飾中消失，但圖版 4—143 是施加在春秋 I 鼎上的例子，中間隔了很長時間，看來這類龍的紋飾在青銅器以外的器物上一直流傳下來。

　　附帶一提，筆者曾經指出上一項的龍和本項的龍起源於商中期，但在此不做引述[14]。

【8】向下乙字形龍

　　向下乙字形龍是身軀從頭部往後展開，在腰處往下彎曲，形成棱角，然後往後彎曲，同樣形成棱角，尾端上翹的龍。我們把這種形狀稱爲乙字形。因爲兩個彎曲處的棱角是直角或銳角，我們把它和上文稱爲"S 形"的波浪形區別開。下一章討論的向下 S 形龍身軀彎曲成 S 形，和本項討論的龍相比，只是身軀彎曲的形狀稍微有些不同而已，或許可以認爲兩者是同一種鬼神的圖像，但兩者在青銅器上的用法有所不同，應該看作兩種不同的龍。

　　向下乙字形龍可以分爲（1）大頭閉口類和（2）開口類的兩類。

　　（1）類是圖版 4—145 ～ 151 所示的一類。例如圖版 4—145，兩條龍相對，頭部下方的羽毛在正中處連在一起，形成下顎綫。這種例子比較多，本書所收的圖版 4—145 ～ 147、149、150 屬於此類。饕餮中也有嘴巴呈這種形狀的一類。就頭部而言，把這類饕餮劈成兩半，去掉額頭上的篦形裝飾，就成爲向下乙字形龍（1）類。但身軀和尾巴的形狀與這類龍相同的饕餮到目前爲止還沒有發現。這類龍有時不是以兩條相對的形式出現，而朝同一個方向重複排列，如圖版 4—148。

　　（1）類在商晚期 I ～ II 的瓿圈足上比較多見。如果瓿的圈足裝飾這類龍，器腹往往裝飾兩條相對的牛角凹字形龍（圖版 4—146、149、150）。我們在第【6】項和第【7】項已經指出，如果瓿的腹部裝飾牛角凹字形龍，圈足上所飾的（1）類龍可以視爲等級很高的神，牛角凹字形龍是其隨從。

　　這類龍中，時代屬於商晚期 I ～ II 的圖版 4—145 ～ 149†頭上戴羊角，商晚期 II ～ III 的圖版 4—149 ～ 151 戴几字形羽冠。圖版 4—151 是龍與囧紋交錯排列的例子，這種用法是（2）類也有的。

---

〔13〕　林 1970：22。
〔14〕　林 1970：18，其演變過程有缺環，有待更詳細的研究。

＊　譯按：根據圖版的説明，圖版 4—128 的時代是商晚期 III B。
†　譯按：此 "149" 當是 "148" 之誤。

其次看（2）類。（2）類龍中常見的角形有尖葉角、菌形角和大耳三種。頭上戴這三種角的（2）類龍，無論是哪一種，都不僅有紋飾帶中重複排列的用法，也有與囧紋交錯排列的用法，角形與用法之間沒有明確的對應關係。與（1）類相比，使用（2）類龍的器類範圍廣。

圖版4—152～159是商晚期Ⅱ的例子[*]。頭上戴大耳的一種，一般施加在商晚期Ⅲ觚的圈足、腹部、頸部的主紋和主紋間的紋飾帶中，所占面積比較小。圖版4—159是商晚期Ⅱ的例子。圖版4—158是頭上戴T形羊角的很少見的例子。

圖版4—160～166是商晚期Ⅲ的例子，在此列舉了各種表現技法和用例的標本。如上所述，觚上裝飾的不占太大面積的這類龍一般都是附大耳的那種，但圖版4—164是頭上戴菌形角的很少見的例子。

圖版4—167～171是西周ⅠA的例子。這類龍似乎西周初期以後在青銅器紋飾中沒有留存下來。

另外還有一種饕餮，是把（2）類龍相對排列，連成一體，并在額頭上加箆形裝飾而成的，如圖版4—172，這是安陽侯家莊1004號墓出土的骨雕。圖版4—173的饕餮，有鱗紋的身軀從頭上出來，不合常規，但除了尾巴以外，身軀的彎曲形狀與圖版4—172相同，這個例子和圖版4—172是否可以歸爲一類，目前難以判斷，但在此一起引用，以供參考。不管怎樣，因爲有像圖版4—172這種例子，我們把向下乙字形龍放在本章加以討論。

【9】向下直身龍

饕餮中有一類饕餮，身軀從頭部向後在水平方向展開，尾端上翹内卷。這類饕餮出現在商中期以後的各時期。從這個型式的饕餮去掉箆形裝飾，并把它劈成左右兩半，就成爲圖版4—174～176的龍。這幾例是商晚期Ⅲ～西周Ⅱ的例子。這類龍大都兩條一起出現，以犧首或單獨的箆形裝飾爲中心相對，也有缺少犧首或箆形裝飾的例子。

圖版4—177、178是方彝足部的紋飾，時代分別屬於商中期Ⅱ和商中期ⅢA。雖然尾端不上翹，但爲方便起見把它歸入此類。拓片中兩條龍的頭朝外，但其實這些龍以器物邊角爲中心與相鄰另一面的龍相對。這類龍中包括各種角形的龍。

圖版4—179的龍，身體的方向平行於劃分施紋空間的扉棱。這個例子也可以說是兩條龍以扉棱爲中心相對的圖案。

---

* 譯按：根據圖版的説明，圖版4—152和4—153的時代是商晚期Ⅰ。

第五章 龍 類

本章討論的是上一章没有引用的、身軀或多或少有點細長的鬼神。

【1】長鼻向下凹字形龍

上一章第【7】項的向前凹字形龍中有鼻子很長、上翹的一類——雖然上一章第【3】、【4】、【5】項中也有長鼻龍。在此要討論的龍與此相似，但鼻子翹曲程度不大，向前展開，嘴巴向下張開（圖版5—2～10）。這類龍大都頭上戴羊角（其中也包括T形羊角），這是這類龍的一個特徵。

圖版5—1可能是商中期偏早的例子，但這類龍的大多數在西周Ⅰ～Ⅱ的紋飾帶中出現。鼻端像象鼻一樣分兩叉，羽毛像芒草似地并列排在背上，整體呈凹字形。

【2】向前S形長鼻、垂鼻龍

這類龍從很長的鼻子到尾巴，整體呈S形，鼻子往下彎曲。上一章第【5】項的龍也是垂鼻，但眼睛長邊的軸綫與鼻子的方向一致，而這類龍的眼睛和鼻子的軸綫構成直角。這類龍中有前腳的一類看起來像第六章第【2】項的龍身鳥首神 *，但這類龍的嘴既長又大，與鳥有所不同。

爲了討論之便，我們根據鼻子的形狀把這類龍分爲兩種：（1）類是鼻頭不尖的一類；（2）類是鼻頭尖銳的一類。（1）類的鼻子似乎當時被視爲象鼻，像象鼻的圖像一樣上面往往施加鱗紋。（2）類的鼻子則没有鱗紋，像本章開頭的卷鼻龍的鼻子那樣既長又尖。

下面看實例。圖版5—11～19屬於（1）類，從商晚期Ⅱ到西周ⅠA出現。這類龍有時候有前腳，如圖版5—12和16，但没有前腳的例子似乎更普遍。頭上戴牛角的例子占多數，但也有尖葉形角、大耳的例子。圖版5—15以下的幾例鼻頭稍微分兩叉，其形狀很像象鼻。圖版5—18雖然尾巴的形狀與其他例子有所不同，但在此一起引用。

圖版5—20～29屬於（2）類，從商晚期Ⅰ到西周Ⅱ出現。這類龍雖然有大耳、無角的例子，但頭上戴牛角的例子占多數，這一點與（1）類相同。像圖版5—26、27這種圖案在西周Ⅱ比較多見，而（1）類龍到這個時期消失不見，兩者形成鮮明的對比。圖版5—29是把兩條這類龍朝同一方向排列，整體結構類似於罔兩紋。這個例子雖然比較特殊，但在此一起引用。

---

* 譯按：此處論述比較混亂。第六章【2】不是龍身鳥首神，而是鳥身龍首神的一種。龍身鳥首神共有九種（第六章【3】～【11】），其中【3】【4】凹字形龍身鳥首神的身體形狀與本項的向前S形長鼻、垂鼻龍基本一致。林先生在此所説的"龍身鳥首神"似是這兩種或其中的一種。

【3】向下S形龍

這是嘴巴向下張開，其方向與身軀構成直角，身軀彎曲成 S 形的龍。這類龍一般在紋飾帶等狹窄的地方使用，圖像很小。這類龍一律都有前腳，頭上戴菌形角的例子占主流，身上施加口字形鱗紋的例子也很多。容庚把包括這類龍在内的、帶有一隻前腳的幾種龍命名爲夔紋[1]。

這類龍見於商晚期Ⅱ到西周ⅢA。圖版 5—30、31 是商晚期Ⅱ的例子，後者有背鰭，鰭上有刻綫。這種背鰭還見於商晚期Ⅲ的圖版 5—32 ～ 34。圖版 5—42、43 是裝在某種物品上的零件，是本項討論的龍的圓雕。這兩例都有背鰭。根據菌形角的形狀判斷[2]，圖版 5—42 的時代大致是商晚期Ⅲ，圖版 5—43 大致是西周Ⅰ。圖版 5—32、33 是根津美術館所藏大型盉上所飾的半圓雕，很罕見，前者頭上戴羊角，後者附大耳。圖版 5—34、35 是商晚期Ⅲ的例子，後者頭上戴尖葉形角。圖版 5—36、37、39 是施加在爵流下面的紋飾，這個用法偶爾可見。

圖版 5—39 是西周ⅡA 的例子，額頭上有很細的羽毛。圖版 5—40 是西周Ⅲ的例子，額頭上的羽毛變粗，并且與鼻子合爲一體。這種形狀在圖版 5—41 特定地域型銅盉中被沿襲。圖版 5—41 的羊角可以看得很清楚。如果仔細觀察，可以發現圖版 5—40 的龍頭上也有被拉寬的形狀相同的角。

【4】向前W形龍

這是嘴巴張開的方向與身軀一致，自頭部至身軀再到尾巴彎曲成平緩彎曲的 W 形的龍。這種龍雙雙成對，以犧首或單獨的箆形裝飾爲中心相對，或中間不夾任何東西，施加在狹窄的紋飾帶中。這類龍爲數很多，其中没有腳、頭上戴尖葉形角的例子占壓倒性多數，如圖版 5—44 ～ 56。

這類龍紋中，圖版 5—44 是商晚期Ⅱ的例子，圖版 5—45 是相當於商晚期Ⅱ的特定地域型瓿的例子，這兩例在身軀的彎曲處施加裏面有小點的圓形。如下所述，這個裏面有小點的圓形所象的是星。由此可以推測，這類鬼神與天體有密切關係。此外，這兩例以及圖版 5—63，從嘴裏伸出前端分兩叉的東西，這相當於甲骨文 “舌” 字（𦧇、𠮛）和 “飲” 字（𩚀、𩜹）中從 “口”（𠙵）出來的東西，是舌的象形。這種舌應該是模仿蛇舌等前端分兩叉的舌的形狀[3]。

雖説如此，向前 W 形龍的大多數没有上述的星和舌。圖版 5—46 ～ 57 是商晚期Ⅱ到西周Ⅱ各時期的例子，看不出什麽隨着時代發生的變化。圖版 5—48 是有前腳的比較罕見的例子。像圖版 5—55 那種身軀彎曲處形成棱角的圖案，在西周Ⅰ的小型盉上比較多見。

圖版 5—58 ～ 70 是頭上戴尖葉形角以外的角的例子，爲數不多。圖版 5—61 是戴菌形角的例子，這種例子有若干數量。圖版 5—62 有星。圖版 5—66、68 是玉器紋飾。圖版 5—67 ～ 69 是無角的例子。圖版 5—70 是春秋時期的例子，頭上戴的似是尖葉形角的一種變形。

---

[1] 容庚 1941：上，106—111。容庚根據 “夔一足” 一詞把這些紋飾命名爲夔紋。但只要看圖版 5—42、43 的圓雕就可以知道，其實前腳有一對兩隻，并不是 “一足”。
[2] 林 1984：正文册，262，圖 164*。
[3] 林 1971：6—7。

---

* 譯按：圖 164 當是圖 162 之誤，原書正文册第 262 頁所載的是圖 162，而且圖 162 正是菌形角的例子。原書第 262 頁相當於中文版第 404 頁。

【5】向前長鼻、羽身龍

長鼻上翹的龍有很多種，如本章第【1】項引用的那種。但在此引用的龍，雖然鼻子同樣很長，但頭部後面只有兩根平行的羽毛，在譜系上與其他長鼻上翹的龍没有關係。

這類龍可以分爲兩種：（1）類，頭部後面的兩根平行的羽毛中，上面的一根長，而且後端呈 T 形，如圖版 5—71 ～ 75。有角的例子、無角的例子都有。如果有角，其角形都是牛角。没有前腳。（2）類，頭部後面的兩根羽毛中間夾 S 形羽毛，前腳往前展開，如圖版 5—76、77。這種龍一般没有角，但也有一些例子戴上面有突起的菌形角，如圖版 5—77。（1）類和（2）類都出現在狹窄的紋飾帶中，用細凸綫或中粗綫表現，在西周ⅠA 和ⅠB 比較多見，西周Ⅱ還有一些例子。

【6】倒立*S形龍、倒立C形龍

這是像鯱桙（傳説中的一種海獸）那樣倒立，把身軀往頭的前面彎曲的龍。在此把身軀彎曲成 S 形的龍和 C 形的龍一起引用。這類龍的角，除了菌形角以外，也有牛角的例子，如圖版 5—78、84。這個紋飾一般使用在紋飾帶中，有時也作爲饕餮的隨從出現。

圖版 5—78 是商晚期Ⅱ疊肩部上所飾的例子，幾條龍朝同一方向排列，頭上戴牛角。圖版 5—80 是商晚期ⅢA 匜口沿下所飾的例子。圖版 5—81 是商晚期Ⅲ尊上所飾的例子，在此作爲饕餮旁邊的隨從出現，其上方還有直身尖葉形角小龍。這種小龍也見於圖版 5—80 上方，可以視爲同一種組合。圖版 5—82 是西周ⅠA 卣肩部上所飾的例子，兩條龍以犧首爲中心相對。

圖版 5—83 是商晚期Ⅲ匜上所飾的例子，流下面有大型鳳凰的頭，其後面有身軀彎曲成 C 形的龍。鳳凰的頭上還有圖版 5—80、81 中出現的尖葉形角直身小龍。這個 C 形龍在匜上所占據的位置與圖版 5—80 的 S 形龍相同。由此可以推測，身軀彎曲成 C 形的龍與 S 形龍特性相同，它們扮演同樣的角色——饕餮或大型鳳凰的隨從、使者。

【7】回首L形龍

這是回望自己的身軀、身軀呈 L 形的龍。這類龍可以分爲以下四類：（1）類，無角，但沿着頭部有一根羽毛；（2）類，頭上戴几字形羽冠。以上兩類爲數較多。此外，（3）類，頭上戴牛角；（4）類，頭上

---

*　譯按：原書的説法是“鯱桙立 S 字形龍、鯱桙立 C 字形龍”。“鯱桙”是日語固有詞，本是一種傳説中的海獸。因爲古代日本人相信這個海獸有防火的作用，把它的雕塑放在屋頂正脊的兩端，現在“鯱桙”指的一般是這個雕塑，其用法和形狀與中國建築屋頂正脊兩端所飾的神獸頗有相似之處。“鯱桙立”其實是倒立的意思，因爲倒立的姿勢與“鯱桙”相似，因此有這種稱法。由於“鯱桙立”這種詞恐怕對日本人以外很陌生，在此把它翻譯成“倒立”。

（例：名古屋城的金鯱）

戴尖葉形角。以上兩類各有若干例。

下面逐一看每一類。首先是（1）類。圖版 5—85、86 是商晚期 II 的例子，圖版 5—87、88 是商晚期 III 的例子。一根羽毛圍繞眼睛從前面繞到上方，接着另外一根羽毛從眼睛之後繞過下方往前面展開。鼻子在眼睛下方往内卷，呈漩渦狀，其後面還有幾個漩渦，例如圖版 5—85、89 可以看得很清楚。這些漩渦有時構成下顎，如圖版 5—89，但一般不會明確地構成嘴巴或下顎的形狀。這些例子都與囧紋交錯排列，施加在紋飾帶中。

圖版 5—88 中，眼睛上方只有一個倒 T 形刻紋。這個形狀可以視爲圖版 5—87 中所見羽毛的根部。此例只保留羽毛根部，省略了前端部分。這種形狀還見於圖版 5—90 饕餮的右下方。這個饕餮左下方的龍看上去似乎頭上戴 T 形角，但右邊的龍没有角。從這一點看，這個部分本來要畫的是羽毛根部，但錯畫成了這種形狀。

圖版 5—91 是瓿的紋飾，肩部和腹部裝飾頭上戴几字形羽冠的同一種饕餮。看饕餮尾巴下方的隨從，肩部的龍是（1）類，腹部的龍是戴几字形羽冠的（2）類。同一件器物上分別使用這兩種，説明（1）類和（2）類當時被視爲兩種不同的龍。肩部和腹部所飾饕餮的種類完全相同，但不同的是後者所占面積比前者大，待遇高。再看隨從的鬼神，除了頭上戴的東西以外，兩者的身體完全相同。據此推測，（1）、（2）兩類是特性相似的鬼神，但（2）的等級比（1）類高。

再次回到（1）類的例子。西周 I B 有圖版 5—92、93 等例子。如下所述，到了西周 I，與囧紋交錯排列的幾乎都是（2）類。

到了西周 III，鐘鼓部大面積裝飾的無角龍開始出現，如圖版 5—94、96。這當是（1）類龍的後裔。這種無角龍有上下顎，頭部的形狀具備龍的特徵。因爲（2）類龍頭的造型在西周 I 變得很像龍，可以推測（1）類龍也發生了同樣的變化，頭上有中間帶眼的、比較粗且寬的東西。商代到西周 I 的（1）類龍雖然圖像不大，但與此相應的位置有一片羽毛，頭上的那個東西應該相當於這片羽毛。逗號形舌頭從嘴裏吐出，這是這個時期的龍紋中很常見的造型。鼻子前面綫刻前端分叉的倒 L 形。圖版 5—97 中，這個倒 L 形變得很粗，呈象鼻的形狀。也就是説，西周晚期，龍的鼻子前面附加類似於象鼻的綫刻或很粗的象鼻本身。要考慮這個現象，我們要想起時代更早的來源，即商代（1）類龍的鼻子。雖然畫得很小，不那麽清楚，但商代（1）類龍的眼睛下面有往内卷、呈漩渦狀的鼻子。看西周晚期的形狀，有很清楚的長鼻，可以知道商代（1）類龍的這個部分是像象鼻一樣的長鼻向嘴裏内卷的樣子。

附帶説，圖版 5—95 雖然没有從面前繞到頭上的倒 L 形羽毛，但也是無角的回首 L 形龍，因此我們把它放在這裏。

圖版 5—98、99 是春秋 I 的例子。前者與西周 III 的圖版 5—94、96 相對應，後者與附加象鼻的圖版 5—97 相對應。

其次看（2）類。圖版 5—100 是瓿圈足上所飾的例子，圖版 5—102 是拓片，兩條龍相對。圖版 5—103 是以鏤空表現這類龍的例子，爲數不多。圖版 5—104 ～ 106 也是裝飾在瓿圈足上的例子，但兩條龍朝同一個方向。圖版 5—107 是很罕見的例子，我們認爲這是用分散式表現的（2）類龍，因此把它放在這裏。圖版 5—106 以上的（2）類龍，眼睛下面雖然刻着曲綫，但没有形成嘴的形狀，這一點與（1）類龍相同。

這些例子都是瓿圈足上所施的紋飾，時代大都屬於商晚期 II。圈足上施加這種紋飾的瓿，其腹部往往裝飾牛角凹字形龍，如圖版 5—100。就在此引用的幾例而言，兩條龍相對的例子中，圖版 5—103 瓿的腹部裝飾牛角凹字形龍；兩條龍朝同一個方向的例子中，圖版 5—104、105 瓿的腹部裝飾牛角凹字形龍。此外，圈足上裝飾朝同一個方向的（2）類龍的瓿，其腹部有時裝飾牛角直身龍，例如圖版 5—106 是其一例。筆者在上一章“向前直身龍”處指出，瓿腹部所飾的這種小龍是圈足上所飾鬼神的隨從。

筆者還指出，向下乙字形龍和向前直身龍的位置關係也與此相同，據此可知向下乙字形龍是等級比肩饕餮的高級鬼神。可以説，（2）類龍在觚中的待遇也與向下乙字形龍相同。

圖版 5—108 ～ 114 是西周 I 到 III 的例子。與冏紋交錯排列的例子比較多，這一點與商代的（1）類龍相同。這幾例都具備鼻子、嘴、下顎等部位，頭部的造型完全是龍。圖版 5—114 是（2）類龍作爲饕餮隨從出現的例子，比較少見。

圖版 5—115、116 是頭上戴牛角的（3）類龍中時代屬於早期的例子。圖版 5—115 中，它被配在饕餮旁邊，作饕餮的隨從。圖版 5—116 是圖版 5—102 器的腹部紋飾。這兩種圖案都很少見。西周早中期的例子目前想不出來，但西周 III 的例子比較多，如圖版 5—117 ～ 119。角的形狀看起來像是被壓扁的尖葉形角，但圖版 5—117 的角可以看作牛角的原型。圖版 5—118、119 的角雖然進一步簡化，但仍然可以看出牛角的因素。除了角以外，這類龍像（1）類龍一樣有從鼻尖繞到頭上的粗羽毛。圖版 5—120 是春秋 I 的例子。

最後是（4）類。圖版 5—121 是西周 I B 的例子，頭上戴尖葉形角。此外，圖版 5—122 是西周 III A 簋方座頂部四角上所施的紋飾，此例也戴尖葉形角。圖版 5—123 的角既可以看作牛角，也可以看作尖葉形角，也可以看作走了樣的 T 形羊角，其與圖版 5—95 同樣是盉蓋捉手上所施的裝飾。這種例子極爲罕見。

關於圖版 5—85 這種（1）類龍，筆者曾經發表過自己的看法：甲骨文 “旬”（ᕫ）的繁體⟨圖⟩、⟨圖⟩是（1）類龍圖像符號化的字，當時這個圖像被稱爲 “旬”；因爲 “眴” 和 “瞬” 是一個字，“旬” 可以讀爲 “舜”，因此這是舜的圖像[4]。舜有一個傳説，他的眼睛裏有兩個瞳孔。舜的圖像是由很大的眼睛和用小羽毛表現的身體構成的，舜有兩個瞳孔的傳説可能源自這個圖像。衆所周知，旬是十日的意思。十日是輪流上天空的十個太陽神，其圖像以眼睛爲主要因素，這也可以證明古代中國人把眼睛和太陽同等看待[5]。

如果回首 L 形龍中頭上不戴角的（1）類果真是舜的圖像，有一個現象耐人尋味。根據圖版 5—91，頭上戴几字形角的（2）類龍雖然與（1）類龍屬於同類，但等級比（1）類龍高一級，在觚上受到的待遇與饕餮相同。西周晚期出現的（1）類龍的後裔則大面積地裝飾在鐘正面的等級很高的位置。我們通過這些例子可以窺見舜作爲神的地位消長的一斑。

【8】回首L形龍（卷尾）

這類龍的形狀與上一項的龍相似，特徵在於彎曲的尾端。這類龍的身體形狀或許可以視爲 S 形，但我們在第【12】項搜集的 S 形龍從頭到尾整體很長，身尾明顯呈 S 形，其用法也與本項的龍有所區別。

圖版 5—124 ～ 127 有明顯的共同特徵，可以構成一組。長鼻前端内卷，鼻子後面的突起似乎表現下顎，但不止一個而是兩三個；頭上有一片或兩片脱離的羽毛。這些圖像顯然是把圖版 5—85 ～ 89 的龍用不同的方式表現出來的東西。圖版 5—85 ～ 89 是目、渦紋、羽毛的集合體，用這種非動物性形象表現龍，而圖版 5—124 ～ 127 帶有可以明確識別的身體，用這種疑似動物的形象表現同一種龍。圖版 5—124 的器腹裝飾牛角直身龍，這一點圖版 5—125 也相同，這種紋飾組合也與上一項的龍一致。但圖版 5—126 觚和圖版 5—127 觚形尊的腹部裝飾大眉饕餮，這個組合不見於上一項龍紋中。

---

〔4〕 林 1964。
〔5〕 參看聞宥 1932。附帶説，甲骨文 “日” 字作⊟。通俗的説法是：此字象中間有黑子的太陽形。其實這是目形——例如饕餮紋中所見的、瞳孔橫寬的牛科動物的眼睛，古代中國人用目形表示太陽。

圖版 5—128 ～ 131 是商晚期 III 到西周 II 的作爲饕餮隨從出現的例子。圖版 5—128、129 頭上戴牛角，圖版 5—130、131 頭上戴菌形角。這些圖案爲數極少。頭上戴几字形羽冠的這類龍尚未見到，這一點與上一項的龍不同。

圖版 5—132 ～ 135 是春秋 I 的例子。現在缺西周 III 的例子[*]，可能只是偶然。圖版 5—132 有象鼻。圖版 5—133 ～ 135 頭上戴的是變形的牛角，還有從鼻頭繞過頭展開的羽毛。關於這個部位，我們在上一項已經講過。圖版 5—136 是鐘舞部所飾的龍，它頭上也戴很小的變形牛角，鼻頭前面的羽毛較短，前端兩叉很大，我們暫且把它放在此處。

【9】卷體側視形龍

這是頭部畫側視形、身體在頭部周圍卷起來的龍。從商晚期 II 到春秋 I 一直有例子。

圖版 5—137 是商晚期 II 婦好墓出土的盤上的紋飾，頭上戴尖葉形角，身體從頭下開始沿着頭部卷成圓形，龍的周圍還有商代銅盤內壁上多見的尖葉形角四足獸和魚紋。圖版 5—138 也是這種龍，同樣施加在盤內底。這兩例應該是同一時期的器物，但後者的龍周圍沒有其他動物。圖版 5—139 ～ 141 所占面積較小，沒有角，咬住自己的尾巴，目前不知道這幾例與 5—137、138 是否屬於同一類，但根據身體形狀把它們放在此處。

圖版 5—142 是頭上戴菌形角的一類，這類龍在青銅器上比較少見，但玉器上多見。這是商晚期 III 的例子。

圖版 5—143 ～ 149 是西周 I ～ II 的例子。這個時期的這類龍，不僅在此引用的例子，其他例子也無一例外都裝飾在器外底的很不顯眼的地方，用凸綫表現。可以説這類龍的待遇不是很好。這類龍頭上戴的一般都是尖葉形角，帶有前腳的例子也不少（圖版 5—143、148）。圖版 5—147 頭上戴的是外側貼羽毛的牛角。爲了使角形看得清楚，拓本旁邊附加了摹本。圖版 5—137 在空隙處填加其他動物，這種例子還有很多。圖版 5—143 中有直身小龍，5—144 中有龜，5—146 中有頭上戴有散發光芒的菌形角的回首龍。

圖版 5—150 是西周中期的玉器，雖然角上有一片鱗紋，但仍然只能看作變形牛角。前腳貼在身軀胸部。背部有很誇張的羽毛，這種羽毛亦見於圖版 5—143 以下的幾例，例如圖版 5—148 比較容易看出來。圖版 5—149 用綫條表現這個羽毛，也比較容易看出來。圖版 5—143、144、146 在帶狀圖形中加 T 形刻綫，以此表示這個羽毛，這種手法也見於銅器器側所飾的扉棱。

圖版 5—151、152 與以上看的幾例不同，裝飾在器外表的比較顯眼的地方，頭上戴牛角，這兩例分別是西周 IIA 和 IIB 的例子。

圖版 5—153、154 時代較晚，是西周 III 的例子。鼻子變長，沿着頭部盤繞。這個形狀在第【7】、【8】項中也能見到。知道了這兩例，再看圖版 5—137 以下的時代較早的幾例，鼻子同樣尖鋭，而且比較長，上翹。圖版 5—156、157 也是這類龍，時代屬於春秋 I。

從商代到西周 II 的青銅器上出現的這類龍，頭上戴尖葉形角的類型占壓倒性多數，此外還有少數菌形角的例子。從西周 II 開始出現頭上戴牛角的例子。到了西周 III 和春秋 I，這類龍幾乎都是戴牛角的那種。我們在上一章開頭已經講到，甲骨文"ᛘ"、"ᛦ"分別是尖葉形角的一類和菌形角的一類的象形。"ᛘ"頭上的尖頂是尖葉形角，其下是頭部的簡化形狀，只畫張開的上下顎，從這個地方展開的曲綫是卷成圓形的身體。至於"ᛦ"，以甲骨文龍字類推，頭上的倒三角形當是菌形角。只要看島邦男《殷墟卜辭綜類》"ᛞᛦ"條和"ᛰᛦ"條就可以知道[6]，"ᛘ"、"ᛦ"二字在殷墟卜辭中的用法沒有區別。既然象

---

[6] 島 1971: 242。

尖葉形角龍的字和象菌形角龍的字是同一個字，説明兩者是同一類龍中的兩種——例如雌雄。這兩個字的用法與疾病有關，例如[7]：

> 乙巳卜㱿貞：屮疾身，不其ó。
> ……御婦□子于姒己，允屮ó。

可見此字表示某種祟。這個字應該讀爲什麽字，目前不明[8]。

　　這類龍中，牛角的一類相當於從圖版5—158、159的字除去"貝"、"卩"等構件的部分。這些文字中，"ò"表示牛角，"ⱥ"表示帶有上下顎的頭部。圖版5—158的"ⲅ"是前腳，"月"是帶鱗紋的身體，例如圖版5—149是這種身體。圖版5—159中，身體外側排列的鈎形是背上的鰭狀羽毛[9]。與卷體側視形龍的圖像相應的這個字一般釋作"羸"，這個解釋可從。《説文・肉部》云：

> 羸，或曰獸名，象形，闕。

段注説"象形"二字爲淺人所增，但這個解説其實是以古老的傳説爲依據的。通過以上討論可以知道，頭上戴牛角的卷體側視形龍當時被稱爲"羸"。筆者曾經指出這個"羸"是漢代鋪首的祖先之一[10]，此問題已加以詳細論述，在此不再贅述。

【10】卷體側視形龍（尾部有頭）

　　這類龍的主體部分與上一項的龍相同，但稍微不同的是這類龍的尾端成爲小龍的頭，如圖版5—160、161。圖版5—160是簋的紋飾，右邊的圖版是短邊的紋飾*，龍尾端的形狀與上一項相同，不是龍頭。這表明兩者的特性相近。圖版5—162不是卷體龍，而是L形龍，但順便放在此處。

【11】尖葉形内、回首龍

　　這是由頭部朝身軀方向的一對龍構成的紋飾。這種紋飾經常出現在觚、尊、斝等像牽牛花那樣敞口的器外壁的花瓣狀圖形中，整體細長、下端尖鋭的斝足外側，以及甗腹部以下排列的尖葉形圖形中等。這對龍，有的左右分離，有的頭部合爲一體，形成臉龐的正面形，後者用分散式表現的例子也很多。龍尾一般在尖葉形圖形的尖端處。因此使用在敞口器物的外壁時，龍的頭部位於下方。

　　這類龍爲數極多，其中頭上戴牛角的例子占壓倒性多數。圖版5—163～189是商晚期Ⅰ到西周ⅠA的例子，其形狀富有變化，例如圖版5—163、164，角的後面竪立一片羽毛；圖版5—171，羽毛貼在角外側等。這個龍紋有時施加在鴟鴞卣胸部的三角形中，如圖版5—173。圖版5—184，角的根部

---

[7]　同注[6]。
[8]　唐蘭認爲此字與"旬"是一個字，并把它讀爲惸、愬（李孝定1965：3477—3479）。但如上所述，與"旬"相對應的是另外一種圖像。
[9]　林1953：212。
[10]　林1985。

---

* 譯按：本書圖版漏收這個圖像。

成爲尖葉形角的龍頭。

圖版 5—190 ～ 192 是 T 形羊角的例子，比較多見的是容器"角"的尾下面或蓋面上使用的例子。此外，頭上戴其他角的這類龍各有若干例。圖版 5—193、194 是無角的例子。圖版 5—195 是菌形角的例子，圖版 5—196 是羊角形兩層角的例子，圖版 5—197 是几字形羽冠的例子，圖版 5—198、199 是羊角的例子，圖版 5—200 是"「"形角的例子。圖版 5—201 ～ 203 是特定地域型銅器的例子。

這類龍中頭上戴牛角的例子占壓倒性多數，但容器"角"上使用得比較多的却是 T 形羊角的例子。這個事實表明，當時人的心目中，這些施加在尖葉形圖形中的龍并不是爲填滿空白施加的單純裝飾，而是具有某種象徵意義的鬼神。只可惜，目前筆者對這種龍的意義沒有什麼好的想法。

【12】回首S形龍

這是身軀彎曲成 S 形，頭朝身軀方向的龍。這類龍頭上戴各種形狀的角，其中菌形角的一種是甲骨文龍字所象。由此可知，這是最早被稱爲龍的鬼神。關於這個圖像和甲骨文龍字的對應關係，參看注〔11〕[11]。

甲骨文龍字所象的是頭上戴菌形角、頭朝身軀方向、身軀彎曲成 S 形的鬼神。圖版 5—204 是青銅器上相應的圖像。這是把甲骨文龍字旋轉 90 度的形狀。甲骨文中有一個通例，有些象動物形的字——如犬、虎等——本來應該要寫成橫長的形狀，却把頭放在上面。據此可知，頭在上面的龍字所象的是把它旋轉 90 度的龍，圖版 5—204 才是最標準的形象。青銅器紋飾中頭上戴菌形角的一類比較少見。

還有一個圖像符號似乎與甲骨文龍字相對應，但頭上戴的角的形狀不同，如圖版 5—205。這個角還作爲獨立的圖像符號出現（圖版 5—206）。圖版 5—207 是角形與圖版 5—205、206 所象相同、身軀彎曲成 S 形的龍的青銅製品，非常罕見。用途不明。

回首 S 形龍中比較多的是以下幾類：頭上戴牛角的一類從商晚期 I 開始出現（圖版 5—208）。其中

---

〔11〕 筆者曾經發表過如下看法（林 1953：185）：

甲骨文 1 和 2（此編號表示本注末尾對照表中的文字或構件）（《前》4，54，2；《拾》5，5。簡稱從學界慣用的稱法）無疑是龍字。從這個字形到金文"龍"和"龏"所從，再到小篆"龍"的演變過程都很清楚。關於這個字，羅振玉云："《說文解字》龍'從肉飛之形，童省聲'。卜辭或從 3，即許君所謂童省，從 4 象龍形，5 其首，即許君誤以爲從肉者，6 其身矣……"（羅振玉 1927：中，33）

羅振玉把 7 和 8 釋爲龍字是不對的，但就 1 和 2 而言，他的解釋基本準確。1 或 2 的頭部所象的顯然是銅器紋飾中普遍可見的龍頭，即 9 和 10。至於龍頭上的 11，羅振玉看錯成 3。這個部位是什麼？從龍的"龏"字中有寫作 12 或 13 的例子（《前》4，54，1；《佚》942），金文中有寫作 14 的例子（陳仁濤 1952：158）；"龍"字有寫作 15 的例子（《契》15），金文中有 16 的例子（羅振玉 1936：6，2。此例的龍身上有菱形鱗片）。這些例子很清楚地表明，8 頭上的構件是菌形角，11 是用直線表現的菌形角（這個部位有時更進一步簡化，作 17 形）。因此羅振玉說 4 象龍形是不對的，1 和 2 的整體才是龍的象形。若果真如此，所謂龍指的是頭上戴菌形角，頭部呈 9 形或 10 形，身軀和尾巴彎曲成 S 形，身上有鱗的動物。

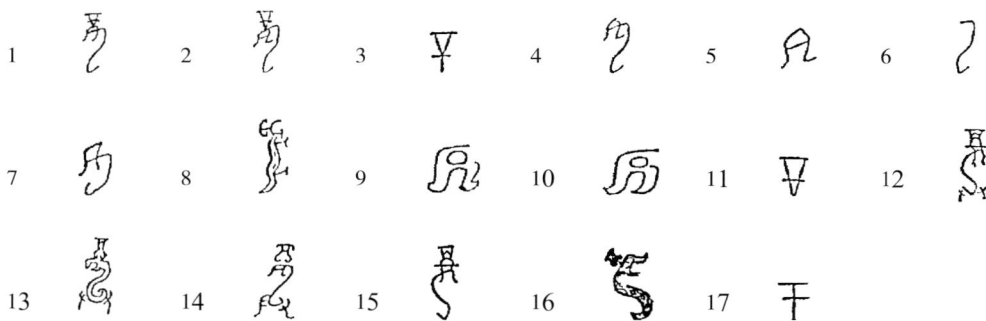

例子比較多的圖案采用像圖版 5—204 那樣橫過來的形狀，裝飾在有肩尊肩部等狹窄的紋飾帶中。這一類到西周 Ⅱ 一直有一些例子，如圖版 5—209 ～ 218。圖版 5—220 的角比較長，這個造型與下述的頭上有羽毛的一類（如圖版 5—236）相似，但羽毛是從頭上長出來的，而角只是戴在頭上而已，這一點上兩者有區別。

頭上戴几字形羽冠的一類，從商晚期 Ⅱ 到西周 Ⅱ 的各時期都有一些例子，如圖版 5—221 ～ 223，用法與牛角的龍没有區別。

用法相同的這類龍還有羊角的一類，但爲數不多。圖版 5—224、225 是其實例。

如下所述，頭上無角而有羽毛的一類從西周 Ⅱ 開始出現。時代更早的商晚期 Ⅰ，雖然形狀有所不同，但也有頭上戴羽毛的一類，如圖版 5—226。西周 Ⅰ，頭上戴分枝複雜的羽毛的一類比較多見，如圖版 5—227，這一類都采用凸綫的表現技法。

西周 Ⅱ 開始出現的頭上戴羽毛的一類，根據羽毛的型式可以再分爲四類：

a 類，靠近羽毛根部的地方有鈎形突起，如圖 5—228 ～ 231。在此按照羽毛前端彎曲的程度排列了圖像，彎曲度小的在前面，彎曲度大的在後面。但這個順序不一定與時代的早晚相對應。

b 類，羽毛前端圓鈍，根部突然變粗，如圖版 5—232 ～ 239。這一類也按照羽毛前端彎曲的程度排列，但這個順序同樣不一定與時代的早晚相對應。

c 類，羽毛前端分叉，呈魚尾形，如圖版 5—240、241。

d 類，羽毛根部有較大的刀形突起，如圖版 5—242 ～ 244。

a ～ d 四類在西周 Ⅱ 頗爲多見，有些例子時代屬於西周 Ⅲ A。西周 Ⅲ 的例子雖然形狀與這四類相似，但頭上没有羽毛或角的例子有幾例，如圖版 5—245 ～ 247。

頭上戴尖葉形角的一類，雖然同樣是身軀彎曲成 S 形的回首龍，但出現的地方與以上幾類不同。圖版 5—248 是商晚期 Ⅱ 爵上所飾的例子，但這種用法很少見。多見的是用在鼎耳上的例子，如圖版 5—249 ～ 251。從商晚期 Ⅲ A 到西周 Ⅰ B，形狀没有變化。連尖葉形角的前端成爲渦紋這一點也每個時期都相同。

【13】回首 W 形龍

這類龍的頭與上一項同樣朝身軀方向，但身軀中部高起來，整體呈平緩彎曲的 W 形。身軀的表現方式、角或羽冠的型式與上一項的圖版 5—228 以下相同，時代也相同。

圖版 5—252 是頭上戴彎曲很大的角，我們在上一項中把它看作牛角的一種。圖版 5—253 以下是頭上戴羽冠的例子。圖版 5—253 的羽冠型式與上一項 a 類相同。圖版 5—254 的羽冠可以看作彎曲很大的這種羽冠。圖版 5—255 ～ 257 的羽冠與上一項 b 類相同，其中圖版 5—256、257 是時代屬於西周 Ⅲ 的比較晚的例子。圖版 5—258 頭上戴的是上一項 d 類羽冠。圖版 5—259 是簋側邊的扉棱，作回首 W 形龍的形狀，但没有角或羽冠。圖版 5—252 的龍下顎變得很小，而圖版 5—260 中下顎完全消失。

【14】回首"于"尾龍

這是頭部朝自己身體的方向，尾巴呈"亏（于）"字形的龍[12]，如圖版 5—261。這類龍大都像第【12】

---

〔12〕　參看本書第十三章"目于紋"。

項圖版 5—227 那樣，頭上戴分枝複雜的羽毛，用凸綫表現，如圖版 5—262 以下的幾例。這個紋飾出現的時代也與圖版 5—227 一致。有時候"于"字形尾巴有兩個，如圖版 5—262、265。圖版 5—267 是時代屬於西周ⅡA 的比較晚的例子，身邊帶着頭朝下的凹字形龍，其待遇與饕餮相類。圖版 5—268 是屯溪出土的特定地域型銅器上的紋飾。

【15】四足向前龍

帶有前後腳的龍類紋飾中，帶有身軀和前後腳的犧首在"犧首"一章中加以介紹。此外，頭部不像犧首那樣是圓雕，而是平面上畫的側視形，可以看作把犧首左右劈成兩半的形狀，即嘴巴向下張開的一類也歸入角形相同的犧首中。在此搜集的是帶有前後腳的"向前"龍，即嘴巴向前張開的一類。

這類龍其實幾乎都戴尖葉形角，如圖版 5—269 ～ 274。這類龍多見於商晚期Ⅱ到西周Ⅰ的盤內底和內壁上，往往與魚和鳥一起出現，如圖版 5—269、271、272；但也有不同的使用法，如圖版 5—270、274。圖版 5—275、276 是頭上戴菌形角的例子，這個圖案爲數很少，施加在鼎耳外側。

《説文・虎部》云：

> 虒，委虒，虎之有角者也。

這句話的意思是：虒是委虒，即有角的老虎。《廣韻》云：

> 虒，似虎有角，能行水中。

這句話的意思是：虒類似老虎，有角，能在水中行走。在此討論的鬼神類似老虎，而且有角。圖版 5—269、271 ～ 273 中，這個鬼神與魚、鳥一起出現在盤內側。這個用法似乎暗示它有可能是虒的祖先。

附帶説，漢代人相信龍中有像應龍那種類似四足獸的一種[13]，這種龍其實早在商代已經存在。

此外還有無角的一種，如圖版 5—277，這是特定地域型的大型鉦，時代大致相當於西周Ⅰ。圖版 5—278 是西周Ⅲ的例子，嘴巴向下張開，沒有角，在此一并引録。

【16】對稱形交叉龍

在此整理的是幾條龍以某種方式交纏的一類。這種圖案有一些西周Ⅰ的例子，如圖版 5—286，但西周Ⅲ以後出現一定數量，春秋Ⅱ以後多起來。圖版中分別列舉身軀較直的一類（圖版 5—279 ～ 282）和較彎的一類（圖版 5—283 ～ 286）。

西周Ⅲ以後的例子中，無角的例子有不少。但如果有角，似乎一般都是牛角。

目前不清楚這種龍幾條交纏在一起有什麼意義。

【17】回首雙頭Z形龍

在此列舉的是，身軀彎曲成 Z 形，兩端都有頭，兩個頭都朝自己身體方向的龍。這類龍可以再分

---

[13] 林 1974：272—273。

爲幾類。

圖版 5—287 ～ 289 是頭上戴几字形羽冠的一類。圖版 5—290 ～ 295 是頭上戴分叉羽毛的一類，這種羽毛已經見於第【12】項和第【13】項。大致從商晚期Ⅲ到西周Ⅱ，卣提梁外側裝飾的例子比較多見，如圖版 5—287 ～ 289、291、292。圖版 5—294、295 是特定地域型銅器的例子。

圖版 5—296 ～ 303 是沒有角或羽冠的一類。這種紋飾多見於西周Ⅲ到春秋Ⅰ，經常使用在鐘的篆和篆之間，如圖版 5—297 ～ 299。圖版 5—303，雙頭中只有一個頭的鼻頭上再加另一個龍頭，雖然雙頭的形狀不對稱，但在此順便介紹。

圖版 5—305 ～ 307 是西周ⅢB 比較多見的圖像，S 形身軀的正中處有眼睛。這類圖像或許可以理解爲下述的罔兩紋兩端變成龍頭的造型。但形狀相似，却沒有眼睛的例子也有，如圖版 5—304，因此我們把這類圖像也歸入雙頭 Z 形龍的一種。

《韓非子·説林下》云：

> 蟲有虺者，一身兩口，争相齕也，遂相食，因自殺。

這句話的意思是：有一種叫虺的動物，一個身體有兩個口，互相鬥争，咬對方，最後互相吃掉對方，因此導致自殺。太田方《韓非子翼毳》認爲青銅器上所見的 Z 形雙頭龍是這個虺，這個記載筆者曾經引用過[14]，但這個虺是帶有 Z 形身軀的兩頭龍，還是一個身體有兩個脖子、每個脖子上各有一個頭的龍，是難以判斷的。

【18】同向雙頭S形龍

這是身軀彎曲成 S 形，兩端都有頭，兩個頭朝同一方向的龍。這種圖案出現在西周Ⅰ的卣或尊的紋飾帶中，如圖版 5—308 ～ 310。兩個頭上的角都以牛角爲基本形狀，但分出小枝的形狀有所不同。這類龍似乎一般都如此，不像上一項的龍那樣兩個頭上戴相同的角。圖版 5—311 中，一個頭上戴的是分出小枝的羽冠，另一個頭上則沒有戴羽冠。

圖版 5—312、313 是西周Ⅲ的例子 *。這兩例中，前一例的兩個頭分別戴形狀不同的角，後一例其中一頭無角。不管怎樣，兩個頭的造型不同。這一點與圖版 5—308 ～ 310 相同。

【19】相背雙頭S形龍

這也是 S 形身軀的兩端有頭的龍，但兩頭相背。西周Ⅲ到春秋Ⅰ有例子，如圖版 5—314 ～ 316。雙頭都戴形狀相同的角，這一點與上一項的龍不同。

【20】不對稱形多頭龍

這是一個身軀上有兩個以上的頭，整體形狀不對稱的龍。從商代到西周Ⅱ各個時期有少數例子，如圖版 5—317 ～ 320，但西周Ⅲ以後開始多見，春秋Ⅰ出現多種多樣的結構（圖版 5—321 ～ 328）。這是當時社會信仰的鬼神圖像，還是隨意創作出來的紋飾？目前沒有找到解決這個問題的綫索，但看這

---

[14] 林 1960：41—42。

---

* 譯按：根據圖版的説明，圖 5—313 的時代是春秋Ⅰ。

個圖案有這麼多的花樣，筆者難免傾向於相信後一種可能性。

【21】格子狀龍

這類龍以龍頭爲中心，上面有角或羽冠，鼻梁上有彎曲的羽毛，下面有嘴，後面有身軀，每個部分都用細繩狀直綫表現，每條綫大致都在斜交軸網上，形體變得很單純。整體上看起來像稀疏的格子，因此我們把它起名爲格子狀龍。

這種圖案在西周ⅠA、ⅠB的爵上比較多見（圖版5—329 ~ 333），西周Ⅱ的例子也有少數（圖版5—324）。表現型式比較單一，沒有隨着時代變化。

【22】西周中晚期式分散龍（A型）

這類龍，漩渦狀鼻子、鼻梁、角或羽冠連成一體，并環繞眼睛，眼睛的斜後方有逗號形下顎。這類龍可以分爲兩類：（1）類是兩條龍相對的一類；（2）類是兩條龍朝同一方向排列的一類。容庚把這類紋飾歸爲竊曲紋的一種[15]。

首先討論一下（1）類。圖版5—335 是西周ⅡA的例子，逗號形下顎和其前面的鼻子中間有嘴巴側視形的輪廓綫，用細綫表現。圖版5—336 ~ 338 也是西周ⅡA的例子，但前兩例的相當於圖版5—335 嘴巴輪廓綫的綫變得與其他部位一樣粗，失去了嘴巴輪廓的意思。這幾例用羽毛形表示身軀，從下顎後方往後展開，然後往上彎曲。這種龍頭旁邊的羽毛形應該是屬於龍頭的身軀和尾巴。

圖版5—339、340 是西周ⅡB的例子。圖版5—341 也是西周ⅡB方彝上所飾的例子，但身軀和尾巴延伸到相鄰的另一側腹壁，這種用法很少見。

圖版5—342 ~ 344 是西周ⅢA的例子。其形狀讓人覺得只是按照傳統擺放各個身體部位的羽毛而已，各個部分已經失去了頭、身等意思。與下一時期的這類圖案相比，這個時期的圖案結構不緊密，空白部分比較多。

圖版5—345 ~ 347 是西周ⅢB的例子。圖案的結構讓人感到用身軀各部分填滿空間的意圖。圖版5—348 是春秋Ⅰ的例子。這個時期的例子很少。

其次看（2）類，即圖版5—349、350，沒有什麼需要説明的地方。這類龍的（2）類，即使在此沒有引用，時代都屬於西周ⅢA。

【23】西周中晚期式分散龍（B型）

所謂B型是兩條曲綫以眼睛爲中心相對的紋飾。一條綫從眼睛前面開始，往上展開，其次往後展開，最後向下彎曲；另外一條是從眼睛後面開始，把對面的綫條旋轉180度。西周ⅡA到ⅢB有若干例子，如圖版5—351 ~ 353。

以上幾例是凵字形曲綫以眼睛爲中心相對而成的，圖版5—354 與此不同，使用己字形曲綫，我們把它看作B型的變體，放在此處。

---

〔15〕 容庚根據《呂氏春秋》"周鼎有竊曲，狀甚長，上下皆曲"一句把這類紋飾命名爲竊曲紋（容庚1941：上，132—135）。但容氏所謂的竊曲紋中包括好幾種紋飾，除了這種紋飾外，還包括筆者所謂羽渦紋的各種紋飾和罔兩紋等。水野清一的命名法與容庚的分類不同，根據《呂氏春秋》的那一句把筆者所謂山紋稱爲竊曲紋（水野1959，圖版119，第76頁）。

【24】西周中晚期式分散龍（C型）及其他龍

所謂 C 型是眼睛上面有以羽毛表示的眉毛，下面有凹字形曲綫承載這些眼睛和眉毛的紋飾。圖版 5—355、356 就是其例，爲數不多。

圖版 5—357 ～ 361 是西周晚期式分散龍中不屬於上述 A ～ C 型的例子。

【25】其他饕餮、龍類紋飾

最後列舉饕餮、龍類紋飾中不屬於以上幾類，而且筆者手裏有拓片的例子。圖版 5—362 ～ 372 是屬於饕餮或類似饕餮的龍的紋飾。圖版 5—373 ～ 399 是屬於龍類的紋飾，按照時代早晚的順序排列。圖版 5—400 ～ 402 是做成扁足鼎扁足的例子。

第六章 介於龍鳥之間的鬼神

本章搜集由龍和鳥的身體部位組合而成的各種圖像。

【1】鳥身象鼻龍首神、鳥身龍首神

前者是鳥身、頭部帶有象鼻的龍。後者是沒有象鼻的一類。兩者例數都不多。"鳥身龍首"一詞見於《山海經》神靈姿態的描述中[1]。但《山海經》的記載和商周青銅器紋飾的鳥身龍首神之間有什麼關係，則不得而知。

圖版6—1，像魚骨那樣渾身長出很多尖銳的羽毛。鳥類脖頸的上面有嘴，嘴巴朝下張開，象鼻高昂。象鼻對面的鉤形似是這隻鳥真正的喙。若果真如此，這個龍頭是這隻鳥所戴的面具。

圖版6—2，從形制看，當是西周Ⅱ的玉器。頭上有回首的小龍，其下面有几字形羽冠，再下面才是在此討論的鳥身象鼻龍首神。羽冠下面有龍頭，嘴巴朝下張開。象鼻從鼻頭長出，前端分兩叉，沿着臉部往上展開。下顎外翹。其下面是很大的翅膀。翅膀左側有貌似胳膊的部分，前端有尖銳的爪子。翅膀下面有屈膝的腿，腳趾有很長的爪子，前後展開。圖版6—2雖然姿勢不同，但羽冠的形狀、很長的象鼻、鳥身等特徵與圖版6—1一致，可以認爲是圖版6—1的西周中期的子孫。

圖版6—3、4是整體橫寬的一類，後半身是拖着尾羽的鳥身，龍頭有下垂的象鼻。圖版6—4頭上戴几字形羽冠。這兩例與前兩例姿勢不同，當是另外一種神。

圖版6—5下半部有收起翅膀站立的鳥，應該很容易看出來。它上面有類似犧首的頭部。有鼻子，但沒有下額，貌似嘴巴輪廓的綫與翅膀連接。頭上有一對前端向內、很厚的几字形羽冠。從表現技法看，這件器應該是商晚期之物*。這個圖像似與圖版6—1相近的一類，但沒有象鼻。

圖版6—6是商晚期Ⅰ†有肩尊腹部大面積裝飾的紋飾。乍看像大眉饕餮，但仔細看就知道臉龐兩側有翅膀，翅膀上方有尾羽，即鳥身。它不像饕餮那樣在正中處的臉的下部有嘴，而是在鼻翼下有嘴。臉很大，長得像饕餮，額頭上連饕餮特有的篦形裝飾都有。也就是説，這個鬼神是鳥身鳥喙，上部是饕餮的臉。第一章圖26引用的斝鋬紋飾中，鳳凰戴着人臉面具，而這個圖像似可以解釋爲戴着饕餮面具的鳳凰。我們在上文認爲圖版6—1是鳥戴着龍面具的圖像，圖版6—6與此相似。

【2】鳥身回首龍首神

這是頭部朝自己尾巴方向的鳥身龍首神。因爲數量少，在此把幾種圖像都一起介紹。

圖版6—7、8，頭部後面拖着很大的羽冠，羽冠上有兩隻眼睛，這兩例分別是西周ⅠB和西周Ⅱ的例子。如果是普通的鳥，翅膀的尖端應該在身軀的後上方，但在這兩例圖像中，翅膀像饕餮的尾巴一樣向下內卷。這一點很有特色。但身軀下面的腳與鳥腳相同，尾羽也像鳥一樣垂下來。據此可知，這

---

[1] 《山海經·南山經》："凡䧿山之首，自招搖之山，以至箕尾之山……其神狀皆鳥身而龍首。"

* 譯按：根據圖版的説明，圖版6—5的時代是大約西周Ⅱ。
† 譯按：根據圖版的説明，圖版6—6的時代是商晚期Ⅱ。

是鳥身龍首神。

圖版 6—9 是很罕見的例子，回頭的龍首有下垂的象鼻。

圖版 6—10 ～ 14 是西周 Ⅱ ～ Ⅲ 很常見的型式。這五例在紋飾帶中使用，而圖版 6—15 大面積地裝飾在器腹主體部分。圖版 6—12 ～ 14，腳從臀部後面出來。這可能是出於對施紋空間的考慮。圖版 6—11 沒有腳，但其餘部分與圖版 6—10 ～ 14 沒有區別。頭上戴分出小枝的羽毛（圖版 6—10、11、15）或根部很粗的羽毛（圖版 6—12 ～ 14）。這些羽冠的形狀與回首龍頭上的羽冠相同。

【3】凹字形龍身鳥首神（A型）

這是鳥頭後面有脖頸、身軀和尾巴，整體呈凹字形的鬼神。這個圖像在商晚期頗爲多見。商晚期以後的例子，嘴巴下面有短腳往前展開。所謂 A 型與 B 型不同的是，A 型的腳後面沒有羽毛。商代有象這個鬼神形的圖像符號，我們在第一章第三節第一項已經講過。這個鬼神雖然是鳥頭，但從腳長出來的樣子看，身軀不是鳥，而與凹字形龍相同，因此我們稱之爲龍身。我們會在《春秋戰國時代青銅器之研究》中講到[2]，龍身鳥首的鬼神見於戰國時代的文物中，《山海經》也有“其狀龍身而鳥首”的鬼神的記載[3]，因此我們把這類鬼神稱爲龍身鳥首神。目前日本學界一般把這種紋飾稱爲夔鳳，但我們沒有調查過這個名稱的由來[4]。容庚把它歸爲夔紋[5]。

這個圖像的原型在商中期的青銅器紋飾中能够找到。關於這個紋飾的演變過程，筆者曾經做過詳細的説明[6]。在此增加一些新的看法[7]，重做説明。

圖版 6—16 ～ 18 是商中期 Ⅰ 的例子。這幾例都是觚上所飾的圖像，結構相同。圖版 6—16、17 比較容易看懂，有眼睛的部分是頭。下引的商中期 Ⅱ 和商晚期 Ⅰ 的例子，眼睛有眼白，可以知道有蒙古褶下垂的一側是這個圖像的前方，整體前傾。我們可以知道商中期 Ⅰ 的這個圖像也與此相同，前傾的一側是前方，頭部前面有很大的鈎形喙。頭部後面有像長髮一樣的綫條飄動，延伸到底部，往上卷。喙下有羽毛，往上翹起。頭部右側的空間填滿從上往下飄動的羽毛。在圖版 6—19 中，饕餮後面有類似這類鬼神的圖像，但這個圖像有些地方與圖版 6—16 ～ 18 不同，從喙下往上翹起的羽毛在圖版 6—19 中都在喙下，頭部後面沒有羽毛，但頭上有羽毛。

圖版 6—20、21 是商中期 Ⅱ 的例子。眼睛像人一樣有眼白。頭部前面上翹的羽毛、頭部後面的形狀等與商中期 Ⅰ 基本相同，但綫條變細。此外還有圖版 6—19 中看到的從頭後部覆蓋頭部的羽毛。圖版 6—22 是相當於這個時期的特定地域型銅器的例子，是用細綫表現的。

圖版 6—23 ～ 27 是商晚期 Ⅰ 的例子。這個時期的圖案與商中期很不相同，采用寬體的表現技法。商中期的圖像中能看到的頭部前面上翹的羽毛，圖版 6—23 中還有，但圖版 6—24 ～ 27 中消失，前腳出現在這個位置。商中期的圖像中從頭後部下垂，然後往上卷的部分，在商晚期 Ⅰ 的圖像中大型化，變成了身軀和往上內卷的尾巴。此外，商中期的圖像中填滿上部空白的羽毛不見了，這個部分可能變成了地紋的羽渦紋。商中期的圖像中貼在頭上的羽毛仍然存在。圖版 6—28 中，龍身鳥首神

〔2〕　《殷周青銅器綜覽》第三卷（待刊）。

〔3〕　《山海經·南山經》：“凡南次二經之首，自柜山至于漆吴之山……其神狀皆龍身而鳥首。”

〔4〕　樋口 1967：108。夔鳳一詞，諸橋轍次編《大漢和辭典》解釋爲“一足之鳳”，并引用《金索》的例子。但筆者不知道誰在什麽時候開始把夔鳳用爲這個紋飾的名稱。

〔5〕　容庚 1941：上，108。

〔6〕　林 1970：5—10。

〔7〕　林 1970 對年代的判斷不够精確。

在饕餮後面，雖然也是商晚期Ⅰ的圖像，但頭部不像圖版6—23 ～ 27那樣很大，而接近於下一時期的形狀。

圖版6—30～34是商晚期Ⅱ的例子。圖版6—29是裝飾在形制很特殊的器物上[8]，無法根據器形判斷年代，但我們根據紋飾型式放在此處。以下介紹的例子，爲了與B型區分開來，在此稱爲A型。商晚期Ⅰ的例子大多數頭很大、無角，而商晚期Ⅱ的例子雖然與商晚期Ⅰ的例子相似，但頭部變小，頭上往往戴牛角，前腳比前一期大。商晚期Ⅲ以後，頭上戴牛角的例子占壓倒性多數。這個時期，雖然是少數，但也有其他角形的例子，例如圖版6—33是菌形角的例子，圖版6—34是尖葉形角的例子。

商晚期Ⅲ的例子頗多。雖然采用的表現技法多種多樣，但畫出來的圖像都具有共同的特徵。頭上戴牛角的例子占多數，圖版6—35 ～ 41是從中選出來的幾例。圖版6—42、43是菌形角的例子，圖版6—44是大耳的例子，例數都不多。

西周Ⅰ，這類鬼神圖像的數量驟減，表現技法幾乎都采用高凸附帶單綫（圖版6—46 ～ 48）。但偶爾能見到高凸附帶細密羽渦紋的例子，如圖版6—45。

西周Ⅱ，這類圖像數量變得更少，但仍然繼續存在。圖版6—49 ～ 51是這個時期的例子。圖版6—51是頭上戴菌形角的很少見的例子。

【4】凹字形龍身鳥首神（B型）

凹字形龍身鳥首神中有圖版6—52以下的一類，腳後面有一片羽毛，與身軀平行。我們把這類圖案稱爲B型，與A型區分開。A型在鼎、簋、盂、卣等器物上使用的例子比較多。B型的例子雖然沒有A型那麼多，但商晚期Ⅱ、Ⅲ使用在罍、瓿等器物上。據此可知，至少在商代，這個圖像被認爲是與A型不同的種類。而且B型的使用時期比A型長，説明這兩者在西周時代仍然被看作兩個不同的種類。B型不像A型那樣在商中期的青銅器紋飾中能找到祖先，而從商晚期Ⅱ開始出現。因爲圖案與A型很相似，它應該是商晚期Ⅱ從A型中分離出來的，與A型有親緣關係的一種。此外，這類圖像頭上戴的似乎都是牛角。

圖版6—52、53是商晚期Ⅱ的例子，圖版6—54 ～ 58是商晚期Ⅲ的例子。這幾例應該不需要説明。西周Ⅰ仍然有不少例子（圖版6—59 ～ 62）。這個時期的B型與A型同樣使用在簋、卣等器物上，看來用法與商代不同了。西周Ⅲ、春秋Ⅰ繼續使用這個紋飾，圖案也沒有變化，如圖版6—63、64。

順便講，圖版6—65的尾端有"于"字形羽毛。但這類圖案例子很少，沒有必要另立一類，因此把它和凹字形龍身鳥首神（B型）放在一起。

【5】S形龍身鳥首神

這類圖像與第【4】項很相似，但尾巴上翹後再往後下方内卷。這個例子從商晚期Ⅲ開始出現。除了尾巴，其他部分都與第【3】、【4】項相同。不僅如此，角形大都是牛角，偶爾有菌形角，這一點也與第【3】項相同。由此可以推測，這類鬼神是第【3】項鬼神的一種。西周Ⅰ還有少數例子，其後似乎再也不出現。

圖版6—66 ～ 71是頭上戴牛角的例子，圖版6—72是菌形角的例子。

---

[8]　林1984：圖版册，雜16。

【6】直體龍身鳥首神

　　與第【3】項相似的圖像中有圖版 6—80、81 這種圖像，爲數不多，特點在於筆直的身尾。商中期Ⅰ、Ⅱ有圖版 6—73 ～ 79 這種例子，圖版 6—80、81 似乎來自這種圖像，因此把這些例子放在一起。在此列舉的例子與第【3】項引用的圖版 6—16 ～ 21 很相似，但有以下不同點：圖版 6—16 ～ 21 中，從脖頸長出的羽毛往上翹起；而這類圖像中，羽毛叢生，并往前展開。再看頭部後面的結構，商中期Ⅰ這兩類沒有區別，商中期Ⅱ，圖版 6—16 ～ 21 一類的往後下方展開、往上卷的綫條變得很大，很顯眼；而這類的這一部分仍不發達，但從後面往頭上覆蓋，後端向下內卷的綫條變大。不管是圖版 6—16 ～ 21 還是這一類，頭部前面的羽毛在商晚期都消失，但看商晚期仍然存在的頭部後面的綫條，似乎圖版 6—78、79 的這個部分演變成圖版 6—80、81 的筆直的身軀和尾巴。但這類圖像數量很少，其實無法搞清其詳細情況。

　　此外，圖版 6—82 尾端呈魚尾狀，這一點與圖版 6—80、81 不同，但身軀部分和結構相類，因此放在此處。

【7】回首S形、龍身鳥首神

　　這是身軀和尾巴彎曲成 S 形的龍身鳥首神中頭部朝自己身體方向的一類。商晚期Ⅱ、Ⅲ很常見，西周Ⅰ變得少見，西周Ⅱ消失不見。角形有幾種。

　　出現時代比較早的是圖版 6—83 商晚期Ⅰ的例子。頭部後面有 T 形羊角，其下有一片羽毛與它相接，貼在脖頸上。圖版 6—84 是商晚期Ⅱ的例子，型式與圖版 6—83 完全相同。圖版 6—85 也是商晚期Ⅱ的例子，T 形羊角和羽毛合爲一體，其形狀幾乎可以看作几字形羽冠。圖版 6—86 中，T 形羊角的後面沒有羽毛，但頸部有一個突起，這個部分相當於圖版 6—83、84 中從脖頸彎曲處突出的羽毛前端。圖版 6—85 的角和羽毛的形狀亦見於圖版 6—87 西周Ⅰ的例子。T 形羊角加羽毛的形狀是這類鬼神獨有的特徵。

　　圖版 6—88 ～ 97 是頭上戴牛角的例子。圖版 6—91 以下的幾例，牛角後面有一根羽毛，這個形狀多見於尖葉形內回首龍。

　　此外，雖然數量不多，但還有頭上戴其他羽冠或角的例子，如圖版 6—98 ～ 100。

【8】尖葉形内、回首龍身鳥首神

　　這類圖像與上一章第【11】項引用的尖葉形內回首龍用法完全相同，不同的是頭部不是龍首而是鳥首，但例數遠沒有龍首的圖像那麼多。鳥首的圖像與龍首的圖像相同，頭上一般都戴牛角。這個圖像從商晚期Ⅱ開始出現，西周Ⅱ以後消失。

　　圖版 6—101 ～ 107 是商晚期Ⅱ到西周Ⅰ的頭上戴牛角的例子。圖版 6—108 是頭上戴菌形角的很少見的例子。圖版 6—109 ～ 111 是不戴角的例子。西周Ⅱ的例子不多，但似乎一般都不戴角。

【9】向下S形、龍身鳥首神

　　這是身軀彎曲成 S 形，鳥頭，嘴巴朝下的鬼神。數量很少。圖版 6—112 之例是在商晚期Ⅰ有肩尊肩部所飾。頭部前面有羽毛，帶有這種羽毛的例子還見於圖版 6—114 瓿肩部。圖版 6—115 是特定地域型象形尊的紋飾，饕餮後面有龍身鳥首神，頭部前面沒有羽毛，但有前腳。這種現象亦見於凹字形龍身鳥首神（A 型）。圖版 6—113 沒有器影，但根據地紋的羽渦紋判斷，這是商晚期 I 之物。龍身鳥首神作爲隨從在饕餮後面出現。圖版 6—116 是商晚期 III 有肩尊肩部所飾的例子。以上幾例都沒有角。圖版 6—117 頭上戴很大的羊角形兩層角，這是商晚期 III 匜的紋飾，龍身鳥首神在饕餮的後上方，饕餮的後下方還有另外一種龍，這兩者都可以視爲饕餮的跟隨。春秋 I 的圖版 6—118 雖然是時代很晚的例子，但也可以視爲這類鬼神的後裔。

【10】卷體、回首龍身鳥首神

這是頭部朝自己身體方向，身軀卷成圓形的一類。這種圖案例子很少。圖版 6—119 是這類鬼神在饕餮後面作爲隨從出現的例子。因爲器形不明，無法根據器形判斷時代，但從紋飾型式看，時代大致屬於商晚期 II 到 IIIA。雖然尾端外卷，但爲了方便起見，把它和下面的幾例一起放在此處。圖版 6—120 是西周 IIIA 的例子，頭上戴很長的羽冠。圖版 6—121 是春秋 I 的例子，圍繞着頭部的寬帶狀物從脖頸伸出來，但似乎也可以看作羽冠。

【11】其他龍身鳥首神

圖版 6—122 是商晚期 I 瓿的紋飾，看上去像蛇，但有喙。圖版 6—123 是商晚期 III 壺的紋飾，是龍身鳥首神的一種，尾巴向下彎曲。圖版 6—124 采自西周 I B 盤的紋飾，這也是龍身鳥首神的一種，身軀彎曲成 W 形，身軀上下有代表星的小圓形[9]，這種圖案在上一章的向前 S 形龍處已經見過*。圖版 6—125 是西周 IIA 的例子，有雙頭，整體形狀相同的龍頭的例子在上一章的回首雙頭 Z 形龍處見過。圖版 6—126 身軀作魚形，但頭是有喙的那種，它雖然不是龍身，但頭是鳥首，因此把它附在此處。

---

[9]　參看第十四章的星紋。

---

*　譯按：此"向前 S 形龍"當是"向前 W 形龍"之誤。

第七章　鳳凰——序説

　　商、西周時代的青銅器以及其他文物上可以看到的鳥形鬼神圖像種類很多，通過與漢代的有題記圖像的比較，可以知道其中大部分屬於鳳凰類。關於這個問題，筆者曾經發表過《鳳凰圖像的譜系》一文[1]。但後來對該文中看法有所改變的地方也有不少，因此下面的論述引用該文的主要内容，并增加了筆者的新看法。

【1】緒言

　　鳳凰和龍是中國最具有代表性的幻想動物之一，對鳳凰的形象和它所代表的祥瑞意義毫無瞭解的人應該很少。鳳凰的相關文獻資料也很多，根據這些資料對鳳凰的象徵意義和起源加以考察的學者，以及根據鳳凰的圖像推測鳳凰原型的真實鳥類——孔雀、雉等——的學者也不勝枚舉。

　　可能有人認爲現在重新考察鳳凰只能是疊床架屋，但其實并非如此。關於漢代以後人心目中的鳳凰或類似鳳凰的鳥類——如朱雀、鷥等——之形象，我們根據許多圖像資料能够知道得很清楚。但漢代之前的戰國時代，甚至更早的商代文物中，具有象徵意義的鳥類圖像有很多種，但關於這些圖像的系統研究幾乎没有。筆者相信，只要弄清文獻資料極少的春秋時代以前的圖像譜系，戰國、漢代以後被同等看待或混淆的、具有各種名字的鳳凰的原型就可以辨别。而且通過解釋各種圖像，我們能够更準確地闡明鳳凰在神話中的角色和象徵意義。

【2】真正鳳凰

　　目前可以確定爲鳳凰的圖像資料中時代最早的是甲骨文"鳳"字，圖版 7—1：1 ～ 4 是其一些例子[2]。羅振玉把這個字與《説文》鳳字古文相比較，認爲這是鳳字。王國維證明這個字在卜辭中用爲風字[3]，這個解釋已成定論，不可動摇。

　　這些甲骨文鳳字作爲圖像非常簡略，那麽更生動的圖像是怎樣的？羅振玉注意到這些字鳥頭上的東西，説它與甲骨文龍字頭上的東西相同。圖版 7—1：5 是甲骨文龍字，確實如羅氏所言。甲骨文中从龍的字還有圖版 7—1：6。筆者曾指出[4]，這種字形的龍的角是商代青銅器等文物中常見的菌形角。若果真如此，甲骨文鳳字所象的是頭上戴菌形角的鳥形。

　　如果在青銅器紋飾中找這種形狀的鳥，能够找到圖版 7—2、3 等。圖版 7—2 的尾巴上有很多山形刻綫，這個部分相當於圖版 7—1：2 鳳字的尾羽。這些圖像無疑是商代的鳳。

　　甲骨文鳳字中也有如圖版 7—1：3、4 這種字形，角上加三條綫。這種加三條綫的角，李孝定釋作

〔1〕　林 1966。
〔2〕　中國科學院考古研究所 1965：187—189。
〔3〕　李孝定 1965：1361—1362。
〔4〕　林 1953：185。此外參看本書第五章注〔11〕。

《説文》"叢生艸也"之舉，認爲鳳"即今之孔雀，毛冠固象叢生艸也"[5]，但這個解釋過於拘泥文字學的思考方式。

　　既然圖版7—1：1、2等鳳字頭上的構件是菌形角，那麼圖版7—1：3、4等鳳字頭上的東西應該視爲有三個突起的菌形角。如果找頭上戴這種角的鳳，圖版7—4正好符合這個條件，菌形角上有三個尖鋭突起，并且有甲骨文鳳字所没有的眼睛，這是圖版7—1：3、4等甲骨文鳳字的原型。

　　如果頭上戴了圖版7—1：3中所見角的鳥之象形字與戴了圖版7—1：1、2中所見角的字同樣是鳳字，與此相應的圖版7—4和圖版7—2、3同樣可以釋爲鳳。但有一個證據證明有突起的菌形角和没有突起的菌形角當時被區别看待。圖版7—5是其證據，這是西周ⅠA觚（林1984：圖版册，觚198）上所飾的很少見的紋飾，没有突起的菌形角的鳳和有突起的菌形角的鳳并列出現，從器腹的饕餮垂下來的羽毛狀身軀在中間，前者在其右，後者在其左。既然一件器物上分别畫這兩個圖像，兩者的關係確實不是同一種角的繁體和簡體，而是兩種不同的角。雖説如此，兩者都以菌形爲基本形狀，而且頭上戴這兩種角的字都用爲鳳（風）字，由此推測，兩者可能是同一種鳳的兩個亞種。

　　頭上戴菌形角的鳳在商代和西周初期的文物中也很少見，我們無法追踪後代的演變過程。但頭上戴的角類似於有突起的菌形角的鳳，數量很多，流傳到後代。圖版7—6是西周Ⅰ的例子，角上有眼睛和突起，角部插着長柄，竪立在頭上。西周Ⅱ的圖版7—7，這個長柄彎曲。同一時期的圖版7—8中，角上的眼睛變成橢圓形，没有瞳孔。圖版7—9是這個鳥變得更加繁縟的圖案，根據器物型式和占很大面積的鳥的形狀判斷，時代應該屬於西周Ⅱ。商代的鳳帶有突起的菌形，也出現在尾羽上。

　　這種形狀的尾羽已在圖版7—1：2甲骨文鳳字中出現過。葉玉森指出[6]，甲骨文鳳字的這個尾羽象孔雀尾羽形。圖版7—9中，鳳頭上的裝飾與尾羽形狀相同。從這一點看，商代鳳頭上所戴的具有突起和眼睛的菌形角，亦可視爲孔雀尾羽，這是商代的特殊象徵圖形。衆所周知，真實的孔雀頭上有羽冠，這個羽冠并不是像尾羽那樣帶美麗圓形的東西。我們認爲是鳳的鳥，頭上戴跟尾羽一樣的東西，它并不是孔雀本身，而是一種幻想鳥。

　　在此分析一下圖版7—6～9鳳頭上之物的象徵意義。這個圖形也可以用爲獨立的符號，如圖版7—1：7，這是所謂圖像符號。因爲圖像符號的性質，它既是某個社會群體的徽章，也作爲符號具有一定的讀音。雖然時代稍微晚一點，但西周晚期這個圖形也作爲青銅彝器的紋飾單元出現，如圖版7—10。這些事實説明，這個紋飾單元獨立具有某種象徵意義。圖版7—1：8是金文皇字，在此討論的符號和"土"共同構成這個字。這個構件承擔皇字所代表意義中的哪一個？我們曾指出，這個圖形正中處的橢圓形在商代用眼睛表示。在此令人想到的是，商代用眼睛表示太陽這件事[7]。如上所述，這個構件以孔雀尾羽爲原型，而孔雀尾羽前端有一個像彩虹般閃爍的類似眼睛的部分。可能當時把這個部分的意義解釋爲："太陽＝眼睛"，從而創造出這種圖形。若果真如此，我們能够想到皇字所代表意義中的"煌煌"義，即明亮輝耀的意思。也就是説，我們可以確定，這個構件在皇字中代表像"太陽＝孔雀尾羽"那樣閃爍發光的意思。《説文》説皇字從自，當然是錯誤的。

　　雖然目前還不清楚這個符號的讀音是什麼，但恐怕它與皇字同音。若果真如此，可以發現一個饒有趣味的事情。也就是説，鳳頭上戴"皇"這一符號。鳳又稱鳳皇，也有"皇即雌鳳"的説法[8]。文獻中没有記載説明鳳與皇在形體上有什麼區别，但可以推測鳳是頭上戴"皇"形的那個。頭上戴"皇"形的

[5]　李孝定1965：1367。
[6]　李孝定1965：1362—1363。
[7]　林1964：20。
[8]　《爾雅·釋鳥》："鶠，鳳。其雌皇。"

字在甲骨文中也讀爲鳳（風）[9]。這當是因爲商周時代人認爲這種姿態的鳥與頭上戴菌形角的鳥有親緣關係。頭上戴“皇”形即有突起的菌形角的鳥，雖然有時作爲鳳的一種讀爲“鳳”，但也有可能還有一個讀音。商代甲骨文中，頭上戴沒有突起的菌形角的字，一個也沒有從“凡”這一聲符的例子；而頭上戴有突起的菌形角的字，從“凡”這一聲符的例子則很多[10]。據此可以推測，後者的讀音有可能與“鳳”不同 *。如果讀音與“鳳”不同，那麼其讀音只能是“凰”。

《周禮》舞師云：“教皇舞，帥而舞旱暵之事。”孫詒讓説：當時把鳥羽染成鳳凰羽色，仿製鳳凰羽，皇舞是拿這個染羽跳的舞[11]。這支舞之所以稱爲皇舞，既可以説是因爲使用鳳皇的羽毛[12]，也可以説是因爲以孔雀尾羽爲原型的鳳頭上之羽冠稱爲皇。這支舞是在旱災時爲求雨跳的，此事也應該與鳳頭上之物的象徵意義有密切的關係。我們在上文推測這個圖形與“太陽＝眼睛”有關。手拿具有這種象徵意義的羽毛跳舞，這個意思當是用此物招來與太陽有關的神鳥鳳，訴旱災之苦。

綜上所述，商代稱爲鳳的鳥是如圖版 7—2 ～ 4 所示，它是頭上戴太陽標志的神鳥，與太陽有密切的關係。這個鳥還見於商王室的始祖傳説，傳説中有娀氏之女簡狄吞玄鳥的卵而懷孕，陳夢家[13]和楊寬[14]根據《楚辭·天問》的記載指出此玄鳥是鳳，其説可從。此外，斯維至也曾對這個傳説進行討論[15]。《楚辭·離騷》云：

> 鳳皇既受詒兮，恐高辛之先我。

在此鳳皇受到帝嚳高辛氏送給娀氏之女的聘禮，替帝嚳高辛氏把這個聘禮送過去。斯氏據此認爲這個鳳皇是《詩經·商頌·玄鳥》中所見的燕子，扮演帝之使者的角色。

我們看時代較晚的例子。東漢時代的圖像中也經常能看到這種鳥，尾羽相似於孔雀的尾羽，頭上戴與尾羽相同的東西（圖版 7—11、12），這無疑是商代鳳的後裔，但這個時期的鳳只保留五彩艷麗的鳥羽和很抽象的、道德上的象徵意義[16]，已經失去了我們在此闡明的原來的象徵意義和神話色彩。

【3】鸞

上一項討論的是可以確定商代稱爲鳳的鳥。此外還有另外一種鳥在商代、西周前半期青銅彝器中頻繁出現，如圖版 7—13 ～ 15。這種鳥和鳳是兩種不同的鳥而不是同一種鳥的不同形狀，兩者的區別不是由於地域或工匠的不同産生的。例如裝飾圖版 8—18 的器，頸部和足部裝飾在此要討論的鳥的圖

---

[9]　島 1971：234。

[10]　中國科學院考古研究所 1965：187—189。

[11]　孫詒讓 1905：23、19—20。

[12]　中方鼎銘文有“中乎歸生鳳于王”一句，郭沫若云：“‘生鳳’自是活物。或説古人所謂鳳即南洋之極樂鳥……似近是。”（郭沫若 1957：考釋，18）鳳即極樂鳥之説難以令人相信，但“生鳳”確實應該是活鳳的意思。我們懷疑當時鳳之原型的孔雀也被稱爲鳳。若果真如此，皇舞時使用的羽毛也有可能不是仿製品，而是真實的孔雀尾羽。

[13]　陳夢家 1936：494—495。

[14]　楊寬 1941：140—141。

[15]　斯維至 1948：6。

[16]　出石 1943：257—259。

---

*　譯按：揣摩林先生的意思，他的邏輯可能是這樣的：因爲“𤿈”這個字有兩個讀音（即“鳳”和“凰”），所以了爲明確讀音，要對“𤿈”加聲符“凡”。“𤿈”則只有“鳳”一個讀音，所以從來都不用加聲符。

像（圖版 7—14 和圖版 8—12），這個例子説明兩者不是同一種鳥。

這種鳥與上一項討論的鳳同樣拖着長尾羽，但頭上戴几字形羽冠，這是這種鳥的特徵。頭上戴這種羽冠的例子很多，在此列舉其中若干例子。圖版 7—14、15 分別是西周ⅠA 和西周ⅠB 的例子。圖版 7—16 是這類鳥的春秋晚期的例子，胸前有兩條蛇交纏。圖版 7—17、18 是戰國初的例子，特徵相同的鳥在此出現。圖版 7—17 中，這類鳥叼着蛇，此外還有另外一條蛇貼在鳥的脖頸到胸部。貼在胸部的蛇的圖案早在商代出現，如圖版 7—14。圖版 7—18 上的一對鳥中間有交纏的兩條蛇，這個圖案與前一個時代的圖版 7—16 相對應[17]。

具有飄動的長羽冠和長尾羽的鳥的傳統可以經過大約西漢中期的圖版 7—19 追踪到東漢時代的圖版 7—20，如圖所示，後一例有 "鳳皇出" 的題記，據此可知這隻鳥在東漢時代被稱爲鳳凰。

從東漢時代的這個 "鳳凰" 往上追溯，能够追溯到圖版 7—13 ～ 15 等圖像。那麽這種鳥在商周時代是否也被稱爲鳳？恐怕并非如此。因爲現在可以確定商代稱爲鳳的鳥是上一項介紹的那種，而本項介紹的鳥的羽冠與鳳明顯不同，表明它是另外一種鳥[18]。如上一項所述，漢代關於鳳凰的古老知識已經失傳。此外，下文介紹朱雀時會講到，本來屬於不同種類的鳥在漢代會被混淆。因此，雖然圖版 7—20 中這隻鳥被稱爲鳳凰，但本來是神話中的另外一種鳥在漢代被包括在鳳凰中的可能性是存在的。

要找像圖版 7—13 ～ 19 那種頭上戴這麽顯眼的羽冠、拖着長尾羽的鳥，立即能够想到金雞（*Chrysolophus pictus*[Linné]）（圖版 7—21）。這是一種非常美麗的鳥，頭上有金黃色的羽冠，身體部分的羽毛是紅色。如果只説中原周圍的地區，金雞現在分布在甘肅和陝西南部[19]。這種鳥的古名叫什麽？如果在古籍中找這種長尾羽的紅鳥，有《左傳》昭公十七年所記載的少皞氏鳥官之一 "丹鳥氏"。此丹鳥，杜預注云 "鷩雉也"。可見雉類鳥中紅色的雉被神化，并在神話中出現。關於鷩，《説文》云：

> 鷩，鷩鷩，赤雉也。

《爾雅·釋鳥》"鷩雉" 郭璞注云：

> 似山雞而小，冠背毛黄，腹下赤，項綠，色鮮明。

這句話的意思是：鷩雉像山雞，體型小，冠和背的毛色是黄色，腹下是紅色，頸部是綠色，顏色很絢麗。《漢書·司馬相如傳》有 "射鷩鷩" 一句，顏師古注的前半部分與上引的郭璞注相同，但 "項綠色" 的下一句云：

> 其尾毛紅赤，光采鮮明。

這些描述與今日的金雞完全一致。

鳳凰類鳥中還有稱爲鸞的鳥。鸞鳥，《廣雅·釋鳥》云："鳳皇屬也。"但《説文》云："赤神靈之精也，赤色五采。"（根據段注本引用）也就是説，其顯著的特徵是紅色的身體。此外，《楚辭》王逸注云：

---

[17] 同樣的圖像亦見於安陽侯家莊 1001 號墓木器痕迹上（梁思永、高去尋 1962：下，圖版 36）。

[18] 鳳凰與饕餮和龍相同，頭上戴的角或羽冠應該對於分類起很重要的作用。

[19] 鄭作新 1963：222—224，圖版 13、44。

“俊鳥也。”[20]這個俊鳥無疑是上引《説文》中的鵔。漢代的圖像中有題記寫“鷩鳥”的例子（圖版7—22）。雖然没有彩色圖版，但把這個“鷩鳥”看作在此討論的神鳥也不會有什麽矛盾。

通過以上的討論，可以知道鷩是被神化的金雞。本項討論的鳥頭後部有飄動的羽冠。從這一點看，應該可以確定，它是以金雞爲原型的具有神話色彩的鳥，名爲鷩。

另外，銅雞（*Chrysolophus amherstiae*[Leadbeater]）與金雞屬於同一鳥類，但顔色不同（圖版7—23），從肩部到翅膀的部分以藍色爲底色，其上有黑色條紋，分布區域與金雞相同，羽冠比金雞稍微短一點。商代的圖版7—24、西漢時代的圖版7—25等似乎可以認爲以銅雞爲原型。摇翟、鸐雉可能是銅雞的古代名稱。《周禮·天官·内司》“服掌王后之六服……揄狄”條注云：

> 玄謂：狄當爲翟，翟，雉名……江淮而南，青質五色皆備成章曰摇。

鄭注的意思是：狄當讀爲翟，翟是雉的一種……江淮以南的翟，以藍色爲底色，五色齊全，形成紋飾，稱爲摇（翟）。《爾雅·釋鳥》中有鸐雉，其内容與上引鄭注“江淮”以下的部分相同。鄭注的“摇”，《爾雅》作“鷂”，郭璞注曰：“即鸐雉也。”

【4】鳴鳥

這類鳳凰與上一項的鳳凰同樣有長尾羽，頭上戴羽毛，但羽毛根部的形狀有區别，因此是不同的鳥類。圖版7—26是商晚期Ⅲ爵尾外側所飾的很少見的例子。它拖着像甲骨文“鳳”字那樣有很多分枝的尾羽，頭上戴金文“辛”形的東西。圖版7—27是頭朝外、站立在饕餮旁邊的鳳，頭上所戴與圖版7—26相同。根據饕餮的型式，這件器時代屬於西周Ⅱ。筆者在第一章注〔144〕指出，這是商、西周時代青銅器上常見的、把兩片羽毛背對背組合而成的東西，而不是辛字。這類鳥的羽冠是豎立的，不像上一項的鳥那樣垂下來，頭上戴這種羽冠的鳥的形狀見於甲骨文“雞”、“鳴”及王亥之“亥”的繁體中。

甲骨文中一般釋爲“雞”的字如圖版7—1：9、10。此字表示商王田獵地的地名。甲骨文“鳴”如圖版7—1：11、12，王亥之“亥”有時寫作圖版7—1：13、14。圖版7—1：15是殘字，筆者用虛綫補充殘缺部分。如果這個復原大致不誤，這也是同一個字。這些字所從的鳥無疑都表示同一種鳥，只是字形的簡省方法各不相同而已。如果注意看鳥頭上的羽冠，可以知道圖版7—1：16～19表示的也是同一個東西，還有圖版7—1：20表示的也可能是這個東西。圖版7—1：20顯然也是商代特有的圖形。

細看圖版7—26，鳥的下面還鑄“亥”字。這種鳳類鳥和亥組合的圖像無疑與圖版7—1：13～15相對應。據此可知，圖版7—1：16～20與圖版7—26、27中豎立在鳥頭上的東西是同一種羽毛。圖版7—28是大約商晚期Ⅲ的尊的紋飾，饕餮旁邊站着鳳的一種，頭向外。頭上戴的東西與圖版7—27相似，但頂部有山字形，中間有口字形。現在討論的鳳類鳥的羽冠中有圖版7—1：13、14等形狀，圖版7—28的羽冠可以看作圖版7—1：13、14的圖形和圖版7—26、27的羽冠合爲一體的東西。

這種形狀的羽冠源自真實動物中的哪一種鳥，目前難以判斷。這個羽冠豎立在頭上。從這一點看，

---

〔20〕《離騷》“鷩皇爲余先戒兮”注。附帶説，《涉江》“鸞鳥鳳皇日以遠兮”王逸注曰：“鸞鳳，俊鳥也。”王逸不僅把鸞解釋爲俊鳥，也把鳳皇解釋爲俊鳥。此外，《遠遊》“鳳凰翼其承旂兮”王逸注云：“俊鳥夾轂而扶轉。”這也是同樣解釋的例子。

可以考慮這個羽冠來自孔雀的可能性。若果真如此，這類鳥雖然也源自孔雀，但與真正鳳凰不同，屬於另外一個譜系，被畫成這種圖像。

這種形狀的鳳在甲骨文中與“口”組合在一起，構成“鳴”字。於是令人想到鳳的一種——“鳴鳥”。《山海經·大荒西經》云：

> 有弇州之山，五采之鳥仰天，名曰鳴鳥。

郝懿行《山海經箋疏》云：

> 鳴鳥蓋鳳屬也，《周書·君奭》云：“我則鳴鳥不聞。”《國語》云：“周之興也，鸑鷟鳴於岐山。”

《山海經》說鳴鳥仰天，這一點值得注意。圖版7—1：11、12甲骨文鳴字所從的鳥及圖版7—1：9、10、13～15所從的鳥，都朝天張開喙。郝懿行《山海經箋疏》所引《君奭》一句，《釋文》云：

> 馬云：“鳴鳥謂鳳凰也。”本或作鳴鳳者非。

《爾雅·釋鳥》云：

> 狂，夢鳥。

聞一多把這一句讀爲“皇，鳴鳥”[21]。商周時期鳴鳥被看作鳳凰的一種是毫無疑問的[22]。

圖版7—27中，此鳥作爲饕餮的隨從出現。這當是因爲這種鳳凰被看作饕餮＝上帝的使者的緣故。

附帶講，像圖版7—26～28這種頭上豎立羽毛的鳥在漢代也出現，如圖版7—29～31。這些圖像應該可以認定屬於圖版7—26～28的譜系。圖版7—31只能看到摹刻，但此圖下面有銘文，據此可知作者刻的是鳳凰的圖像。

此外，第【3】、【4】項的鳥類中還有頭上不戴羽冠的圖像。例如圖版7—1：21的字，有時寫作沒有羽冠的形體，如圖版7—1：22；圖版7—1：13、14是上文引用過的王亥之“亥”的異體，此字有時從沒有羽冠的單純的“佳”，如圖版7—1：23。這些沒有羽冠的圖像或許與鳳凰原型的鳥之雌鳥——如圖版7—23中的雌翟相對應。如果在商代青銅彝器中找這種鳥，圖版7—32、33或許是其例。雖說如此，

---

〔21〕 聞一多1956a：上，228—229。
〔22〕 饒宗頤在《海外甲骨録遺》（第1—3頁）中把椶齋所藏甲骨（1）釋讀如下：
　　　……之日夕，业鳴鳥。
　　他解釋“鳴鳥”時引用《綴合編》102：
　　　……其用，四卜。非鳴。己亥卜，非鳴。……吉，用。
　　饒氏認爲“鳴鳥”與此“非鳴”（即鳥没有啼）相對，是鳥占之語。但這個解釋難以信從。饒氏釋爲“非鳴”之“非”字作🐦，此字從相背之“亥”，不能釋爲“非”。而且所謂“鳴鳥”之“鳥”字作🐦，此字形體很特殊，頸部有一橫筆，這種字形的“鳥”字在甲骨卜辭中成爲禘祀的對象，例如《前》4，17，5：
　　　貞：帝🐦，三羊三豚三犬。
　　　丁巳卜貞：帝🐦。
　　此字顯然用爲神名。另外，“鳴”字表示國族名的例子很多（島1971：238）。因此饒氏所引“业鳴鳥”一句的比較合理的解釋是：卜問要不要爲鳴地的🐦神舉行业祭。

這些圖像并非具有真實動物的特徵，難以判斷這些鳥是否屬於同一類。這類鳥也有時被配在饕餮隨從的位置（圖版 7—33）。

【5】寶雞鳳凰

這類鳳凰在西周時期出現，其身軀與前面介紹的幾類相同，但頭上戴的羽冠前端鼓起，看上去很重，我們暫且把它稱爲肉冠。

圖版 7—34 是西周初期的例子，頭上有矛形裝飾，頭後部還有帶鱗紋的肉冠。西周 ⅡB 的圖版 7—35 中，頭飾變得很樸素，只有肉冠。圖版 7—36 也是西周 ⅡB 的例子，肉冠上有鱗紋，暗示它與圖版 7—34 之間有關係。其後，頭上戴肉冠的這種鳥類圖像一直不出現，但到了漢代變得很多見，如圖版 7—37 ～ 39。圖版 7—38 中肉冠變得短小，圖版 7—39 中肉冠進一步變短，其形狀與雞冠差不多相同。如圖版所示，這些圖像分別有“鳳皇”、“鳳”的題記。可見這類鳥在漢代也被看作鳳凰。至於圖版 7—37，與圖版 7—39 相比較，似乎也是同一類。

圖版 7—37、39 的鳳頭上戴雞冠，從這一點推測，在此討論的鳳可能以雞爲原型。第【1】項討論的鳳頭上的羽毛在商代是一種象徵物，乍一看看不出其原型；但在漢代變成了很寫實的形狀，一眼就能看出其原型。參考這個例子，現在討論的鳳的情況也相類，西周時代的肉冠其實也是雞冠的象徵性表現。關於這個問題，圖版 7—40 西周 Ⅰ 的鳥形卣可以參考，脖頸以下的部分與商、西周早期青銅彝器紋飾中所見的鳳皇類相同，但顎下有很大的肉裾，這顯然是雞的形態。但看雞冠部分，兩條繩狀物垂下來，上面有鱗紋。大約西周 Ⅰ，雞冠似乎被畫成這種形狀。上面帶鱗紋的雞冠在圖版 7—34 中已經見過。

如此看來，本項討論的鳳是頭上戴雞冠的象徵性鳥，但雞的肉裾不是那麼有特色，這類鳳凰當然不是真實的雞，而是把雞的一部分作爲象徵加在身上的幻想動物。這個雞雖説是雞，但不是家禽的那種，而是野雞。野雞是非常美麗的鳥，頭到脖頸的部分及尾上覆羽都呈赤金色，現在分布在中國最南部（圖版 7—41）。

以上討論説明，漢代稱爲鳳皇的這種鳥身上有前面幾種鳳凰所沒有的象徵物。如上所述，各種不同的鳥在漢代都被歸入鳳皇。這個鳥類是否自古以來一直被稱爲鳳皇，是很可疑的。

圖版 7—42 中的鳳凰，頭上戴在此討論的肉冠，被一個戴斗笠、拿耒耜、赤腳的人拴住繩子；其下面有大象，但本圖中沒有收録；上方有裏面畫了兔子和蟾蜍的月亮。這個人物肩上有翅膀，雖然是老百姓的裝扮，但上衣領口有花瓣狀裝飾，顯然不是普通的人物[23]，而可能是農業神。附帶講，這座墓葬中以入口爲中心與這個圖像相對的石頭上刻太陽、雨神、有翼馬及有角怪獸[24]。

雖然不知道具體是怎樣的故事，但從這個圖像可知，這隻鳥是神話世界中出現的存在，而且與天體有關。

圖版 7—43 左邊飛翔的鳥，頭上戴的也是在此討論的那種很有特色的肉冠，尾羽很長，應該是同一類鳳凰。這隻鳥胸部帶圓盤，後面有星座，這也是與天體密切相關的圖像。

古書中有沒有這隻鳥的記載？雖然沒有可以確定的記載，但講的很像是這隻鳥的記載是有的。那是《漢書·郊祀志上》所載的故事：“（秦）文公獲若石云，于陳倉北阪城祠之。其神或歲不至，或歲數。來也常以夜，光輝若流星，從東方來，集於祠城。若雄雉，其聲殷殷云，野雞夜鳴。”（秦文公獲

---

[23]　曾昭燏等 1956，圖版 52、53。此圖中這種打扮的都是地位很高的人，如戴冕冠的人、有“齊桓公”題記的人等。

[24]　江蘇省文物管理委員會 1959，圖 30。

得了若石，在陳倉北阪築城祭祀它。其神有時一年都不來，有時一年來好幾次。每次夜裏來，像流星一樣發出光輝，從東方飛來，停在祠城中。它的形狀像雄雉，發出很響亮的叫聲，野雞也在夜裏鳴叫）此處出現的"野雞"，顏師古説是雄。王先謙對此做考釋，説它是雞。這個故事的意思是，形狀像雄的神靈夜裏降臨鳴叫，野雞隨之鳴叫。野雞爲什麼鳴叫？因爲這個神是普通的雞被神化的存在，因此如果它出現，野雞感應到它的來臨，就鳴叫。《史記·秦本紀》説文公十九年"得陳寶"。這個故事與《漢書》的文公獲若石的故事是一件事。《秦本紀》這條記載的《正義》所引《括地志》説"寶雞神云云"，這證明《漢書》説"若雄雉"的神是被神化的雞。

　　這個故事中出現的神似乎與本項討論的鳳皇屬於同一類。這個故事中的神貌似雄，而且具有神雞的特性；這類鳳皇的圖像，尾羽像雄一樣長，頭上戴雞冠，兩者的特徵是一致的。故事中的神夜裏像流星一般閃爍、從東方出現的樣子與這類鳳皇在漢代被畫成與天體密切相關的圖像并不矛盾。此外，我們在本項開頭已經講過，這類鳳皇似乎在西周時期開始出現。饒有趣味的是，《史記》、《漢書》所記載的傳説中，這個神在陳倉出現。衆所周知，岐山是周王朝發源之地。周國在向東方發展、定都西安附近、滅商、在洛陽建成周之後，在岐山建宗周，岐山成爲宗教祭祀之地。岐山周邊的從永壽、武功到鳳翔、寶雞的地區出土過大量的西周時代青銅器。從這個角度看，西周初開始出現、西周中期以繁縟的圖案大面積地裝飾在青銅彝器腹部的這類鳳皇是周故地的土著鳥神。正是因爲如此，這類鳳皇在西周時代經常出現。雖説秦文公獲得了這個神靈降臨的若石或陳寶，但我們沒有必要認爲此神在秦文公時開始出現。陳倉地區的神鳥在此之前早已爲人所知，秦文公只不過在那個時候找到了神靈降臨的石頭而已。

　　如果以上分析不誤，本項討論的鳳皇是周地的土著神鳥，把代表雞的雞冠戴在頭上，以顯示雞的屬性。如果沒有名稱，研究這個鳳皇很不方便，因此我們暫且把它命名爲寶雞。順便説，如果以上結論正確，圖版 7—42 中給寶雞拴繩子的農業神或許是后稷。

【6】朱雀

　　筆者相信，通過以上的討論，我們可以在漢代籠統地視爲鳳皇的各種鳥中鑒別出幾個具有神話色彩的鳥，它們來自不同的地方和部族，形狀和名稱都不相同。

　　漢代的圖像中，四神之一的朱雀與鳳皇難以區分，這個朱雀中包含以上討論的所有種類的鳳凰。圖版 7—44 列舉的是，漢代文物中與青龍、白虎、玄武一起配在四方，據此可以確定是朱雀的各種圖像。圖版 7—44：1 與圖版 7—12 中所見的頭上戴孔雀尾羽的真正鳳凰完全相同。圖版 7—44：2 頭上戴 S 形羽毛，其形狀與圖版 7—13 的鷽相同。圖版 7—44：3 是圖版 7—26 ～ 28 中所見鳳凰的別種。圖版 7—44：4 與圖版 7—32、33 的没有羽冠的一類相應。圖版 7—44：5 頭上戴疑似雞冠的東西，相當於圖版 7—25 等的寶雞＝鳳凰。圖版 7—44：6 與圖版 7—19、20、22 等的漢代鷽完全相同。

　　從朱雀這一名稱看，朱雀和鳳凰的圖像有相同之處是理所當然的。劉志遠説，班固《西都賦》有"設璧門之鳳闕，上觚稜而棲金爵"一句，李善注引《三輔故事》"闕上有銅鳳皇"，云"然金爵則銅鳳也"[25]。漢代，鳳又叫爵[26]。《續漢書·輿服志下》記述太皇太后和皇太后入廟時使用的服裝，説頭飾"上爲鳳皇爵"。從這個説法看，此爵是包括狹義鳳凰的上位概念，在此指所有鳳凰類鳥。毋庸贅言，爵和雀音義相同。因此，從朱"雀"這一名稱看，朱雀的圖像包括各種鳳凰的圖像是理所當然的。

〔25〕 劉志遠 1958，解説 19。
〔26〕 出石 1943：61—62。出石氏説此雀釋爲鳥，但其根據都沒有太大的説服力。

　　既然如此，朱雀是否只是紅色的鳳凰？它的形狀是否與鳳凰完全相同？看圖像，兩者顯然有區別。朱雀圖像中，圖版7—44：6所引的鷺的類型似乎比其他類型優越。如上所述，鷺以金雞、赤雉爲原型，金雞古代又叫丹鳥。不難想象，五行家在考慮四神的搭配時，因爲身體呈紅色是鷺的最明顯的特色，選它爲朱雀，與南方＝紅色相配。另外，漢代從事工藝的工匠們也可能知道南方＝紅色、紅色的雀（鳳凰）＝鷺的關係，因此給南方配雀（鳳凰）時往往畫鷺。

　　以上，我們在文獻和出土文字資料中找出神鳥的各種名稱和相應的圖像，并對此加以研究。但除了以上討論的幾種以外，作爲鳳凰被人熟知的鳥還有很多，如殷墟卜辭中出現的四方風神之鳳[27]，它們應該按照不同名稱有不同的圖像特徵，但目前可知的圖像中有没有它們的圖像？關於這個問題，有待今後研究。

〔27〕　胡厚宣 1944a、白川静 1975：170—174。

第八章　各時期的各種鳳凰

　　本章對上一章闡明的各種鳳凰以及可能屬於鳳凰類的其他鳥類進行研究。在此列舉每一類紋飾從商代到春秋早期的各種表現形式，以弄清這些表現形式的消長過程。

　　最早關注鳳凰類鳥紋的各種不同的表現形式，提倡把它作爲年代判斷標準的是陳夢家。他把鳥分爲小鳥、大鳥、長鳥三類，把這三類再分爲七種[1]。陳公柔和張長壽在這個研究的基礎上，同樣把鳥分小、大、長三大類，把它細分爲25式，試圖提供年代的判斷標準[2]。他們的分類，作爲青銅器年代的判斷標準確實能夠起一定的作用。但筆者在上一章證明屬於種類不同的好幾種鳳凰，在陳、張二氏的論文中被歸入同一個譜系中[3]。我們把鳳凰作爲鬼神，研究其表現形式的演變過程。從這個觀點看，陳、張二氏的分類是不妥當的。此外，筆者在下面馬上將要説明，有些鳳凰——如第【1】項、第【2】項等——即使是同一種鳥，有時候也以小鳥、大鳥、長鳥等不同的表現形式出現。因此陳夢家創始的小鳥、大鳥、長鳥的分類法也有欠妥之處。筆者沒有參考他們的分類是因爲這個原因。另外，樋口隆康先生撰文討論過商、西周時代青銅器鳥紋的時代演變[4]，但正如其題目（即"試論"）所示，這篇論文只對鳥紋中的一部分進行考察而已。

【1】真正鳳凰

　　這類鳳凰，作爲青銅器紋飾，數量比下一項的鳳凰少。商晚期Ⅱ的例子，除了上一章圖版7—2外，還有圖版8—1等。此例的鳳凰被畫成個子高的鳥。商晚期Ⅲ的例子，除了上一章圖版7—3外，還有圖版8—2*。大約西周ⅠA的把有突起的菌形角戴在頭上的例子，除了上一章圖版7—4外，還有圖版8—3～5等。從這些例子可以看出，頭上戴這種角的鳳凰往往大面積地裝飾在卣腹部，并在尾羽下的空間配小鳳凰。這種小鳳凰頭上一般戴尖葉形角，如上一章圖版7—4、本章圖版8—4等。但也有戴几字形羽冠的例子，例如圖版8—5是圖版8—4器的腹部紋飾，其中的小鳳凰戴几字形羽冠。這些小鳳凰在大鳳凰的後下方，兩者朝向相反。這個形式與饕餮後方配小鳳凰的形式一致。據此可以推測，這種小型鳳凰和大型鳳凰的關係與饕餮後面的鳳凰和饕餮的關係是相同的。這些頭上戴尖葉形角或几字形羽冠的鳳凰，等級比帶突起的菌形角的鳳凰低。前者從屬於後者。

　　圖版8—6是西周ⅠB尊的紋飾。角頂部有突起，中間有眼，下面有棒狀柄，整體是竪長的形狀。這也似乎可以視爲真正鳳凰的一個類型。這個鳳凰作爲隨從站在饕餮後面。

　　菌形角的鳳凰中有尾羽彎曲成波浪形的一種，如圖版8—7、8。這種例子在上一章中沒有引用。圖版8—7是商晚期Ⅲ的例子，圖版8—8是西周ⅠA的例子。圖版8—9是上一章圖版7—8的同類。圖版7—8的羽冠上有裏面空白的眼睛，這個部分在圖版8—9中變成了渦紋。

---

〔1〕　陳夢家1955—1956：（三），91—93。

〔2〕　陳公柔、張長壽1984。

〔3〕　例如陳公柔、張長壽1984：268—269，鳥紋圖譜，Ⅰ2式、Ⅰ9式、Ⅰ6式等。

〔4〕　樋口1984。

---

*　譯按：根據圖版的説明，圖版8—2的時代是西周ⅠA。

【2】鸞

鸞是頭上戴几字形羽冠的鳳凰，在鳳凰類紋飾中數量特別多。尾羽和從臀部下垂的腰羽的形狀也富有變化。

這類鳳可以根據尾羽的形狀分爲兩大類。（1）類是尾羽下垂的一類。

看圖版 7—21 的金雞，臀部下面有腰羽下垂。圖版 8—10 ～ 14 是沒有這個部分的一種，時代屬於商晚期 II 到西周 I B。圖版 8—10 與圖版 8—11 以下的幾例是同一類，但它的形狀是像魚乾一樣被劈開成左右兩半的，并且裝飾在器物中面積大的一面。圖版 8—15、16 的形狀與圖版 8—10 ～ 14 相似，但有往前彎曲的腰羽。圖版 8—16 中，尾羽上方有一片游離的羽毛，在水平方向展開。圖版 8—17 似可以理解爲這種尾羽上方的游離羽毛變成龍的圖案，因此把它放在此處。

圖版 8—18 ～ 20 是西周 I B 的例子。尾羽中前端内卷的部分和臀部下面下垂的腰羽連成一體，呈 C 形。圖版 8—20，尾羽上方有一片游離的羽毛。

圖版 8—21 ～ 24 也是同類鳳凰的一種，但前端分叉的尾羽徹底分開，成爲兩根尾羽。這幾例是西周 I B 到 II B 的例子。圖版 8—25，兩根尾羽中的外側一根變得像内側一根的小枝。圖版 8—26 ～ 28，外側的尾羽完全不見了。這些是商晚期 III 到西周 II B 的例子。

圖版 8—29 ～ 32，圖版 8—26 等圖像中所見的前端内卷的尾羽和腰羽連成一個 C 形，這個形狀類似於西周晚期紋飾帶中使用的 C 形羽毛。這幾例都是西周 II B 的例子。圖版 8—32 是 C 形羽毛變成渦紋的很極端的例子。

圖版 8—33 與前面幾例屬於同一類，但頭前垂下很大的羽毛。

其次看（2）類。與（1）類不同的是，（2）類的尾羽彎曲成波浪形，前端上翹内卷。

圖版 8—34 ～ 37，有小枝的尾羽從臀部直接出來，這是商晚期 II 到西周 II B 的例子。圖版 8—36、37 中，尾羽上方還見有一片游離的羽毛。

圖版 8—38 ～ 40，尾羽和從臀部下垂的腰羽連成一體，呈 S 形，這是西周 I A 到西周 II B 的例子。這類圖像與（1）類中的圖版 8—18 ～ 20 相對應。

圖版 8—41 ～ 44，整體呈 S 形的尾羽和腰羽的組合體從身軀分離。圖版 8—41 是帶"成王尊"銘文的方鼎的紋飾。重要的是，相鄰的兩面器壁分別裝飾現在討論的鳳和圖版 8—34 中所見的那種鳳。這説明，兩者雖然表現形式不同，却是同一種鬼神。

圖版 8—45 是西周 II 的例子，尾羽的形狀很特殊。圖版 8—46 是分離出來的 S 形羽毛變成渦紋的例子，時代屬於西周 II B。

圖版 8—47 與圖版 8—41 等幾例屬於同一類，但像圖版 8—33 一樣頭前垂下羽毛，這是西周 II B 的例子。

頭上戴几字形羽毛的鳳凰還有圓雕的青銅製品，如圖版 8—48。羽冠貼在脖子上，這一點與真實的金雞相似，尾羽前端上翹的程度也沒有青銅器紋飾那麼大。

圖版 8—49 是把這個鳳凰用作扁足鼎的扁足的例子，整體形狀竪長。圖版 8—50 的鳳也是橫短竪長，也是因爲施紋空間的關係。此外還有匜腹部大面積地裝飾這類鳳凰的例子，如圖版 8—51，尾羽是兩片羽毛背對背組成的形狀，背部上方還有小型的這類鳳。

圖版 8—52 是西周 III 鐘的紋飾，尾羽和翅膀交叉，這個形狀很特殊。

【3】鳴鳥

上一項討論的鷺，頭上的羽冠不分叉，呈繩狀。西周中期，以分出小枝的羽毛形表現的羽冠——這是商、西周時代青銅器上常見的形狀——頻繁出現。或許我們可以認爲，這種羽毛是几字形羽冠的另外一種表現形式，其圖像也是鷺。因爲這兩種羽冠的中間形態確實存在，如圖版8—68。但有時候一件爵的兩個地方分別裝飾頭上戴這兩種羽冠的鳳凰，如圖版8—23和8—67。鳳凰圖像中，西周中期青銅器的例子占壓倒性多數。而西周中期青銅器的鳳凰圖像中，這兩種羽冠的鳳凰有明確的區分。從這一點看，兩者也應該視爲兩種不同的鳳凰。

上一章引用的鳴鳥，如圖版7—26 ～ 27 等，頭上竪立的羽冠是兩片羽毛背對背組成的形狀。其中後兩例*頭後部還有下垂的羽毛。鳳凰頭上竪立着這種由兩片羽毛組成的羽冠的例子極少，但頭上竪立的兩片羽毛不成一體、頭後有下垂羽毛的例子在西周Ⅰ～Ⅱ却不少，如圖版8—63。頭上竪立羽毛這一點與上一章的鳴鳥一致，頭後部有下垂羽毛這一點也相同，因此我們把這類鳳凰稱爲鳴鳥。另外，例如圖版8—71頭上沒有竪立的羽毛，只有頭後部的下垂羽毛，我們把這種圖像也歸入鳴鳥。

這類鳳凰可以分爲頭朝前的（1）類和回首的（2）類。首先看（1）類。

圖版8—58 ～ 66 與上一章引用的鳴鳥相同，整體形狀橫短竪長。圖版8—58 是西周Ⅰ A 的例子，圖版8—59、62、63 是作爲隨從在饕餮後面的例子，時代屬於西周Ⅰ A 到Ⅱ。圖版8—60 是西周Ⅱ爵的紋飾。除了圖版8—62外，頭上都竪立像鹿角那樣分出小枝的羽毛，姿態也相同。

圖版8—59、60、63，頭上竪立着不對稱的羽毛。這種圖案可以上溯到商代，如圖版8—53 ～ 56。根據形狀和大小推測，圖版8—53 是立在瓶蓋上的裝飾。筆者曾指出，根據扉棱的型式可以知道這件器是相當於商晚期Ⅱ的特定地域型銅器[5]。此鳥的頭上并列幾根羽毛，頭後部還有一根羽毛下垂。圖版8—54 ～ 56 也是筆者曾經引用過的[6]，這群器是相當於商晚期的特定地域型銅器，頭上的羽毛與圖版8—53 相同。圖版8—57 是商晚期Ⅱ卣腹部大面積裝飾的例子，鳥頭上同樣并列幾根羽毛，但頭後部沒有下垂的羽毛。

如果圖版8—53 ～ 56 的鳥與圖版8—58、59、62、63 等在饕餮旁邊作隨從的鳴鳥是同一種鳥，那麼讓這種鳥像圖版8—53 ～ 56 那樣站立在青銅器上，要表達的可能是饕餮＝上帝的使者降臨到祭祀場所，帶來上帝降下的祥瑞——如長壽、子孫繁衍等——的情景。

圖版8—64、65 與上一項的圖版8—33 相同，很長的羽毛在頭前面下垂。圖版8—66 是西周Ⅱ鐘的紋飾，鼓部旁邊只裝飾一隻鳥。頭上羽毛的形狀與左邊的渦紋相同，是華中地區的大鉦上發達的羽渦紋。

圖版8—67、68 是以上討論的圖像在紋飾帶中出現的例子。前者是西周Ⅱ爵的紋飾，此例中的尾部羽毛的形狀在回首的鳳凰中比較多見，如圖版8—75。圖版8—68 是几字形羽冠和分出小枝的羽毛的中間形態，這是西周ⅡB 的例子。尾羽和從腰部垂下的羽毛連成 C 形，從身軀分離，這種形狀在圖版8—29 ～ 31 中已經見過。

---

〔5〕 林 1980：40、52。
〔6〕 林 1980：42。

---

*　譯按：此處説 "後兩例"，但前面説 "圖版7—26 ～ 27"，也就是説只有兩個例子，"後兩例" 這個説法顯然有問題。從 "頭後部有下垂的羽毛" 這個描述看，此兩例指的似是圖版7—27 和 7—28。也就是説，"圖版7—26 ～ 27" 很有可能是 "圖版7—26 ～ 28" 的誤寫。

在此把頭上戴羽毛的其他例子也一起介紹。圖版 8—69 是西周 I B 盤內底的裝飾，形狀比較特殊。圖版 8—70 是相當於商晚期 III 的特定地域型有肩尊腹部的紋飾，也是比較特殊的一例。

其次看（2）類即回首的一類。羽冠都是頭後部下垂的羽毛，但尾羽有各種形狀。圖版 8—71，從上翹的尾羽垂下一根粗羽毛，尾羽上方有一根游離的細羽毛，這是西周 IIIA 的例子。圖版 8—72，身後有三根平行的羽毛在水平方向展開，最下邊的羽毛分出一根往後卷的小枝。圖版 8—73，身後三根羽毛的中下邊兩根往內卷，這是西周 IIB 的例子。圖版 8—74、75，身後羽毛的最下邊的一根和從腰部垂下的羽毛連成 C 形，這種圖案與上一項的圖版 8—26 ～ 28 相對應。圖版 8—74 中，鳳凰的身上有一條陰綫；圖版 8—76 中，鳳凰以這條陰綫爲界，被割裂成上下兩半。圖版 8—77 ～ 79，圖版 8—74、75 中所見的尾羽和腰羽構成的 C 形從臀部分離，這種圖案與上一項的圖版 8—29 ～ 31 相對應。圖版 8—78、79，腳非常細，簡直變成了痕迹器官。圖版 8—80，從上翹的尾羽垂下來的羽毛只有一根，這是西周 IIIA 的例子 *。圖版 8—81、82 是西周 II 的例子，頭上的羽毛特別誇張。

圖版 8—83，鳥喙不尖而圓鈍。這種不尖的鳥喙與尖銳的鳥喙表現的應該是同一種鳥喙。圖版 8—83 是西周 IIB 的例子，圖版 8—80 是西周 IIIA 的例子，兩者除喙以外其他部位都一一對應，施加紋飾的位置也相類，圖版 8—75 和 8—78 的關係也與此相類。

另外，還有羽冠像魚骨那樣長出許多小枝的一類，如圖版 8—84[7]，這是西周 I A 的例子。因爲鳥喙張開的樣子與甲骨文鳴字所从的鳥、圖版 8—70 等相同，在此一起引用。

【4】没有羽冠的鳳凰

我們在上一章第【4】項末尾講過，有一類鳥身軀部分的形狀與上一章第【3】、【4】項的鳥相同，但没有羽冠，這類鳥可能是鸞或鳴鳥的雌鳥。在此搜集這類鳥的圖像。

這類鳥的形狀都是翅膀前端上翹，長尾往後下垂，時代也比較集中，商晚期 II 到 III 的例子很多。圖版 8—85 上是形狀特殊的房屋形器蓋上所飾的很少見的例子，中間有很大的鴟鴞頭部，鳳凰在它左右兩側，朝鴟鴞，這件器物口沿下的紋飾帶中排列這類鳥（圖版 8—85 下）†。圖版 8—86 ～ 90 是這類鳥中尾羽形狀不同的例子。圖版 8—89 ～ 91 是盤內底上與魚、四足龍交錯排列的例子，盤上以這種形式使用的鳳凰似乎主要是這一類，當然也有例外，如圖版 8—69。

圖版 8—93 是西周 IIB 的例子，圖版 8—94 是西周 IIIA 的例子。這兩例雖然頭上没有角和羽冠，但由於没有相關資料，很難確定這兩例和上引的鳳凰是否有關係。

---

〔7〕　這類圖像，翅膀的表現方法與其他鳳凰不同，有些奇怪，而且羽冠太大，與其他部分不搭，因此或許有人懷疑這件器物的真僞，但最近寶雞縣出土的青銅器中有同一型式的器（王桂枝、高次若 1983，圖 7。由於印刷質量不佳，在此不轉載），因此這件器的真僞没有問題。

---

*　譯按：根據圖版的説明，圖版 8—80 的時代是西周 II A。
†　譯按：本書圖版 8—85 只有一張圖，漏收了所謂 "圖版 8—85 下"，即口沿下紋飾帶所飾的這類鳥的圖像。根據圖版出處目録，圖版 8—85 漏收的是如下兩張圖：

【5】寶雞鳳凰

鳳凰中有頭上戴的羽冠前端鼓起成果實狀的一類，我們在上一章把它命名爲寶雞鳳凰。這類鳳凰從西周ⅡC開始多見 *，銅器上大面積裝飾的例子也很多，其中頭朝前的例子只占少數。圖版8—95是西周Ⅱ的例子，圖版8—96是西周ⅢB的例子，都是壺上的紋飾。

圖版8—97以下的例子是回首的一類。這類圖像在壺、簋、卣上裝飾的例子比較多。圖版8—97～99是鳥喙尖銳的一種。圖版8—97、98是西周Ⅱ的例子，像圖版8—78、79一樣，尾羽和腰羽連成一個C形。圖版8—97，頭後部肉冠的形狀像棒球棒，其兩側有羽毛。圖版8—99是西周Ⅲ的例子，裝飾在圓形空間內，肉冠呈細長的三角形。

圖版8—100～112是鳥喙前端圓鈍的例子。圖版8—100與圖版8—99整體形狀相同。圖版8—101，尾羽有兩層，并下垂。肉冠前端的形狀與圖版8—98、99同樣是平的，像是被剪切似的。從頜下長出來的東西前端圓鈍，這個部分應該與圖版7—40中所見的肉裾相對應。圖版8—102是尾羽的形狀與圖版8—101屬於同一類型的西周ⅢB的例子。圖版8—104，兩根尾羽中下邊一根的前端很有特色。圖版8—105～112，上翹的尾羽下方有從身體分離出來的大羽毛，這個羽毛被縱向放置。這類圖案數量很多。

圖版7—34的寶雞鳳凰，頭上竪立着一根紡錘狀物，沒有肉冠的鳳凰中也有頭上戴這個東西的一類。圖版8—113中看起來像坐在饕餮頭上的鳳凰是其一例，這是商晚期ⅢA的例子。圖版8—114是西周中期墓葬出土的玉器，被製成這種鳥的形狀。圖版8—115是西周ⅡB卣的紋飾，此鳳凰的頭上也竪立着圖版7—34中所見的東西，頜部垂下L形物，前端圓鈍，這個部分應該與圖版7—40中所見的肉裾相對應。這類鳥雖然沒有肉冠，但根據這種對應關係，我們把它看作寶雞鳳凰，放在此處。

此外，圖版8—116的肉冠從頭上長出，垂在前面，前端有三個尖起，并有日字形。此外，尾巴前端、臀部後方的卷成C形的羽毛前端也與肉冠形狀相同。這種圖形目前沒有類似的例子，因爲它有肉冠，暫且歸入這一類。

【6】羊角鳳凰

商代到西周Ⅰ有一種鳥的圖像，頭上戴羊角，身體形狀與上一章證明爲鳳凰的鳥類相同，不知道當時稱爲什麼。圖版8—117是商晚期Ⅱ爵腹的紋飾，作爲爵的紋飾，這個圖案是一個例外。安陽小屯婦好墓出土過很多這個鳳凰形的玉器[8]。圖版8—118是商晚期Ⅲ有肩尊腹部四角處的半圓雕紋飾，這種例子很少見，這個鳳凰可以理解爲器腹正中處饕餮的隨從。圖版8—119是西周ⅠA簋的紋飾，使用簋腹很大的空間裝飾這個鳳凰，圖像很大，這種用法很罕見。這個例子不僅頭上戴羊角，而且頭後部有耳，并垂下几字形羽冠，它似乎兼具兩種鳳凰的特徵。圖版8—120是商晚期Ⅲ扁足鼎的足，爲了讓它適合於作鼎足，就把整體做成了竪長的形狀。到目前爲止，這類羊角鳳凰西周Ⅰ之後的例子還沒有

---

〔8〕 中國社會科學院考古研究所1980，圖版142—143。

---

* 譯按：林先生在本書中把西周Ⅰ、Ⅱ、Ⅲ各期分爲A和B兩期，"西周ⅡC"這種劃分法與林先生的原則不符。根據字面意思推測，"西周ⅡC"當是西周中期晚段的意思。

發現。

如果頭上戴的不是羊角而是 T 形羊角，其圖像都不大，使用在紋飾帶中[9]，如圖版 8—121 ～ 124，這幾例是商晚期 II 到 III 的例子。圖版 8—125 是作爲隨從被配在饕餮旁邊的例子，角被壓扁，形狀比較特殊，但我們暫時把它視爲羊角的一種，由於施加紋飾空間的關係，鳳凰的個子比較高，這是商晚期 III 的例子。圖版 8—126、127 是西周 I B 尊的紋飾，鳳凰作爲隨從和直身龍一起出現在饕餮旁邊，頭上戴 T 形羊角。

【7】牛角鳳凰

這是身體形狀與上一章證明爲鳳凰的鳥類相同、頭上戴牛角的鳳凰，西周 I 比較多見。

圖版 8—128 是西周 I A 的例子，尾羽是由兩片羽毛組合而成的，下垂，前端分兩叉。圖版 8—129 是西周 I A 扁足鼎耳的裝飾，一對牛角鳳凰相對站在鼎耳上，翅膀不像圖版 8—128 那樣上翹，其後面有下垂的尾羽。筆者在上文説，圖版 8—53 ～ 56 表現的是作爲上帝使者的鳴鳥降臨到祭祀用器上的情景，圖版 8—129 的例子也可以同樣理解，它表現的是鳳凰降臨到鼎上相對鳴叫的吉祥情景。圖版 8—131、133 是尾羽和從腰部垂下的羽毛呈 C 形的例子，時代屬於西周 I B。圖版 8—132，羽毛像芒草似地并列排在尾羽上。圖版 8—134 ～ 136，尾羽和腰羽構成的 C 形上沒有其他尾羽與此相叠。圖版 8—137，由於空間的關係整體竪長，但這個角也可以視爲牛角。圖版 8—138 ～ 140 是尾羽彎曲成波浪形的一類，這是西周 I A 的例子，角形與圖版 8—137 相類。圖版 8—141、142 時代更晚，是西周 II B 的例子，尾巴下面有 S 形羽毛。

【8】前端圓鈍C形羽冠的鳳凰

圖版 8—143 ～ 145，身體形狀與上面討論的鳳凰相同，但頭上戴的羽冠呈 C 形，而且前端圓鈍，這類鳳凰在西周 I 到 II 出現，數量很少。這種羽冠與前端圓鈍的第【5】項鳳凰羽冠相類，但彎曲的形狀不同，目前不清楚這個羽冠以什麼爲原型。圖版 8—146，從 C 形羽冠的圓鈍前端再長出一根羽毛，但一起歸入這一類。

【9】其他鳳凰類鳥

還有若干種鳥類與以上列舉的鳳凰相似，但不能歸入以上的幾類。在此列舉這種例子。

圖版 8—147 頭上戴几字形羽冠，但頭後部沒有下垂的羽毛，這一點與第【3】項鳳凰不同。圖版 8—148 有耳朵，或許可以視爲沒有羽冠和角的一類，但尾羽和翅膀的形狀很特殊。圖版 8—149 也是沒有羽冠和角的一類，但沒有下垂的尾羽。圖版 8—150 是戴大耳的很少見的例子。圖版 8—151，羊角往內卷，層層叠加，翅膀和尾羽成爲羽渦紋，這種羽渦紋與華中地區的大型鐘上所見的羽渦紋相同。

圖版 8—152 是泉屋博古館所藏銅鼓上鑄造的一對鳥形裝飾中的一個。筆者曾討論過這件銅鼓的年代，認爲相當於西周中期[10]。銅鼓上的人形鬼神的眼睛和饕餮類的眼睛呈甜甜圈狀；銅鼓上部有用紋飾

---

[9]　第【2】項討論的鳳凰中，有頭部後方加類似耳朵的 C 形圖形的例子（圖版 8—49 ～ 51），但此處討論的鳳凰與之不同。
[10]　林 1980：52。

帶劃分的方形區域，這個紋飾帶是用井紋組成的，這些眼睛和井紋具有西周中期的特徵 *。再看此處引用的鳥形裝飾，鳥喙的前端圓鈍，彎曲程度很大，這些特徵與中原地區西周中期的鳳凰非常一致。此鳥頭上有一對什麼東西折斷的痕迹，我們無法得知這個部分原來有什麼東西，但此鳥沒有從臀部垂下的羽毛，因此我們把它歸入這類。

　　圖版 8—153 時代較晚，是西周Ⅲ的例子，鳳凰變了形，其形狀類似於西周晚期式分散龍。

---

* 譯按：爲讀者方便，在此引用所謂甜甜圈狀眼睛和井紋（人形鬼神的拓本見於本書圖版 11—1；井紋的照片采自《泉屋博古·中國古銅器編》，泉屋博古館，2002 年 8 月）：

人形鬼神的眼睛：　　井紋：

第九章　鳳凰以外的鳥形神

【1】鴟鴞形神

這是容庚所謂的鴞紋[1]，是一種頭上戴尖葉形角的鳥，如圖版 9—1 ～ 4，時代屬於商晚期 II 到 III。這個圖像所象的顯然是頭上有毛角的鴟鴞，眼睛周圍有鱗片排成的雙層環形，以此表示鴟鴞眼睛周圍的輻射狀羽毛，但眼睛上方像饕餮一樣有フ形眉毛，可見這并不是普通的鴟鴞。這個鬼神的兩側有隨從的小龍，表明它是堪比饕餮的大神。

這個鳥形神當時稱爲什麽？"萑"是象鴟鴞的字。《説文・萑部》云：

> 萑，鴟屬，从隹从丫，有毛角，所鳴其民有旤。

既然説有毛角，這個"萑"顯然是鴟鴞。許慎認爲此字是隹和丫（《説文》云"羊角也"）的會意字，此字的甲骨文作𨾊形，隹頭上戴的東西確實與甲骨文羊字中的羊角相同。雖説如此，我們應該認爲這個形體是表示鴟鴞的毛角。因爲上面引用的以鴟鴞爲原型的商代圖像不戴羊角而戴尖葉形。

甲骨文萑字在殷墟卜辭中有如下辭例：

> 庚午卜，賓貞：翌乙亥，畢其㞢受萑又（祐）。（《通》：別二，10，5）

萑在此作爲給予保佑的存在出現[2]。青銅器紋飾中出現的鴟鴞形神極有可能正是卜辭中所見的這個萑。

圖版 9—1 ～ 4 是在器物的主要部位大面積裝飾的例子，可見這個鳥神的待遇很高，但頭上同樣戴毛角的鳥中也有圖像很小的例子。圖版 9—5、6 是安陽侯家莊 1001 號墓出土的雕紋骨柶，時代屬於商晚期偏早。此鳥頭上戴尖葉形角，尾羽很長，呈波浪狀，尾羽凹下處填入囧紋、魚、蛇等，這種圖案不見於青銅器。這隻鳥尾羽很長，因此我們無法確定它是否與圖版 9—1 ～ 4 的鳥神屬於同一類。

圖版 9—7 是商晚期 III 的例子。匜腹的前部大面積裝飾羊角形兩層角的神鳥，其胸部有一對尖葉形角的鳥（林 1984：圖版册，匜 31），在這裏，尖葉形角的鳥是大型鳥形神的隨從。圖版 9—8、9 中，卣腹部裝飾大型真正鳳凰，其尾羽下面有小型的尖葉形角鳥，這是西周 I A 的例子*。小型鳥與大型鳳凰朝向相反，令人聯想到作爲饕餮隨從的鳳凰。這個小型鳥的角色應該也相同。如果這種小型鳥與圖版 9—1 的鴟鴞形神屬於同一類，我們只能認爲鴟鴞形神的地位在這個時期發生了變化。

圖版 9—10 也是西周 I A 的例子。此鳥裝飾在簋方座側壁上，圖像不大，但其形狀竪長，這一點與圖版 9—1 等相同。

---

[1] 容庚 1941：上，114。
[2] 島 1971：232—233。貝塚 1960：220 把此"萑"理解爲"受㞢又"之"㞢"的意思，但没有説明其根據。

---

* 譯按：根據圖版的説明，圖版 9—8、9 的時代是商晚期 III。

【2】無羽冠不知名鳥

角蓋中偶爾有作鳥形的例子，如林 1984：圖版冊，角 2、11 ～ 13。比較常見的形狀是，尾巴朝有錾的方向，翅膀張開，以蓋住角口（圖版 9—11、12）。頭上沒有羽冠，尾巴較長，難以確定是什麼鳥。要找中國古代傳說中與此相類的鳥，我們能想到的是燕子。但燕子最大的特徵是分兩叉、切口很大的尾巴，而此鳥的尾巴不是這種尾巴。關於這個鳥的種類，暫且不做判斷。

【3】四足鳥

這種鳥身軀部分與上一章討論的鳳凰很相似，但有前後腳，如圖版 9—13、14。這些應該不會是畫錯的圖像。這種鳥在商周時代很罕見，但戰國時代也出現同類鳥[3]。

【4】其他鳳凰以外鳥形神

基於筆者手裏的拓片，把圖版 9—15 ～ 17 歸於這一類，恐怕此外還有其他的例子。

【5】人足鳥身神

以下兩項介紹的是介於人和鳥之間的神。圖版 9—18 是安陽侯家莊 1004 號墓出土的所謂鹿鼎的腹部紋飾，腹部中央有頭上戴鹿角的饕餮，鳥在其左右兩側，似乎長着人腿[4]——此鳥外側的鬼神的腳才是普通的鳥腳。圖版 9—19 是匜錾上所飾的頭上戴尖葉形角的鳥，此鳥的腳無疑是人腿。這種具有人腿的鳥亦見於甲骨文中（圖版 9—20）：

        其出於田。

李亞農認爲此字是神鳥的鳳。此字下部从 **𠂤**[5]，這顯然是象人腳形的 “夂”。李氏把它釋作 “止”，説因爲雌字古文作雌，這是雌字。但他對字形的分析和關於神鳥的解釋完全不沾邊。

這種具有人腳、長羽冠倒豎的鳥形字，雖然頭上戴的東西與圖版 9—18、19 不同，但表示的無疑是同一類的人足鳥身神。然而這個字讀爲什麼，我們不得而知。如果這個字在卜辭中按照本義使用，這條卜辭問這種鳥神會不會在田地出現，其內容饒有趣味。但這種假設是不一定能成立的。關於這條卜辭，我們只能注意這個字的存在而已。戰國時代青銅器畫像紋中也出現頭上戴很長的羽冠的人足鳥身神[6]，漢代畫像石上也有不少例子[7]。《山海經·西山經》云：

    西南三百八十里曰皋塗之山……有鳥焉，其狀如鴟而人足，名曰數斯，食之已癭。

---

〔3〕 林 1971：27—29。
〔4〕 梁思永、高去尋 1970，圖版 111B 的綫圖中，兩個尖爪上下并列，但根據照片，并非如此。
〔5〕 李亞農 1950，第 216 片考釋。
〔6〕 容庚 1941：上，圖 231。
〔7〕 如林 1974，圖 33 左。

這句話的意思是：西南一百八十里處有皋塗之山，山上有鳥，它的形狀像鴟鴉，具有人腿，名字稱爲數斯，如果吃了它，可以治瘻。可以説明這類圖像繼續流傳。考慮在此引用的神鳥圖像的流傳情況，我們似乎不能説《山海經・西山經》的這條記載和神鳥圖像之間毫無關係。

【6】人首鳥形神

雖然青銅器中至今没有出現，但玉器中有人頭鳥身的圖像。圖版 9—21，從工藝來看，當是商代的玉製品。下部是鳥身，上部是人頭，頭上戴几字形羽冠。圖版 9—22 是靈臺白草坡 2 號墓出土的玉器，這座墓出土的其他器物時代屬於西周Ⅰ。這件玉器頭部是人頭，有翅膀，頭上戴羽冠，根據綫圖，羽冠似是竪放的几字形羽冠。

頭上竪立着波浪狀羽毛的人首鳥身神見於長沙子彈庫帛書中。它是十二神之一，稱爲“倉”，掌管七月[8]。中國古代有一個著名的人面鳥身神，名爲句芒，掌管人的壽命。關於句芒，筆者曾經做過詳細的論述[9]，在此不再贅述。

【7】人首蝙蝠形神

這類鬼神也至今在青銅器紋飾中没有出現過，但順便在此介紹。圖版 9—23 是玉器，從形制看，當是大約西周早期之物。鳥身，人頭，頭上戴帽子，帽子的形狀如倒放的碗，頭髮是披髮。形狀類似的帽子亦見於洛陽出土西周早期車轄裝飾的人形像上[10]。再看鳥身，肩部垂下鈎形物，這個鈎形物沿着翅膀往下走，走到翅膀前端，這或許是具有爪子的蝙蝠翅膀，具有蝙蝠翅膀的鬼神圖像在春秋晚期也出現過[11]。

圖版 9—24，從雕刻技術看，應是大約西周Ⅱ的玉器。圖版 9—23 中沿着翅膀的上邊緣出現的東西，在此變成類似人手的形狀，看拓片就很清楚，腿也是人腿，頭上戴很高的几字形羽冠。這個圖像與圖版 9—23 不是同一類，但翅膀邊緣的形狀相似，因此在此一起引用。

---

[8]　林 1971：74。
[9]　林 1971：13—15。
[10]　出土文物展覽工作組 1972：88。
[11]　郭寶鈞 1959，圖版 93、104 等。

第十章　其他動物形鬼神

以自然界真實存在的動物爲原型的鬼神中，犧首用法的鬼神和鳳凰等鳥類鬼神，我們已經討論過了。本章以"其他動物形鬼神"爲題，搜集和整理以真實動物爲原型的其他鬼神。在此按照動物學的標準，大致從低等動物到高等動物的順序加以介紹。

【1】蠆形鬼神、幾何形蠆紋

蠆，即蝎子。如下所述，變成紋飾帶的動物紋數量很多，但可以識別出蠆形的紋飾很少，在此引用的是目前可知的所有例子。圖版10—1是德國科隆東亞美術館所藏的商晚期I小壺（林1984：圖版册，壺1）上大面積裝飾的例子，圖版10—2是法國巴黎吉美博物館所藏的形制相似的小壺（林1984：圖版册，壺2）上所飾例子。圖版10—4是甲骨文"萬"字，即蠆（蝎子）的象形字，此字只畫"腮鬚"，即有螯的第一對腳，關於蝎子各部位的名稱，參看圖版10—5，本來應該有的四對腳全都被省略。圖版10—1、2的形狀與甲骨文"萬"字相類，無疑是萬＝蠆（蝎子）的圖像，這兩個圖像有四對腳中的兩對，腮鬚的螯以"又"形表現。

這些蠆形鬼神都在兩側帶隨從的小龍，這是與饕餮同等的待遇。圖版10—3是萬（蝎子）形圖像符號，據此可知商周時期存在以此爲"物"的氏族，青銅器紋飾的蝎子可以理解爲這個氏族之"物"的圖像。這些例子表明，大約至少商晚期I時這個鬼神的等級可比肩饕餮。這個紋飾很早從青銅器的主要部位退出，似乎説明這個氏族和蠆形鬼神衰落了——恐怕被商朝征服了。與這個圖像符號相對應的甲骨文"萬"字，在殷墟卜辭中用來表示臣服於商的氏族名和地名[1]。

附帶講，中國古代有一個稱爲"萬"的舞蹈[2]，一般被解釋爲干舞。干是盾，干舞是拿着盾牌跳的舞。這支舞和"萬"族或"萬"神之間是否有什麽關係，目前不明。

圖版10—6是安陽侯家莊1001號墓出土骨柶的殘片，頭胸部的形狀比圖版10—1、2的蝎子更大、更誇張。圖版10—1、2用斜方形表現頭胸部的花紋，而此例中這個花紋變成了菱形眼睛，步行腳被省略。圖版10—1、2頭胸部前端有兩個突起，這個突起似表現真實蝎子的螯；圖版10—6中，這個突起有三個，其中間的下凹處有牙齒。當時似乎把蝎子螯的下凹處當作某種動物的嘴。不管怎樣，這個形狀與真實蝎子很不相同，已經成爲以蝎子爲原型的鬼神。圖版10—7是與圖版10—6同出的骨柶，上面所飾的紋飾似是進一步變形的蝎神，身上有菌形角，有螯的腮鬚就不見了。

以上引用的是或多或少有蝎子的特徵的、比較容易看出是蝎子的例子。以蝎子爲原型的紋飾中，除了這種例子外，還有不容易看出來的那種，圖版10—8以下是其例。圖版10—8是商晚期I科（林1984：圖版册，科6；本書圖版3—130）柄的紋飾，這個形狀可以説是從圖版10—1的圖像拿掉步行腳和腮鬚而成的。也可以説，腮鬚往内卷，附在右端的目狀圖形的上下。下一項的蟬紋中，去掉翅膀和

---

[1]　島1971：245。
[2]　《左傳》隱公五年。

腳、只有頭部和心形圖形的圖像也叫蟬形鬼神。參考這個例子，圖版 10—8 也可以稱爲蠆形鬼神。

　　圖版 10—9 以下的圖案在商晚期的卣上比較多見，看起來像幾個菱形的集合體，其實是把圖版 10—8 簡化成幾何形的圖案，但這個幾何形圖案經過了非常大膽的簡化，商晚期 Ⅱ 以後的人是否知道這是以蝎子爲原型的紋飾，是很可疑的。要把圖版 10—8 簡化成菱形的集合體，應該畫成像圖版 10—10 那種形狀才對，這是五個小菱形排成 X 形，四個小菱形排成一個大菱形，把這兩個形狀合并而成的圖形。但早在商晚期 Ⅱ 就已經出現像圖版 10—11 那種少幾個小菱形的紋飾；此外也有小菱形的數量過多的圖形，如商晚期 Ⅲ 的圖版 10—15、西周 Ⅰ A 的圖版 10—16 等。商晚期 Ⅲ 還出現兩端尖銳的圖形，如圖版 10—17。不管怎樣，爲了把這些紋飾和在開頭引用的紋飾加以區別，我們把這種紋飾稱爲幾何形蠆紋。

　　附帶説，圖版 10—18 似可以視爲這類紋飾走形的型式，因此把它放在本項末尾。

【2】蟬形鬼神

　　圖版 10—33 所示的紋飾早在《博古圖錄》中被稱爲蟬紋[3]，容庚先生也襲用此名[4]，這個名稱至今仍在廣泛使用。但這個圖案很奇怪，即使它是蟬，也是拿掉了翅膀和腳的形狀。帶有翅膀的很寫實的蟬在商、西周時代的玉器中很常見，但在青銅器中只有春秋 Ⅰ 青銅壺的例子[5]，而且這是例外。蟬紋中還有像圖版 10—29 這種例子，一對腳往前展開，從關節處長出一根羽毛，往後展開。這些形狀即使是蟬成蟲的腳和翅膀，也頗爲抽象[6]。不管怎樣，如第一章第三節第一項所述，這種形狀很奇怪的蟬的圖像被用爲圖像符號，説明它是某一地區土著鬼神的圖像。

　　其次看一下蟬形鬼神紋的各種型式。圖版 10—19 是商晚期 Ⅰ 的例子，這個時期的例子很少見。圖版 10—20 ～ 31 是紋飾帶中橫排幾個蟬形鬼神的例子。商晚期 Ⅲ、西周 Ⅰ 出現帶有腳的圖形，如圖版 10—25、26，這兩例的鼻子幾乎呈十字形，例如圖版 10—19 的鼻子作撲克牌的黑桃形，十字形的應該也是這個鼻子的另一種表現方法。圖版 10—32 ～ 47 是朝下的花瓣狀圖形內各填入一個蟬形鬼神的例子，這種圖案在商晚期 Ⅱ 到 Ⅲ 比較多見。此外還有在花蕾狀蓋鈕上裝飾的例子，如圖版 10—48、49。圖版 10—47 時代比前幾例晚，是西周 Ⅱ 的例子，此例在花瓣狀圖形內填入帶有前肢的蟬形鬼神紋，這種例子很少見。

　　圖版 10—50、51 是經常在卣蓋的嘴狀突起外側使用的紋飾，時代分別屬於商晚期 Ⅲ 和西周 Ⅰ，這種用法的蟬形鬼神一般都有腳。圖版 10—52 ～ 54 是器外底大面積裝飾的例子，此外還有像圖版 10—55 ～ 59 這種用法，每種用法都有一些例子。圖版 10—56 是拴住卣蓋的銅環，圖版 10—57 是方斗容器部分的側面，圖版 10—58 是斗柄末端，圖版 10—59 是鬲鼎外底。

【3】人頭蟬形鬼神

　　商晚期的所謂弓形飾上使用的紋飾中有一種圖像，身體是像圖版 10—50、51 那種帶有前肢的蟬形鬼神，但頭是人頭，圖版 10—60、61 是其例，頭上戴几字形羽冠。圖版 10—62 的前肢像彎曲的人的

---

〔3〕　《博古圖錄》：1，15。
〔4〕　容庚 1941：上，115。
〔5〕　林 1984：圖版册，壺 107。
〔6〕　康斯滕（Consten 1959：265）認爲這是蟬的幼蟲（馬承源也説過同樣的意見〔上海博物館青銅器研究組 1984：17〕），但蟬的幼蟲有很顯眼的粗大的前肢，腹部也粗大，其形象與這個蟬紋完全不同。

手臂，這個圖像也可以視爲同一類圖像。我們暫時把這種鬼神命名爲人頭蟬形鬼神。

圖版 10—63 是著名的湖南寧鄉出土方鼎。腹部裝飾的人面兩側有几字形羽冠，這個圖像顯然不是普通的人類，耳朵下面有像饕餮一樣的前肢。這個人面鬼神帶有怎樣的身軀，我們無從得知。但頭上戴几字形羽冠的人面這一點與本項介紹的鬼神相同，因此暫時把這個鬼神放在此處。

【4】螻蛄形鬼神

圖版 10—64 雖然被後刻銘文破壞，但仍然可以看出是類似蜻蜓的圖像。這個紋飾顯然與甲骨文炑字相對應。唐蘭認爲此字與圖版 10—66 所引的圖像符號相對應，其所象爲蜥蜴之類[7]。《說文》云：

炑（炑），菌炑，地蕈，叢生田中。

唐氏認爲此炑是從炑演變而來的。但正如李孝定所說[8]，此甲骨文和圖像符號尾端都分兩叉，根本不像是蜥蜴之類。雖說如此，從字形看，唐氏把它隸定爲“炑”似可從。炑，《說文》說是一種菌類植物，但從甲骨金文看顯然是動物。圖版 10—66 中，最後三個例子沒有前肢。以蟬形鬼神類推，這些字應該可以看作帶有前肢的前五例的簡省體。那麼像這個字一樣帶有引人注目的前肢、尾巴分兩叉、身體細長的動物是什麼？令人想到的是蝲蝲蛄。蝲蝲蛄最顯著的特徵是用來挖土的很大的前肢，臀部後端有兩根比較顯眼的鬚狀物，蝲蝲蛄即螻蛄。“炑”和螻蛄在古音上有關係的可能性似乎不是沒有[9]，因此我們不用“炑”這一少見的字，而采用螻蛄形鬼神這一名稱。

下面看青銅器紋飾的例子。圖版 10—65 大臉的鼻梁處有與圖版 10—64 相同的鬼神。圖版 10—64 中所見的類似蜻蜓翅膀的東西，靠近頭部的一根在圖版 10—65 中往前彎曲，其形狀像第【2】項蟬形鬼神的前肢。這個形狀與圖版 10—66 的前五例相對應。圖版 10—67，前肢後面有細羽，這種細羽在蟬形鬼神中也出現過，臀部後端分三叉。此外還有圖版 10—68 這種例子，軀幹很細長，畫成這種形狀，也有點像蚰蜒，這個圖像的表現對象是否與圖版 10—65～67 相同，難以確定。爲便參考，在此一起收錄這個例子。

我們在第一章第三節第一項已經指出，與炑紋相應的甲骨文在殷墟卜辭中用爲氏族名。春秋時代有“六”國，不知是否與甲骨卜辭中所見的“炑”國有關。

【5】魚形鬼神

衆所周知，魚的圖像在仰韶文化半坡類型彩陶中出現，其形狀如圖版 10—84。這種魚的圖像有時候單獨使用，有時候兩條成對出現，也有時候和人面一起出現，從左右兩側啄人面。這個圖像有時還被圖案化，成爲幾何紋飾[10]。從這幾點看，這些魚應該有神話背景。與此相比，商代的魚的圖像從不添加鬼神的身體，很不起眼。但魚的圖像有時與四足龍或沒有羽冠的鳳類鳥交錯排列，如圖版 10—76、77，這說明這些魚不是普通的魚，而是一種鬼神。

---

〔7〕 唐蘭 1939：考釋，44—46 葉。

〔8〕 李孝定 1965：1，199—200。

〔9〕 關於這一點，筆者請教了尾崎雄二郎先生。他說，炑是入聲字，有些學者認爲入聲本來在塞音韻尾後還有元音，後來這個元音消失了。按照這個說法，認爲炑和螻蛄有關係不是不可以。

〔10〕 中國科學院考古研究所、陝西省西安半坡博物館 1963，圖 120、121。

附帶講，商、西周時代，把玉或貝雕成魚形，把它作爲裝飾品挂在人身上或馬車上，這種用法在魚形紋的用法中占絶大多數[11]，但我們不清楚這種用法的魚是不是以上所述的魚形鬼神[12]。

其次看青銅器上所見的魚形鬼神。商中期到商晚期Ⅰ的圖像，兩眼像比目魚一樣并列在頭的一側，如圖版 10—69 ～ 71。圖版 10—69、70 中，魚鰭的位置不對稱，看上去像鯉魚的側視形。商晚期Ⅰ開始出現頭的一側只有一隻眼的魚。商晚期Ⅱ到Ⅲ，有身上裝飾 8 字形的魚，如圖版 10—76、77，不知道這 8 字形有什麼意思。圖版 10—78 是西周Ⅲ的例子，其形狀與商中期到商晚期Ⅰ所見的一類相同，兩眼都在頭的一側。圖版 10—79 是西周ⅢA 的例子，圖版 10—80* 是春秋Ⅰ的例子，圖版 10—81 是相當於春秋Ⅰ的特定地域型銅器上的紋飾，這幾例圖像都很寫實。圖版 10—82 雖然同是春秋Ⅰ的例子，但被進一步規格化。圖版 10—83，頭部有漩渦形，没有眼睛。

【6】魚身龍頭神、魚身鳥頭神

在此列舉的是帶有魚身的複合型鬼神。圖版 10—85，有魚尾，身上有與圖版 10—77 相同的 8 字形，可見這確實是魚身，但頭是龍頭，羽毛貼在身軀上下。圖版 10—86、87 是玉器，看上去像魚，但嘴巴像圖版 10—85 一樣往上下彎曲，可以説是龍頭。圖版 10—88 也是龍頭，但這個龍頭是象鼻龍頭。

圖版 10—89、90，身體是魚身，但頭似是鳥頭。嘴巴是彎曲處構成棱角的那種，其形狀與圖版 8—4 的鳳喙相同。圖版 10—89 有一根羽毛貼在背上。圖版 10—89、90 都有像鳳凰一樣的腳。

【7】蟾蜍形鬼神

蟾蜍，即癩蛤蟆，商代青銅器上出現的例子至今還没有發現，但其他材質的遺物是有的。圖版 10—94 是安陽侯家莊 1001 號墓出土的大理石製品。報告上説是蛙，但從扁寬的身軀看，叫蟾蜍更合適。背上裝飾羽渦紋，眼睛上方有眉毛，表明它是以蟾蜍爲原型的鬼神。圖版 10—93 時代更早，是偃師二里頭出土的陶製品，它是真實蟾蜍還是以它爲原型的鬼神，目前不清楚。

蟾蜍在漢代經常被畫在月中和神山上，被認爲是陰性的動物，并認爲是一種長壽的象徵[13]。但商代的蟾蜍形鬼神和漢代的蟾蜍之間有什麼關係，因爲缺少位於兩者中間的資料，無法搞清楚。

附帶講，蟾蜍這一母題在仰韶文化中并不少見。圖版 10—92 是其一例[14]。仰韶文化中比較多見的蟾蜍在商代青銅器中不出現，却在漢代圖像中很多見；如下所述，人面蛇身神的圖像在仰韶文化中出現，却在商、西周青銅器中很少見，漢代以伏羲、女媧的形式流行，兩者是平行的現象。這種現象似乎可以解釋爲仰韶文化的古老神靈在漢代復出的現象。關於這個問題，另尋機會加以討論。

---

[11]　中國科學院考古研究所 1962，圖 96、97。

[12]　衆所周知，魚在《詩》、《易》等典籍中經常用來比喻异性或男女關係（參看聞一多《説魚》，收入聞一多 1956）。關於其理由，聞一多云："在原始人類的觀念裏……魚是蕃殖力最强的一種生物，所以把一個人比作魚，差不多就等於恭維他是最好的人，而在青年男女間，若稱其對方爲魚，那就等於説'你是我最理想的配偶'。"（聞一多 1956：135）。有些玉佩和馬飾是由許多魚形裝飾串聯而成的，這或許是因爲古代中國人相信這種裝飾對多生有很好的效果——用漢代的話説"宜子孫"。

[13]　王振鐸 1963：15。

[14]　江上 1963，插圖 29、32。

---

*　譯按：原文作 "8—80"，當是 10—80 之誤，在此徑改。

【8】鱉形鬼神、龜形鬼神

商、西周時代青銅器上比較多見的龜形圖像是圖版 10—95 以下的那種。這些圖像背上沒有龜甲紋，背甲呈圓形，應該以鱉爲原型。容庚把它稱爲龜紋[15]，但青銅器紋飾中還有背上畫龜甲紋的圖像，如圖版 10—101，這個圖像才是龜紋，但龜紋非常罕見。

商、西周時代青銅器上的鱉可以分爲兩類：（1）類是背甲上散布着小圓形的那種；（2）類是背甲中央有囧紋的那種。這兩種紋飾都是真實鱉的背上所沒有的，可見這是以鱉爲原型的鬼神。

（1）類從商中期 II 到西周 I 有例子，如圖版 10—95 ～ 99。圖版 10—100 雖然背甲呈心形，但背上有小圓形，因此可以視爲同一類。圖版 10—101 也是心形背甲，但背上沒有小圓形，在此暫且把它也歸入本類，這隻鱉的背甲裝飾一對左右對稱的羽毛，正中處有小動物，這個例子時代較晚，屬於西周 II。這一類在第一章第三節第一項討論過，有相應的圖像符號，據此可知它是某個氏族的神。例如圖版 10—97 眼睛上方有眉毛和篆文白字形鱗甲，圖版 10—98 額頭上有菱形，這些都表明它們不是普通的鱉，而是以鱉爲原型的鬼神。

（2）類從商中期 II 到商晚期 II 有例子，如圖版 10—102 ～ 108。圖版 10—102、103、106 中，（1）類背甲上所見的小圓形被囧紋擠到背甲邊緣。此外，背甲邊緣有時裝飾羽渦紋（圖版 10—104、108）或鱗紋（圖版 10—106、107）。這些圖像當然也不是普通的鱉，而是以鱉爲原型的鬼神。象這類鱉形的圖像符號在商晚期以後的青銅器上沒有出現，但見於商中期的鄭州白家莊 2 號墓出土有肩尊（林 1984：圖版册，有肩尊 1）頸部，如圖版 14—2。據此可知，（2）類與（1）類同樣是某個地方的氏族之"物"。

這兩類紋飾都裝飾在器物內底，尤其裝飾在盤內的例子比較多。（1）類中，圖版 10—99 ～ 101 是器外底所飾的例子。

這些圖像原型的鱉是水棲動物，而且經常飾有這個圖像的盤是水器，此鱉形鬼神無疑與水有密切的關係。（2）類鱉在背甲上裝飾很大的囧紋，而囧是表示神明意的符號[16]。裝飾囧紋的盤和匜在宗教儀式中成套使用，用以被除污穢（使成爲神明）[17]。綜合以上幾點，此鱉形鬼神與神囧之水有非常密切的關係。關於此神的傳說是否流傳到後代，目前難以確知。

其次看龜形鬼神。圖版 10—109 是其非常罕見的例子。參考圖版 10—110 的背甲和圖版 10—111 的陶龜，可以知道背甲上的紋飾表示龜甲。圖版 10—109 是卣外底裝飾的例子，這個地方還裝飾其他鬼神[18]，因此可以知道這個龜也不是普通的龜，而是鬼神的龜。這個龜形鬼神的來歷不明，説到龜，令人馬上想到商代盛行的龜卜，但龜卜使用的龜只不過是顯示鬼神意志的媒介而已，并不是在此討論的龜形鬼神。

---

[15] 容庚 1941：上，117。此外，赤塚忠和貝塚茂樹也把筆者認爲以鱉爲原型的圖像看作龜，并把它和夏的傳説聯繫起來討論（赤塚 1964：285—288、貝塚 1964：18—19），但他們討論的出發點就有誤。
[16] 林 1963：7—11。
[17] 林 1984：正文册，130—131[*]。
[18] 例如本章圖版 10—99、101。

---

[*] 譯按：中文版第 142—143 頁。

【9】蛇形鬼神、螣蛇

商、西周時代青銅器上，彎曲成S形的蛇很常見，如圖版10—112～131。容庚稱之爲蠶紋[19]，但蠶不會把身軀彎曲成這種形狀，尾端也不尖。康斯滕把它視爲蛇是對的[20]。甲骨文𢀛字（、）用爲禍祟之意，《説文》"它"是從此字所从、演變而來的，此事證明它是把身軀彎曲成S形的蛇。《説文》云："它，虫也。……蛇，它或从虫。"商代的紋飾中，圖版10—133身軀彎曲的形狀與這些字相同，這正是甲骨文所象的"蛇"，如果這種"蛇"把脖頸彎曲90度，成爲在此要討論的紋飾。

這些圖像也不是普通的蛇，例如圖像10—112身上有篆文白字形鱗紋；圖版10—113額頭上有菱形符號，身上有鰭；圖版10—124沿着身軀周圍有羽毛，這些例子説明它們是鬼神。

甲骨文中還有一個字形比甲骨文𢀛字所从蛇更象形。其用例如下：

……示三牢，八月。(《後》上，28，6)

這條卜辭的意思是：要不要在的示（祭壇）上供三牢，八月。據此可知，當時有以這個蛇的象形字稱呼的神——可能是這個蛇形的神[21]。這個蛇的象形字的背上有斜網格，此字所象的當是像圖版10—133那種有菱形紋的尖吻蝮（圖版3—127），它應該是與圖版10—112以下幾例不同的鬼神。

其次看身軀彎曲成几字形的蛇。圖版10—112是商晚期Ⅰ的例子，身上有篆文白字形鱗紋，這種形狀的鱗紋到西周Ⅰ一直使用，額頭上有很小的菱形。圖版10—113是商晚期Ⅱ的例子，額頭上的菱形比較大。圖版10—114、115是商晚期Ⅱ觚寬紋飾帶上下的狹窄紋飾帶中使用的例子，這種用法在商晚期Ⅱ、Ⅲ頗爲多見（圖版10—118～121）。身上没有鱗紋的例子也很多。商晚期Ⅲ還有像圖版10—122這種例子，把篆文白字形鱗紋上下縮短，變成山字形；也有額頭上的菱形被簡化成十字形的例子，如圖版10—123。甲骨文"甲"字作十字形，也就是説，額部的十字形有甲殼之甲的意思。關於額部菱形的來源，我們會在鱷形鬼神處加以説明。圖版10—128、129是西周ⅠB的例子，身上有羽毛。圖版10—130，鼻子兩側長着羽毛，其形狀像鬚，或許是另外一種蛇形鬼神的圖像，但身軀彎曲的形狀與上引的幾例相同，因此我們把它放在這裏。

圖版10—133，上文已經講過了。圖版10—132是拴住卣蓋的銅環做成這個蛇形神的例子，這種形狀的蛇形神在青銅器上很少見。圖版10—134是大約西周Ⅱ的很罕見的例子。

附帶講，圖版10—135是身軀盤繞的蛇，帶有漩渦眉的例子已經在前面引用過，但這條蛇没有那種眉毛，這個圖像額頭上有菱形，眉毛也有，同樣不是自然中所見的蛇，而是表示蛇形鬼神。

以蛇爲原型的鬼神圖像中，羽毛貼在身上的例子在上文引用過。此外還有像圖版10—137、138這種例子，身上長着很短的羽毛——與其説身上長着羽毛，不如説用羽毛表現身軀。時代更晚的戰國時代鈁的畫像紋中也能見到類似的圖像[22]。這或許是古書所謂的螣蛇，《爾雅・釋魚》云：

螣，螣蛇。

---

〔19〕容庚1941：上，116。

〔20〕Consten 1959：261—263。

〔21〕關於這個問題的以往説法，參看池田1964：131—133。

〔22〕郭寶鈞1959，圖版92，最上段。

郭璞注云：

> 龍類也，能興雲霧而遊其中，《淮南》云蟒蛇。

我們認爲，螣蛇在雲霧中游動，因此其形象帶有羽毛。

圖版 10—136 中，一根羽毛從蛇身長出來；圖版 10—139 中，許多羽毛并列在背上。我們認爲這些例子也屬於同一類，因此把它們在此一起引用。

【10】人首龍身神、人首蛇身神

圖版 10—140 是弗利爾美術館所藏的盉，這是有流、較矮的壺形容器，蓋上裝飾人面。這個人面頭上戴菌形角，當然不是普通的人；再看眼睛，外眼角下垂，形狀比較特殊[23]；有鱗紋的蛇身從頭部後面長出來，盤繞器體一圈；頭部還長出一對前肢，雖然前肢是從頭部長出來的，但既然有前肢，這個鬼神應該歸爲龍類。爲方便起見，筆者把此例歸爲本項的人首龍身神。

除了這個例子以外，商代文物中没有這種圖像，但根據型式可以知道時代屬於西周晚期或春秋早期的玉器中有比較類似的圖像。圖版 10—141 看上去是彎着膝蓋的人像，但肩部没有手臂，而卷曲着身體的小龍在這個位置，腳尖的形狀像蛇尾，臀部有細尾，頭上有卷曲的頭髮（？）。圖版 10—142 左半的人像與圖版 10—141 幾乎相同，但頭髮垂下，頭上有一條龍，龍頭向右下方；龍的下面有形狀差不多的人像，頭髮豎起，肩部没有手臂，腳尖也像蛇尾；左半人像的臀部下面有更小的這個人像，它以臀部爲下，貼在臀部。圖版 10—143 是没有手臂的人像，形狀與圖版 10—142 右半相似，腳尖同樣尖銳，形狀像蛇尾，人像的右邊似是回首的老虎。

這幾例人像，肩部缺少手臂，腳尖像蛇一樣尖銳，其形狀可以説是人和人首蛇身的中間形態。

這些人首龍身或人首蛇身的鬼神，商、西周時代文物中例子很少，但漢代的圖像很多見，那就是伏羲女媧像，他們上半身是人，下半身是蛇或有腳的龍。此外也有不同的人頭龍身或蛇身的鬼神[24]。就文獻資料而言，《山海經》中人面龍身或人面蛇身的神分布各地，例如《西山經》云：

> 曰鍾山，其子曰鼓，其狀如人面而龍身。

關於鍾，《海外北經》云：

> 鍾山之神……人面蛇身。

另外，《海内西經》云：

> 窫窳者蛇身人面，貳負臣所殺也。

---

[23] 例如婦好墓出土的玉人中，雖然只有一例，但有眼睛作這個形狀的例子（中國社會科學院考古研究所 1980，彩版二四）。

[24] 例如傅惜華 1950—1951：2，74；劉心健、張鳴雪 1965，圖九。

《海内東經》又云：

> 雷澤中有雷神，龍身而人頭。

著名的傳説人物中，共工是人面蛇身。《淮南子·墜形》"共工，景風之所生也"條高誘注云：

> 共工，天神也，人面蛇身。

這位共工在傳説中充滿着負面色彩，而且以被征服者的身份出現，例如他在舜之時造成了洪水[25]；與顓頊争奪帝位，戰敗後沉入深淵等[26]*，這個現象耐人尋味。圖版10—143中，人首蛇身神被虎形神壓住或抓住頭，我們似乎可以認爲這個人首蛇身神扮演着被壓迫者的角色，這個角色與上述的共工傳説似乎有共同點。這個人首蛇身神也可以看作上引的蛇身人面神窫窳。

人首龍身神或人首蛇身神圖像的時代很早的例子見於甘肅仰韶文化遺址出土的彩陶瓶上。圖版10—144是武山西坪出土的彩陶瓶，上面所飾的圖像是人頭蛇身，帶有像人一樣的手臂。武山付家門也出土過類似的遺物（圖版10—145），這兩件器都被認爲是仰韶文化晚期之器[27]。此外，臨洮馮家坪出土的雙聯杯中也有上面畫一對人頭蛇身像的例子（圖版10—146），這件器被認爲是齊家文化之物[28]。由以上例子可知，人首蛇身神或人首龍身神是可以追溯到仰韶文化的非常古老的神。

粗略地説，仰韶文化中存在人首蛇身或龍身的神，西周時期的有些圖像暗示這個神被壓迫，這種傳説在戰國時代也有所保留，漢代流行這類神。如果大致情況可以如此描述，我們似乎可以認爲，這種人首蛇身或龍身的神是起源於仰韶文化的很古老的神，作爲商周王朝的被征服勢力之神在神話傳説中扮演戰敗者和被放逐者的角色，但後來因爲統治者更迭，漢代恢復權威，重新流行起來了。

附帶説，關於圖版10—140弗利爾美術館所藏的盉，曼斯波格（Munsterberg）認爲這個圖像周圍裝飾着各種象徵多産和豐收的符號，因此這是上帝之像[29]。瓦特培里（Waterbury）認爲這是周代器，并把這個神像視爲后稷[30]。但不管是上帝還是后稷，都沒有人面龍身或人面蛇身的傳説，他們沒有什麼明確的根據，只不過憑主觀臆測對自己所看到的情況做出判斷而已。

【11】鱷形鬼神

筆者曾經對棲息在中國的揚子鱷和商代圖像做過討論，内容如下[31]：

---

〔25〕《淮南子·本經》。
〔26〕《淮南子·天文》。
〔27〕郎樹德等 1983：36。
〔28〕李仰松 1980：13。
〔29〕Munsterberg 1951。
〔30〕Waterbury 1952。
〔31〕林 1983：594—597。

---

* 譯按：此處引用的《淮南子·天文》原文是："昔者共工與顓頊争爲帝，怒而觸不周之山，天柱折，地維絶。天傾西北，故日月星辰移焉；地不滿東南，故水潦塵埃歸焉。"并没有説"沉入深淵"這種話。《左傳》昭公七年："昔堯殛鯀於羽山，其神化爲黄熊，以入於羽淵。"古史辨派多認爲共工與鯀爲一人（參看楊寬《中國上古史導論》第十二篇之一《鯀與共工》，收入《古史辨》第七册），所以林先生有此一説。

　　揚子鰐的學名是 *Aligator sinensis* Fauvel，現在分布在長江中下游地區，身長約 1—1.5 米。這是漢許慎《說文解字》所謂的鼉：

　　　鼉，水蟲，似蜥易，長丈所，皮可爲鼓。（引文根據段注本）

山東省西部兗州王因的大汶口文化早期遺址出土過幾個揚子鰐的骨頭，其中一部分有燒焦的痕迹，説明這些鰐并非由外地輸入的罕見珍貴動物，而是在距離遺址不很遠的河流或湖泊中捕獲的，在捕獲之後剥皮食肉[32]。我們不清楚商周時代華北地區大概有多少揚子鰐，但安陽侯家莊 1217 號墓出土過鼉鼓實物，用爲鼓皮的鰐皮中的骨板被發現[33]；《詩經·大雅·靈臺》也有鼉鼓的描述，據此可以推知，它應該不是罕見的動物。

　　圖版 10—147 是揚子鰐的照片。圖版 10—149 是石樓出土舟形容器（林 1984：圖版册，雜 18）的紋飾，這個圖像在側腹壁拓片的左上方與其他幻想動物一起出現。根據其他部分的型式，這是商晚期之末的器物。眼睛、四肢的腳尖、鱗片等圖像采用當時傳統的型式，但如果把這個圖像與圖版 10—147 相比較，就可以知道它在整體上很好地模仿揚子鰐的特徵。圖版 10—150、151 是安陽侯家莊 1001 號墓出土的遺物，圖版 10—151 的鱗片比較粗，圖版 10—150 中，用羽毛代替鱗片。

　　此外可能表示鰐魚圖像的還有圖版 10—152，這是象牙製的小型容器，從腹部羽毛紋的雕工看，這件器應該是商晚期之物。

　　這種鰐——準確地説，經過神格化的鰐形鬼神——的圖像，爲數極少。饒有趣味的是圖版 10—150、151 額頭上的菱形，這種大菱形在商、西周時代的饕餮、毒蛇形鬼神等的額頭上經常出現。筆者一直没想明白這個菱形來自什麽動物，現在筆者在揚子鰐中找到了它的源頭。關於揚子鰐頭頸部突出的鱗板的排列[34]，解説如下："沿着身體的中軸綫分布三對很大的頸鱗板，有時只有兩對。如果有三對，最後一對的鱗板比較小。頸鱗板的前面還有兩個較圓的小鱗片，偶爾有缺少這小鱗片的鰐。這兩個獨立的鱗板前面有較小的後頭鱗板，這個鱗板排列成半圓形。"[35]在此所説的鱗板的排列如圖版 10—148 所示[36]，但這張圖似乎有點被圖式化，因此筆者拍攝了實物照片（圖版 10—147 下）[37]。上引的關於鱗板的解説中首先講到的三對頸鱗板在水面之下，但透過水仍然能够看得到；其前面的兩個獨立的鱗板正好在水面處；再看其前面的排列成半圓形的後頭鱗板，其中的兩個在露出水面的頭上，可以看得很清楚。揚子鰐把頭部露出水面時，露出水面的一般都是這兩個後頭鱗板以上的部位。例如圖版 10—151 的菱形呈低方錐形，與露出水面的揚子鰐鱗板很像，饕餮額部的菱形經常畫成這個形狀。筆者認爲，除非找到比這個鱗板更像的東西，否則圖版 10—147 下中所見揚子鰐的後頭鱗板最有可能是商、西周時代饕餮額部菱形的原型。

　　要考慮這個菱形所代表的意思，由"申"和兩三個——一般是兩個，偶爾有三個——小菱形組成的商代甲骨文可以參考。關於這個字，過去有電（雷電光）、黽、虹、隋（出現霞、彩虹）等解釋[38]，在此無法對各種説法逐一加以評論，但筆者認爲陳夢家的解釋可從。也就是説，此字所從的是由三個菱形重叠成山形的"齊"。不管怎樣，我們都可以肯定，由兩三個小菱形和申（可以讀爲加雨字頭的電，也

---

〔32〕　周本雄 1982。

〔33〕　周本雄 1982：258。

〔34〕　"鱗板"這一名稱，參考了大村、深田 1966：75。

〔35〕　Clifford, Pope 1935：66。

〔36〕　關於這張圖，承蒙大英博物館（Natural History）Colin McCathy 先生指教。

〔37〕　當時筆者通過大阪市立美術館的中野徹先生的介紹，取得了天王寺動物園的許可，把三腳架搭在展櫃前，等了好長時間才拍到了這張照片。

〔38〕　李孝定 1965：11，3425—3433。

可以讀爲加示旁的神）組成的這個字，表示與降雨密切相關的意思，這一點很重要。揚子鰐的皮可以用爲鼓皮[39]，而鼓聲（揚子鰐的聲音）經常被比作雷聲，揚子鰐通過鼓與雷具有密切的關係，而且頭上的菱形被用在饕餮頭上。從這些情況推測，這個菱形在商、西周時代具有象徵性意義。另一方面，由兩三個菱形和“申”（雷、神）組成的文字具有與雨相關的自然現象的意思。若果真如此，這個甲骨文所從的兩三個菱形所象的是揚子鰐頭上排列的菱後頭鱗板，這個菱形具有與雷、雨相關的象徵性意義。

　　附帶説，圖版 10—153 是相當於西周 Ⅱ 的特定地域型銅鐘的紋飾。篆外側有半圓雕的紋飾，頭小，身軀細長，頭兩側有較長的疑似角的東西。其原型也有可能是蠑螈、蜥蜴、壁虎等動物，但暫且把它放在本類中。

【12】象形鬼神

　　關於商周青銅器的大象母題紋飾，我們在第三章第【16】項已經討論過。第三章討論的是犧首及與大象犧首有共同特徵的大象全身的紋飾。至於特徵與目前可知的犧首不同的象形鬼神，不在第三章收録，而在本章收録。

　　犧首頭上戴現實自然中的大象所没有的角，而圖像符號中有不像犧首那樣戴角的、象普通大象形的那種。與這個圖像符號相應的“象”字用爲人名和地名，與此相應的圖像出現在青銅器上，這些我們在第一章第三節第一項都講過。此外還有圖版 10—154 ～ 158 等例子，圖版 10—158 是湖南省出土的特定地域型大型鉦的紋飾。這些圖像雖然不像犧首那樣戴角，但身上有羽渦紋之類的紋飾，可見它們不是自然界存在的大象本身，而是被神化的象形鬼神。

　　附帶講，關於商代的大象，二戰前進行的殷墟發掘中發現過不到 10 組的年輕大象的牙齒、肢骨等，此事有德日進（Pierre Teilhard de Chardin）和楊鍾健的報告，學界早已熟知[40]。有些學者認爲，春秋到漢代在華中、華南地區存在野生大象，商代連華北地區也存在。而且商代有大象的象形字，也有對“象”加“爪”的“爲”字。筆者曾據此指出，大象并不是南方進貢的珍獸，當時商邑附近存在野生大象，商人也會調馴它，因此造了這些字[41]。這個看法至今没有改變。

【13】鹿、兔、熊、熊貓、猪、馬

　　關於以鹿爲原型的饕餮和犧首，我們在第一章第三節第三項已經討論過。除此之外，鹿形鬼神在青銅器中幾乎不出現，但鹿形玉器在西周時代并不罕見（圖版 10—162）。圖版 10—159、160 是所謂虎食人卣蓋上所飾的鹿，角已經折斷，但從身上的斑紋和體形可以知道是鹿。圖版 10—161 是西周 Ⅰ B 貘子卣紋飾帶中排列的鹿紋。鹿回首，下蹲。以這個位置裝飾的其他圖像類推，它也應該是一種鬼神。

　　戰國時代，楚地墓葬中經常發現頭上戴鹿角、吐出舌頭的辟邪獸。此外也有只把鹿角插在臺上的遺物，把鹿像狗一樣埋在腰坑中的習俗也可以確認。筆者曾經對這個現象進行過討論，指出當時可能相信鹿和鹿角能够爲墓主驅除邪惡鬼神[42]。戰國時代的這種迷信和商、西周時代與鹿相關的圖像有什麼關係，目前由於缺乏足够的資料，無法得出任何可靠的結論。

---

〔39〕《禮記·月令》季夏“命漁師伐蛟取鼉”條注云：“鼉皮又可以冒鼓。”上引《詩·靈臺》孔疏所引陸機云：“鼉形似水蜥蜴……其皮堅，可以冒鼓。”
〔40〕　林 1958：303。
〔41〕　林 1958：31—35。
〔42〕　林 1971：22—27。

　　兔形圖像符號及相應的兔形青銅器紋飾，我們在第一章第三節第一項引用過。那些兔形圖像像其他鬼神的圖像一樣單獨使用，而圖版 10—163 是在西周ⅠB 觶頸部并列使用兔形圖像，非常罕見。圖版 10—164、165 是玉兔，這種玉器在商、西周時代比較多見。

　　熊的圖像在漢代比較多見，但漢代之前很少見，商、西周時代青銅器中也幾乎不出現。但婦好墓出土了好幾件玉熊和石熊[43]。圖版 10—166 是商晚期的青銅杆頭裝飾，一側裝飾龍頭，另一側裝飾鳥。此鳥喙朝下，坐在杆上。鳥背上騎着一頭熊，它咬住鳥的頭後部。熊既圓又短的尾巴位於龍背上面。這是青銅器上裝飾熊的非常罕見的例子。

　　圖版 10—167 是玉器，根據頭形，它也應該是熊類動物，但這件玉器有下垂的長尾，據此可以推測這可能是熊猫。從雕工看，這是商晚期到西周早期的器。

　　圖版 10—168 是車轄的裝飾，一看就知道是豬頭。從眼睛的形狀看，這件車轄的時代大致屬於西周前半期。這隻豬的表情很溫和，不知道這是不是鬼神。

　　豬的裝飾還有像圖版 10—169 的那種。這是形象醜陋的動物頭形玉器，公私收藏的這種玉器很早就為人所知，但它是新石器時代紅山文化的遺物這一點是最近才為人所知的。頭部很扁很短，口吐獠牙，因此學者認為這件器象豬形[44]。遼寧遼河流域史前文化中的這類遺物和上引的西周車轄所飾的豬有什麼關係，目前難以闡明。

　　圖版 10—170 是湖南桃江縣偶然被發現的簋，這是目前可知的銅器中裝飾馬的唯一的例子。簋的上腹部裝飾兩對浮雕的馬，頭部是圓雕，方座的四角也各裝飾一匹圓雕的馬。從方座裝飾的饕餮看，這件簋并不是特定地域所作器，而是正宗的文化中心地區製作器。圖版 10—171 是殷墟婦好墓出土的玉馬，這也是目前可知的唯一的例子。這件玉馬頭大，軀幹長，可能是普氏野馬。至於青銅簋所飾的馬，因為照片不清晰，難以判斷其品種。

---

〔43〕 中國社會科學院考古研究所 1980，彩版二九，2；圖版一七五，1、2。

〔44〕 孫守道、郭大順 1984：15—16。

第十一章　人形鬼神

【1】夔

圖版 11—1 是泉屋博古館藏青銅鼓腹部大面積裝飾的人形神像。此人蹲坐，舉雙手，露出牙齒，頭上戴很大的羊角。筆者曾指出，這無疑是當時被稱爲夔的神[1]。圖版 11—2 是布倫戴奇（Brundage）收藏的犀尊銘文中的一部分[2]，銘文中出現"夔"字：

　　　　丁巳，王省夔祖，王錫小臣艅夔貝……

孫詒讓最早把這個字釋爲夔。他説：

　　　　諦審此字，似是夔之异文。其上從首，下從夊甚明。惟右旁尚有禾形。玫後盂鼎有字，右與此形亦相近。但彼上從頁無角，則是字。《説文·夊部》夔"從夊，象有角、手、人面之形"（象角，巳、止象手，頁象人面）。又"從頁，巳、止、夊，其手足"（巳、止爲手，夊爲足）。是夔、二字并屬象形。此從禾，正象手形。而盂鼎從，尤完備，左象肱臂橫出（《説文·又部》："厷，臂上也。"古文作），右象手下垂，此方與彼同，而左有闕畫。前祖辛觶："棘作且辛彝。"（《攈古録金文》二之一）南宫鼎："王令中先眚（省）南或（國），貫行𣃟王屄。在□貞山。"（三之一）"棘"下、"在"下，亦咸似夔字。[3]

貝塚茂樹基本同意這個解釋，但還説："此説還有一個問題。按照《説文》的説解，左邊的'止'象右手，右邊的'巳'象左手。'止'象手形這一點可以接受，但'巳'無論如何不能看作左手形。金文中，相當於左手的構件作禾，這不是手，而似是鳥類或蟲類的翅膀。"[4]此説可從。此外，甲骨文中有圖版 11—3 所示的文字，唐蘭認爲此字與金文夔字相當[5]。

如孫詒讓所指出，夔字頭上戴着疑似羊角的 C 形角，角下有"頁"即人面，其下是人字形即人的軀幹和手臂，最下面是"夊"即腳形。又如貝塚氏所指出，背上有翅膀。與這個象形字相應的動物見於商周時代遺物中。圖版 11—4 是璜形玉上雕刻的圖像，這是像夔字一樣頭上戴 C 形大角的側視人形。可能是由於施紋空間的關係，此人彎曲膝蓋蹲坐。如孫詒讓所説，"夔"去掉角就變成"爰"，這些玉器上所刻的人彎曲手臂，其手勢與孫氏所引祖辛觶銘文的夔字、甲骨文夔字相同。玉人背上還有鰭狀突起，

---

[1]　林 1960：34—38。
[2]　林 1984：圖版册，鳥獸形尊 6。
[3]　孫詒讓 1929：2，25 葉。
[4]　貝塚 1940：124。
[5]　唐蘭 1934：44。

筆者對此曾經做過考證，認爲這是翅膀的一種[6]。這個部分相當於金文夔字背上的翅膀。

金文夔字和圖版 11—4 玉夔都是側視形，而圖版 11—1 是正視形。腿、軀幹、頭都與人相同，頭上有一對很大的 C 形角。豎立在角中間的是由相背的一對羽毛組合而成的東西，這是第一章討論的、使饕餮（上帝）成爲上帝的篦形裝飾。用羽毛形表現的篦形裝飾相當於夔字頭後部、角下的 𝐹[7]。

如果圖版 11—2、3 的字是夔的象形字，夔字所象的動物正是這種形狀，這無疑是商代的夔。古書中所見的與這個形狀相對應的夔字的解釋，可以舉《國語·魯語》“木石之怪曰夔、蝄蜽”韋昭注：

> 夔，一足，越人謂之山繅，或作獟，富陽有之，人面猴身，能言。

貝塚氏云：“《説文》有無角之夔的獶字，説獶是貪婪的禽獸或猴的一種。從字形看，獶只是頭上沒有角而已，其餘都與夔相同，是帶有人類的頭、手和足的禽獸。此二字字形幾乎相同，其中一字是山神或森林的怪物，另一字也是棲息於森林的被描述成一種猴子的怪獸，意義上也不是沒有關聯。我們懷疑棲息於森林的真實動物之夔經過人的想象被擬人化或被神化，成爲了夔。”[8]就圖像的起源而言，可能是這麼一回事。

圖版 11—1 銅鼓的夔，脛部的旁邊和男性生殖器的兩側有魚。從這一點看，他似不是山神，而是與水有密切關係的神。由此可以推測，這位神的特性與注〔9〕所引《山海經·大荒東經》“出入水則必風雨”之夔相近[9]。

---

〔6〕　林 1953：188—191。

〔7〕　林 1953。附帶説，原田淑人（原田 1941）認爲，除了據説是殷墟出土的白陶的紋飾、泉屋博古館藏銅鼓外，還有長沙出土的雙角辟邪獸等也有雙角，而且張開雙手，因此它們也是《説文》夔字之象。但如果要引用《説文》夔字，應該首先參考上引的孫詒讓説，把它和金文夔字加以比較。

〔8〕　貝塚 1940：126—127。

〔9〕　我們在此考證的夔的形狀是根據夔字在商代的本義得出來的。但戰國以後的夔，《説文》云：“夔，神魖也，如龍，一足。”也就是説，夔的形狀像龍，而且只有一足。從漢代上溯到商代，龍的形狀一直與作人形的原始的夔根本不像。此外，下引《山海經·大荒東經》説夔的樣子像牛，無角，蒼色，只有一足，這個夔也是與商代的夔不同的另外一種鬼神。

　　關於只有一足這個特徵，葛蘭言（Granet）認爲，夔是樂正，與鼓有關，而鼓的支架是一足，夔一足的傳説與此有關（Granet 1926：505—515）。這也算是一種解釋。但亨采（Henze）根據民族學資料把它和月亮聯繫起來（Henze 1932：186），筆者認爲此説大致不誤。亨氏説：“夔具有相當濃厚的複合型鬼神的特性。傳説中夔是一足的，這一點與只有一足或一腳的許多鬼神相似。這些一足的鬼神都與月亮有關係。例如一足之神、一足之巫師、一足之舞、一足之鳥等都能夠降雨。《山海經·大荒東經》云：‘東海中有流波山，入海七千里。其上有獸，狀如牛，蒼身而無角，一足，出入水則必風雨，其光如日月，其聲如雷，其名曰夔。黃帝得之，以其皮爲鼓，橛以雷獸之骨，聲聞五百里，以威天下。’布希曼人的岩畫中有降雨的水牛和走在其周圍的一足的巫師，這一點值得注意。根據以上的討論，我們可以得出如下結論：夔與虧缺的月亮極爲相似，都只有一足。夔還和能夠呼喚風雨的無角牛被搞混淆（角的缺少代表月亮逐漸變細後消失的現象）。夔有誘發雷的能力（此事讓人聯想到了月亮的圓缺，一足之神與月和雷有親緣關係，能夠降雨）。此外還有夔光如日月的傳説，這個傳説可能表示夔能夠帶來雷光，或像星一樣閃爍。葛蘭言翻譯成綠色的‘蒼’，也有蒼白的意思。”

　　他的以上説法可從，但他進而把夔的屬性和銅器等遺物上所見的只有一足的小型圖像聯繫起來（Henze 1936, pp. 57—64），可以説是失誤，因爲他沒能證明文獻中所説的夔指的正是這些圖像。到目前爲止，在商周遺物的紋飾中找出“如龍一足”的夔是很困難的。

　　用夔字表示的鬼神中有舜之時的神話人物。《舜典》云：“讓于夔龍。”《禮記·樂記》“夔始制樂以賞諸侯”注云：“夔，舜時典樂者也。”衆所周知，關於這個夔，有孔子之語。《呂氏春秋·慎行論·求人*》云：

（轉下頁）

---

*　譯按：這段文字實見於《察傳》篇。

這種夔形圖像在青銅器中目前只有圖版 11—1 一例，但作側視形的玉器，除了圖版 11—4 以外，還有不少例子。

此外值得注意的是，不僅圖版 11—1 的鬼神，還有下引圖版 11—22 的鬼神也蹲坐，這個姿勢叫蹲居，此事李濟在討論殷墟出土的抱膝人像時講過[10]。衆所周知，這種姿勢廣泛出現於臺灣、太平洋島嶼及北美的土著文化雕刻中[11]。《山海經・大荒東經》云：

> 有大人之市，名曰大人之堂。有一大人踆其上，張其兩耳。（注：踆或作俊，皆古蹲字……）

從這個記載可以知道，後代的神話中也有這個姿勢的神。郝懿行《山海經箋疏》指出，此條中的“耳”，《太平御覽》卷 377 及卷 394 引作“臂”。如果是張開兩臂，這個姿勢更接近上引的圖版 11—22。

【2】几字形羽冠、人形鬼神

人形鬼神中有頭上戴几字形羽冠的一類。筆者曾經討論長沙子彈庫發現帛書中的十二神，指出圖版 11—5、6 等圖像符號及相應的圖像與其十二神之一可能有關係[12]。圖版 11—5 是圖像符號，作爲國族名應該有讀音，但與此相對應的文字沒有流傳到後代，因此這個圖像符號的讀音，亦即這個鬼神的名字，我們無法得知。

玉器上出現的几字形羽冠，有時裏面刻很細的平行綫，呈頭髮狀，如上文引用的圖版 9—24 人首蝙蝠形神。圖版 11—7 是扁足鼎的足，所象的是馬面人形鬼神，頭部兩側有茂密的頭髮，頭髮彎曲成几字形，參考圖版 9—24 的例子，這個頭髮相當於圖版 11—6 的羽冠，手和腳變成羽毛。圖版 11—8 是人面人身像，頭部兩側垂下彎曲程度不大的 S 形羽毛狀物，腰帶處懸挂蔽膝，手和腳用有眼睛的羽毛表現，可見他不是人而是鬼神。從羽毛的形狀看，這件玉器是西周晚期之物。穿禮服這一點與圖 11—7 不同，但兩者同樣頭上戴羽冠、用羽毛表現手和腳，從這一點看，圖 11—8 或許與圖版 11—7 屬於同一類。

附帶講，圖版 11—7 中所見的彎曲成几字形的頭髮會讓人聯想到典型龍山文化中出現的、頭部後面垂下彎曲程度不大的 S 形頭髮的人形鬼神（圖 60、61）。重視傳統文化是中國文化的特徵，根據這一點，我們可以想象兩者間有一定的聯繫。關於這個問題，希望等搜集到很好的資料後加以討論。

（接上頁）魯哀公問於孔子曰：“樂正夔一足，信乎？”孔子曰：“昔者舜……夔能和之，以平天下。若夔者，一而足矣。故曰夔一足，非一足也。”

《韓非子・外儲說左下》也記載類似的故事，但說是堯時的故事。在此所說的夔應該與開頭講的本義的夔不無關係。泉屋博古館藏銅鼓所飾的夔似乎與樂正有關；《山海經》所說的夔雖然形狀完全不同，但也與鼓有關。《莊子・達生》“山有夔”成玄英注云：“如鼓，一足。”這也可以作爲類似的例子引用。《莊子》中，夔是鬼的一種。

魯哀公和孔子的問答還有另外一種説法。《韓非子・外儲説左下》不僅有上引的故事，還有如下故事：

魯哀公問於孔子曰：“吾聞古者有夔一足，其果信有一足乎？”孔子對曰：“不也，夔非一足也。夔者忿戾惡心，人多不説喜也。雖然，其所以得免於人害者，以其信也。人皆曰：‘獨此一足矣。’夔非一足也，一而足也。”

這個故事則與“如龍一足”的傳説不同，其“忿戾惡心”的説法應該來自古老的傳説。圖版 11—1 銅鼓裝飾的鬼神露出牙齒。我們可以想象得到，青銅器上裝飾這位神是因爲它極爲猙狞，能够驅除邪惡精靈。

[10]　李濟 1953：283—293。
[11]　陳奇禄 1961：165—176。
[12]　林 1971：34。

【3】頭上戴其他東西的人形鬼神

圖版 11—9、10 兩件玉器大體上是人形，但頭上戴一個螺旋狀的物體。袁德星把這種東西——其中也包括筆者在第三章第【13】項稱爲角貝角的那種——視爲蜷螺，進而考慮其象徵意義[13]，但此説缺乏證據。關於角貝形獨角的象徵意義，暫時存疑待考。

圖版 11—11 是安陽小屯婦好墓出土玉器，頭上戴橫倒着的フ形羽冠（？），身體部分正背兩面都刻着同樣的羽毛紋，但所刻的分別是男女。從雕工看，這件玉器是中原地區製作的。正面和背面同樣是裸身，但分別是男女的圖像亦見於寧城南山根春秋早期墓葬出土的青銅劍之柄上（圖版 11—12）。一身兼具陰陽兩性的神似乎沒有流傳到後代的文獻中。這件商代玉器上所刻的是北方野蠻人固有的神，還是中原地區從很早就有、北方野蠻人也同樣相信的神，抑或是從中原流傳到北方的神？由於資料不足，無法探討。不管怎樣，夏家店上層文化據説是東胡的文化，這個文化中出現與中原特性相同的神，是饒有趣味的事。

圖版 11—13 是靈臺白草坡 1 號墓出土玉器，同出的青銅器時代大約屬於西周 I。這件玉人是裸身，一條蛇盤繞在頭上。説到頭上有條蛇的人，令人馬上聯想到圖版 11—14，這是瑞典斯德哥爾摩遠東古物博物館從古董商購買的藏品[14]，被認定爲半山文化的遺物[15]；一條蛇從頭後爬上去，在人頭上露出蛇頭，人頭上有矮短的圓筒狀物，當時可能把角插在這裏。民族學者認爲這個頭像是世界各地廣泛存在的蛇、水、月、再生、不死等一系列觀念的圖像表現[16]。也就是説，他把眼睛下方的綫條視爲淚水＝水。按照這個説法，圖版 11—13 只是有條蛇盤繞在頭上而已，眼睛下方沒有這種綫條，因此應該是與圖版 11—14 不同的另一種神。

附帶説，可能有人會覺得這種頭上戴蛇的裸身人形神或許出現在《山海經》中，但遺憾的是《山海經》中沒有這種神的記載[17]。

圖版 11—15 是杆頭裝飾，根據羽毛的形狀判斷，這是西周前半期之物；後頭長出很大的羽毛，一隻鳥站在其上面，我們不妨把它稱爲戴鳥之神。但這件杆頭裝飾還有另一種解釋，筆者在第一章引用的杆頭裝飾（圖 20）可以理解爲戴着鬼神面具的方相氏，圖版 11—15 與此相類，是執行祭祀的人，頭上不戴面具而戴鳥形帽。

【4】披髮鬼神（一）

青銅器和玉器上所見的商、西周時代人形圖像中有長頭髮垂下來的一類。筆者曾指出這個髮型是披髮，進而認爲它是鬼，即死者鬼魂的形象[18]。但現在，筆者的看法與此不同。

圖版 11—16 是長刀，根據圖像的風格判斷，時代大致屬於西周早期到中期。刀背中部有人形神，手腳彎曲，蹲居。頭髮下垂，髮梢稍微上翹。這位神雖然是人形，但口中上下長出獠牙，下顎的形狀

---

[13]　袁德星 1978：87—88。
[14]　Andersson 1943, p. 240.
[15]　Palmgren 1934, Pl. 19, 9 説明。
[16]　瑞曼 1975。
[17]　《中山經》云："又東南一百二十里，曰洞庭之山……是多怪神，狀如人而載蛇，左右手操蛇。"（郝懿行《山海經箋疏》："載亦戴也，古字通。"）頭上戴蛇這一點與這些圖像相同，但左右手操蛇這一點不一致。
[18]　林 1960：24—34。

與饕餮、犧首相同，腳尖是帶有長爪的動物腳。這種披髮的頭還見於圖版11—17，一般認爲這是斧柄頭裝飾。下顎的形狀與饕餮、犧首相同，但閉上嘴巴。圖版11—16，嘴巴旁邊有鱗紋。圖版11—18、19的人頭形裝飾上也有鱗紋，這兩件的嘴巴是人嘴。圖版11—18是靈臺白草坡2號墓出土的器物。同出青銅彝器的時代大致屬於西周Ⅰ，這件戈也可以認爲是西周Ⅰ之物。這是戟的矛尖換成長刀的兵器，長刀的刀背上端使用這個人頭形裝飾，長刀的刀刃被當作這個人頭的頭髮。圖版11—18與圖版11—16同樣是長刀的裝飾，兩者雖然嘴巴的形狀不同，但可能是同一個神。圖版11—19是斧柄頭裝飾。呈雞冠狀的部分與圖版11—18的頭髮相似，應該也可以視爲頭髮。圖版11—18、19雖然在表現風格上有所不同，但可能是同一個神。既然長刀和斧上裝飾這位神的頭像，他應該是軍神或掌管刑戮之神。

圖版11—20、21是玉器，時代比前幾例早，屬於商晚期，這些圖像額部髮際處有漩渦弧綫，但也是披髮的人形神。圖版11—20與圖版11—16同樣作蹲居形。圖版11—21的手腳姿勢不清楚，但大耳的老虎從背後咬住這個人。第三章第【7】項看的几字形羽冠動物形鬼神，從後面抱住人形鬼神，把人形鬼神的頭部含在嘴裏。我們認爲這個圖像表示的是人形鬼神裝扮動物形鬼神，或者兩者爲一體的意思。圖版11—21也可以如此解釋。圖版11—16中，尖葉形角的龍類鬼神在人形鬼神頭上，張開大嘴，咬住披髮的頭。我們在第一章看過一種犧首，看上去好像張開大嘴咬住鳳凰的頭，我們把它解釋爲戴着犧首面具的鳳凰。圖版11—16應該也是同樣的例子。就圖版11—21而言，如果說背後的大耳老虎將要咬死這個人形鬼神，這隻老虎與對手相比太瘦弱了，這個説法不如前面的解釋妥當。

看上去好像被大耳老虎咬住的蹲居的神，還有圖版11—22。這是相當於商晚期的特定地域型銅器，老虎的身軀往左右展開。這個圖像中，老虎的下顎緊貼在人形鬼神的頭頂上，我們無法看清這個人形鬼神是否披髮。值得注意的是，這位蹲居的神從嘴裏垂下花蕾狀物。這顯然是舌頭。關於這位神，筆者曾經發表過如下看法[19]：

商代的人形圖像没有其他例子，但甲骨文中有𦓏這種字，其下部的𠂊當然是人。上部的𠄌是橫倒的𠮷（舌），往外突出的一定是舌頭。但𠄌中相當於口的上下橫筆往外翹，這個形狀與龍字的頭部相同，附在口上的𠃌與老虎耳朵相同。根據以上分析，這個字的整體是吐出舌頭的獸頭人身形，獸頭的形狀像龍頭，但戴像老虎一樣的大耳，這個字在甲骨文中用爲地名或部族名[20]。

甲骨文中還有𦓎字，形體與𦓏很相似，但没有耳朵，這個字也用爲部族名[21]。

𦓏和𦓎兩字都見於武丁時期的卜辭中，而且字形相近，或許是一個字。但没有什麽證據，我們無法斷言。

吐出長舌的人形神像，在商代之後直到戰國時代都没有資料。就戰國時代的文物而言，吐出長舌、頭上戴鹿角的木雕半身像近年來在楚地出土了不少。屬於同一譜系的神像在廣州東郊東漢墓中被發現（圖版11—23），報告者把這個神像命名爲鎮墓俑，做如下説明：

頭上纏巾，長舌伸出（斷失一部分，原長度不明），兩手甚長，似獸蹄形按於地上，兩足甚短，盤坐於身後。[22]

這個例子證明這種吐舌的長沙地區墓葬守護神的傳統一直沿襲到東漢時期。

圖版11—24是重慶市化龍橋東漢墓出土的遺物，發掘簡報説：“頭上簪花一朵，舌頭伸出（已

---

〔19〕 林 1971：35—37。

〔20〕 例如《續》5，6，4；5，19，15。

〔21〕 例如《前》4，55，4；《文錄》766。

〔22〕 廣州市文物管理委員會 1955：68。

缺），右手執斧，左手握蛇。"[23]一手拿蛇，一手拿兵器的神像亦見於畫像印（圖版 11—25）。不知這位神稱爲什麽，但斧鉞代表刑罰，這位神可能掌管刑罰和死亡。可以想見，吐出舌頭的表情作爲這種神很合適。圖版 11—26 是浙江省義烏縣城附近西漢墓出土的黃釉瓿耳部紋飾。他穿着鎧甲，怒髮衝天，一手舉劍。這個人也吐出舌頭，證明吐出舌頭是威嚇對方的表情。

以上考證表明，戰國時代到漢代的吐出舌頭的神是威嚇人的、令人畏懼的神。圖版 11—22 的人形鬼神無疑是假借大耳老虎的威嚴強調這種性格的神。披髮代表的意思尚不清楚，但披髮的特徵與圖版 11—16 ～ 19 相同，而且圖版 11—16 ～ 19 裝飾在兵器上，據此可以推測這些神也具有同樣的性格。因此我們把圖版 11—22 和圖版 11—16 ～ 19 放在一起加以討論。

【5】披髮鬼神（二）

上一項討論的是威嚇人的鬼神。例如圖版 11—21、22 背着老虎，或頭上戴老虎，表示他是這種性格的神。但還有一類神雖然與老虎有關，但不得不做另一種解釋。

圖版 11—27 是車轄裝飾。人像露出乳頭，據此可以知道是裸身的人騎在老虎身上，抓着老虎耳朵，老虎乖乖地低着頭。圖版 11—28、29 也是同一母題的人像。圖版 11—30，人在老虎後面蹲居。圖版 11—27、29 中，人的髮型不清楚。但圖版 11—28、30 中，長髮垂到後背，既不束頭髮，也不扎辮子。這些人像的母題應該相同，這個母題可以稱爲裸身披髮人形鬼神與老虎。

與圖版 11—29 相似的遺物在洛陽北窑村被發現，整理者根據同出陶器認爲這件器的時代屬於西周中期偏早[24]。此説可從。圖版 11—27 ～ 29 既然與此相似，應該大致屬於同一時期。圖版 11—30 在寶雞茹家莊出土，同出的青銅彝器時代屬於西周 II，可見圖版 11—30 的時代也屬於這個時期。附帶説，這個母題的圖像也見於戰國時代的玉器中，如圖版 11—32。

圖版 11—31 的形狀與以上幾例相似，但仔細看就可以知道，人的方向與圖版 11—27 等相反，下半身與老虎合爲一體。這個人回頭，髮型與圖版 11—16 相同，下垂，髮梢稍微上翹。與此相比較就可以知道，圖版 11—29 後頭的突起是這種卷髮。

圖版 11—31 中，正如字面上的意思，人和老虎"合體"。圖版 11—27 ～ 31 也應該既不是人馴服老虎，也不是人憑藉某種威力強迫老虎服從，而是以這種方式表示老虎和這位人形鬼神是不分彼此的好朋友，關係非常親密。

看圖版 11—29，人的耳朵上打洞，這種耳洞亦見於虎食人卣。虎食人卣，日本京都泉屋博古館和法國巴黎塞努斯基東方美術館各收藏一件，兩者非常相似，但一些細節存在小差异[25]。老虎所抱的披髮人像也有小差异，泉屋博物館所藏的一件是普通的耳朵，而塞努斯基的一件在耳朵上有洞。漢代文獻説，耳朵上打洞戴耳飾的風俗起源於蠻夷。《釋名·釋首飾》璫條云：

> 穿耳施珠曰璫，此本出於蠻夷所爲也。蠻夷婦女輕淫好走，故以此琅璫錘之也。今中國人傚之耳。

---

[23] 胡人朝 1958：43。

[24] 洛陽博物館 1981，圖七：1、2；56—57 頁。

[25] 林 1980a：155—156；圖 23—28。

據此，圖版 11—28 中的耳朵上打洞的裸身女性——因爲乳房不小，可以視爲女性——是蠻夷女性。我們還可以知道，圖版 11—33、34[*]的所謂虎食人卣的人像中，塞努斯基的一件是蠻夷女性，泉屋博物館的一件是男性。

至於披髮，古代人認爲這也是非中國人的習俗。筆者曾經對中國人的髮型做過如下論述[26]：

根據春秋戰國時代的文獻，在古代中國人的意識中，周邊异族是披髮文身、披髮左衽，中國人是冠冕着衣，兩者在這點上有顯著區別。例如《禮記·王制》云：

東方曰夷，被髮文身，有不火食者矣……西方曰戎，被髮衣皮，有不粒食者矣。

《論語·憲問》云：

微管仲，吾其被髮左衽。

束髮用的骨笄在商代遺址大量出土，説明束髮戴冠的習俗可以追溯到商代。不止如此，仰韶文化的遺物中也有與商代骨笄同樣的笄，據此可知這種習俗與中國農耕文化同時開始，這個習俗的根源非常古老。

如果是普通人，除非可以放鬆的私人空間，否則不會披頭髮。披着頭髮在外面行走是極不正常的、類似瘋子的行爲。例如齊桓公把内事交給鮑叔處理，把外事交給管仲處理，自己完全不參與公務。這個故事中有如下一句話：

被髮御婦人，日游於市。[27]

這是一個極端的比喻，用這句話表達桓公不從事公務的生活。

此外還有如下説法：

漆身而爲厲，被髮而爲狂。[28]

這句話説明，常人不會披着頭髮在外面行走，披髮是瘋子的典型打扮。

如此看來，與老虎在一起的披髮人形鬼神是蠻夷人的裝扮。

圖版 11—33、34 的所謂虎食人卣的母題是什麼？關於這個問題，筆者曾經認爲這是虎形神吃鬼的樣子[29]。但現在重新考慮這個問題，這個人乖乖地抓住老虎的雙臂，如果他要被老虎吃掉，這個姿勢太奇怪了。老虎給人餵奶這種解釋也難以成立[30]，因爲塞努斯基的一件虎食人卣中的人在耳朵上打洞，這個人不可能是嬰兒。

據説虎食人卣是湖南寧鄉出土。生銹嚴重的狀態與這個地區出土的其他青銅器一致。如果出土地果真是湖南，與上引圖版 11—30 杆頭裝飾的出土地相去甚遠，但古代遺物經常在離生產地很遠的地方出土，而且同一譜系的神和傳説在相去很遠的幾個不同的地方存在也是完全有可能的。因此筆者認爲，

[26] 林 1960：27—28。

[27] 《韓非子·外儲説右下》。

[28] 《戰國策·秦策三》。

[30] 這件卣收入《泉屋清賞》第 68 圖，濱田耕作在這件器的解説中云："有人認爲這件器的形狀要表達的是《左傳》宣公四年所見的楚若敖之孫子文受到老虎哺乳的傳説，此獸是虎。這是此卣稱爲乳虎卣的由來。但羅君振玉似乎認爲這是饕餮要吃人之像，他在《俑廬日札》（2 頁）中云：'徐梧生監丞言：盛伯羲祭酒家，藏一卣……形制奇佹，作一獸攫人欲啖狀，殆象饕餮也。此前人記述古彝器圖像者所未知。'他所説的似是這件器。前一種説法饒有趣味，但沒有明確的證據證明此獸是虎。目前按照傳統的説法命名爲乳虎卣，但根據後一種説法把它視爲饕餮或許更爲妥當。"

* 譯按：原書只説圖版 11—33。根據文意，我們補了 34 號。

所謂虎食人卣像圖版 11—27 ～ 31 一樣表示老虎和蠻夷習俗的人形鬼神之間存在非常親密的關係。

在此令人想到的是《後漢書·南蠻西南夷列傳》所記載的巴郡南郡蠻的祖先廩君之傳說：“廩君死，魂魄世爲白虎。”[31]可以推測，本項引用的圖像與這種傳說的形成可能有一定的關係，但由於沒有相關的文字記録，無法進一步深入探討。

【6】單獨人頭

圖版 3—57 是爲人熟知的婦戊鼎耳外側的紋飾。一對像人一樣直立的大耳虎形鬼神相對，張開大嘴，一個較小的人頭在大嘴中間。這是商晚期 II 的器。圖版 11—35 比婦戊鼎時代晚很多，是春秋 I 車軎上的紋飾。犧首頭上戴外卷二歧角，犧首牙齒的側面和正面有人頭。這些圖像，無論怎麼看，都只能是大耳虎形鬼神或犧首吃掉人頭的場景。那麼這些人頭究竟代表什麼？圖版 11—36 爲我們推測這個人頭的性格提供綫索，這是商晚期 III 篹外底裝飾的半圓雕人頭（林 1984：圖版册，篹 40）。關於器物外底裝飾的鬼神，我們在第一章第三節第一項討論過。我們指出紋飾在青銅器中所占的位置有等級之別，被商朝征服的國族之物原則上只能占從屬地位的位置，其中有一類紋飾幾乎只在很不顯眼的外底出現。以此類推，圖版 11—36 人頭的用法可能表明他是被商朝征服的人。這個人頭是普通的人頭，鬼神的頭上經常出現的羽毛或角等東西在這個人頭上都沒有，説明他不是神，而是被征服的人本身的圖像。安陽殷墟出土過一件青銅人面具，這件面具與盥洗器一起出土，眼睛的位置靠上，其面貌與圖版 11—36 相似[32]。

周邊異族長相的人頭像其他鬼神一樣使用的例子還有圖版 11—37，這是寶雞竹園溝出土斧頭的裝飾。這個裝飾的用法與圖版 11—18、19 相同，髮型是齊劉海，後面扎辮子，發掘報告認爲這是氏族的風俗。髮型與此完全相同的玉人也在殷墟婦好墓出土過[33]。這個玉人，胸部裝飾几字形羽冠的犧首，手臂上裝飾尖吻蝮，背上刻羽毛。這個人應該不是氏族本身，而是模仿氏族形象的鬼神。上面引用的沒有身體、只有頭部的蠻夷圖像也可能與此相同，應該視爲鬼神的頭。

此外，圖版 11—38 可能也是和圖版 3—57、11—35 等相類似的例子，這個人交叉雙臂，蜷縮身體，身上有一條蛇纏繞，下面可以看到腳，頭上有巨大的饕餮張開大嘴。從兩者大小比例看，這個圖像不能解釋爲人戴饕餮面具之形。它可能與圖版 3—57、11—34 相同，只能理解爲饕餮將要咬住人形鬼神的情形。

---

[31] 有關廩君的類似傳説亦見於《搜神記》第十二。
[32] 陳夢家 1954，圖版柒、圖 8，24 頁。
[33] 中國社會科學院考古研究所 1980，圖八〇，2；圖版一三〇，1。

第十二章 罔兩類

　　我們所謂的罔兩類，例如下面馬上要說明的罔兩紋，雖然具有人類或動物的身體部位，但這些部位的組合并不見於自然界裏存在的任何動物，因此可以認定爲某種鬼神。

　　本章以下的三章討論的紋飾，不僅下面講的罔兩，還有很多紋飾可以知道確實是“物”即鬼神的一種，它們無疑都具有各自不同的象徵意義，但其中也有一些紋飾可能在當時人的心目中并不是鬼神的圖像。因此我們把這些紋飾命名時，不采用“某某形鬼神”這種稱法，而一律稱爲“某某紋”。

【1】罔兩紋

　　罔兩紋是眼睛兩側附加左右對稱的羽毛的紋飾。容庚稱之爲竊曲紋[1]。罔兩紋可以分爲三大類：（1）類，眼睛兩側的羽毛各有一片；（2）類，眼睛兩側的羽毛各有兩片；（3）類，左右兩側的羽毛呈甲骨文“申”字形。我們通過圖版 12—10 骨柶的紋飾可以知道（1）類和（2）類是兩種不同的圖像。這件骨柶的下部刻龍紋，正背兩面（左邊的拓本是正面）分別刻菌形角的龍和羊角的龍，上部的紋飾帶中的紋飾分別是（2）類罔兩紋和（1）類罔兩紋，情況與下部的龍相同，可見它們分別是兩種不同的紋飾。

　　我們暫且不談罔兩這一命名的由來，先看數量極多的（1）、（2）兩類各個時期的例子。首先是（1）類。圖版 12—1、2 是商中期的例子，紋飾單元的形狀與圖版 12—8 相似，相鄰紋飾單元的羽毛互相重叠。圖版 12—7 是商晚期Ⅰ的例子，把重叠的羽毛稍微左右拉開一點。圖版 12—4 ～ 6 是商中期Ⅱ的例子。圖版 12—4，饕餮的左右兩側使用罔兩紋，這個紋飾扮演饕餮隨從的角色，這種饕餮隨從的角色在圖版 12—46 中可以明確地看出來。圖版 12—5，左右兩側的羽毛沒有分出小枝。

　　圖版 12—7 ～ 9 是商晚期Ⅰ的例子。圖版 12—10，時代大約屬於商晚期Ⅱ，這個例子已經引用過了。圖版 12—11 是商晚期Ⅲ的例子。

　　圖版 12—12、13 是西周ⅠA 的例子，圖版 12—14 是西周ⅠB 的例子。圖版 12—13、14 用細綫表現罔兩紋。圖版 12—15 是西周ⅡA 的例子，這也是細綫式罔兩紋。圖版 12—16 是紋飾帶中使用的例子，時代屬於西周ⅡB。圖版 12—17 是西周Ⅱ的例子，從這個時期開始，眼睛周圍的部分旋轉約 90 度。圖版 12—18 是分散式的例子，這種例子很少見。圖版 12—17 是同一件壺的兩種罔兩紋，上面的單獨使用的罔兩紋是壺蓋捉手頂部大面積裝飾的例子。眼睛上下有對稱的圖形，其形狀顯然是龍類下顎，眼睛兩側展開的長羽毛像大象的長鼻。眼睛上下的小突起呈下顎形的例子很早就有，如圖版 12—6、8 等。據此可知，在當時人的心目中，這個圖像不是由眼睛和羽毛組成的紋飾單元，而是一種動物，雖然在自然界中不會遇到。

　　圖版 12—19，眼睛左右兩側的羽毛被替換成（1）類罔兩紋，這種例子只有這一例，沒有其他類似的例子，爲了方便起見，放在此處。

　　圖版 12—20 ～ 23 是西周Ⅲ的例子。圖版 12—20 是眼睛沒有旋轉的舊形式。圖版 12—24 是西周

---

[1] 容庚 1941：上，132—135。容氏把西周晚期紋飾帶中使用的羽渦紋等很多種紋飾包括在竊曲紋中。

Ⅲ壺蓋捉手頂部裝飾的例子，整體呈圓形。圖版 12—25 也是這個時期的簋蓋捉手頂部裝飾的例子，但從眼睛長出來的羽毛也有眼睛，形狀很獨特。圖版 12—26 ～ 30 是西周ⅡB 的例子 *，圖版 12—31、32 是西周Ⅲ的例子。圖版 12—26、27、31 等是簋等器物的紋飾帶中排列罔兩紋的圖案，這種圖案在西周Ⅲ極爲多見。圖版 12—23、28 是一個罔兩紋單獨裝飾在較大地方的例子，這種用法也很常見。

其次看（2）類。圖版 12—37 是商中期Ⅰ的例子，圖版 12—38 是商中期Ⅱ的例子，圖版 12—39、40 是商晚期Ⅰ的例子。圖版 12—41 ～ 43 是商晚期Ⅱ的例子，屬於這個時期的圖版 12—10 在上面引用過了。圖版 12—44 ～ 46 是商晚期Ⅲ的例子。圖版 12—45 是鼎耳外側裝飾的例子，這種例子很少見。圖版 12—46 在第一章引用過，這是（2）類罔兩紋作爲饕餮隨從出現的例子。這個位置通常出現小龍和鳳凰類，這個例子證明這類罔兩紋是等級與這些小龍和鳳凰相同的鬼神。

圖版 12—47 是西周ⅠA 的例子，圖版 12—48、49 是西周ⅠB 的例子，圖版 12—50 是西周ⅡA 的例子，這類紋飾似乎沒有延續到西周Ⅲ。

以上列舉了兩類罔兩紋各個時期的實例，下面說明我們把這種紋飾稱爲罔兩紋的理由，關於這個問題，筆者曾經發表過如下看法 †：

唐蘭從篆文"良"字出發，經過西周金文"良"的字形，追溯到圖版 12—55：1、3 的甲骨文，證明這些字是"良"，并認爲這些甲骨文是從圖版 12—55：8 演變而來的[2]。篆文"良"（圖版 12—55：6）確實是季良父盉銘文中所見"良"字（圖版 12—55：5）的訛變形，這個金文"良"的字形是圖版 12—55：1 和 3 的混合形體，此字上下都有平行的兩個筆畫，如果不考慮它和圖版 12—55：1 的關係，就解釋不了這兩筆。但如果只有圖版 12—55：1，圖版 12—55：5 的上下各兩筆中間連接的筆畫就不會出現。順便指出，唐蘭說圖版 12—55：3 是由圖版 12—55：1 演變而成的，但這兩個字在同一個時代并存，用法也不同，因此這個說法不能成立。唐蘭還說圖版 12—55：1 是從圖版 12—55：8 演變而來的，但如李孝定所指出[3]，這兩個字的用法完全不同，因此應該視爲兩個不同的字。

甲骨文"良"（圖版 12—55：3）有時候寫作圖版 12—55：4。中央的方形内有一個點，可見這個部分象眼睛形。眼睛上下的筆畫（圖版 12—55：7）是羽毛前端的較寬部分符號化的東西，詳見下文，因此甲骨文"良"字所象的無疑是像圖版 12—55：4、9‡ 那樣的、眼睛兩側長出羽毛的圖像。甲骨文"良"和這些圖像的方向及橫豎不同，但如果文字所象的對象橫長豎短，甲骨文經常把它寫成旋轉 90 度的形狀，如"犬"、"虎"等。唐蘭認爲圖版 12—55：1、2 和圖版 12—55：3 是同一個字，把它們釋爲"良"。其中的圖版 12—55：1、2，按照同樣的道理，應該是圖版 12—39、40 等的象形字。

圖版 12—55：3 和 1 兩種字形所象的原圖像有細微的區別，這兩個字的用法也有差異。的確，這兩個字在第一期都用爲固有名詞，但圖版 12—55：3 用爲人名，例如在甲橋刻辭中作爲進貢卜甲的人出現[4]，此外也有不少似是人名的例子[5]；圖版 12—55：1 則在卜辭、骨臼刻辭中作爲婦名出現[6]，此外

---

〔2〕 唐蘭 1934：54—57。

〔3〕 李孝定 1965：5，187。

〔4〕 《乙》1335；《南北・師友》2，4。

〔5〕 《乙》2285、5162；《佚》618；《南北・坊間》1，47；《掇》2，68。

〔6〕 《佚》1000；《林》1，18，10；《乙》972（有女旁）、2510、2511，7，T22；《清暉》22。

---

* 譯按：根據圖版的說明，圖版 12—26 ～ 30 的時代是西周Ⅲ B。

† 譯按：以下關於"罔兩"這一名稱的考證，基本引自林 1970：32—34。因爲原書沒有加注說明出處，在此特加說明。

‡ 譯按：此編號當有誤。圖版 12—55：4 是甲骨文"良"本身，圖版 12—55：9 是甲骨文"申"。按照原書的說法，意思根本不通。揣摩林先生的意思，甲骨文"良"有兩種字形，第一種字形（即圖版 12—55：1、2）來自（1）類罔兩紋，第二種字形（即圖版 12—55：3、4）來自（2）類罔兩紋。根據這個文意考慮，此編號可能是圖版 12—4、9 之誤。

也有似乎表示人名的用法[7]，還有表示地名的用法[8]。其實没有任何證據證明12—55：1和3所指的是同一個人或地。也就是説，商晚期，圖版12—55：1和3是兩個不同的字，因此它們所象的圖像應該也是兩種不同的東西。

以上論述表明，以上列舉的圖像當時稱爲"良"。要説名爲"良"的鬼神，令人立即想到方良。方良見於《周禮·夏官·方相氏》，云："大喪先柩，及墓入壙，以戈擊四隅，毆方良。"鄭注云：

　　方良，罔兩也。

罔兩是《國語·魯語下》所見夔蝄蜽之蝄蜽：

　　丘聞之，木石之怪曰夔蝄蜽。

韋昭注云：

　　蝄蜽，山精，傚人聲而迷惑人。

根據這些記載，罔兩是木石之怪或山精。

至於罔兩的形狀，《説文》云：

　　蝄，蝄蜽，山川之精物也。淮南王説：蝄蜽，狀如三歲小兒，赤黑色，赤目，長耳，美髮。

《説文》在這句話的後面引《魯語》之語。根據此説，罔兩的形狀像三歲的小孩。

關於罔兩還有另外一種説法。《莊子·齊物論》"罔兩問景曰……"郭象注云：

　　罔兩，景外之微陰也。

也就是説，罔兩是影子邊緣的模糊部分。這個意思似乎很抽象，但這個故事中罔兩既然進行問答，應該不是物理意義的影子，而是影子中很淡部分的精靈。被罔兩提問的景，即很濃的影子，也不是物理意義的影子，而是影子的精靈。我們從景所説可以知道這一點：

　　吾待蛇蚹蜩翼邪？

這句話的意思是：難道我像蛇用鱗片爬行、蟬用翅膀飛行那樣需要鱗片或翅膀嗎[9]？從這個記載看，景是影子的精靈，當時一般認爲它像蛇那樣用鱗片或像蟬那樣用翅膀走來走去。但遺憾的是，根據《莊子》記載，我們無法得知罔兩的四肢是怎樣的。但以景類推，罔兩無疑也是具有某種形狀的四肢的精靈。罔兩還有朦朧這一詞義[10]，因此現在討論的、眼睛兩側有羽毛的、不知怎麽形容才好的形狀的鬼神

---

〔7〕《乙》3334、7673；《外》442。
〔8〕《前》2，21，3。
〔9〕　這個翻譯根據福永1969：106。
〔10〕　聞一多1956a：43。

也不一定不適合於這個名稱。我們命名爲罔兩的鬼神圖像可以追踪到春秋戰國時代[11]，因此罔兩的名稱和圖像的組合一直流傳到上引《莊子・齊物論》的形成年代是十分有可能的。

因爲上舉圖像爲"良"字所象，可以確定它是商代稱爲"良"的鬼神，這個稱爲"良"的鬼神後來爲什麼被稱爲"方良"或"罔兩"？目前無法根據確鑿的證據討論這個問題，但有件事情耐人尋味。《説文・富部》云：

　　　　良，善也。从富省、亡聲。

從甲骨金文"良"的字形看，"从富省"這一説解顯然是錯誤的，但从亡這一點確實如此。如上所述，甲骨文"良"（圖版 12—55：3、4）由眼睛和一對ㄥ（圖版 12—55：7）構成，而如下所述，後者是甲骨文亡字。"亡"的聲母是 m-，"良"的聲母是 l-，l- 母的字以 m- 母的字爲聲符的例子還能找到不少[12]，因此《説文》的説解應該可從[13]。上文已經指出，圖版 12—55：5 金文"良"的字形既與圖版 12—55：3 从亡的"良"相似，又具有圖版 12—55：1、2 的因素。無論從文字的角度看，還是從相應的圖像看，圖版 12—55：1、2 和圖版 12—55：3 在商、西周時期雖然很相近，但也有區別，圖版 12—55：5 是兩者的中間形態。"罔"、"兩"二字是可以諧聲的 m- 母和 l- 母的字。從語言學的角度做解釋，這兩個字構成一個詞可以説是用兩個讀音可以相通的字表示一個詞，也可以説是把一個字的讀音拉長，改成由兩個字組成的詞。但我們懷疑這個現象還有別的背景。也就是説，"罔"和"兩"分別相當於圖版 12—55：1 和 3。兩者是雖然有親緣關係，但也有區別的兩種鬼神；後代，如圖版 12—55：6 所示，這兩個字的字形融合起來，説明關於這兩種鬼神的知識變得很模糊——（2）類罔兩紋在西周晚期從青銅器上消失，被認爲是一種神[14]。

下面看（3）類，例如圖版 12—51、52 是這一類。這一類，附在眼睛兩側的是甲骨文"申"字。甲骨文申字一般作圖版 12—55：9、10 等字形，此字上半部的形狀是 12—55：12。看這個形狀，立即想到的是商中期到晚期的羽毛前端較寬部分的圖像。要找商代圖像的例子，圖版 12—55：13 小龍尾端處綫刻的羽毛的前端（用尖頭表示的部分）是其一例，只要稍微仔細看，讀者也能夠自己找到許多例子。圖版 12—55：12 的形狀正是甲骨文"亡"字，據此可知，羽毛前端部分的名稱是"亡"[15]。筆者不知道中國古典中用什麼字表示羽毛的這個部分，但穗的前端叫芒。從這一點看，羽毛前端稱爲"亡"是完全有可能的。不管怎樣，把兩個象羽毛前端形的"亡"字在根部連接起來，做成 S 形的字乃是"申"字。

我們也可以根據"申"的另外一種字形確認申字是把兩個羽毛在根部連接起來的形狀。甲骨文申字中還有鈎形彎曲的方向與上引的字形相反的一種，如圖版 12—55：11。參考圖版 12—52，就可以理解這個字形。圖版 12—52 眼睛兩側的羽毛中間上下各有一個很小的鈎形突起，如果把羽毛在這兩個鈎形的中間切成兩半，可以知道它是由極爲普通的羽毛構成的。圖版 12—52 是白陶的紋飾，圖版 12—

---

[11]　林 1970，圖 10：15、16。

[12]　例如蠻與戀、繆的兩個音等。

[13]　此事承蒙尾崎雄二郎先生指教。

[14]　名字裏有"良"字的著名鬼神還有彊良，但我們找到了可以確定爲這位神的圖像（Hayashi 1970）。此外還有稱爲腦良的神，據傳説，它是草澤之神。《文選・東京賦》"斬蝮蛇腦良"注云："腦良，草澤之神也。"我們根本無法得知這個神的形狀特徵。*

[15]　《説文》云："亡，逃也，从入、𠃊。"《説文》所説的本義、字形的解釋都不對。

---

*　譯按：根據四部叢刊本《六臣注文選》，《文選・東京賦》的原文是："斬蝮蛇，腦方良。"薛綜注："方良，草澤之神也。腦，陷其頭也。"也就是説，這也是方良的記載。林先生的引文與此很不相同，不知是否有版本依據。

51 是青銅器的紋飾，時代都屬於商晚期Ⅰ。圖版 12—51 眼睛兩側的羽毛與圖版 12—52 結構相同，但圖版 12—52 中央的鈎形的彎折處稍顯尖銳，圖版 12—51 的鈎形沒有這種棱角。圖版 12—51 眼睛左右的兩片羽毛有時作爲獨立的紋飾單獨使用，如圖版 12—53、54，用綫條表現這種羽毛的正是圖版 12—55：11 的 "申" 字[16]。

以上論述表明，"申" 字所象的是把一對羽毛在根部連接起來的形狀。那麼這個字的本義是什麼？郭沫若指出申字在西周春秋金文中直接用爲神的意思[17]。筆者指出，先秦時代，爲了降神，使用籏、旄等裝飾羽毛的小道具[18]。"申（神）"象羽毛形也應該從這個關係做解釋。也就是說，以降神用的器物表示降臨的神。關於這一點，希望找到其他證據再做討論。

綜上所述，圖版 12—51、52 是以眼睛爲中心的疑似頭部的圖形加 "申" 字的形狀，由眼睛和申（神或電）構成的（3）類罔兩紋當時稱爲什麼，目前難以闡明。

【2】目羽紋

上一項討論的紋飾，以眼睛爲中心的部分可以看作頭部，其左右加上羽毛。本項討論的紋飾，雖然結構與此相似，但中心的眼睛周圍部分不構成頭部的形狀，眼睛和兩側的羽毛并列。容庚把這種紋飾稱爲斜角雷紋[19]。這個紋飾根據結構的不同可以分爲兩類：（1）類，眼睛兩側的羽毛呈鈎狀，從兩側把眼睛包起來；（2）類，眼睛兩側的羽毛不包住眼睛。眼睛和羽毛一般橫向并列，相鄰紋飾單元的羽毛上下重叠，容庚的命名應該是根據這種圖案，但其中也有羽毛不相重叠的例子（如圖版 12—79）和只重叠一部分的例子（如圖版 12—80、81）。這些例子說明這類紋飾單元應該像筆者所說的那樣觀察。

（1）類的例子見於圖版 12—56 ～ 70，這類紋飾從商中期Ⅰ開始出現，延續到西周Ⅱ。（2）類的例子見於圖版 12—71 ～ 78，這類紋飾從大約西周ⅠB 開始出現，西周Ⅱ數量增多，西周Ⅲ目羽紋都用這類圖案。

圖版 12—79 ～ 81 已經引用過了。至於圖版 12—82、83，雖然羽毛的形狀比較複雜，但應該也可以視爲這類紋飾。

這個圖像的鬼神當時稱爲什麼，具有什麼特徵等，無從得知。

【3】羽首紋

我們所謂的羽首紋，例如圖版 12—87，正視形的雙眼和附在其下面的尖鼻在中心位置，上下長羽毛，其例子見於圖版 12—84 ～ 90，從商晚期Ⅲ到西周Ⅱ形狀幾乎沒有變化。羽首紋有時裝飾在匕柄上，如圖版 12—87；但大都用爲卣提梁的紋飾，西周ⅠB ～ Ⅱ的例子比較多。

圖版 12—87 的額頭正中處竪立着兩片羽毛合起來的東西，而在其他例子中，與此相應的羽毛分成兩片相背的羽毛。從頭部垂下的兩片羽毛，在很多時候往下收斂，幾乎合在一起，然後稍微敞開。但圖版 12—90 的羽毛合在一起，看起來像是下尖的身軀。圖版 12—84 則不同，有兩根羽毛平行下垂，

---

〔16〕 葉玉森引用《說文》虹字籀文的从虫从申的蚒字及 "申，電也" 的說解，認爲甲骨文申字 "象電燿屈折"。李孝定也同意此說（李孝定 1965：14，4385—4390）。但作爲字形的說明，這個解釋不確。雖然 "申" 這個音能够表示雷的電光，但 "申" 表示雷的電光也有可能是假借義，不能據此就認爲 "申" 這個字形所象的是電光。

〔17〕 李孝定 1965：14，4387。

〔18〕 林 1966a：87—89。

〔19〕 容庚 1941：上，128—129。

疑似身軀的部分完全消失。如果只看這些青銅器紋飾，我們難以判斷這個鬼神是否有身軀，但下面引用的圖版 12—91 有角狀物，以此類推，這類鬼神的身軀部分像分散式饕餮那樣變成了幾片羽毛，分散在各個地方。

圖像符號中有與羽首紋相應的符號，即圖版 12—91，頭部沒有輪廓綫，由雙目、眉毛和鼻子構成。頭部上面的正中處和左右兩側竪立着羽毛，這一點與圖版 12—85 等相同。稍微不同的是，外側的一對羽毛有小枝向内突出，與中間的羽毛連接，構成角形。鼻子下面有倒等腰三角形，雖然比較小，但似乎是身軀。其兩側垂下腿，這個部分與圖版 12—85 從足部垂下的羽毛相對應。

由這個圖像符號去掉亞字形的字見於甲骨文（圖版 12—94）。卜辭都屬於所謂第四期。左邊的例子是摹本，我們無法知道摹得準不準確。右邊的卜辭中，此字的頭上幾乎呈凹字形，比圖版 12—91 更加明確地構成角形。圖版 12—91 頭上的羽毛在此字中沒有，眼睛被寫成菱形，此字無疑是圖版 12—91 簡化而成的字。辭例是“伐～方”，“～方”在這個時期成爲商王朝征伐的對象。也就是說，這個字表示的是商王朝的敵對方國。

如果圖版 12—91 的圖像符號確實與圖版 12—94 所引卜辭中所見的方國相對應，與這個圖像符號相對應的圖版 12—84 ～ 90 的鬼神應該是當時著名的鬼神，也是這個方國祭祀的土著神。這個圖像大致從商晚期 III 開始在青銅器上出現，這個事實表明這個方國臣服商王朝，他們的神成爲侍奉商王朝的神。

圖版 12—92、93 所示的圖像符號與以上看的羽首紋的頭部比較相似。此字用一隻眼睛代表頭部，而不是一對眼睛，但眼睛上面竪立的羽毛的形狀與圖版 12—87 相同。圖版 12—92 眼睛下面還有筆畫[20]，似可以視爲羽毛。圖版 12—93 眼睛上面的羽毛的左右還有像竹笋的東西，或許增加了相當於圖版 12—91 的角的構件。

甲骨文中也有類似於圖版 12—92、93 的、眼睛上面有羽毛的字，圖版 12—95 是其例子。這些字都是所謂三、四期的字體，从彳。圖版 12—95 左邊卜辭的字，羽首形下面有“大”，即人體正面形。圖版 12—95 的兩例卜辭都屬於同一個時期，而且此字都表示田獵地名，并从彳。圖版 12—95 右邊卜辭中的字不从“大”，當是簡省體。表示田獵地名的這個字，雖然頭部的形狀與圖版 12—84 ～ 90 的鬼神相同，但具有人形身體，而且還有彳的偏旁。這個字表示的事物顯然與現在討論的青銅器紋飾不同。

【4】龍首渦紋

龍首渦紋是給很大的渦紋加龍首的紋飾，例子見於圖版 12—96 ～ 100。這個紋飾在西周 I B 的青銅彝器，尤其簋上比較多見，其前後時期也有若干例。龍首的鼻子很長，前端大都分兩叉，可以稱爲象鼻，但也有前端尖鋭的那種，如圖版 12—98、99。嘴裏有獠牙，突出器表。頭上戴較小的倒 L 形角，有時候羽毛貼在角的外側，如圖版 12—97。頭的下面像龍一樣有前肢，但頭部後面是很大的渦紋。這種單純的大型渦紋，雖然例數不多，但有時獨立構成紋飾單元使用，這種例子我們會在第十四章第【5】項介紹。從這種例子看，這個圖像應該是給大型渦紋加龍頭和前肢做的。也就是說，這個圖像不是人化，而是龍化，更確切地說是鬼神化的大型渦紋。關於這個鬼神當時的名稱和特性，目前沒有找到任何綫索[21]。

---

[20] 這個形狀與甲骨金文舞字所从夰、夲相同。

[21] 馬承源把這種渦紋視爲蝸牛（蛞蝓）殻，并認爲蛞蝓是《説文》豸部“貒，獌貒，似貍，虎爪，食人”之獌貒（馬承源 1984：16—17）。但《説文》説獌貒類似於四足獸的貍，其形狀特徵與蝸牛根本不同。

【5】井紋

這是容庚所謂的四瓣花紋[22]。眼睛在中心位置，眼睛的上下或左右有一對——或上下左右有兩對——以兩片相對的同形羽毛爲一組的圖形。我們把這種紋飾稱爲井紋[23]。關於這個紋飾的形成過程，筆者曾經發表過如下看法 *：

圖版 12—101 采自鄭州商代遺址出土陶片，這是采集品。看這個陶片上與井紋交錯排列的囧紋，其形狀像花瓣從中心長出來的樣子。這種形狀與鄭州白家莊 2 號墓出土尊上所見的囧紋（圖版 14—2）一致，因此這個陶片無疑是商中期之物。圖版 12—101 的紋飾，眼睛在中心，左右有一對兩片一組的羽毛。圖版 12—102 是商晚期特定地域型盂腹上部的紋飾，這個井紋是把圖版 12—101 旋轉 90 度的形狀。圖版 12—103 是安陽侯家莊 1001 號墓出土的一件骨柶上的雕紋，井紋像圖版 12—101 一樣橫倒放置，但上下多了一對小羽毛。考慮這個小羽毛的起源，它本來是從左右展開的長羽毛根部分出來的小枝，還是另外一片羽毛，無法弄清楚。不管怎樣，從類型學的角度看，圖版 12—103 發展成商晚期青銅器上所見的圖版 12—106、107 等圖像是沒有疑問的。圖版 12—106 是商晚期 II 觚腹部的紋飾，眼睛周圍不僅左右有一對兩片一組的羽毛，而且上下也有一對。圖版 12—107 是商晚期 II 觚的紋飾。圖版 12—106 的羽毛畫得極爲錯綜複雜，而圖版 12—107 的羽毛像圖版 12—103 一樣采用最簡單的短刀形，隔着四角相對的兩片羽毛組合成螃蟹螯般的形狀。這個形狀是井紋的特色。

這個紋飾數量不多，但從商代到大約西周 II 使用。有時一個井紋單獨使用，有時在紋飾帶中排列幾個井紋。井紋和囧紋交錯排列的圖案，例如圖版 12—109、圖版 14—23 ～ 29，大概到西周 II 一直比較多見，并延續到西周 III。每個時代的形狀變化不大，但時代較晚的井紋，螃蟹螯的間隔較大，如第十四章引用的圖版 14—25 ～ 29。

春秋時代，這個紋飾從青銅器上消失，但戰國時代有疑似井紋後裔的紋飾。關於這個紋飾，我們在本書第三卷中加以討論，在此只列舉一個很有特色的例子。

圖版 12—116，確如高本漢所指出[24]，可以認爲屬於現在討論的井紋的譜系。這是費生（Wessén）搜集的鑲金、銀、綠松石的戰國時代帶鈎紋飾。如圖所示，眼睛周圍有四片羽毛，構成方形，有的方形左右兩側都有身軀，有的只有一側有身軀，這兩種圖形組合起來構成一個整體圖案。這些身軀像龍身一樣彎曲，有三隻脚，剩下的一隻脚應該在兩個身軀重叠之處。身上還有羽毛狀物。右下紋飾單元中的方形右側還有一個束西，像是長着髯鬚的鼻子。這些圖像具有像龍一樣的肢體，可以説具有鬼神的特徵。但眼睛和羽毛組成的、可以看作頭部的方形顯然承襲着商、西周時代井紋的傳統[25]。雖然目前還沒有發現相關資料，但我們不得不認爲，井紋從西周以後到戰國時代棲息在某個地方，并繼續發展。

---

〔22〕　容庚 1941：上，121。

〔23〕　高本漢把這類紋飾稱爲 square and crescents（Karlgren 1951：25）。他還認爲這是龍的圖像嚴重變形的紋飾（Karlgren 1962：16）。

〔24〕　Karlgren 1958：192。

〔25〕　黃濬 1942：上，2 所載商代鉦的柄上有一個圖像符號，上部的形狀與圖版 12—111 相類，其下有中間出兩對毛的、類似於動物尾巴的束西。如果這件鉦是真品，這個圖像可以視爲圖版 12—116 所示鬼神的古老形態。然而這件鉦的真偽頗爲可疑。銘文的方向以圖像符號的尾巴那邊爲下，因此看銘文，鉦口必須朝下放。但鉦在使用時口要朝上，鉦上的饕餮紋是按照使用時的方向施加的，銘文也應當如此，因此現在討論的銘文的真偽很可疑。知道了這一點再仔細看這個圖像符號，尾巴的形狀特別僵硬，這個圖像符號後刻的嫌疑很大。因此我們沒有把它用作資料。

---

* 　譯按：本項的以下論述引自林 1970：35—38。

　　我們把本項討論的紋飾稱爲井紋。這是因爲我們認爲"井"字是這個紋飾符號化的東西。井，《説文・丼部》云：

　　丼（篆文見於圖版 12—118：1），八家一丼，象構韓形。●，罋象也。古者伯益初作丼。

這句話的意思是：丼象井欄形，中間的黑點所象的是打水用的罋。翻檢井字的早期資料，西周金文"井"有圖版 12—118：2 的字形，兩個竪筆稍微向外彎曲；商代甲骨文中有表示女性名字的妌，"井"作爲妌字的偏旁用例很多，往往不僅竪筆向外彎曲，連兩個橫筆也向外彎曲（圖版 12—118：3）。如果"井"象井欄形，爲什麽四個筆畫都如此彎曲？如果是井欄的木材，這些筆畫應該筆直才對。如此看來，《説文》所説的井字象水井形的説法頗爲可疑。

　　那麽井字所象的是什麽？圖版 12—118：4 是臺北故宮博物院藏簋上所見的圖像符號，《三代吉金文存》目録釋爲觥，容庚《武英殿彝器圖録》這件簋的考釋云"象人奉丼形"[26]。此字中被釋爲"井"的偏旁，就字形而言，容庚和羅振玉的判斷準確，確實是相當於後代的井字。這個字的竪筆和橫筆都向外彎曲，與甲骨文井字應該是同一個字。但因爲這是圖像符號，寫得比甲骨文工整。向外彎曲的橫竪筆畫兩端構成的形狀正是圖版 12—101、103 眼睛四角處所見的那種形狀。如果要把圖版 12—103 盡可能快速地寫出來，誰都會寫成這個圖像符號的形狀，甚至會寫成像圖版 12—118：3 那種形狀。如此看來，我們基本可以確定，井字本來并不是象井欄形，而是象圖版 12—118：3 所從的那個形狀。用圖像符號表示井這一國族名的例子，我們在第一章第三節第一項已經引用過。

　　如果井字所象的是本項所謂井紋的圖像，井字中央的黑點就好解釋了。也就是説，井字的中央部分是眼睛，黑點是瞳孔。甲骨文井字中尚未發現中間有黑點的例子，但金文中有禹鼎銘等好幾個例子[27]。《説文》説中央的黑點表示打水用的罋，這個解釋太可笑了。

　　毋庸贅言，甲骨文井作爲妌字的偏旁——妌是"從叫井的氏族嫁過來的夫人"的意思——出現了很多[28]。如果甲骨文井是圖像符號的井紋文字化的字，我們可以認爲，叫井的氏族居住在井地，以井紋作自己的圖像符號，并且祭祀叫井的鬼神[29]。但名字叫井的、形狀如上所述的鬼神似乎在傳世古書中没有記載。

　　附帶講，這個叫井的鬼神眼睛周圍有兩對或四對羽毛，而罔兩眼睛周圍有兩片或四片的形狀對稱的羽毛（但罔兩紋一般是橫長竪短），兩者在形態上有親緣關係。這個事實讓人聯想到上引《莊子・齊物論》中罔兩與景的對話。如果《莊子》中出現的罔兩是具有第【1】項罔兩紋形狀的精靈，我們不妨設想景是具有現在所討論的井紋形狀的神（井與景讀音相同）。若果真如此，半影精靈之罔兩與影子精靈之景＝井在形態上有親緣關係。如上所述，井紋在戰國時代還存在，具有像龍一樣的身軀、腳和羽毛。要確定《莊子》中的景和罔兩是本文命名的商、西周時代的"井"和"罔兩"的後裔，還需要更多的證據，但至少可以説這不失爲一個具有説服力的假説。

　　圖版 12—117 是西周 III 鐘旋部的紋飾，眼睛在中間，左右有月牙形。我們或許可以説：如果把圖版 12—102 上下邊的羽毛在對稱軸處劈成左右兩半，然後把它們合起來，成爲這個月牙形，把它翻過來放在眼睛左右兩側，成爲圖版 12—117。因此，爲了方便起見，把它放在此處。

---

〔26〕容庚 1934：72 葉。
〔27〕容庚 1959：5，24 葉。
〔28〕林 1968：59。
〔29〕林 1968：101—102。

【6】無眼饕餮紋

圖版 12—119、122 等紋飾在商中期比較多見，其後消失不見。這是從饕餮紋去掉眼睛的圖像。我們暫且把這種紋飾命名爲無眼饕餮紋。沒有眼睛的饕餮是不可能存在的，這是去掉眼睛的饕餮紋的意思[30]。圖版 12—119 左、圖版 12—120 等，隔着爵鋬内側的空白，左右分開放置這個紋飾，我們把這種圖案也歸入此類。除去左右分開放置的一類，這種紋飾的正中處、饕餮紋鼻子上豎立着筐形裝飾，其左右兩側有對稱形的羽毛。

如第一章所論述，商中期的饕餮紋是把山東典型龍山文化的神像改成殷商風格的翻版，而山東典型龍山文化的神像是給良渚文化的倒梯形器加上眼睛和鼻子而成的。良渚文化的倒梯形器，雖然有帶眼睛的例子，但缺少眼睛的例子也很多。位於中間的山東典型龍山文化的相關資料尚未發現，但無眼饕餮紋的譜系似乎可以追溯到沒有眼睛的倒梯形器。若果真如此，我們可以認爲，無眼饕餮紋雖然沒有眼睛，但當時像饕餮一樣被視爲上帝的標志。

圖版 12—119 ～ 125 列舉了商中期Ⅰ、Ⅱ的例子，應該不需要加以説明。

【7】頭足紋

這是由頭和腿構成主體部分的紋飾。在此把這種紋飾一起介紹，但這些紋飾表示的不一定是同一種鬼神。

圖版 12—126 是車器紋飾，根據紋飾的型式，可以知道時代大致屬於西周早期。很大的頭部後面有瘦削的身軀，其下面是疑似人類的腿，頭上戴很大的尖葉形角。這個鬼神的後面有隨從的小龍，説明這個鬼神的等級堪比饕餮。形狀與此相似的鬼神亦見於圖版 12—127。這個圖像沒有圖版 12—126 中見到的角，而一片羽毛在相應的位置。這個圖像裝飾在紋飾帶中，可見這個鬼神的等級不高。圖版 12—128、129 是圈足下所附的短足，這種短足在西周晚期很常見。圖版 12—130 是春秋Ⅰ的匜足。這幾例都是頭部直接接上帶爪的獸足。或許可以認爲這些圖案是爲適應這種很短的器足省略中間部位的，但既然西周早期有圖版 12—126、127 這種紋飾，與其説這是工匠的創意，不如説本來就存在這種只有頭和足的鬼神，工匠只不過把它用在這些器物部位而已。

圖版 12—131 是另一種形狀特殊的鬼神，左邊的内卷的部分有小眼睛，右邊是與圖版 12—127 相似的很大的腿。這是西周早期的例子。

【8】目足羽紋、足羽紋

圖版 12—132 是西周ⅢA 的例子。上邊有眼睛，眼睛右側的卷曲部分前端呈帶爪的獸足形，而眼睛左側展開的部分是分出小枝的鈎形羽毛。因爲這個圖像由眼睛、腿和羽毛構成，我們命名爲目足羽紋。這個紋飾可以説是圖版 12—131 的眼睛移到正中處的形狀。

圖版 12—133 是西周ⅢA 簋的紋飾，圖版 12—134、135 是西周ⅢB 盨的紋飾，腳爪的形狀比較簡略。這是目足羽紋的標準型式。圖版 12—136，腳爪的形狀又不同。圖版 12—137、138 是春秋Ⅰ的例子。

我們所謂足羽紋是從目足羽紋去掉眼睛的紋飾，如圖版 12—139 ～ 141，西周Ⅲ到春秋Ⅰ比較多見。

---

〔30〕　過去筆者把這種紋飾稱爲 "飛紋"（林 1970：44—45），但這個命名不很恰當，所以如此改名。

圖版 12—142、143 與上述幾例略有不同，目足羽紋中眼睛的位置有小枝，我們把這種紋飾也歸入這一類。

【9】雙目足羽紋、雙足羽紋

圖版 12—144 是把兩個目足羽紋組合成類似罔兩紋的形狀。這種圖案偶爾出現，我們稱之爲雙目足羽紋。此外也有像圖版 12—145、146 這種例子，省略目足羽紋中的眼睛，而按照罔兩紋的樣子只保留對稱軸處的眼睛。我們把這些圖案也歸入這一類。

此外也有從圖版 12—145、146 去掉中心眼睛的圖案，如圖版 12—147、148。按照上述一類紋飾的稱法，我們把它稱爲雙足羽紋。

【10】羽手紋

羽手紋目前只有圖版 12—149 一例。這是安陽侯家莊 1001 號墓出土的骨柶。骨柶中心位置有曲肘的人類手臂，上臂上加一片羽毛，羽毛根部的圓形中有十字形符號。圖版 12—150、151 是青銅器的圖像符號，車字形下面的圖像是圖版 12—149 符號化的圖像和人側視形的組合。圖版 12—149 中，手掌朝着上臂；圖版 12—150、151 中，手掌的方向與此相反。有羽毛的手臂讓人覺得這是動作極快、擁有神一般力量的手，或這種力量神格化的東西。中間有十字形的圓形可能與雷鳴有關，這一點在第四章第【6】項已經講過。

圖版 12—152 是四川省巴蜀文化青銅器上常見的符號之一，這是由彎曲手腕的下臂和葉形不明物組合而成的。這個圖像與現在討論的商代紋飾和符號有無關係，由於缺乏介於兩者中間的資料，還難以搞清楚。但巴蜀文化相當忠實地承襲商、西周時代兵器的古老型式。筆者認爲這個事實暗示將來有可能能够證明兩者間的關係。

第十三章 亞動物紋

我們所謂的亞動物紋，雖然是由羽毛、眼睛等動物的身體部位構成的，但不構成鬼神、動物乃至罔兩等獨立完整的圖像。我們可以舉以下幾類。

【1】對向雙羽紋、S形雙羽紋

對向雙羽紋，例如圖版13—4，由兩片羽毛構成。兩片羽毛的根部朝外，互相重叠，形成一個紋飾單元。這個紋飾一般在紋飾帶中橫向并列使用。春秋Ⅰ，上下重叠的兩片羽毛中間的兩條平行的對角綫變成一條綫、整體呈S形的圖案出現，如圖版13—11～15。我們把這種紋飾稱爲S形雙羽紋，這個紋飾應該是從對向雙羽紋衍生出來的，所以在此一起討論。

這類紋飾雖然有一些商晚期Ⅰ的例子，如圖版13—1，但比較多見的是西周Ⅱ以後。上一章討論目羽紋時，我們指出羽毛根部的鈎形不包住眼睛的（2）類從西周Ⅱ開始多起來。（1）類目羽紋的紋飾單元以眼睛爲中心，其左右兩側加對稱的羽毛。這個紋飾單元互相重叠并列，形成（1）類目羽紋。或許這個（1）類目羽紋受到對向雙羽紋的影響，被認爲是由眼睛和對向雙羽紋交錯排列構成的，結果產生了（2）類目羽紋。我們認爲這是完全有可能的。若果真如此，這意味着本來屬於罔兩類的目羽紋在西周Ⅱ以後被看作亞動物紋。

【2】目于紋

關於這個紋飾，筆者曾經發表過如下看法[1]：

圖版13—16是商中期尊上部的紋飾，乍看起來像龍身鳥首神（圖版6—17）。眼睛的前後有較小的鈎形，再加上羽毛，這個特徵與龍身鳥首神一致。但如果仔細觀察，可以知道兩者是完全不同的兩種紋飾。圖版13—16中沒有相當於龍身鳥首神脖子的部分，而且眼睛上下前後都呈對稱形。

圖版13—17是商晚期Ⅰ瓿肩部的紋飾。這個紋飾與圖版13—16相同，眼睛前後有鈎形，這個紋飾單元隔着較大的距離排列，中間填滿由羽毛組成的圖形。圖版13—18是西周ⅠB盉頸部的紋飾，眼睛前後有鈎形，這個紋飾單元之間填入由羽毛組成的圖形。圖版13—19是西周ⅡA的例子。值得注意的是，除了圖版13—16以外，眼睛和眼睛之間的紋飾都是一連串的，各個紋飾單元之間沒有斷開。

具有眼睛的紋飾單元之間填滿的羽毛紋飾，似乎每個圖案都不相同，但如果仔細看，可以發現這些羽毛紋飾有共同點。也就是説，圖版13—18使用圖版13—20：6的圖形，圖版13—17使用圖版13—20：7的圖形，兩者分別把這兩種圖形組合起來填滿橫長的空間，這兩種圖形的基本形狀是完全相同的。再仔細看就可以發現，如果把這個圖形劈成左右兩半，成爲圖版13—20：8，就是這個紋飾的最小組成單位。這個基本單位是把羽毛塑造成T形的東西。這一點圖版13—16也相同，眼睛前後的羽毛

---

[1] 林1970：42—44。

正是這個形狀。根據以上分析，圖版 13—16 ～ 19 的紋飾有如下共同點：它們都是由兩個相同的基本單位組成的，一個是左右兩側有鉤形的眼睛，另一個是由圖版 13—20：8 組成的平行四邊形。如下所述，圖版 13—20：8 是 "于" 字所象的圖像。因此可以說，這些紋飾是由眼睛和 "于" 構成的。這是我們把這種紋飾命名爲目于紋的原因。

目于紋的組成單位——即圖版 13—20：6 和 7 的一半，亦即圖版 13—20：8——經常出現於西周早期青銅器的饕餮紋旁邊，如圖版 13—20：1 中用箭頭標記的地方。這個綫圖采自泉屋博古館藏的、時代屬於西周 I B 的匽侯旨鼎。此例中，竪立的羽毛軸兩側分出小枝，整體呈 "土" 字形。但羽毛軸往往也只分出一根小枝，整體呈 "上" 字形，這個形狀與上述 "于" 紋的基本單位圖版 13—20：8 完全相同[2]。圖版 13—20：1 的 "土" 字形有時單獨用爲圖像符號，圖版 13—20：2 是其一例。這個字从女，用以表示從這個圖像符號的氏族嫁過來的女性[3]。如果把這個圖像符號上下倒過來，就成爲圖版 13—20：3 的甲骨文 "于" 字。現在討論的、饕餮旁邊裝飾的圖版 13—20：1 形，有時上下顛倒出現[4]，因此 "于" 字與圖版 13—20：1、2 上下相反，并不足爲怪。甲骨文 "于" 字的橫筆一般大體筆直[5]，但圖版 13—20：3 的 "于" 不同。此字引自王族卜辭。王族卜辭中，器物的象形字往往保留比較濃厚的圖畫性質，因此 "于" 的橫筆略彎可能不是偶然，而是有意保留像圖版 13—20：1 那種羽毛紋飾的原型。甲骨文 "于" 字還有像圖版 13—20：4 那種繁體字形。"于" 旁邊的彎曲筆畫是什麼？圖版 13—20：5 是一個圖像符號，"大" 字形下邊有繁體 "于" 字形，此字彎曲筆畫的下端呈羽毛形。根據這個字形，圖版 13—20：4 所示的 "于" 字繁體是 "于" 字形羽毛的旁邊再加一片羽毛的形狀[6]。但目前可知的商周遺物中，羽毛組合成這個形狀的紋飾尚未發現。

【3】連于紋

圖版 13—17、18 中填滿眼睛與眼睛之間的 "于" 紋，偶爾不帶眼睛，單獨使用，如圖版 13—21 ～ 23。這幾例時代都屬於商晚期 I ～ II。恐怕不太容易看出這個紋飾是圖版 13—17、18 等使用的羽毛組合。筆者給圖版 13—23 附上了摹本，用箭頭把一個紋飾單元切出來。看這個圖，應該容易看出這是 "于" 紋的一種。因爲這是連續排列 "于" 的紋飾，筆者命名爲連于紋。

若不仔細看，圖版 13—24 像第【5】項的紋飾，但只要細心看就可以知道這是連于紋。圖版 13—25 形狀與前幾例大致相同，但時代晚一點，是商晚期 II 的例子。

【4】目紋

這是只裝飾眼睛的紋飾，其中包括若干種不同的紋飾。圖版 13—26 是商中期爵腹部的紋飾，上面有人眼。圖版 13—27 是扶風法門鎮墓葬出土的相當於商晚期 III 的銅器紋飾。頸部有紋飾帶，但只不過正中處扉棱的左右有一雙眼睛而已。此器鑄造品質不佳，範痕沒有處理乾淨，應該是當地製作的。或許有人認爲這是次品，只鑄出了龍或饕餮的眼睛，其餘部分没能成功鑄出來。但陝西出土的銅器中也

---

〔2〕　例如于省吾 1934：上，6 葉。

〔3〕　林 1968：59。

〔4〕　例如于省吾 1934：上，24 葉。

〔5〕　中國科學院考古研究所 1965：5，6—7 葉。

〔6〕　郭沫若（郭沫若 1965：考釋，113 葉）云："于乃竽之初文，象形。二象竽管，亅其吹也。其从弓作者，乃管外之靾。从于亦形聲而兼會意，取其用樂也。" 這只不過是郭氏的獨特見解而已。

有類似的例子，紋飾同樣只鑄出眼睛[7]。據此可知，當時確實有意只裝飾一雙眼睛。

圖版 13—28 是西周 ⅡA 的例子，較大的圓眼和較小的、瞳孔橫長的橢方形眼——饕餮中所見的兩種眼睛——交錯排列，饒有趣味。

【5】叠并S形羽渦紋

所謂叠并 S 形羽渦紋是圖版 13—29 ～ 43 所示的紋飾。容庚稱之爲雷紋[8]。在此以結構比較清晰的圖版 13—39 爲例加以説明。看拓本中白色的部分，許多傾斜 S 形橫向并列，S 形兩端的漩渦形部分上下重叠。筆者用“叠并”形容這種狀態。

圖版 13—29 以下的例子，拓本上，渦紋的白色綫條和黑色綫條的粗細没有多大的區别，有時很難確定我們應該根據哪一種綫條辨認紋飾。例如圖版 13—24、25，我們在第【3】項中根據拓本中黑色的部分，認爲這是把上下相反的兩個“于”字形結合起來做的紋飾。就圖版 13—29 以下的幾例而言，如果看白色綫條，渦紋彎曲處有小突起，這個小突起相當於圖版 13—24、25 黑綫綫條中由粗變細的那個部分。那麼我們現在討論的紋飾也要看黑色部分嗎？未必如此。黑色部分顯然是刻白色部分 S 形渦紋時留下來的部分，但 S 形渦紋彎曲處的小突起無疑來自圖版 13—24、25 的羽毛形。也就是説，有突起的渦紋本來是刻羽渦紋時留下來的非紋飾部分。圖版 13—29 等紋飾的 S 形是利用這個有突起的渦紋綫條而爲之，因此筆者把圖版 13—29 以下的圖像中白色部分的 S 形稱爲 S 形羽渦紋。如圖所示，這個紋飾的形狀從商晚期 Ⅰ 到西周 ⅠB 没有多大的變化。

【6】并列ワ形羽渦紋（細綫）

這個紋飾是由兩端内卷的ワ形羽渦紋構成的，把上下相反的ワ形羽渦紋交錯并列（圖版 13—44 ～ 46）。這個紋飾與上一項的紋飾相同，用拓片中白色的綫條組成紋飾。如圖所示，這個紋飾見於大約商晚期 Ⅰ 到西周 Ⅰ。西周中期到晚期出現的紋飾中有形狀與此相同的一種，但這個紋飾用飄帶狀綫條表現。爲了把兩者加以區别，此處加標“（細綫）”。

【7】勾連ワ形羽渦紋（細綫）

所謂“勾連”是勾曲部分相扣，連成一串的意思。上一項紋飾中，ワ形羽渦紋并列。這個紋飾中，相鄰的ワ形羽渦紋相扣，呈像“互”字中心部分那樣的形狀。圖版 13—50 綫條較粗，而且畫得較疏。看這種例子，這個紋飾的結構可以看得很清楚。也有結構比較混亂的例子，如圖版 13—53。如圖版 13—47 ～ 55 所示，這個紋飾從商晚期 Ⅰ 到西周 Ⅱ 使用。圖版 13—56，紋飾上部排列羽毛，這種例子很少見，感覺羽毛從源自羽毛的渦紋根部萌芽。我們把這個圖案也歸入這一類。

這個紋飾也與上一項的紋飾相同，用飄帶狀綫條表現這個紋飾的例子大概在西周 Ⅲ 出現，爲了加以區别，此處加標“（細綫）”。

---

[7]　例如陝西省考古研究所等 1979，一二、二〇。*

[8]　容庚 1941：上，117—118。

---

* 譯按：這是原書注（8）的注文，根據内容看，原書注（7）和（8）顯然是誤倒，現在乙正。

【8】尖葉形内、雙羽紋

這個紋飾的紋飾單元是把兩片羽毛的前端合在一起組成的等腰三角形或心形。把這個紋飾單元放在尖葉形内，并排列這個尖葉形圖案，構成整體紋飾。如第一章第三節第一項所指出，這個紋飾單元有相應的圖像符號和甲骨文，它們在商代用爲國族名和神名，據此可知這是一種“物”。

這個紋飾大約從商晚期Ⅰ到西周Ⅰ極爲常見，西周Ⅱ、Ⅲ也繼續存在。爵、觚、尊等敞口的器物外壁上使用時，尖頭朝上；鼎等器物的腹部上使用時，尖頭朝下。此外，鼎足等圓筒形部位也經常刻這個紋飾。

圖版13—57〜107是這個紋飾的例子，按照時代順序排列。各個時期使用各個時期流行的表現技法，有各種各樣的型式，這應該不需要逐一説明了。

【9】不定形羽紋

商中期Ⅰ，整體橫長、結構較爲複雜的不定形羽紋偶爾出現，如圖版13—108〜111。圖版13—111，饕餮在中央，其兩側的應該有隨從的位置有這個紋飾。從這個例子看，這個紋飾似乎不是没有意義的、填滿空間用的圖形。因此爲這個紋飾設一類。

【10】并列ワ形羽渦紋（寬體）

第【6】項、商代〜西周Ⅰ出現的并列ワ形羽渦紋用細綫表現，兩端内卷的程度比較大。這個紋飾則使用中間加陰綫的寬體綫條，兩端稍微内卷而已，圖版13—112〜114是其例子，大約西周Ⅱ到Ⅲ使用這個紋飾。爲數不多。

【11】勾連ワ形羽渦紋（寬體）

本項與上一項情況相類，因爲表現技法和形狀與第【7】項有别，把兩者加以區別，另立一類。圖版13—115〜123是其例，出現於西周Ⅲ〜春秋Ⅰ。例數比上一項紋飾多。

圖版13—124〜126是ワ形的形狀不規則的一類，我們把這種例子也一起歸入這一類。

【12】并列S形羽渦紋

這是對稱結構的橫倒S形羽渦紋并列而成的帶狀紋飾。例子見於圖版13—127〜130，西周Ⅲ到春秋Ⅰ使用這種紋飾。圖版13—131、132是紋飾單元的結構不對稱的例子，在此一起引用。

【13】勾連S形羽渦紋

這是橫倒S形羽渦紋相扣而成的紋飾。爲數不多。圖版13—133、134是其罕見的例子，時代分別屬於西周Ⅱ和春秋Ⅰ。

【14】雙Y形羽渦紋

圖版 13—135 ～ 138 是我們所謂的雙 Y 形羽渦紋。每個紋飾單元由分出小枝、呈 Y 形的兩片羽毛構成，是把方向相反的兩個 Y 形的下端連起來而成的，因此我們將它這樣命名。如圖所示，這個紋飾從西周 Ⅲ 到春秋 Ⅰ 出現，把雙 Y 形羽渦紋橫向并列使用。每個紋飾單元的一部分互相重疊，根據重疊程度可以分爲兩類：圖版 13—135 是重疊部分較多的一類，圖版 13—136 是重疊部分較少的一類。

【15】其他羽渦紋

不屬於以上幾類的幾種羽渦紋列在這裏（圖版 13—139 ～ 146），但第【22】項除外。

【16】單純并列鱗紋

這是 D 形鱗片在帶狀空間中排成一排的紋飾，如圖版 13—147 ～ 165。構成這個紋飾的 D 形鱗片在商、西周時代的龍類身軀和象鼻形鼻子上經常使用（例如圖版 5—4、35），但商、西周早期把它用爲紋飾帶的例子却極少見。劃分紋飾區的狹窄紋飾帶中使用的例子是有的，如第一章圖 14（3）兔子的上面。

把 D 形鱗片單獨用作青銅彝器紋飾的例子從西周 Ⅱ 開始出現。如上所述，商代鬼神身上的鱗紋有時使用 D 形鱗片，但使用得比較多的是篆文白字形鱗紋，即側面的凹綫中間尖起來的那種。西周時期的紋飾帶中偶爾也有保留篆文白字形的例子，如圖版 13—177 ～ 179。但西周中晚期的鱗紋，即使保留早期形狀的痕迹，保留的也不是紋飾的輪廓，只是 D 形鱗紋中刻的陰綫呈篆文白字形而已[9]。

D 形紋飾單元中有 U 形綫條内側刻兩個短弧陰綫的例子，如圖版 13—147 ～ 154。這兩個短弧綫可能是古老的篆文白字形尖起來的地方被分成兩半而產生的。有不少例子在 D 形中加芯綫。

圖版 13—155 ～ 161 是 D 形紋飾單元中刻單純的一條陰綫的例子，其中也有 D 形内填入芯綫的例子。春秋 Ⅰ 出現 D 形特別橫長的鱗紋。此外還有用細陽綫表現的例子（如圖版 13—161 ～ 163）、其他變形例（圖版 13—164）。

單純并列鱗紋中還有把小型鱗紋排成兩排的例子，如圖版 13—165，這種紋飾經常見於西周 ⅢA 簋上。偶爾也有相鄰的鱗紋互相重疊的例子，如圖版 13—166。這些例子也在此一起介紹。

【17】長短互列鱗紋

上一項的紋飾只排列橫長的鱗紋，而本項介紹的紋飾是長短兩種鱗紋交錯排列的。這個紋飾與上

---

[9]　高本漢（Karlgren 1930：40）認爲此篆文白字形鱗紋是 “貝”（寶螺）、“朋”（用繩子串起來的 “貝”）的圖像。他說：“相當於 ‘貝’ 的古文字字形富有變化，但其中有青銅器銘文中經常出現的字形，尤其用繩子串起來的貝，即所謂 ‘朋’ 字經常使用這個字形。我說的是 ⊕ 形。‘朋’ 所從的這個圖像，像獨體的 ‘貝’ 一樣，還作爲裝飾母題被用在非常古老的遺物上。” 然後引用裝飾這個圖像的器物。高本漢說朋字如何如何，但朋字的早期字形是 拜（容庚 1959：6，21—22），與 “貝” 的形狀沒有關係。他把 ⊕ 作爲 “朋” 所從引用顯然是誤解。此外，“貝” 也從來沒有寫成與篆文白字形圖像相似的形狀（參看容庚 1959：6，16—17）。後來有學者完全相信高本漢的錯誤解釋并展開討論（Salmony 1946：60），是很遺憾的事。

一項紋飾相同，使用［平凸、寬體］的表現技法，橫長的 D 形紋飾單元中附加內側分出小枝的 U 形綫或單純的 D 形綫。圖版 13—167 ～ 170 屬於前者，圖版 13—171 ～ 176 屬於後者。圖版 13—177 ～ 179 在上一項引用過，是保留古老的篆文白字形的一類。圖版 13—178，雖然同出的器物是大約西周Ⅲ之物，但形狀與此最相類的是商、西周Ⅰ的鱗紋。

　　長短互列鱗紋中使用的短鱗紋一般呈腎臟形。這個腎臟形短鱗紋與商、西周Ⅰ時期的篆文白字形鱗紋可以互換。如果把圖版 13—178 和其他例子相比較，可以知道這一點。我們再比較下文引用的圖版 13—209 和 210 兩個山紋，腎臟形和篆文白字形的用法完全相同，從這一點也可以推測這兩者的互換性。兩者之所以可以互換，當是因爲兩者的原型相同，其象徵意義也相同的緣故。關於這一點，我們在第【21】項加以討論，請參看下文。但兩者并不是同一個紋飾的兩種不同的表現型式，因爲圖版 13—215、221 的山紋中并用這兩者。

【18】重叠鱗紋

　　這是鱗紋像魚鱗一樣互相重叠，并覆蓋大面積的紋飾。容庚稱之爲重環紋[10]，但重“鱗”應該比重“環”更合適。此紋從西周Ⅱ開始出現，在西周Ⅲ比較多見，延續到春秋Ⅰ。

　　圖版 13—180 ～ 187 屬於一類，紋飾單元的鱗紋呈 U 形，裏面附加陰綫。此外也有圖版 13—188、189 的一類，紋飾單元的鱗紋的上端像筆頭一樣尖鋭，不加陰綫。

　　圖版 13—190，紋飾單元的形狀像衣櫃的把手*，這種例子很少見。我們認爲這是上一項的長短互列鱗紋的短鱗紋和本項的 U 形鱗紋的混合體，因此把它歸入這一類。

【19】垂鱗紋

　　這個紋飾在圈足等部位使用，鱗紋橫向并列，排成一排，看起來好像從上面垂下的鱗片似的。這個紋飾在西周Ⅲ到春秋Ⅰ的簋足等地方比較多見。圖版 13—195、196、201 等例子的紋飾單元與上一項圖版 13—177、178 等相同，這説明這個紋飾確實可以視爲鱗紋的一種。用法相同的例子中，圖版 13—191 等使用的紋飾單元不是 U 形鱗，而是下端有小尖頭的鱗片。這種形狀的鱗紋在單純并列鱗紋中也偶爾能見到（圖版 13—166）。此外，下端有尖頭的鱗紋和沒有尖頭的鱗紋之間有幾個中間形態，例如圖版 13—193 的鱗紋下端有尖頭，內側有小枝；圖版 13—194 的鱗紋有這種小枝，但下端沒有小尖頭；圖版 13—197 的鱗紋下端有小尖頭，但內側沒有小枝等。鑒於這種情況，我們把由下端有尖頭的紋飾單元構成的紋飾也歸入垂鱗紋中。

---

〔10〕　容庚 1941：上，130。

＊　譯按：這個比喻恐怕對日本人以外的人不好懂。此“衣櫃”，原文是“簞笥”，即日本傳統的衣櫃。林先生腦子裏想象的可能是這種把手：

【20】附帶三角形鱗紋

圖版 13—203 ～ 205 的紋飾單元是第【17】項長短鱗紋中短的一種加等腰三角形的形狀，因此我們命名爲附帶三角形鱗紋。圖版 13—202 是西周 II 鳥形尊（林 1984：圖版册，鳥獸形尊 20）尾羽上面和兩側面的紋飾拓片。說鳥的尾羽和腎臟形，令人立即聯想到孔雀尾羽上端的、光芒閃爍的橢圓形部分，但我們尚不清楚這個紋飾單元中的三角形來自什麼，因此這個紋飾的命名沒有使用與孔雀尾羽有關的名稱。這個紋飾從西周 III 到春秋 I 使用，春秋晚期也作爲紋飾單元出現[11]。

【21】山紋

我們所謂的山紋是，有寬度的粗綫彎曲成波浪形，凹進處填入鱗片、羽毛等圖形的紋飾。容庚稱之爲環帶紋[12]。筆者曾指出，從戰國時代到漢代，雖然表面坑坑窪窪，但留有這個紋飾面目的波浪形（圖版 13—206、207）表示山嶽，當時把它稱爲 "山"[13]。圖版 13—208 以下的紋飾是這個 "山" 的祖型，因此我們把這種紋飾也命名爲山紋。但西周時期開始出現的這個山紋，有時波浪形的山腰處有眼睛（圖版 13—216、221、233），而且凹進處填入鱗片。因此，就分類而言，這個紋飾應該歸爲亞動物紋才對——雖然也有一些不添加任何其他因素的例子，如圖版 13—212。

山紋中時代較早的例子有圖版 13—208 ～ 212 等西周 II 的例子。這個紋飾經常以紋飾帶的形式用爲壺的紋飾。這幾例不像西周 III 的山紋那樣山腰有隆起處。凹進處填入的是長短互列鱗紋中所用的腎臟形短鱗紋、八字形羽毛、U 形羽毛等，與西周 III 的山紋相比，比較樸素。圖版 13—212，山稜綫有三層，中間加細綫等，這種表現技法屬於例外。

圖版 13—211，類似金文 "皇" 字的圖形填入波浪的凹進處。上一項的附帶三角形鱗紋中，有一個被用爲鳥尾羽紋飾的例子。筆者因此懷疑，紋飾單元的組成因素之腎臟形鱗紋所象的是孔雀尾羽的光芒閃爍的部分。現在發現了類似金文 "皇" 字的圖形用在山紋中經常裝飾腎臟形鱗紋的地方，可以證實我們的這個推論。我們已經講過，金文 "皇" 字的上部形狀所象的是孔雀尾羽上端的光芒閃爍的部分，參看第七章第【2】項。

西周 III，山紋往往使用在器物的主要部位，占很大的面積。山紋的形狀富有變化，其變化之多令人意外。例如有時波浪綫的山腰處附加眼睛（圖版 13—216、221、233）。再看波浪凹進處填入的圖形，除了最常見的腎臟形鱗紋、八字形羽毛（如圖版 13—215）外，還有篆文白字形鱗紋（如圖版 13—218），有時用 "日" 字形或 "目" 字形代替鱗紋（圖版 13—225、232），還有 U 形鱗紋（圖版 13—220）、U 形羽毛（圖版 13—216）、兩端呈龍頭的 U 形羽毛（圖版 13—225）、左右對稱長葉子的植物狀圖形（圖版 13—232、233）等。到了春秋 I，出現金文 "又" 字中相當於手部的圖形，如圖版 13—230。

如上所述，山紋在西周 III 出現各種各樣的形狀，富有變化，而且占據器表的很大面積，享有很高的待遇。從這幾點看，我們不得不認爲，山紋并不是没有多大意義的、單純的裝飾性紋飾，山形曲綫

---

[11]　G・韋伯（Weber 1973：59）把春秋晚期的這種紋飾稱爲 MV 紋。就春秋晚期的例子而言，這個名稱抓住了這個紋飾特徵的一端，但如果上溯到西周時期，這個名稱根本不合適。

[12]　容庚 1941：上，131—132。我們在重叠鱗紋處講過，容氏把這個紋飾凹進處填入的鱗紋稱爲環紋。因爲這個紋飾是環和帶的紋飾，他把這個紋飾稱爲環帶紋。但這個紋飾最顯著的特徵是綫條的波浪狀彎曲，容氏的名稱沒能反映出這個特徵。

[13]　林 1969：46—51。

和填入中間的鱗紋等圖形具有某種象徵意義。但這個紋飾代表什麼意思，目前沒有找到解決問題的任何綫索。

【22】鐘的羽渦紋

鐘是大約西周Ⅱ出現於中原地區的樂器。筆者曾指出[14]，商代，樂器的鉦從中原傳到長江流域，然後在此地發達，出現大型鉦；大約西周Ⅱ，大型鉦再傳到中原地區，這就是鐘。因爲這個原因，西周Ⅱ的鐘上能够見到鐘以外的青銅器不使用的紋飾。大約西周Ⅲ，中原地區的鐘開始使用與其他青銅器一樣的紋飾，但故地的紋飾也仍然保留，春秋也繼承這個紋飾。在此把這種紋飾命名爲鐘的羽渦紋。

圖版 13—234 是洛霍（Lochow）舊藏鐘的舞部和鼓部紋飾，這件鐘的形制與寧鄉出土大型鉦（林 1984：圖版册，鐘 11）相類。這個羽渦紋的特色在於前端圓鼓，綫條流麗，紋飾較大。

圖版 13—235 是林 1984：圖版册，鐘 13 所收的器，時代相當於西周Ⅱ。篆間、鉦、鼓都填滿陰刻羽渦紋。圖版 13—236 的紋飾與廣西省最北西部之灌陽出土的鐘（林 1984：圖版册，鐘 19）相同，用細凸綫畫紋飾，這件鐘的時代也相當於西周Ⅱ。圖版 13—237 是出土地點不明的鐘，這件鐘的特色在於圓形中心加黑點的連珠紋。這個紋飾用細綫畫羽毛的輪廓，形狀呈寬幅的葉子形，這也是這個紋飾的特色。

圖版 13—238 ～ 240 是中原地區出土的西周Ⅱ的例子。圖版 13—240 雖然出土地點不明，但舞部的紋飾與圖版 13—239 非常相似。看這些中原地區發現的例子，西周Ⅱ～Ⅲ舞部極爲常見的、略顯奇怪的 S 形渦紋顯然來自圖版 13—234 式渦紋。圖版 13—238、240 鼓部上所見的、整體呈梯形的渦紋組合也是圖版 13—234、235 鼓部紋飾的簡化型式。圖版 13—240 中没有鳥的一側所飾的八字形羽渦紋，在圖版 13—236 中可以找到類似的紋飾。圖版 13—238、239 使用的細凸綫的表現技法也在圖版 13—236 式渦紋中可以找到原型。

以上所講的鐘舞部和鼓部的紋飾在西周Ⅲ繼續使用，如圖版 13—241 ～ 243。細凸綫的紋飾亦見於圖版 13—244 臨潼出土的春秋Ⅰ鐘上。

鐘是要發出一定高度的音的青銅器，因此鐘的鑄造需要與普通青銅器的鑄造不同的技術，這些技術的傳承方式勢必與其他彝器不同。這才是不同於其他青銅器紋飾的表現技法也同樣被保存的原因。

---

[14] 林 1980：19—34、44—50。

第十四章　幾 何 紋

幾何紋有（a）象徵天體、自然或與此相關内容的紋飾；（b）其他幾何紋，例如與某種器物的製作技術相關的紋飾等，但不一定所有的幾何紋都可以清楚地分類。本文暫且把幾何紋分爲這兩類進行論述。

a．象徵天體、自然或與此相關内容的紋飾

【1】囧紋

這是容庚所謂的圓渦紋[1]。圖版 14—7、8 是典型形狀，筆者曾經認爲這個符號是《説文》囧字的原型，因此把這個紋飾稱爲囧紋[2]。首先簡單説明這個紋飾的形狀和所代表的意義。

這個紋飾乍看起來像巴紋，其實并非如此。圖版 14—1 是商中期陶器上戳印的花紋，與井紋交錯排列，當是現在討論的紋飾的早期形態。中心的圓形周圍排列小羽毛，呈輻射狀。圖版 14—2 是同一時期的鄭州白家莊出土青銅尊的紋飾，鼈甲上有形狀相似的紋飾，但中心没有圓形。圖版 14—3 是安陽小屯發現的陶片刻紋。這個例子像圖版 14—2 一樣，羽毛外側的輪廓綫與外圍的圓形不接觸，着重於描畫每一片羽毛的輪廓綫。從圖版 14—4 也能看出，這種疑似巴紋的紋飾是把許多小羽毛排列成輻射形而成的。

把幾片小羽毛匯集成圓形的這個紋飾代表什麽意思？筆者曾指出[3]，這個紋飾有時没有中心的小圓形，如圖版 14—2、10。這個圖形爲圖版 14—5 右的金文“明”字左旁所象。這個圖形經過秦公簋銘“明”字（圖版 14—5 左）演變成小篆囧字是毫無疑問的。現在討論的紋飾既然被符號化，用爲囧字，稱爲囧紋最合理。囧，《説文》云：

> 窗牖麗廔闓明也。象形……讀若獷，賈侍中説：讀與明同。

這句話的意思是：“囧是屋頂和牆壁上的窗户的疏孔開闊明朗的意思。這個字是這種窗户的象形字。讀音是獷。根據賈逵的説法，讀音與明相同。”

《倉頡篇》也有如下説法：

> 囧，大明也。

根據這些記載，囧是明亮的意思這一點應該没有問題。關於此字的讀音，王筠在《説文釋例》中説：“許慎説‘讀若獷’，可能是因爲《尚書》臩命之臩古文作囧，據此確定此字的讀音。他之所以引用賈逵的説

[1]　容庚 1941：上，121—122。
[2]　林 1963：1—11。
[3]　林 1963：7—8。

法是因爲此字的讀音失傳，許慎對此字有疑問。至於賈逵的説法，因爲'盟（盟）'又作'盟'，認爲除去'皿'的'朙'和'囧'是同字。"*如果只根據以上材料，我們無法確定這個字應該讀哪一個音。但如下所述，盟字在甲骨文中都作"盟"，"盟"是西周以後才出現的字形，那麼囧和朙的讀音應該相同，而且根據後代的訓詁，囧也是明的意思。因此我們似乎可以認爲兩者是同一個字，其不同點只是繁簡之別。葉玉森對下面引用的甲骨文囧字做考釋[4]，其末尾説："新獲卜辭寫本第三百七十六版[5]有'囧子（俘）叟'一辭（此'囧子（俘）'與其他卜辭的'盟子（俘）'用法相同——引者補），囧即盟省。"只根據這一辭例還不能確定囧是盟的簡省體，但這個辭例至少能够證明囧和盟用以表示同一個詞，兩者可以相通。對賈逵的"（囧）讀與朙同"説而言，這是極爲有利的證據。

既然有可能與明同音的"囧"是現在討論的紋飾符號化的字，那麼這個紋飾所代表的意思恐怕與"囧"這一詞義相同。關於這個問題，筆者曾經引用馬伯樂的説法[6]，做過詳細的考釋[7]。簡單地説，"明"有明器、明齍、明水、明堂、明廷等用法。這些例子，有些與死者相關，有些與因忌諱——一時的忌諱（齋、喪）或永恆的忌諱（王位）——而被一般社會隔離的人相關。可見"明"表示的是排除世俗用法的、專供超俗之人使用的事物。

"明"的意思算是搞清楚了，但現在討論的紋飾和"明"的這個意思究竟有什麼關係？我們看"盟"字，甲骨文和金文作"盟"，後來雖然加"月"，但古書中爲表示"盟"的意思都用這個字。再看"明"†這個詞，這是把"明"的血盛在"皿"中，把它塗抹在嘴上，以使嘴巴變"明"，然後發誓爲"盟"的意思。也就是説，"盟"字的結構與"盟"表示的意思密切相關。因此"囧（明）"不可能與古書中用"明"表示的意思没有關係，也就是説"囧"與"明"不是假借的關係。我們應該認爲，囧紋本來就代表古書中用"明"字表示的意思。

馬伯樂認爲"明"的"明亮"之意，與他所闡明的、與"俗"意義相反的、表示"聖"義的"明"無關，但這個解釋有點過頭了。《説文》説此字是從窗户射進來的光綫明亮的意思，這個解釋恐怕有所依據。囧紋的中心有圓形，周邊的羽毛呈輻射狀，并且在更大的圓形中，這個形狀似乎證實了《説文》把它和太陽光輝聯繫起來的解釋。但囧紋所代表的意義和形狀之間是什麼關係，筆者還没有想出自己能滿意的解釋。

附帶講，這個囧形的早期形態在時代更早的龍山文化玉器中能够找到。此事筆者過去討論這個紋飾時没有談到。圖版14—6是旅大市‡營城子四平山的龍山文化系統的積石墓出土文物，與此相類的玉器在山東龍山文化遺址也被發現[8]。這些玉器中心有圓孔，周緣有突起，當是圖版14—7等紋飾的原型[9]。至於這件玉器所代表的意義，我們只能根據商代遺物做推測，因此對我們現在的討論而言，這些

---

〔4〕 葉玉森 1933：4，46—47 葉。

〔5〕 董作賓 1948：278。

〔6〕 Maspero 1933。

〔7〕 林 1963：9—10。

〔8〕 昌濰地區藝術館、考古研究所山東隊 1977：265（夏鼐 1984，圖六；圖版貳，1）；中國社會科學院考古研究所山東隊、滕縣博物館 1980：36（夏鼐 1984，圖五）。

〔9〕 夏鼐先生（夏鼐 1984）討論過從這種遺物到所謂璇璣（即筆者所謂的圭璧）的演變過程。關於從象徵性裝飾品到祭玉、瑞玉的變化，筆者另尋機會展開討論。

---

* 譯按：這是林先生的翻譯，《説文釋例》原文是："既云讀若獷，蓋依放㷇字以作音。又引賈説讀若明，是又依放明字以作音。從知許君於其音讀尚疑而未決，則其失傳甚明。而賈讀同明，直以盟之兩重文一從朙，一從明也，或即以爲與明一字矣。"

† 譯按：根據林先生的邏輯推測，此"明"似乎應該改爲"盟"。

‡ 譯按：即現大連市。

玉器没有多少用處。

下面看各個時期的囧紋。這個紋飾在形狀和用法方面從商代到西周時期幾乎没有變化。西周Ⅱ出現把逗號形排列成輻射形的例子，如圖版14—16、20。但其他没有什麼好講的。因此，對這個紋飾，我們先按照用法分類，然後按照時代順序引用。順便講，囧紋從春秋戰國到漢代也有很多例子，到六朝時期一直使用，中間没有多少變化[10]，其變化之少、使用時間之長，没有其他紋飾可比。

首先是器物的腹部、肩部等位置按照一定的間距均匀排列的例子。從商中期Ⅰ到西周Ⅱ有圖版14—7 ～ 16的例子。此外，器物的主要部位單獨使用的例子也不少，如圖版14—17 ～ 21。尤其圖版14—19的囧紋，兩側有一對回首L形龍，其等級相當於饕餮。圖版14—20 ～ 22不是主要部位使用的例子，但爲方便起見放在這裏。圖版14—2是鱉甲上大面積刻這個符號的例子。至於盤底等地方裝飾的鱉形鬼神上加這個圖像的例子，我們在第十章第【8】項作爲（2）類引用。

另外，囧紋和其他紋飾在紋飾帶交錯排列的例子也很多。關於囧紋和向下Z形龍、回首L形龍一起使用的例子，我們分別在這兩種紋飾的討論中引用過。囧紋和井紋交錯排列的例子有圖版14—1、23 ～ 29等很多例子。與其他紋飾交錯使用且有拓本的例子有圖版14—23、30 ～ 32。

爵、斝等器物的柱頂部裝飾囧紋的例子不勝枚舉，我們在圖版14—33 ～ 38引用了若干例子。

從囧紋用法的角度看，圖版9—5、6以及圖版14—40非常少見。這幾例是骨枘雕紋。前兩例，鴟鴞形鬼神的長尾呈波浪狀，囧紋在這個尾巴的凹進處，旁邊還畫蛇、魚等。圖版14—40也是骨枘殘片，背面（圖版14—40右）的囧紋見於波浪狀龍尾的凹進處。後代的圖版14—57、58中，波浪狀龍尾的凹進處填入星紋，用法與此相同，這表明囧紋與天體有密切的關係。這件骨枘正面（圖版14—40左）的龍或蛇的身軀上排列很多囧紋也是很罕見的例子。此圖中可以看到九個囧紋。如果是十個，還可以討論更多的問題，可惜這是殘片。

圖版14—41也是很罕見的例子，這個紋飾中的波浪線不是龍尾巴，也不是鳥尾巴，而是普通的帶狀波浪綫，這條波浪綫的上下有囧紋。筆者在上一章第【21】項山紋處指出，波浪綫凹進處的鱗紋是與光明有關的圖像。這個紋飾在波浪綫凹進處填入囧紋，可能也是以同樣的觀念爲背景產生的。

【2】㕤紋

商代有像圖版14—42 ～ 45這種星形紋飾。上一項的囧紋數量極多，用法也有好多種。與此相比，這個紋飾數量極少。此外，囧紋在後代也有不少例子，而這個紋飾雖然戰國時代有若干例子[11]，但後代極爲少見，這兩種紋飾形成很鮮明的對比。

筆者也曾經討論過這個紋飾[12]，其意思大致如下：圖版14—48當是這個星形的簡省體，于省吾把它釋爲㕤。他説：“㕤，《説文》説從白，金文從日。此字中從日作○。金文中有日作○之例。此字是㕤之本形，象日光四射，後世假灼、焯、爍爲之。容光必照，故㕤之引伸義爲隙孔，爲空間。”* 雖然弄不清楚象日光四射的太陽形的字爲何在後代不表示本義，而專門表示從縫隙射進來的光綫，但我們暫且

〔10〕　林 1963：1—5。
〔11〕　王仲殊 1954，插圖 7。
〔12〕　林 1963：12—13。

---

* 　譯按：以上是《雙劍誃殷契駢枝續編·釋㕤》中的一段的概要。我們在翻譯時盡量使用于先生原文的説法，但其中“金文中有日作○之例”一句在原書中没有（于先生舉了一些具體例子，林先生用這句話概括），我們完全按照林先生的話翻譯。

根據于氏的解釋，把與㫋字相應的星形紋飾稱爲㫋紋。

　　不難想象這個圖像所象的是圓形即日、月、星等天體發出光芒的形狀，但所象的是其中的哪一個天體？關於這個問題，筆者曾經發表過如下看法[13]：爲了考慮這個圖像的意義，圖版 14—47 所引的安陽侯家莊 1004 號商代墓出土"牛鼎"紋飾提供很重要的綫索。這個圖像是頭上戴水牛角的饕餮旁邊的鳥，值得注意的是這隻鳥的尾羽，尾羽下端有現在討論的紋飾，但中心部分是瞳孔横長的眼睛。筆者在第七章第【2】項討論鳳凰圖像時指出，鳳凰頭上常見的皇字形——即羽冠，其形狀像是張開五指的手掌上加眼睛似的——的原型是孔雀尾羽；孔雀尾羽中像彩虹一樣五彩繽紛的部分被看作太陽＝眼睛，結果形成了這種圖形。圖版 14—47 中所見的鳥不是鳳凰，但尾羽的形狀與鳳凰的"太陽＝眼睛"尾羽相同。我們應該可以認爲這個圖形的象徵意義與鳳凰的尾羽相同。

　　以上討論表明，遠古的商代，有些㫋紋不是抽象地代表天體，而特別代表太陽的光輝。鳳凰尾羽上的這種㫋紋，例如圖版 14—45，光芒的數量特別多，形狀較短。

　　光芒很長的㫋紋見於仰韶文化的陶器上。圖版 14—49 是偃師高崖發現的例子。圖版 14—50 是鄭州大河村出土的例子，時代屬於仰韶文化第三期。後者有兩例，一例是中空圓形發出光芒的圖案，另一例是圓形中有黑點的圖案。通過復原，可知這兩例原來有 12 個㫋紋。有人認爲，因爲這兩件器形制不同，12 這個數字恐怕不是偶然，這 12 個㫋紋代表 12 個月[14]。如果 12 這個數字有特定的含義，這些㫋紋似乎應該看作月亮。但月亮雖然發光，我們不覺得發出光芒，這是此説的難點所在。這個説法只能認爲可備一説。

　　此外還有一些很少見的例子，例如圖版 14—46 是龍的胸部加㫋紋的例子。

【3】卍形紋

　　卍形在西周時代的青銅器或其他器物的紋飾中偶爾出現[15]。卍形紋像上一項的㫋紋一樣例數很少，因此順便講述卍形紋的例子。

　　雖然不是紋飾，但甲骨文中有與此相應的字。圖版 14—54 是其例子，圖版 14—54 右卜辭如下：

　　　　丙戌卜……□卍舞……

圖版 14—54 左卜辭是：

　　　　乙丑子卜貞：卐歸……

這兩條卜辭都把該字用爲國族名，後者多了一筆 S 形綫，但我們認爲兩者是同字。據此可以推測，商代有卍形和把它符號化的圖像符號，這個圖像符號被用爲甲骨文。

　　下面看這個紋飾的實例。圖版 14—51 是貝殼製品，正中處有凸起。這是濬縣辛村 5 號墓出土品，

---

[13]　林 1969：43。

[14]　李昌韜 1983：52—53。

[15]　衆所周知，"卍"用爲"萬"是從武則天制定的則天文字開始。"卍"本來是從印度傳來的佛典中所見的象徵性符號，當時對這個符號想出了各種各樣的漢譯，武則天從中選擇了"萬"這個翻譯，把它作爲則天文字。關於"卍"的來龍去脉，那波利貞《卍字源流考》（那波 1921）有詳細的考證。但那波氏毫無根據地把中國漢字的"火"、"巴"及⊕形紋看作"卍"的變異，討論這些字的起源，這一點我們不能贊同。

根據同出車馬器的形制，可知時代屬於西周晚期。圖版 14—52 是鐘鼓部靠邊處裝飾的例子，根據形制，可知這件鐘的時代屬於西周中期。圓形框内填入卍形。此例中，卍形用圓形圍起來，裝飾這個紋飾的位置與圖版 14—20 回紋的位置完全一致。鐘的這個位置有時還裝飾鳳凰圖像（圖版 8—52）。由此可知，卍字形與這些圖像等級相同，具有某種象徵意義。圖版 14—53 也是西周晚期的例子，這是簋的中央處裝飾的很大的罔兩紋，處於中央的眼睛旁邊有卍形。

　　還有時代比商代更早的例子。馬廠文化彩陶的彩紋中偶爾使用卍形（圖版 14—55）。馬廠文化彩陶彩紋的例子還有樂都柳灣出土陶器[16]，這個遺址出土陶器上刻畫的幾何形符號中也有卍形，報告者説"卍"和"十"、"一"同樣是最爲常見的符號之一[17]。卍形在遠古的社會群體中被用爲符號，頗耐人尋味。當然我們不知道馬廠文化的卍形和商代甲骨文中用卍形表示的國族是什麽關係。

　　此外，中原以北的小河沿文化——晚於紅山文化、早於夏家店下層文化的文化[18]——陶器上刻畫的符號中也有卍形的一類（圖版 14—56）。

　　至於時代更晚的例子，戰國時代和漢代也有若干例子[19]。關於這些例子，我們在下一卷加以討論。

【4】星紋

　　商代偶爾有像圖版 14—57、58 這種紋飾。圓形内有幾個小圓形的圖案與身軀彎曲成波浪形的龍類一起使用。這個圖形有時用爲一個獨立的紋飾，如圖版 14—59。這個圖形應該代表星。筆者曾經發表過如下看法[20]：漢代，圓形内加幾個小圓形的紋飾單元很常見（圖版 14—60），圖版 14—61 引用的是旌旗之一種"常"，上面裝飾的也是這個紋飾。這個紋飾早在商代已經存在（圖版 14—59），漢代的這種紋飾無疑是這個傳統的孑遺。商代，"日"作中心處加一個黑點（＝瞳孔）的太陽＝眼睛形[21]，與圓形内填入幾個小圓形的圖形完全不同，因此這個圖案代表的不可能是"日"。

　　另一方面，星字《説文》小篆作圖版 14—62：1，古文作圖版 14—62：2。甲骨文中，圖版 14—62：3、4 被釋爲星[22]。此字所从的圖版 14—62：5*象天上有許多星之形，"生"表示讀音[23]。用幾個小圓形表示星是沒有問題，那麽把幾個小圓形圍起來的圓形也可以理解爲星嗎？答案是肯定的。但它代表的是特定的星，即昴宿。衆所周知，昴宿是一團小星聚在一起的星宿。用圓形把幾個小圓形圍起來，可以認爲是要表示昴宿這一團小星的輪廓。

　　根據以上討論，像圖版 14—59 這種圖案所象的是昴宿這一特定星宿。根據最具特色的部分畫圖形，以代表星辰。

　　《尚書·堯典》"厤象日月星辰"僞孔傳對此"星"做如下解釋：

〔16〕 青海省文物管理處考古隊、中國科學院考古研究所青海隊 1976，圖四，2、9。
〔17〕 青海省文物管理處考古隊、中國科學院考古研究所青海隊 1976：376。
〔18〕 李恭篤、高美璇 1982：152。
〔19〕 戰國時代的例子：黃濬 1936（2，37 葉）所收青銅壺上有割分紋飾寬帶的綫，此綫中出現卍形；還有王仲殊 1954（插圖五，15；插圖七，6）所收陶器的暗紋等。漢代的例子有：湖南省博物館、中國科學院考古研究所 1973（圖 53）所收刺繡等。
〔20〕 林 1969：43—44。
〔21〕 參看本書第七章第【2】項。
〔22〕 中國科學院考古研究所 1965：7，5—6 葉。
〔23〕 李孝定 1965：7，2246—2247、2249—2250。

＊　譯按：本書圖版漏收 14—62：5。

　　　　星，四方中星。

也就是説，二十八宿有蒼龍、朱鳥、白虎、玄武四方，每方有七個星宿，其中位於中央的星宿是此處所謂的"星"。昂宿是白虎的中星，即"星"。"星"的這種特殊用法可以上溯到什麼時候，難以搞清楚。像圖版 14—58 這種圖案中，裏面有小圓形的圓形同時出現兩三個。我們可以認爲用這個圖形代表四方星宿的中星，但認爲用昂宿形代表星或許更妥當。

【5】回字形渦紋

　　商、西周時代，單純的渦紋偶爾作爲一個獨立的紋飾單元在青銅器等器物上出現。陶器上戳印的那種除外[24]，圖版 14—63 是商晚期 II 鼎頸部使用的例子，單純的渦紋和ワ形羽渦紋交錯排列。

　　圖版 14—64 是西周 I B 的量仲觶。此觶裝飾高凸的大渦紋。大渦紋加龍頭的圖案是比較常見的，但這種只有渦紋的圖案則很少見。圖版 14—65 是馬器的節約，渦紋中心加囧紋。戰國時代和漢代，單純的渦紋雖然不是沒有，但很少見。

　　單純的渦紋與《説文》古文回字（⊚）相對應，因此我們把它稱爲回紋。甲骨文亘字也有時寫作這個形狀（圖版 14—66）。衆所周知，這個字用爲第一期貞人名的例子頗多。此外，如饒宗頤所指出[25]，此字在卜辭中還用爲臣服於商的方國名，也作爲商的征伐對象出現。我們在第一章引用了與圖像符號、甲骨文相對應的青銅器紋飾圖案，在此引用的青銅器紋飾的回字形渦紋與此相同，也是象亘方之"物"的圖案。

　　《説文》把回字形渦紋解釋爲回轉形。回字形渦紋代表雲雷，以打雷聲爲字音，表示廣施雨水，滋養萬物生長的意思。這些筆者以前都詳細論述過[26]，在此不再贅述。我們不妨認爲亘方之"物"的回字形渦紋也是類似意思的象徵性符號。

【6】S形渦紋、其他渦紋

　　關於具有羽毛因素的渦紋，前面已經討論過，在此要討論的是用單純的綫條構成的渦紋。從商中期 I 到商晚期 I 的商代的較早時期有幾例。

　　圖版 14—67 是商中期釉陶上用模子戳印 S 形而做的紋飾。這個 S 形由曲綫構成，甲骨文中有一個字似是用直綫表現這個圖形的。此字見於圖版 14—68、69 兩片卜辭中，前一例卜辭如下：

　　　　丁未卜敵貞：𗫊受年。貞：𗫊不其受年。

後一例卜辭云：

　　　　癸未卜宁貞：王往于𗫊。

---

〔24〕 安志敏 1954，圖 11，15；圖 11，16。

〔25〕 饒宗頤 1959：445—447。

〔26〕 林 1953：193—194。

這兩例卜辭中，這個字用爲國族名和地名，據此可知當時存在以這個紋飾單元爲“物”的國族。

圖版 14—70 ～ 72 可以與第十三章第【13】項紋飾相比較，稱爲勾連 S 形渦紋；圖版 14—73、74 可以與第十三章第【12】項紋飾相比較，稱爲并列 S 形渦紋。圖版 14—76 ～ 79 是把單純的渦紋和 S 形渦紋無規律地并列或組合起來做的紋飾。

【7】黼紋

商、西周青銅器紋飾中有圖版 14—80 ～ 87 的一類。這個紋飾的基本單元是橫筆兩端内卷的 T 形，T 形橫筆的一側和另外一個 T 形的竪筆相接，使得紋飾展開，然後排列這種紋飾，填充很大的面積。這個紋飾單元橫向展開的、縱向展開的都有。

容庚把這個紋飾稱爲勾連雷紋[27]，高本漢稱爲 “interlocked T's”[28]。這兩個名字都很好，能夠讓人聯想到這個紋飾的形狀。但這個紋飾戰國時代到漢代的名稱當是黼紋，因此筆者采用早期的名稱，稱之爲黼紋。關於這個問題，筆者曾經做過詳細的論述[29]，在此只談要點。

《尚書·益稷》僞孔傳云：

黼若斧形。

形狀像斧的紋飾只有戰國鏡上所見的圖版 14—88 這種紋飾，因此黼紋當是這種紋飾。不僅是單獨使用的 T 形，現在討論的、把 T 形組合起來填充大面積的紋飾也應該稱爲這個名字。圖版 14—89 是用爲戰國鏡地紋的例子。

關於黼紋，《説文》有另外一種説法：

黼，白與黑相次文。

也就是説，黼是白色和黑色并列的紋飾。這個説明似乎根據特定時期的特定紋飾只使用特定的顏色組合——例如 “兩面龜甲打” 的縧帶自古以來只用黑白兩種顏色[*]，藤蔓紋的包袱布[†]基本上不是棕底白紋就是綠底白紋等——這個事實。圖版 14—90 是江陵望山戰國墓出土的竹席，用黑白兩色的竹篾，編織出白綫、由白色 × 形構成的虛綫和黑綫，以此構成紋飾。看被白綫圍起來的黑綫就可以看出，這是用 T 形組合而成的商代以來的黼紋。許慎腦子裏想的應該是這種器物，這樣才有了《説文》的説解。

---

[27]　容庚 1941：上，118。
[28]　Karlgren 1937：10。
[29]　林 1969：74—78。

---

[*]　譯按：“龜甲打” 是縧帶的一種編織法。“打” 是打結的意思。使用兩種以上顏色的絲綫編織龜甲形，因此稱爲 “龜甲打”。“兩面龜甲打” 是雙面都成爲龜甲形的編織法。
[†]　譯按：原文是 “唐草紋の風呂敷”，“唐草紋” 具體指如下這種圖案：

黼紋可以用爲席子邊緣的圖案,《周禮・司几筵》中稱爲“黼純”。圖版 14—91 是西漢空心磚邊緣使用黼紋的例子，其用法類似於日本榻榻米的邊緣（即《周禮》的“純”）。拓片中白色部分是黼紋，這就是“黼純”。衣服邊緣使用黼紋的例子見於殷墟出土的石雕上（圖版 14—92）。根據以上這些例子，可知我們把現在討論的紋飾稱爲黼紋是對的。

黼紋的基本單元之 T 形渦紋早在圖版 14—93 鄭州二里崗出土的商中期陶器上出現，這是用模子戳印的（看白色部分）。這個 T 形渦紋後來連起來組成黼紋，其背後可能有席子等器物的花紋編織技術的影響。但如果説黼紋純粹是因爲技術原因産生的紋飾，恐怕很勉强。因爲，如果是這樣，我們無法解釋當時爲什麽選 T 形渦紋爲基本單元，而不選其他的什麽紋飾。

以我們在第【5】項看的單純的渦紋類推，T 形渦紋和由它組成的黼紋也應該具有某種象徵意義。

從 T 形渦紋可以聯想到的是金文亘字。如圖版 14—94 所示，今日被釋爲亘的偏旁作 T 形渦紋。但這些字是春秋中期偏晚到春秋晚期的例子。我們在第【5】項已經看過，商代甲骨文亘字作單純的渦紋形，因此我們不能根據這些字形考慮商代 T 形渦紋所代表的含義。

【8】并列菱形紋

這是在狹窄的紋飾帶中把菱形排成一排的紋飾，例子見於圖版 14—95 ～ 97。紋飾帶的剩餘空間排列等腰三角形。我們在第三章第【10】項已經講過，菱形排成一排的這種紋飾亦見於尖吻蝮的身上，這個紋飾或許來自尖吻蝮。然而具有象徵意義的菱形還有饕餮額部的菱形、下一項介紹的紋飾等，我們也不能確定在此討論的并列菱形與它們無關。因此我們命名時采用與這個紋飾的起源没有關係的名稱。

【9】斜方格乳紋

斜方格乳紋是容庚起的名字[30]。這是菱形格内填入按鈕狀突起的紋飾。從商晚期 I 到西周 II，瓿、鼎、簋、盂等器物腹部的主要部位裝飾這個紋飾的例子比較常見。菱形的内邊緣一般使用雷紋。

關於這個紋飾的形狀，斜方格早在仰韶、龍山文化中作爲紋飾單元使用（圖版 14—98、99）。圖版 14—100、101 是商中期陶器上戳印的紋飾，雖然没有雷紋，但中心處有圓點，這個圓點與現在討論的紋飾中的乳突相對應。如果仔細觀察，可以知道拓片中呈白色的斜方形是戳印的紋飾單元，圖版 14—100 密密麻麻地戳印，整體呈更大的斜方格；圖版 14—101 排列同樣的紋飾單元，戳印單元可以看得很清楚。根據圖版 14—100，可以知道斜方格乳紋其實是斜方格内放入菱形的小單元而成的。就青銅器的例子而言，如果看圖版 14—113、114 等平凸的紋飾，也能看出這一點。

如此排列的菱形代表什麽意思？有一個字是把不帶斜方格的菱形斜方向排列造的，一般釋爲“齊”。圖版 14—102 是這個字的甲骨文字形。饒宗頤引用如下卜辭：

甲寅卜㱿貞，尞於土，㞢，㞢一人[illegible]。（《綴》304）

---

〔30〕容庚 1941：上，119。附帶説，筆者曾經認爲斜方格乳紋是天子之服的“十二章”之一“米”紋的早期型式（林 1969：69—72）。但如果把在此討論的紋飾稱爲“米紋”，未免有些突兀，因此仍采用容庚的命名。

饒氏把其中的齊字讀爲齍[31]。齍是祭祀時盛在器物裏供奉的黍稷之類穀物，圖版14—102的形狀可以認爲用幾粒穀物來代表許多穀物。

有些菱形不是抽象符號，而表示可以手拿的東西，例如圖版14—103中有從雙重菱形和 "収" 的字；圖版14—104鱉形左上方有菱形加兩隻手的圖形，我們從這些例子可以知道這一點。單獨的菱形還可以代表國族名，如圖版14—105、106。這些菱形或許可以解釋爲如上所述的斜排穀物中的一粒。但菱形還有饕餮額頭上出現的一種，"甲" 是這個菱形被符號化的字[32]。因此我們難以確定這些菱形是其中的哪一種。

斜方格乳紋的形狀隨着時代發生了一些變化。商晚期Ⅰ的例子見於圖版14—107 ～ 110，方格很大。商晚期Ⅱ流行方格小巧的那種（圖版14—111、112）。圖版14—113是菱形中心處的圓形比較平坦的例子。商晚期Ⅲ有乳突高起來的傾向（圖版14—116 ～ 118）。西周Ⅰ，這個傾向更加明顯（圖版14—119）。此外，方格綫變寬的例子也不少。西周Ⅱ，方格綫使用兩條平行綫的例子很顯眼（圖版14—121、122），此外也有使用凸綫的例子（圖版14—123）。

【10】百乳紋、百棘紋

這是比較平坦的乳突或由此發展的圓錐形突起有規律地排列在一定空間內的紋飾。這個紋飾所象的是什麼、代表什麼意義，我們不清楚。但這種乳突出現於上一項斜方格乳紋的每一個方格中心處，乳突的高低和形狀與斜方格乳紋平行發展。由此可以推測，兩者應該具有同樣的象徵意義。如上所述，斜方格乳紋可能象徵着穀粒，乳突位於菱形的中心，那麼這個乳紋可能代表補益人生命力的東西之核心，或生長繁殖的核心，如胚等。但我們還沒有找到文字等其他方面的證據，因此還不能確定。

這個紋飾從商中期到西周Ⅱ以同一種形狀和方式使用在方鼎上，如圖版14—124 ～ 128。西周ⅠA，乳突像斜方格乳紋那樣既高又尖的例子偶爾出現，因爲百乳這個名字對這種形狀不合適，我們把這類紋飾命名爲百棘紋。

b．可以推測有技術來源的幾何紋

【11】藻紋

商周文物裝飾的紋飾中有一種紋飾，在帶狀空間中長軸方向填滿箭羽狀圖形。筆者曾經認爲這個紋飾起源於緣帶等編織品，戰國時代稱爲 "藻"[33]。《尚書·益稷》僞孔傳對 "藻" 做解釋，云：

> 藻，水草有文者。

僞孔傳説藻是水草中有花紋的一種，但我們無從得知 "藻" 是怎樣的水草怎麼紋飾化的東西。戰國時代銅鏡紋飾中有長莖植物狀紋飾[34]，似乎可以説叫品藻的浮萍與此比較相似。但浮萍有 "萍"、"蘋" 等別的名稱，因此這個植物恐怕不是 "藻"。此外還有叫藻井的東西。衆所周知，藻井是 laternendecke，即呈

---

〔31〕　饒宗頤 1959：上，121。
〔32〕　參看第十章第【9】項。
〔33〕　林 1969：63—65。
〔34〕　Karlgren 1941, Pl.18, c52, c53.

穹窿狀的天花。《文選・西京賦》李善注引用《尚書》僞孔傳説這種天花象菱形[35]。藻井的確讓人聯想到
菱葉從莖向四方長出，浮在水面的形狀，但菱當然不能稱爲藻。

如此看來，要探討服飾圖案的藻，需要從別的角度切入。《禮記・玉藻》"天子玉藻，十有二旒" 鄭
注曰：

> 雜采曰藻。天子以五采藻爲旒。

孔疏曰："藻，謂雜采之絲繩以貫於玉，以玉飾藻，故云玉藻也。" 由此可知，藻是用五色絲綫編織的
繩子[36]，這個繩子還裝飾小珠，因此叫玉藻。筆者認爲這 "雜采之絲繩" 爲藻紋的探討提供綫索。用五
色絲綫編織縧帶，一種方法是首先準備每種顔色的絲束，然後把它們撚成一條縧帶。如果采用這個方
法，縧帶上出現五色斜條紋。還有一種方法是用五色絲綫編織縧帶。使用好幾種顔色的絲綫編織縧帶，
縧帶上出現或多或少類似樹葉的形狀以一定角度交錯的紋飾，所謂 "藻" 當是從這種編繩技術産生的紋
飾。如果用三條或幾條絲綫，并采用比較簡單的編織方式編織平結縧帶——例如每根經綫交錯地在每
根緯綫上下穿過，或每根經綫交叉地在每兩根緯絲上下穿過——的話[37]，會形成類似狸藻的紋飾。這個
紋飾對 "藻" 這一名稱非常合適[38]。

我們從 "縿席" 也可以知道縧帶的這種紋飾叫藻。《周禮・夏官・弁師》有 "五采繅十有二就" 一句，
上引《禮記・玉藻》的 "藻" 在此作 "繅"，可見 "繅" 和 "藻" 指同一種物品。《周禮・春官・司几筵》"加
繅席畫純" 鄭注云：

> 繅席，削蒲蒻，展之，編以五采，若今合歡矣。

也就是説，用染成五種顔色的蒲蒻編織的席子稱爲繅席。我們不知道漢代的 "合歡" 具體指怎樣的紋
飾，但用五種顔色的材料編織的席子很有可能像上文中想象的縧帶紋飾一樣，是有一定寬度的短綫以
一定的角度交錯的紋飾。正因爲如此，這個席子也冠以與藻同義的繅，稱爲 "繅席"。

下面看符合於藻之定義的紋飾。時代很早的例子有圖版 14—92。這件商代石人的衣服領口和袖口
的鼺紋邊緣使用 "〈" 形并列的紋飾，這當是藻紋。由此可知，早在商代就已經把藻紋用爲衣服的裝飾。
這個時代的青銅器也偶爾使用藻紋，用法如圖版 14—130、131。圖版 14—132 是殷墟出土白陶的紋飾，
這也可以視爲同一種紋飾。圖版 14—133 是大約春秋早期的特定地域型銅匜口沿下的紋飾[39]。這種紋飾

---

[35]　《西京賦》"蒂倒茄於藻井" 李善注云："藻井……孔安國《尚書傳》曰：'藻，水草之有文者也。'《風俗通》曰：'今殿作
　　　天井。井者，東井之像也。菱，水中之物，皆所以厭火也。'"
[36]　在此所謂雜采之雜并不是繁多的意思，而是《説文》"雜，五采相合也" 之雜。
[37]　用絹絲編織的縧帶出土於長沙戰國墓（《楚文物展覽圖録》圖 20*），但由於照片不够清晰，看不出這個縧帶使用了幾
　　　條絹絲、如何編織的。使用三條絲綫編織的縧帶圖像見於公元前 5 世紀初的禹邘王壺（容庚 1941：下，圖 743），紋飾邊
　　　緣的凸帶象縧帶形。此外，把縧帶纏在劍柄上的例子有幾個（例如 Watson 1961，Pl.50）。
[38]　用五彩繽紛的彩絲編織的、紋飾華麗的縧帶的形象，對用優美言辭編起來的詩文而言正合適。只有知道 "藻" 是來自
　　　縧帶的紋飾名稱，才能真正地明白 "藻" 這個詞用以表示華麗文辭的原因。
[39]　附帶講，關於藻紋，原田淑人（原田 1967：47—48）認爲高句麗古墓藻井上所畫的曲綫紋是藻紋。他還認爲，戰國時
　　　代的細地紋禽獸鏡中，没有動物頭部的紋飾（梅原 1935，圖版 20，1）也屬於藻紋類。這些紋飾確實與植物紋和藤蔓
　　　紋相似，但爲何一定要稱爲 "藻紋"？原田氏没有説明這個理由。

---

*　譯按：《楚文物展覽圖録》不見於引用文獻目録，似是 1954 年出版的書，譯者没能看到原書。

在戰國時代青銅器上也可以見到，具體例子我們會在下一卷介紹。

有一類紋飾雖然同是重叠"〈"形而做的，但與上引的一類不同，這類紋飾覆蓋很大的面積。圖版14—134 是商晚期Ⅰ的例子，圖版 14—135、136 是西周Ⅱ的例子。筆者曾經認爲這是席紋，把它和藻紋區分開，但根據上引《周禮·司几筵》的繅席，藻紋有時用在面積很大的席子上，因此現在把這類紋飾也同樣稱爲藻紋。

【12】垂直條紋、斜條紋、水平條紋

這三種紋飾都以柳條般或竹籤般的平行凸綫構成。它們不僅綫條的方向不同，綫條的粗細和流行時間也有差異，但爲了方便起見，把它們放在本項中一起討論。這些紋飾的起源是否與柳條或竹籤的工藝有關，我們不得而知。但也没有什麼證據證明它們是具有象徵意義的紋飾，因此我們暫且把這三種紋飾歸於這一類。容庚把像圖版 14—137 這種紋飾稱爲直紋[40]。這個名稱只限定"直"這個特徵，没有包含其他任何意義。這些紋飾乍看就讓人聯想到柳條箱的柳條排列的樣子，因此我們對這些紋飾的名稱加了"條"字，分别采用如標題所示的名稱。

垂直條紋的例子有圖版 14—137 等，綫條中粗，始見於商晚期Ⅲ；簋腹部使用垂直條紋的例子到大約西周Ⅱ一直很多。看不出隨着時代發生什麼變化。此外，西周中期有使用稀疏的細凸綫的例子，如圖版 14—138。

斜條紋是西周中期鬲的特有紋飾，使用的綫條很細（圖版 14—139）。我們可以想象銅鬲的這種斜條紋與陶器繩紋的綫條之間有關係。

水平條紋一般使用較粗的綫條，如圖版 14—140。西周中晚期的簋有時使用這個紋飾。

【13】橫槽紋

我們把圖版 14—141 的紋飾稱爲橫槽紋。容庚稱之爲瓦紋[41]。關於這個名稱，容庚解釋説"其狀横列若干于器上，上下高起成綫條而中陷落如仰瓦"。中國的瓦屋頂中確實有只鋪凹面朝上的板瓦做的、凹槽與屋檐垂直的一種，但日本的瓦屋頂没有這種鋪法，因此我們没有采用這個名稱。因爲這是横向的凹槽紋，筆者采用了橫槽紋這個名字。

這個紋飾從西周中期到晚期比較多見，延續至春秋時期。雖然没有可靠的證據證明這個紋飾有什麼技術來源，但橫槽紋可以説是上一項水平條紋的反相，因此我們把它歸於這一類。

【14】連珠紋

我們所謂連珠紋是小圓形密密麻麻排列的紋飾，如圖版 14—142 ～ 145。容庚稱之爲圈帶紋[42]。圖版 14—145 和 146 是時代大致相同的鐘，圖版 14—145 鐘裝飾圓形，而圖版 14—146 鐘與此相應的部分成爲小突起。圓形突起的時代較早的例子見於圖版 14—144。爲了把像圖版 14—146 這種紋飾也包括在裏面，我們把名稱改爲連"珠"（小珠）的紋飾。

---

〔40〕　容庚 1941：上，331。
〔41〕　容庚 1941：上，130。
〔42〕　容庚 1941：上，121—122。

　　商代出現的連珠紋是把小圓形連起來的那種，如圖版 14—142、143。但長江流域的特定地域型銅器系統的器物，例如圖版 14—145 西周中期鐘 * 等，使用中心加圓點的圓形。

　　大部分的連珠紋用作紋飾帶的邊框，如圖版 14—143、145。但有時用作獨立的紋飾，如圖版 14—142、147 ～ 149。

　　這個紋飾可以通過在陶範上戳印竹管、用圓規畫圓、用刀剜去圓錐形等方法機械製作，因此我們把它歸於這一類，但這并不意味着我們有證據可以證明這個紋飾没有什麽象徵意義。

　＊　譯按：根據圖版説明，圖版 14—145 的時代是商晚期 Ⅱ。上文説圖版 14—145 和 146 時代大致相同，根據圖版説明，圖版 14—146 是西周 Ⅱ。綜合以上情况考慮，圖版 14—145 的“商晚期 Ⅱ”當是“西周 Ⅱ”之誤。林先生認爲鐘是大約西周 Ⅱ 出現於中原地區的樂器（參看第十三章【22】“鐘的羽渦紋”），從這個角度看，林先生也不可能認爲圖版 14—145 的時代是商晚期 Ⅱ。

插圖目錄

第二編　第二章

（6）京大人文研考古資料

（7）京大人文研考古資料

（8）京大人文研考古資料

（9）京大人文研考古資料

（10）京大人文研考古資料

（11）Sackler Collection 拓本

（12）京大人文研考古資料

（13）From:Eleanor von Erdberg, *Chinese Bronzes from the Collection of Chester Dale and Dolly Carter,* no. 7, with kind permission of *Artibus Asiae*

（14）京大人文研考古資料

（15）京大人文研考古資料

（16）京大人文研考古資料

（17）京大人文研考古資料

（18）京大人文研考古資料

（19）京大人文研考古資料

（20）京大人文研考古資料

（21）京大人文研考古資料

（22）京大人文研考古資料

（23）京大人文研考古資料

（24）石璋如、高去尋 1970: 下，圖版壹玖玖: 1

（25）京大人文研考古資料

（26）京大人文研考古資料

引用文獻目録

説明

原書的引用文獻目録分"日本文、中國文"和"西文"兩個部分，前者按作者名的五十音順序排列，後者按拼音順序排列。若采用這個排列方式，對不懂日文的人而言，很難找到自己要查的論著，因此本目録改了排列方式，其體例如下：

一、本目録分"日文"、"中文"、"西文"三個部分，每部分都基本按照作者名的拼音順序排列。爲了查找的方便，每部分加 A、B、C、D……等拉丁字母細分。

二、若文獻沒有交代作者，根據文獻名排列。

三、"日文"部分，每條先寫本書中使用的簡稱，後寫該書的詳細信息。由於本書引用日文論著時，只寫作者的姓，因此本目録在簡稱後再寫作者全名；但若簡稱使用作者全名，不依此例。

四、"西文"部分完全采用原書的格式。此部分每條開頭的作者名和本書中使用的簡稱有所不同，例如 "Barnard, N., 1959" 在引用時使用 "Barnard1959" 這一簡稱，其他西文的簡稱以此類推。

五、凡是譯者注意到的原目録中的錯誤（如信息有誤漏、同一文獻重複出現等），譯者徑改，不出校注。

日文

A

奧村 1939：奧村伊九郎《舌を出す饕餮》，《瓜茄》五（鶯字第一），569—588 頁。

B

白川 1962—1983：白川静《金文通釋》1—55，《白鶴美術館志》第 1—55 輯。

白川 1975：白川静《中國の神話》，東京。

貝塚 1940：貝塚茂樹《殷末周初の東方經略に就いて》，《東方學報》京都第 11 册第 1、2 分册；後收入《貝塚茂樹著作集》第 3 卷。

貝塚 1959：貝塚茂樹《京都大學人文科學研究所藏甲骨文字》圖版册，京都。

貝塚 1960：貝塚茂樹《京都大學人文科學研究所藏甲骨文字》本文篇，京都。

貝塚 1964：貝塚茂樹《金文に現れる夏族標識》，《東方學報》京都第 36 册；後收入《貝塚茂樹著作集》第 3 卷。

C

長廣 1933：長廣敏雄《漢代を中心とせる動物表現に就いて》，《東方學報》京都第 4 册，106—147 頁。

陳、松丸 1977：陳夢家編、松丸道雄改編《殷周青銅器分類圖録》，東京。

池田 1964：池田末利《殷虚書契後編釋文稿》，廣島。

赤塚 1964：赤塚忠《鯀、禹と殷代銅盤の龜、龍圖像》，《古代學》第 11 卷第 4 號，273—301 頁。

赤塚 1977：赤塚忠《中國古代の宗教と文化》，東京。

出石 1943：出石誠彦《支那神話傳説の研究》，東京。

D

大村、深田 1966：大村恒、深田祝《世界のワニ》，伊豆。

大村 1915：大村西崖《支那美術史》雕塑篇，東京。

島 1958：島邦男《殷墟卜辭研究》，弘前。

島 1971：島邦男《祭祀卜辭綜類》（增訂版），東京。

F

飯島 1918：飯島魁《動物學提要》，東京。

福永 1966：福永光司《莊子》內篇，大阪。

G

根津美術館 1942：《青山莊清賞》6·古銅器編，東京。

J

嘉納 1934：嘉納治兵衛《白鶴吉金集》，神户。

繭山 1976：繭山順吉《龍泉集芳》第一集，東京。

江上 1967：江上波夫《アジア文化史研究》論考篇，東京。

L

遼寧省博物館 1982：《遼寧省博物館》，東京。

林 1921：林泰輔《龜甲獸骨文字》，東京。

林 1952：林巳奈夫《龍について》，《史林》第 35 卷第 3 號，51—69 頁。

林 1953：林巳奈夫《殷周青銅器に現れる龍について：附論——殷周銅器における動物表現型式二三について——》，《東方學報》京都第 23 册，181—218 頁。

林 1958：林巳奈夫《安陽殷虛哺乳動物群について》，《甲骨學》第 6 號，16—54 頁。

林 1960：林巳奈夫《殷周時代の遺物に表はされた鬼神》，《考古學雜志》第 46 卷第 2 號，105—132 頁。

林 1963：林巳奈夫《殷周時代の幾何學的な紋樣一、二について》，《東方學》第 26 輯，1—16 頁。

林 1964：林巳奈夫《帝舜考》，《甲骨學》第 10 號，16—30 頁。

林 1966：林巳奈夫《鳳凰の圖像の系譜》，《考古學雜志》第 52 卷第 1 號，11—29 頁。

林 1966a：林巳奈夫《中國先秦時代の旗》，《史林》第 49 卷第 2 號，66—94 頁。

林 1968：林巳奈夫《殷周時代の圖象記號》，《東方學報》京都第 39 册，1—117 頁。

林 1969：林巳奈夫《天子の衣裳の“十二章”》，《史林》第 52 卷第 6 號，37—89 頁。

林 1970：林巳奈夫《殷中期に由來する鬼神》，《東方學報》京都第 41 册，1—70 頁。

林 1971：林巳奈夫《長沙出土楚帛書の十二神の由來》，《東方學報》京都第 42 册，1—63 頁。

林 1973：林巳奈夫《漢鏡の圖柄二、三について》，《東方學報》京都第 44 册，1—6 頁。

林 1974：林巳奈夫《漢代鬼神の世界》，《東方學報》京都第 46 册，223—306 頁。

林 1976：林巳奈夫《中國古代の獸面紋をめぐって》，《MUSEUM》第 301 號，17—28 頁。

林 1979：林巳奈夫《中國古代の酒甕》，《考古學雜志》第 65 卷第 2 號，1—22 頁。

林 1979a：林巳奈夫《先殷式の玉器文化》，《MUSEUM》第 334 號，4—16 頁。

林 1980：林巳奈夫《殷、西周時代の地方型青銅器》，《考古學メモワール 1980》，17—58 頁。

林 1980a：林巳奈夫《歐洲博物館所見中國古代青銅器若干について》，《甲骨學》第 12 號，149—199 頁。

林 1981：林巳奈夫《殷、西周時代禮器の類別と用法》，《東方學報》京都第 53 册，1—108 頁。

林 1981a：林巳奈夫《良渚文化の玉器若干をめぐって》，《MUSEUM》第 340 號，22—33 頁。

林 1983：林巳奈夫《殷、西周時代の動物意匠に采られた野生動物六種》，《展望アジアの考古學、樋口隆康教授退官記念論集》，東京，

　　549—565 頁。

林 1983a：林巳奈夫《殷—春秋前期金文の書式と常用語句の時代的變遷》,《東方學報》京都第 55 册, 1—101 頁。

林 1984：林巳奈夫《殷周時代青銅器の研究》(《殷周青銅器綜覽》一), 東京。

林 1985：林巳奈夫《獸鐶、鋪首の若干をめぐって》,《東方學報》京都第 57 册, 1—74 頁。

瀧、內藤 1919：瀧精一、內藤虎次郎《泉屋清賞》增訂本, 京都。

M

梅原 1932：梅原末治《殷墟出土の白色土器の研究》, 京都。

梅原 1933：梅原末治《歐美蒐儲支那古銅精華》, 京都。

梅原 1935：梅原末治《漢以前の古鏡の研究》, 京都。

梅原 1936：梅原末治《戰國式銅器の研究》, 京都。

梅原 1951：梅原末治《白鶴吉金撰集》, 神户。

梅原 1959—1962：梅原末治《日本蒐儲支那古銅器精華》, 京都。

梅原 1961：梅原末治《泉屋清賞》新收編, 京都。

梅原 1966：梅原末治《故宮博物院の利器形の古玉三種》,《故宮季刊》第 1 卷第 1 期, 11—19 頁。

梅原 1971：梅原末治《新修泉屋清賞》, 京都。

米澤 1963：米澤嘉圃《中國美術》1, 講談社版世界美術體系 8, 東京。

N

那波 1921：《卍字源流考》,《史林》第 6 卷第 4 號, 31—58 頁。

瑙曼（Naumann, Nelly）1975：《繩紋時代の若干の宗教觀念について》,《民族學研究》39 卷 4 號, 277—297 頁。

R

日本經濟新聞社 1983：《中國內蒙古北方騎馬民族文物展》, 東京。

S

石田 1928：石田幹之助《饕餮紋の原義に就いて》,《考古學雜志》第 18 卷第 4 號, 183—202 頁。

水野 1938：水野清一《邪視雙目について》,《東洋史研究》第 4 卷第 2 號, 60—62、59 頁。

水野 1959：水野清一《殷周青銅器と玉》, 東京。

水野 1968：水野清一編《東洋美術》5・銅器, 東京。

松丸 1976：松丸道雄《西周青銅器製作の背景——周金文研究・序章——》,《東洋文化研究所紀要》第 72 册, 1—128 頁。

松丸 1979：松丸道雄《西周青銅器中の諸侯製作器について——周金文研究・序章その二——》,《東洋文化》59, 1—48 頁。

T

藤田、桑原 1973：藤田國雄、桑原住雄《中華人民共和國出土文物展圖録》, 東京。

《藤田美術館藏品目録》, 大阪, 1954。

天津市藝術博物館 1982：《天津市藝術博物館》, 東京。

天理參考館 1971：《中國の青銅器》(1) 殷周編 (《天理參考館資料案內シリーズ》10), 天理。

樋口 1967：樋口隆康《中國の銅器》, 東京。

樋口 1977：《泉屋博古》, 京都。

樋口 1978：樋口隆康編《故宮博物院》, 東京。

樋口 1984：樋口隆康《商周銅器の鳥紋試論》,《泉屋博古館紀要》第 1 卷, 19—33 頁。

X

小南 1983：小南一郎《周代金文の語法と語彙の研究》（昭和 56、57 年度科學研究費補助金［一般研究 C］研究成果報告書），京都。

新等 1953：新規矩男等《世界美術全集》1・原始，東京。

Y

鹽原：鹽原又策《朋來居清賞》。

伊藤 1975：伊藤道治《饕餮紋の彼方》，《中國古代王朝の形成》，東京。

原田 1941：原田淑人《說文より觀たる夔の形態》，《考古學雜志》第 31 卷第 10 號，579—590 頁。

原田 1967：原田淑人《增訂漢六朝の服飾》，東京。

Z

齋藤 1982：齋藤尚生《有翼日輪の謎、太陽磁氣圈と古代日食》，中央公論新書，東京。

朝日新聞社 1973：《文化大革命中の中國出土文物》，東京、大阪、北九州市、名古屋。

中文

A

安徽省文化局文物工作隊 1959：《安徽屯溪西周墓葬發掘報告》，《考古學報》1959 年第 4 期，59—90 頁。

安志敏 1954：《一九五二年秋季鄭州二里岡發掘記》，《考古學報》第 8 冊，65—107 頁。

B

北京歷史博物館、河北省文物管理委員會 1955：《望都漢墓壁畫》，北京。

C

蔡遠章 1981：《大保甫戈跋》，《考古與文物》1981 年第 1 期，80—81 頁。

昌濰地區藝術館、考古研究所山東隊 1977：《山東膠縣三里河遺址發掘簡報》，《考古》1977 年第 4 期，262—266 頁。

陳公柔、張長壽 1984：《殷周青銅容器上鳥紋的斷代研究》，《考古學報》1984 年第 3 期，265—285 頁。

陳國安 1983：《湖南桃江縣出土四馬方座銅簋》，《考古》1983 年第 9 期，842—843 頁。

陳介祺 1922：《十鐘山房印舉》，上海。

陳夢家 1936：《商代神話與巫術》，《燕京學報》第 20 期，485—576 頁。

陳夢家 1954：《殷代銅器》，《考古學報》第 7 冊，19—59 頁。

陳夢家 1955—1956：《西周銅器斷代》（一）～（六），《考古學報》第 9 冊～1956 年第 4 期。

陳夢家 1956：《殷虛卜辭綜述》，北京。

陳奇祿 1961：《臺灣排灣諸族木雕標本圖録》，臺北。

陳仁濤 1952：《金匱論古初集》，香港。

出土文物展覽工作組 1972：《文化大革命期間出土文物》第 1 輯，北京。

D

戴尊德 1980：《山西靈石縣旌介村商代墓葬和青銅器》，《文物資料叢刊》3，46—49 頁。

董作賓 1948：《小屯》第二本殷虛文字：甲編，南京。

董作賓 1948—1949、1953：《小屯》第二本殷虛文字：乙編上、中、下，南京、臺北。

董作賓 1956：《殷虛文字外編》，臺北。

杜廼松 1980：《中國古代青銅器小辭典》，北京。

F

方法斂 1935:《庫方二氏藏甲骨卜辭》，上海。

傅惜華 1950—1951:《漢代畫像全集》初、二，北京。

G

甘肅省博物館文物隊 1977:《甘肅靈臺白草坡西周墓》，《考古學報》1977 年第 2 期，99—130 頁。

管東貴 1962:《中國古代十日神話之研究》，《中研院歷史語言研究所集刊》第 33 本，287—392 頁。

廣西壯族自治區文物管理委員會 1978:《廣西出土文物》，北京。

廣州市文物管理委員會 1955:《廣州市東郊東漢磚室墓清理紀略》，《文物參考資料》1955 年第 6 期，61—76 頁。

郭寶鈞 1959:《山彪鎮與琉璃閣》，北京。

郭寶鈞 1964:《濬縣辛村》，北京。

郭寶鈞 1981:《商周銅器群綜合研究》，北京。

郭沫若 1933:《卜辭通纂》，東京。

郭沫若 1954:《金文叢考》，北京。

郭沫若 1957:《兩周金文辭大系圖録考釋》，北京。

郭沫若 1957a:《盉器銘考釋》，《考古學報》1957 年第 2 期，1—6 頁。

郭沫若 1958:《輔師嫠簋考釋》，《考古學報》1958 年第 2 期，1—2 頁。

郭沫若 1961:《殷周青銅器銘文研究》，北京。

郭沫若 1965:《殷契粹編》，北京。

郭若愚 1951:《殷契拾掇》，上海。

“國立故宮中央博物院” 聯合管理處 1958:《故宮銅器圖録》，臺北。

H

河北省文物管理處 1979:《河北省平山縣戰國時期中山國墓葬發掘簡報》，《文物》1979 年第 1 期，1—31 頁。

《河南出土商周青銅器》編輯組 1981:《河南出土商周青銅器》一，北京。

河姆渡遺址考古隊 1980:《浙江河姆渡遺址第二期發掘的主要收穫》，《文物》1980 年第 5 期，1—15 頁。

河南省博物館 1975:《鄭州新出土的商代前期大銅鼎》，《文物》1975 年第 6 期，64—66 頁。

河南省文化局文物工作隊 1959:《鄭州二里岡》，北京。

河南省文化局文物工作隊第一隊 1957:《河南上蔡出土的一批銅器》，《文物參考資料》1957 年第 11 期，66—69 頁。

河南省文化局文物工作隊第一、二隊 1963:《河南出土空心磚拓片集》，北京。

河南省文物研究所、鄭州市博物館 1983:《鄭州新發現商代窖藏青銅器》，《文物》1983 年第 3 期，49—59 頁。

河南文物工作隊第一隊 1955:《鄭州市白家莊商代墓葬發掘簡報》，《文物參考資料》1955 年第 10 期，24—42 頁。

胡厚宣 1944:《殷代之天神崇拜》，《甲骨學商史論叢》初集，成都。

胡厚宣 1944a:《甲骨文四方風名考證》，《甲骨學商史論叢》初集，成都。

胡厚宣 1945:《甲骨六録》(《甲骨學商史論叢》三集)，成都。

胡厚宣 1951:《戰後寧滬新獲甲骨集》，北京。

胡厚宣 1951a:《戰後南北所見甲骨録》，北京。

胡人朝 1958:《重慶市化龍橋東漢磚墓的清理》，《考古通訊》1958 年第 3 期，42—43 頁。

湖北省博物館 1976:《一九六三年湖北黃陂盤龍城商代遺址的發掘》，《文物》1976 年第 1 期，49—55 頁。

湖北省博物館 1976a:《盤龍城商代二里岡期的青銅器》，《文物》1976 年第 2 期，26—41 頁。

湖南省博物館 1964:《湖南省文物圖録》，長沙。

湖南省博物館、中國科學院考古研究所 1973:《長沙馬王堆一號漢墓》，北京。

黃濬 1935:《衡齋藏見古玉圖》，北平。

黃濬 1936:《尊古齋所見吉金圖》，北平。

黃濬 1937：《鄴中片羽》二集，北平。

黃濬 1939：《古玉圖録初集》，北京。

黃濬 1942：《鄴中片羽》三集，北京。

黃宣佩 1979：《關於良渚文化若干問題的認識》，《中國考古學會第一次年會論文集》，124—130 頁。

黃展岳 1983：《殷商墓葬中人殉人牲的再考察》，《考古》1983 年第 10 期，935—949 頁。

J

賈蘭坡、張振標 1977：《河南淅川縣下王崗遺址中的動物群》，《文物》1977 年第 6 期，41—49 頁。

江蘇省文物管理委員會 1959：《江蘇徐州漢畫像石》，北京。

江西省博物館 1977：《江西地區陶瓷器幾何形拍印紋樣綜述》，《文物》1977 年第 9 期，40—57 頁。

江西省博物館 “印紋陶問題” 研究小組 1981：《試談南方地區幾何印紋陶的分期和斷代》，《文物集刊》3，20—33 頁。

K

喀左縣文化館、朝陽地區博物館、遼寧省博物館 1977：《遼寧省喀左縣山灣子出土殷周青銅器》，《文物》1977 年第 12 期，23—33 頁。

L

郎樹德、許永杰、水濤 1983：《論大地灣仰韶晚期遺存》，《文物》1983 年第 11 期，31—39 頁。

李昌韜 1983：《大河村新石器時代彩陶上的天文圖像》，《文物》1983 年第 8 期，52—54 頁。

李發旺 1963：《山西省翼城發現殷周銅器》，《文物》1963 年第 4 期，51—52 頁。

李恭篤、高美璇 1982：《試論小河沿文化》，《中國考古學會第二次年會論文集》，北京，144—152 頁。

李濟 1953：《跪坐、蹲居與箕踞》，《中研院歷史語言研究所集刊》第 24 本，283—301 頁。

李濟 1956：《小屯》第三本殷虛器物：甲編·陶器：上輯，南港。

李濟、萬家保 1972：《殷虛出土伍拾叁件青銅容器之研究》，臺北。

李孝定 1965：《甲骨文字集釋》，臺北。

李亞農 1950：《殷契摭佚續編》，北京。

李仰松 1980：《試談我國新石器時代出土的 “雙連杯” 和 “三耳杯” 及其有關問題》，《河南文博通訊》1980 年第 4 期，13—17 頁。

梁上椿 1944：《嚴窟吉金圖録》，北平。

梁思永、高去尋 1962：《侯家莊》第二本 1001 號大墓，臺北。

梁思永、高去尋 1970：《侯家莊》第五本 1004 號大墓，臺北。

劉敦愿 1972：《記兩城鎮遺址發現的兩件石器》，《考古》1972 年第 4 期，56—57 頁。

劉敦愿 1982：《〈呂氏春秋〉“周鼎著饕餮” 說質疑——青銅器獸面紋樣含義之探索》，《考古與文物》1982 年第 3 期，83—88 頁。

劉體智 1935：《小校經閣金文拓本》。

劉心健、張鳴雪 1965：《山東莒南發現漢代石闕》，《文物》1965 年第 5 期，16—20 頁。

劉志遠 1958：《四川漢代畫像磚藝術》，北京。

羅振玉 1913：《殷虛書契》。

羅振玉 1916：《殷虛書契後編》。

羅振玉 1917：《殷文存》。

羅振玉 1927：《增訂殷虛書契考釋》。

羅振玉 1933：《殷虛書契續編》。

羅振玉 1936：《三代吉金文存》。

洛陽博物館 1981：《洛陽北窰村西周遺址 1974 年度發掘簡報》，《文物》1981 年第 7 期，52—64 頁。

洛陽區考古發掘隊 1959：《洛陽燒溝漢墓》，北京。

M

馬承源 1964:《記上海博物館新收集的青銅器》,《文物》1964 年第 7 期, 10—19 頁。

馬承源 1984:《商周青銅器紋飾綜述》,《商周青銅器紋飾》, 北京, 1—34 頁。

N

那志良 1969:《故宮博物院珍藏之玉器》,《故宮季刊》第 4 卷第 2 期, 1—10 頁。

南京博物院 1978:《長江下游新石器時代文化若干問題之探析》,《文物》1978 年第 4 期, 46—57 頁。

南京博物院 1981:《江蘇武進寺墩遺址的試掘》,《考古》1981 年第 3 期, 193—200 頁。

南京博物院 1982:《江蘇吳縣張陵山遺址發掘簡報》,《文物資料叢刊》6, 25—36 頁。

南京博物院 1984:《1982 年江蘇常州武進寺墩遺址的發掘》,《考古》1984 年第 2 期, 109—129 頁。

Q

青海省文物管理處考古隊、中國科學院考古研究所青海隊 1976:《青海樂都柳灣原始社會墓地反映出的主要問題》,《考古》1976 年第 6 期,
　　　365—377 頁。

青海省文物考古隊 1980:《青海彩陶》, 北京。

R

饒宗頤 1959:《殷代貞卜人物通考》, 香港。

饒宗頤 1968:《楚繒書疏證》,《中研院歷史語言研究所集刊》第 40 本上冊, 1—32 頁。

人民美術出版社 1962:《中國古文物》, 北京。

容庚 1929:《寶蘊樓彝器圖錄》, 北平。

容庚 1934:《武英殿彝器圖錄》, 北平。

容庚 1936:《善齋彝器圖錄》, 北平。

容庚 1938:《頌齋吉金續錄》, 北平。

容庚 1941:《商周彝器通考》, 北平。

容庚 1959:《金文編》, 北京。

榮厚 1947:《冠斝樓吉金圖》, 京都。

S

山東省文物管理處、山東省博物館 1959:《山東文物選集・普查部分》, 北京。

山西省文物工作委員會 1980:《山西出土文物》, 北京。

陝西江蘇熱河安徽山西五省出土重要文物展覽籌備委員會 1958:《陝西江蘇熱河安徽山西五省出土重要文物展覽圖錄》, 北京。

陝西省博物館、陝西省文管會 1958:《陝北東漢畫像石刻選集》, 北京。

陝西省考古研究所、陝西省文物管理委員會、陝西省博物館 1979:《陝西出土商周青銅器》一, 北京。

陝西省考古研究所、陝西省文物管理委員會、陝西省博物館 1980:《陝西出土商周青銅器》二, 北京。

陝西省考古研究所、陝西省文物管理委員會、陝西省博物館 1980a:《陝西出土商周青銅器》三, 北京。

商承祚 1933:《殷契佚存》, 南京。

商承祚 1935:《十二家吉金圖錄》, 北平。

上海博物館 1959:《盂鼎克鼎》, 上海。

上海博物館 1964:《上海博物館藏青銅器》, 上海。

上海博物館青銅器研究組 1984:《商周青銅器紋飾》, 上海。

石璋如 1973:《小屯》第一本遺址的發現與發掘:丙編・殷虛墓葬之三・南組墓葬附北組墓葬補遺, 臺北。

石璋如 1980:《小屯》第一本遺址的發現與發掘:丙編・殷虛墓葬之五・丙區墓葬, 臺北。

石璋如、高去尋 1965:《侯家莊》第三本 1002 號大墓, 臺北。

石璋如、高去尋 1968：《侯家莊》第六本 1217 號大墓，臺北。

石璋如、高去尋 1970：《小屯》第一本遺址的發現與發掘：丙編・殷虛墓葬之一・北組墓葬，南港。

壽振黃等 1962：《中國經濟動物志》獸類，北京。

斯維至 1948：《殷代風之神話》，《中國文化研究所彙刊》第 8 卷，1—11 頁。

四川省博物館 1960：《四川船棺葬發掘報告》，北京。

孫海波 1937：《濬縣彝器》，北平。

孫海波 1939：《河南吉金圖志賸稿》，北平。

孫守道、郭大順 1984：《論遼河流域的原始文明與龍的起源》，《文物》1984 年第 6 期，11—17、20 頁。

孫文青 1937：《南陽漢畫像彙存》，南京。

孫詒讓 1905：《周禮正義》。

孫詒讓 1929：《古籀餘論》，1903 年序。

T

譚旦冏 1959：《中國銅器花紋集》，臺北。

唐蘭 1934：《殷虛文字記》（1981 年再刊），北京。

唐蘭 1939：《天壤閣甲骨文存并考釋》，北平。

W

王辰 1935：《續殷文存》，北平。

王桂枝、高次若 1983：《寶雞新出土及館藏的幾件青銅器》，《考古與文物》1983 年第 6 期，6—8 頁。

王振鐸 1963：《張衡候風地動儀的復原研究（續）》，《文物》1963 年第 4 期，1—20 頁。

王仲殊 1954：《洛陽燒溝附近的戰國墓葬》，《考古學報》第 8 册，128—162 頁。

聞一多 1956：《神話與詩》（《聞一多全集》專刊之一），北京。

聞一多 1956a：《古典新義》（《聞一多全集》專刊之二），北京。

聞宥 1932：《上代象形文字中目文之研究》，《燕京學報》第 11 期，2353—2375 頁。

聞宥 1955：《四川漢代畫像選集》，上海。

吳鎮烽 1983：《商周青銅器裝飾藝術》，《考古與文物》1983 年第 5 期，71—82 頁。

伍人 1982：《山東地區史前文化發展序列及相關問題》，《文物》1982 年第 10 期，44—56 頁。

X

西北歷史博物館 1953：《古代裝飾花紋選集》，西安。

夏鼐 1984：《所謂玉璇璣不會是天文儀器》，《考古學報》1984 年第 4 期，403—412 頁。

《新中國出土文物》，北京，1972。

徐旭生 1962：《中國古史的傳説時代》，北京。

Y

楊寬 1941：《伯益考》，《齊魯學報》第 1 期，135—151 頁。

楊寬 1941a：《中國上古史導論》，《古史辨》7。

姚仲源 1980：《二論馬家浜文化》，《中國考古學會第二次年會論文集》，北京，133—143 頁。

葉玉森 1933：《殷虛書契前編集釋》，北平。

于省吾 1934：《雙劍誃吉金圖録》，北平。

于省吾 1940：《雙劍誃古器物圖録》，北京。

于省吾 1957：《商周金文録遺》，北京。

袁德星 1975：《饕餮紋的界説》，《故宮季刊》第 9 卷第 2 期，1—52 頁。

袁德星 1978:《雙龍紋簋的裝飾及其相關問題》,《故宮季刊》第 12 卷第 1 期, 57—104 頁。

袁珂 1982:《〈山海經〉寫作的時地及篇目考》,《神話論文集》, 上海。

Z

曾毅公 1950:《甲骨綴合編》。

曾昭燏等 1956:《沂南古畫像石墓發掘報告》, 北京。

張秉權 1967:《甲骨文中所見人地同名考》,《慶祝李濟先生七十歲論文集》, 臺北, 687—776 頁。

張光直 1963:《商周神話與美術中所見人與動物關係之演變——中國古代神話研究之三》,《民族學研究所集刊》第 16 期, 115—146 頁。

張光直 1981:《商周青銅器上之動物紋樣》,《考古與文物》1981 年第 2 期, 53—67 頁。

張光直、李光周、李卉、張充和 1973:《商周青銅器與銘文的綜合研究》上（史語所專刊之六十二）, 臺北。

浙江省文管會、浙江省博物館 1976:《河姆渡發現原始社會重要遺址》,《文物》1976 年第 8 期, 6—12 頁。

浙江省文物管理委員會、浙江省博物館 1978:《河姆渡遺址第一期發掘報告》,《考古學報》1978 年第 1 期, 39—93 頁。

鄭作新 1963:《中國經濟動物志》鳥類, 北京。

《中國古青銅器選》, 北京, 1976。

中國考古學會 1982:《中國考古學會第二次年會論文集》, 北京。

中國科學院考古研究所 1956:《輝縣發掘報告》, 北京。

中國科學院考古研究所 1959:《上村嶺虢國墓地》, 北京。

中國科學院考古研究所 1959a:《廟底溝與三里橋》, 北京。

中國科學院考古研究所 1962:《灃西發掘報告》, 北京。

中國科學院考古研究所 1962a:《新中國的考古收穫》, 北京。

中國科學院考古研究所 1965:《甲骨文編》, 北京。

中國科學院考古研究所、陝西省西安半坡博物館 1963:《西安半坡》, 北京。

中國科學院考古研究所灃西考古隊 1965:《陝西長安張家坡西周墓清理簡報》,《考古》1965 年第 9 期, 447—450 頁。

中國社會科學院考古研究所 1980:《殷虛婦好墓》, 北京。

中國社會科學院考古研究所 1982:《殷墟玉器》, 北京。

中國社會科學院考古研究所安陽工作隊 1977:《安陽殷墟五號墓的發掘》,《考古學報》1977 年第 2 期, 57—98 頁。

中國社會科學院考古研究所安陽工作隊 1979:《1969—1977 年殷墟西區墓葬發掘報告》,《考古學報》1979 年第 1 期, 27—146 頁。

中國社會科學院考古研究所山東隊、滕縣博物館 1980:《山東滕縣古遺址調查簡報》,《考古》1980 年第 1 期, 32—43 頁。

周本雄 1982:《山東兗州王因新石器時代遺址中的揚子鱷遺骸》,《考古學報》1982 年第 2 期, 251—260 頁。

西文

A

Andersson, J. G., 1943: Researches into the Prehistory of the Chinese, *Bulletin of the Museum of Far Eastern Antiquities*, no. 15

d'Argencé, René-Yvon Lefebvre1966: *Ancient Chinese Bronzes in the Avery Brundage Collection*, Berkley

d'Argencé, René-Yvon Lefebvre1977: *Bronze Vessels of Ancient China in the Avery Brundage Collection*, San Francisco

C

Chavannes, E., 1901: *Mission archéologique dans la Chine septentrional*, Paris

The Chinese Exhibition, A Commemorative Catalogue of the International Exhibition of Chinese Art, Royal Academy of Arts, November 1935-March 1936, London, 1936

Consten, Eleanor von Erdberg, 1957—1959: A Terminology of Chinese Bronze Decoration, *Monumenta Serica*, vol. XVI, pp. 287—314, vol. XVII, pp. 208-254, vol. XVIII, pp. 245—293

Consten, Eleanor von Erdberg, 1958: *Das Alte China*, Zürich

D

Davidson, J. Leroy, 1945：The Bird-in-the-Animal-Mouth on Chinese Bronzes, *Gazette des Beaux-Arts*, vol. 27, pp. 5-14

Delbanco, Dawn Ho, 1983：*Art from Ritual, Ancient Chinese Bronze Vessels from the Arthur M. Sackler Collections*, Cambridge, Washington

Dohrenwend, Doris J., 1975：Jade Demonic Images from Early China, *Ars Orientalis*, X, pp. 55-78

E

Early Chinese Art, A Catalogue of Early Chinese Bronzes, Jades and Allied Decorative Works of Art from the Cunliffe Collection, 1973, London

Ecke, G., 1939：*Frühe Chinesische Bronzen aus der Sammlung Oskar Trautmann*, Peking

Ecke, G., 1943, 1944：*Sammlung Lochow, Chinesischen Bronzen*, I, II, Peking

An Exhibition of Ancient Chinese Ritual Bronzes loaned by C. T. Loo and Co. Detroit, 1940

An Exhibition of Chinese Jades by C. T. Loo, Inc., Arranged for Norton Gallery of Art, West Palm Beach, Florida, Jannuary 20 to March 1, 1950, New York

Erdberg, Eleanor von, 1978：*Chinese Bronzes from the Collection of Chester Dale and Dolly Carter*, Ascona

G

Gloyd, Howard K., 1978：A New Genetic Name for the Hundred-pace Viper, *Proc. Biol. Soc. Wash.* 91(4), 1978, pp. 963-964

Granet M., 1926：*Dances et legendes de la Chine ancienne*, Paris

H

Hartman, Joan M., 1975：*Ancient Chinese Jades from the Buffalo Museum of Science*, New York

Hayashi, M., 1970：The Character of the Twelve Gods in the Ch'u Silk Manuscript and their Antecedents, *Proceedings of the Symposium of the Ch'u Silk Manuscript, Aug. 21st to 25th, New York*, New York

Hentze, C., 1932：*Mythes et Symboles lunaires*, Anvers

Hentze, C., 1936：*Objects rituals, Croyances et Dieux de la Chine et de l'Amerique*, Anvers

Heusden, Willem van, 1952：*Ancient Chinese Bronzes of the Shang and Chou Dynasties, An Illustrated Catalogue of the van Heusden Collection with a Historical Introduction*, Tokyo

Huber, Louisa G. Fitzgerald, 1983：*Some Anyang Royal Bronzes*: Remarks on Shang Bronze Décor, in Kuwayama, G., *The Great Bronze Age of China, A Symposium*, Seattle and London

I

Important Chinese Works of Art: the Collection of Mr. and Mrs. Richard C. Bul! (Sotherby Parke Bernet Inc. Auction Catalogue), 1983, New York

K

Karlgren, B., 1930：Some Fecundity Symbols in Ancient China, *Bulletin of the Museum of Far Eastern Antiquities*, no. 2, pp. 1-54

Karlgren, B., 1936：Yin and Chou in Chinese Bronzes, *Bulletin of the Museum of Far Eastern Antiquities*, no. 8

Karlgren, B., 1937：New Studies on Chinese Bronzes, *Bulletin of the Museum of Far Eastern Antiquities*, no. 9

Karlgren, B., 1941：Huai and Han, *Bulletin of the Museum of Far Eastern Antiquities*, no. 13

Karlgren, B., 1945：Some Weapons and Tools of the Yin Dynasty, *Bulletin of the Museum of Far Eastern Antiquities*, no. 17, pp. 101-144

Karlgren, B., 1948：Bronzes in the Hellström Collection, *Bulletin of the Museum of Far Eastern Antiquities*, no. 20, pp.1-38

Karlgren, B., 1949：Some Bronzes in the Museum of Far Eastern Antiquities, *Bulletin of the Museum of Far Eastern Antiquities*, no. 21, pp. 1-25

Karlgren, B., 1951：Notes on the Grammär of Early Bronze Décor, *Bulletin of the Museum of Far Eastern Antiquities*, no. 23, pp. 1-80

Karlgren, B., 1952：*A Catalogue of the Chinese Bronzes in the Alfred F. Pillsbury Collection*, Minneapolis

Karlgren, B., 1958：Bronzes in the Wessén Collection, *Bulletin of the Museum of Far Eastern Antiquities*, no. 30, pp. 177-196

Karlgren, B., 1962：Some Characteristics of the Yin Art, *Bulletin of the Museum of Far Eastern Antiquities*, no. 34, pp. 1-28

Kelley, C. F. and Ch'en Meng-chia, 1946：*Chinese Bronzes from the Buckingham Collection*, Chicago

Kidder, J. Edward Jr., 1956：*Early Chinese Bronzes in the City Art Museum of St. Louis*, St. Louis

Kümmel, O., 1928：*Chinesische Bronzen aus der Abteilung für Ostasiatische Kunst an den Staatlichen Museen Berlin*, Berlin

L

Li Chi, 1957：*The Beginning of Chinese Civilization*, Washington

Lion-Goldschmidt, D., Moreau-Gobart, J. C., 1963：*Arts de la Chine*（日語版）, Tokyo

Loehr, M., 1968：*Ritual Vessels of Bronze Age China*, New York

Loehr, M., 1975：*Ancient Chinese Jades from the Grenville L. Winthrop Collection in the Fogg Art Museum, Harvard University*, Cambridge

M

Maspero E., 1933：Le mot ming 盟 , *Journal asiatique*, t. 223, pp. 249-296

Munsterberg, H., 1951：An Anthropomorphic Deity from Ancient China, *Oriental Art*, vol. III, no. 4, pp.147-152

P

Palmgren, N., 1934：Kansu Mortuary Urns of the Pan Shan and Ma Chang Groups, *Palaeontologia Sinica*, Ser. D. vol. III, Fasc. 1

Pelliot, M. P., 1925：*Jades archaïques de Chine appartenant à C. T. Loo*, Paris et Bruxelles

Pope, Clifford H., 1935：*The Reptiles of China (Natural History of Central Asia*, Vol. X), New York

Pope, J. A., Gettens, R. J., Cahill, J. and Barnard, N., 1967：*The Freer Chinese Bronzes, vol. I, Catalogue*, Washington

R

Rawson Jessica, 1983：Eccentric Bronzes of the Early Western Zhou, *Transactions of the Oriental Ceramic Society*, 1982-1983, pp. 11-31

S

Salmony, A., 1946：A Problem in the Iconography of Three Early Bird Vessels, *Archives of the Chinese Art Society of America*, vol. I, 1945-1946,
　　pp. 53-65

Salmony, A., 1952：*Archaic Chinese Jades from the Edward and Louise B. Sonnenschein Collection*, Chicago

T

Tchou Tö-yi, 1924：*Bronzes antiques de la Chine appartenant à C. T. Loo et cie*, Paris et Bruxelles

Trésors d'arts Chinois: Récents découvertes archéologiques de la République Populaire de Chine. Petit Palais, Mai-Septembre 1973

Trübner, Jörig, 1929：*Yu und Kuang, zur Typologie der Chinesischen Bronzen*, Leipzig

V

Visser, H. F. E., 1947：*Asiatic Art in Private Collections of Holland and Belgium*, Amsterdam

W

Waterbury, Florence, 1942：*Early Chinese Symbols and Literature, Vestiges and Speculations with Particular Reference to the Ritual Bronzes of the
　　Shang Dynasty*, New York

Waterbury, Florence, 1952：Speculations on the Significance of a *Ho* in the Freer Gallery, *Artibus Asiae*, XV, 2/2, pp.114-124

Waterbury, Florence, 1952a：*Bird-Deities in China*, Ascona

Watson, W., 1961：*China before the Han Dynasty*, London

Weber, George W. Jr., 1973：*The Ornaments of Late Chou Bronzes, A Method of Analysis*, New Brunswick

Wermuch, H., und Mertens, R., 1951：*Shildkröten, Krokodile, Brückenechsen*, Jena

White, W. C., 1939：*Tombs Tile Pictures of Ancient China*, Toronto

White, W. C., 1956：*Bronze Culture of Ancient China*, Toronto

Y

Yetts, W. P., 1929：*The George Eumorfopoulos Collection, Catalogue of the Chinese and Bronzes, Sculpture, Jades, Jewellery and Miscellaneous Objects*, London

Yetts, W. P., 1939：*The Cull Chinese Bronzes*, London

本書使用文獻簡稱表

説明

一、本表所列爲正文及注中引用的與甲骨有關書籍的簡稱，及圖版出處目録使用的文獻簡稱。

二、原書簡稱表的排列方式及本書采用的排列方式與《引用文獻目録》基本相同，具體體例參看《引用文獻目録》説明。

日文

A

安陽：梅原末治《河南安陽遺寶》，京都，1940 年。

B

寶雞展：《陝西省寶雞市出土文物展覽》（展覽會圖録），1975 年。

C

出土文物展：藤田國雄、桑原住雄《中華人民共和國出土文物展圖録》，東京，1973 年。

F

枋禁：梅原末治《枋禁の考古學的研究》，京都，1933 年。

分類：陳夢家編，松丸道雄改編《殷周青銅器分類圖録》，東京，1977 年。

H

漢以前：梅原末治《漢以前の古鏡の研究》，京都，1935 年。

J

京大：貝塚茂樹《京都大學人文科學研究所藏甲骨文字》圖版册，京都，1959 年。

L

林：林泰輔《龜甲獸骨文字》，東京，1921 年。

M

美全：新規矩男等《世界美術全集》1·原始，東京，1953 年。

N

内蒙古展：《中國内蒙古北方騎馬民族文物展》，東京，1983 年。

O

歐精：梅原末治《歐美蒐儲支那古銅精華》，京都，1933 年。

Q

青山：根津美術館《青山莊清賞》6・古銅器編，東京，1942 年。

泉：瀧精一、内藤虎次郎《泉屋清賞》增訂本，京都，1919 年。

泉屋博古：《泉屋博古》，京都，1977 年。

R

人民中國：《人民中國》。

日精：梅原末治《日本蒐儲支那古銅器精華》，京都，1959—1962 年。

S

上海（平凡）：《上海博物館》，東京，1976 年。

十鐘：瀧精一、内藤虎次郎《陳氏舊藏十鐘》，京都，1923 年。

T

銅器展：《中華人民共和國古代青銅器展》（圖錄），東京，1976 年。

X

新修泉屋：梅原末治《新修泉屋清賞》，京都，1971 年。

Z

戰國式：梅原末治《戰國式銅器の研究》，京都，1936 年。

中國美：米澤嘉圃《中國美術》1，講談社版世界美術體系 8，東京，1963 年。

中文

A

安徽文隊：安徽省文化局文物工作隊《安徽屯溪西周墓葬發掘報告》，《考古學報》1959 年第 4 期，59—90 頁。

B

半坡：中國科學院考古研究所、陝西省西安半坡博物館《西安半坡》，北京，1963 年。

報：《中國考古學報》、《考古學報》。

北組：石璋如、高去尋《小屯》第一本遺址的發現與發掘：丙編・殷虛墓葬之一・北組墓葬，南港，1970 年。

丙區：石璋如《小屯》第一本遺址的發現與發掘：丙編・殷虛墓葬之五・丙區墓葬，臺北，1980 年。

C

船棺：四川省博物館《四川船棺葬發掘報告》，北京，1960 年。

粹：郭沫若《殷契粹編》，北京，1965 年。

D

斷代：陳夢家《西周銅器斷代》（一）—（六），《考古學報》第 9 冊、第 10 冊、1956 年第 1—4 期。

掇：郭若愚《殷契拾掇》，上海，1951 年。

E

二次年會：中國考古學會《中國考古學會第二次年會論文集》，北京，1982 年。

二里岡：河南省文化局文物工作隊《鄭州二里岡》，北京，1959 年。

F

灃西：中國科學院考古研究所《灃西發掘報告》，北京，1962 年。

扶風：陝西省博物館、陝西省文物管理委員會《扶風齊家村青銅器群》，北京，1963 年。

婦好：中國社會科學院考古研究所《殷虛婦好墓》，北京，1980 年。

G

甘肅博 1977：甘肅省博物館文物隊《甘肅靈臺白草坡西周墓》，《考古學報》1977 年第 2 期，99—130 頁。

觚形器：李濟、萬家保《殷虛出土青銅觚形器之研究》，南港，1964 年。

古玉初：黃濬《古玉圖錄初集》，北京，1939 年。

冠斝：榮厚《冠斝樓吉金圖》，京都，1947 年。

H

河南吉金：孫海波《河南吉金圖志賸稿》，北平，1939 年。

河南空心磚：河南省文化局文物工作隊第一、二隊《河南出土空心磚拓片集》，北京，1963 年。

河南文博：《河南文博通訊》。

衡齋：黃濬《衡齋藏見古玉圖》，北平，1935 年。

侯 M1001：梁思永、高去尋《侯家莊》第二本 1001 號大墓，臺北，1962 年。

侯 M1004：梁思永、高去尋《侯家莊》第五本 1004 號大墓，臺北，1970 年。

侯 M1217：石璋如、高去尋《侯家莊》第六本 1217 號大墓，臺北，1968 年。

後：羅振玉《殷虛書契後編》，1916 年。

花紋：西北歷史博物館《古代裝飾花紋選集》，西安，1953 年。

黃縣：王獻唐《黃縣𢀠器》，濟南，1960 年。

輝縣：中國科學院考古研究所《輝縣發掘報告》，北京，1956 年。

J

金匱：陳仁濤《金匱論古初集》，香港，1952 年。

金石索：馮雲鵬、馮雲鵷《金石索》，1821 年。

爵形器：李濟、萬家保《殷虛出土青銅爵形器之研究》，南港，1966 年。

K

考：《考古通訊》、《考古》。

考集刊：《考古學集刊》。

考與文：《考古與文物》。

庫：方法斂《庫方二氏藏甲骨卜辭》，上海，1935 年。

L

錄遺：于省吾《商周金文錄遺》，北京，1957 年。

M

夢郭：羅振玉《夢郭草堂吉金圖》，京都，1917 年。

廟與三：中國科學院考古研究所《廟底溝與三里橋》，北京，1959 年。

N

南北：胡厚宣《戰後南北所見甲骨錄》，北京，1951 年。

南組：石璋如《小屯》第一本遺址的發現與發掘：丙編·殷虛墓葬之三·南組墓葬附北組墓葬補遺，臺北，1973 年。

寧：胡厚宣《戰後寧滬新獲甲骨集》，北京，1951 年。

Q

前：羅振玉《殷虛書契》，1913 年。

青海彩陶：青海省文物考古隊《青海彩陶》，北京，1980 年。

清暉：胡厚宣《甲骨六錄》（《甲骨學商史論叢》三集），成都，1945 年，清暉山館所藏甲骨文字。

S

三代：羅振玉《三代吉金文存》，1936 年。

山東：山東省文物管理處、山東省博物館《山東文物選集·普查部分》，北京，1959 年。

山西：山西省文物工作委員會《山西出土文物》，北京，1980 年。

陝北：陝西省博物館、陝西省文管會《陝北東漢畫像石刻選集》，北京，1958 年。

陝西：陝西省博物館、陝西省文物管理委員會《陝西省博物館、陝西省文物管理委員會藏青銅器圖釋》，北京，1960 年。

陝西文管 1957：陝西省文物管理委員會：《長安普渡村西周墓的發掘》，《考古學報》1957 年第 1 期，75—85 頁。

陝一：陝西省考古研究所、陝西省文物管理委員會、陝西省博物館《陝西出土商周青銅器》一，北京，1979 年。

陝二：陝西省考古研究所、陝西省文物管理委員會、陝西省博物館《陝西出土商周青銅器》二，北京，1980 年。

商周：容庚《商周彝器通考》，北平，1941 年。

上村：中國科學院考古研究所《上村嶺虢國墓地》，北京，1959 年。

上海：上海博物館《上海博物館藏青銅器》，上海，1964 年。

燒溝：洛陽區考古發掘隊《洛陽燒溝漢墓》，北京，1959 年。

十二家：商承祚《十二家吉金圖錄》，北平，1935 年。

十鐘山房：陳介祺《十鐘山房印舉》，上海，1922 年。

拾：葉玉森《鐵雲藏龜拾遺》，1925 年。

使華：Ecke, G., *Frühe Chinesische Bronzen aus der Sammlung Oskar Trautmann*, Peking, 1939（《使華訪古錄》）。

雙古：于省吾《雙劍誃古器物圖錄》，北京，1940 年。

雙吉：于省吾《雙劍誃吉金圖錄》，北平，1934 年。

頌：容庚《頌齋吉金圖錄》，北平，1933 年。

頌續：容庚《頌齋吉金續錄》，北平，1938 年。

T

鐵：劉鶚《鐵雲藏龜》，1903 年。

通：郭沫若《卜辭通纂》，東京，1933 年。

銅花紋：譚旦冏《中國銅器花紋集》，臺北，1959 年。

W

外：董作賓《殷虛文字外編》，臺北，1956 年。

望都：北京歷史博物館、河北省文物管理委員會《望都漢墓壁畫》，北京，1955 年。

文：《文物參考資料》、《文物》。

文叢：《文物資料叢刊》。

文錄：孫海波《甲骨文錄》，河南，1938 年。

紋飾：上海博物館青銅器研究組《商周青銅器紋飾》，上海，1984 年。

五十三件：李濟、萬家保《殷虛出土伍拾叁件青銅容器之研究》，臺北，1972 年。

武英：容庚《武英殿彝器圖錄》，北平，1934 年。

X

小屯・陶器：李濟《小屯》第三本殷虛器物：甲編・陶器：上輯，南港，1956 年。

辛村：郭寶鈞《濬縣辛村》，北京，1964 年。

徐州：江蘇省文物管理委員會《江蘇徐州漢畫像石》，北京，1959 年。

續：羅振玉《殷虛書契續編》，1933 年。

續殷存：王辰《續殷文存》，北平，1935 年。

Y

巖：梁上椿《巖窟吉金圖錄》，北平，1944 年。

鄴中初：黃濬《鄴中片羽》初集，北平，1935 年。

鄴中二：黃濬《鄴中片羽》二集，北平，1937 年。

鄴中三：黃濬《鄴中片羽》三集，北京，1942 年。

沂南：曾昭燏等《沂南古畫像石墓發掘報告》，北京，1956 年。

乙：董作賓《小屯》第二本殷虛文字：乙編上、中、下，南京、臺北，1948—1949 年。

佚：商承祚《殷契佚存》，南京，1933 年。

殷存：羅振玉《殷文存》，1917 年。

殷西區：中國社會科學院考古研究所安陽工作隊《1969—1977 年殷墟西區墓葬發掘報告》，《考古學報》1979 年第 1 期，27—146 頁。

殷墟五號墓：中國社會科學院考古研究所安陽工作隊《安陽殷墟五號墓的發掘》，《考古學報》1977 年第 2 期，57—98 頁。

殷玉：中國社會科學院考古研究所《殷墟玉器》，北京，1982 年。

盂克：上海博物館《盂鼎克鼎》，上海，1959 年。

Z

張家坡：中國科學院考古研究所《長安張家坡西周銅器群》，北京，1965 年。

摭續：李亞農《殷契摭佚續編》，北京，1950 年。

中原文：《中原文物》。

綴合編：曾毅公《甲骨綴合編》，1950 年。

尊古：黃濬《尊古齋所見吉金圖》，北平，1936 年。

西文

A

Art from Ritual：Delbanco, Dawn Ho, *Art from Ritual, Ancient Chinese Bronze Vessels from the Arthur M. Sackler Collections*, 1983, Cambridge

B

Beginning：Li Chi, *The Beginning of Chinese Civilization*, 1957, Washington

Bird-Deities：Waterbury, F., *Bird-Deities in China*, 1952, Ascona

Bul Coll：*Important Chinese Works of Art: the Collection of Mr. and Mrs. Richard C. Bull* (Sotherby Parke Bernet Inc. Auction Catalogue), 1983,

New York

BMFEA： *Bulletin of the Museum of Far Eastern Antiquities*

C

Carter： Erdberg, Eleanor von, *Chinese Bronzes from the Collection of Chester Dale and Dolly Carter*, Ascona, 1978

Chinese Exhib： *The Chinese Exhibition, A Commemorative Catalogue of the International Exhibition of Chinese Art, Royal Academy of Arts, November 1935-March 1936*, London, 1936

E

Eumorfopoulos： Yetts, W. P., *The George Eumorfopoulos Collection, Catalogue of the Chinese and Corean Bronzes, Sculpture, Jades, Jewellery and Miscellaneous Objects*, London, 1929

F

Freer C. B.： Pope, J. A., Gettens, R. J., Cahill, J. and Barnard, N., *The Freer Chinese Bronzes, vol. 1, Catalogue*, Washington, 1967

G

G. Adolf： Palmgren, N., *Selected Chinese Antiquities from the Collection of Gustaf Adolf, Crown Prince of Sweden*, Stockholm, 1948

H

Heusden： Heusden, Willem van, *Ancient Chinese Bronzes of the Shang and Chou Dynasties, An Illustrated Catalogue of the van Heusden Collection with a Historical Introduction*, Tokyo, 1952

L

Leth： Leth, A., *Catalogue of Selected Objects of Chinese Art in the Museum of Decorative Art, Copenhagen*, Copenhagen, 1959

Lochow I, II： Ecke, G., *Sammlung Lochow, Chinesischen Bronzen*, I, II, Peking, 1943, 1944

Loo 1924： Tch'ou Tö-yi, *Bronzes antiques de la Chine appartenant à C. T. Loo et cie*, Paris et Bruxelles

Loo 1950： *An Exhibition of Chinese Jades by C. T. Loo, Inc., Arranged for Norton Gallery of Art, West Palm Beach, Florida, Jannuary 20 to March 1, 1950*, New York

P

Palmgren： Palmgren, N., Kansu Mortuary Urns of the Pan Shan and Ma Chang Groups, *Palaeontologia Sinica*, Ser. D. vol. III, Fasc. 1

Pillsbury： Karlgren, B., *A Catalogue of the Chinese Bronzes in the Alfred F. Pillsbury Collection*, Minneapolis, 1952

S

Siren： Siren, O., *Histoire des arts anciens de la Chine*, vol. I, Paris et Bruxelles, 1929

Sonnenschein： Salmony, A., *Archaic Chinese Jades from the Edward and Louise B. Sonnenschein Collection*, 1952, Chicago

T

Trésor： *Trésor d'arts Chinois——Récents découvertes archéologiques de la République Populaire de Chine, Petit Palais, Mai-Septembre 1973*

W

Wessén： Karlgren, B., Bronzes in the Wessén Collection, *Bulletin of the Museum of Far Eastern Antiquities*, no. 30, pp. 177-196, 1958

後　記

　　繼前年刊行的《殷周時代青銅器之研究》之後，《殷周時代青銅器紋飾之研究》即將刊行。本卷專門討論上一卷没能收録的商、西周到春秋早期青銅器的紋飾。只要看本書的圖版出處目録就可以知道，本書所用的紋飾拓本和部分照片中，京都大學人文科學研究所考古學研究室收藏的資料占很大一部分。其中的拓本大都是梅原末治先生、水野清一先生以及筆者采集的。再看圖版的説明，讀者會很容易發現部分照片中經常有樋口隆康先生拍攝的照片。筆者和樋口先生一起調查日本國内和美國博物館的收藏品時，經常分工，筆者負責捶拓，樋口先生負責拍照，通過這個方法提高了工作效率。

　　本書所附圖版收録的各種各樣的圖像，自從筆者對中國古代青銅器發生興趣以來，一直是筆者最感興味的研究對象。筆者時不時地選擇這個方面的研究題目，以論文的形式發表自己的研究成果。編寫本卷時，有些按照當初發表的樣子，有些以概括的形式，有些加以很大的修改，收入本書的相關地方。例如第一章"所謂饕餮紋表現的是什麼？"是第一類，第七章"鳳凰——序説"是第三類。

　　然而相關資料頗富有變化，像饕餮和鳳凰那樣能够根據相當多的證據討論其由來和特性的圖像極少。雖説如此，有不少圖像即使無法進行系統的研究，通過觀察這些圖像在器物中所占的位置、與不同種類圖像之間的關係，或把這些圖像與文字、符號相聯繫，也能够相當程度地明確其特性。如果讀者對插圖或圖版所收的各種圖像感興趣，希望參看本書正文中的相關部分，因爲本書不是畫册。

　　王世民先生在《考古與文物》1986 年第 4 期上提到《殷周時代青銅器之研究》中的"同時製銘青銅器表" 26、27、32，説："傳統認爲殷代晚期的相當一批銅器，一律定爲西周Ⅰ期，而又未做具體論證。"但這個表是爲考察"各器各型之形制的時代演變"的輔助資料，"具體論證"見於該章的相關器種的論述中。王先生只不過是没有讀這個論述而已。筆者説"參看本書正文"是這個意思。

　　爲了本卷的出版，像上回的第一卷一樣，承蒙吉川弘文館的山田亨先生幫我處理一切事宜。關於圖版部分收録的數量龐大的照片和拓本的設計，端賴柴田善也先生和上野久子先生。在此向他們表示由衷的謝意。出版經費得到了昭和 61 年度（1986 年 4 月～ 1987 年 3 月）文部省科學研究費補助金（研究成果公開促進費）的資助，感謝相關人員。

昭和61年（1986年）9月20日

林巳奈夫

索　　引

【中文版説明】
　　一、本索引分爲事項索引和固有名詞索引（如人名、書名等）兩類。
　　二、按照筆畫順序排列。筆畫相同的字，按照拼音順序排列。如果第一個字是同一個字，按照第二個字的筆畫順序排列。

事項索引

固有名詞索引

Studies on Yin and Zhou Bronze Decoration:
A Conspectus of Yin and Zhou Bronze Vessels, Volume II

(Abstract)

The present book forms Volume II of the *Conspectus of Yin and Zhou Bronzes*, a study which is eventually to be published in three volumes. This second volume has two parts: part I describes the author's methodology and the terminology here applied to bronze decoration, while part II illustrates and discusses the principal motifs. The first chapter of part I is an introductory preface, while chapter 2 gives a history of the study of Chinese bronze design. In chapter 3 the methodology of the present study is described. Vessels of known date, illustrated and discussed in Volume I, part II, chapter I, of the Conspectus (published in 1984), make it possible to establish the periods during which particular motifs were current and to decide when they were introduced and when they finally went out of use.

As no reliable written materials describing the bronzes and their decoration survive from the Shang and early Zhou periods, it has been very difficult to propose meanings for motifs on early Chinese bronzes: to date no satisfactory theory has been propounded to explain their significance. These motifs have not been properly identified, nor have their roles on the bronze vessels and their relationships on individual bronzes been explained. In past studies, two different approaches have been employed: the motifs have either been equated with deities described in texts of the Warring States period or later, or they have explained by means of analogies with phenomena in other cultures known from anthropological work. Such studies have provided only limited help in understanding ancient Chinese bronze design.

A different approach has been taken by the author in the several earlier articles. The first step was to examine motifs known from Han dynasty artefacts on which a creature is accompanied by characters naming them. The sources of these motifs have then been traced backwards to early Zhou and Shang times. The next step has been to match the Shang and early Zhou forms with graphs of that period. Imaginary creatures have been identified on the basis of their constituent parts. Such identifications make it possible to explore the symbolic meanings of these motifs. It is also argued that the decoration of Shang bronzes has an additional interest, because the relative positions of lord and vassal may be deduced from the relationships of the motifs to one another on a vessel.

In chapter 4 illustrations are used to explain the terminology adopted in this study.

Part II is concerned with individual motifs, which are fully illustrated by photographs and rubbings. In each chapter the illustrations are arranged in a chronological sequence. The motifs are classified into twelve types, a classification that has determined the arrangement of the chapters.

Chapters 1 and 2 described the demon known as the *taotie*, which displays a large spatula-shaped element on the forehead. Related demons are covered in chapter 3; these creatures are distinguished from those in chapters 1 and 2 by the absence of a spatula-shaped member and by their representation as small modelled figures. They are known as *xishou*. Chapter 4 concerns dragons with some *taotie* features but which are, in other ways, quite distinct from the *taotie*, while dragons employed in narrow borders are considered in chapter 5. Hybrids of birds and dragons are the subject of chapter 6, while chapters 7 and 8 describe the phoenix, and chapter 9, bird-shaped deities other than the phoenix. Animal deities not covered in the earlier chapters are included in chapter 10. Chapter 11 describes deities with human forms, and the last three chapters concern motifs that do not make up complete creatures: chapter 12 covers abstract motifs that incorporate zoomorphic features, such as eyes, claws and feathers; chapter 13 considers others animal-derived elements in abstract patterns; chapter 14 describes geometric motifs. Each category of decoration is divided into sub-types to which sections of the chapters are devoted.

Chapter 1 of part II is entitled "An identification of the *taotie* on the basis of contemporary evidence" . In this chapter the author takes the central position of the *taotie* within decorative schemes on ritual vessels as the starting point of his argument that the *taotie* represented the High Gods protecting the royal family. Just as the royal family stood above their vassals, so the High Gods stood above other deities, who were represented in the subordinate borders on the bronzes. Many of the creatures in these subordinate, and often narrow, registers can be identified by characters that were used in the oracle bone inscriptions as the tribal names of the Shang vassals. In an article published elsewhere, the author has suggested that, in many cases, the same character was used for the name of a vassal, for a place name, and the name of a god; for these characters represent both the title of the local gods and the vassals believed to be descended from these gods.

This argument is extended to a discussion of the history of the *taotie* motif. The origins of the motif lie in the representation of the Sun with a flame halo (or corona as seen in a total eclipse) supported by a pair of birds, as seen in the bone engravings excavated at Hemudu. Such representations were followed by the Liangzhu jade carvings of demons with flames above their foreheads, and by jade figures of the Shangdong Longshan culture. These designs were the ancestors of middle and late Shang *taotie* motifs. Thus it is argued that the *taotie* motif was descended from the Sun god, known as early as the Hemudu culture, who had perhaps been venerated as the god who brought about a good crop of rice.

The *xishou* is identified as an inferior god. It lacks the spatula-shaped member of the *taotie*, which had originated in the flames around the sun and had symbolised its life-giving force. The *xishou* is sometimes represented with an animal's body.

In chapter 2 changes in representations of the *taotie* over time are illustrated, and this discussion is followed by a classification of the different types of *taotie*. The *taotie* is classified according to the shapes of horns, crests or ears. In this analysis the body is not regarded as relevant. For example, on the lower half of *you* vessels, the *taotie* is represented with a body, while on the lids of the same vessel type, the head of the creature is shown alone without a body. From such instances it can be argued that the motif on the lid is merely an abridged form of the motif on body. Similarly, the shape of the eye is not an essential element of the different *taotie* types, as it seems that the eye varied chronologically but not typologically. The shape of the jaw is more important, for it can be shown that certain horn shapes are always accompanied by the same type of jaw. For example, *taotie* with water buffalo-shaped horns always have lower jaws which are bent outwards.

In the same way the *xishou* is classified according to the different horns, crests, or trunks employed in the motifs. For example, in the case of the elephant, the trunk is the crucial element. Chapters 4 and 5 describe different types of dragon and suggest that the forms of their bodies together with the shapes of their heads and trunks are their defining features. Oracle bone inscriptions provide evidence supporting typological distinctions based upon the body shapes. Thus two different oracle bone characters depict dragons; while both have the same shape of head, one has an s-shaped body, the other a c-shaped one. These two characters have different meanings. By analogy the creatures described in chapter 6 are classified in the same way.

The phoenix discussed in chapters 7 and 8 is one of the best-known subjects of Shang and Zhou bronze decoration. It is easily identified in bronze decoration and well known from its characters as a deity. The phoenix is named in Shang oracle texts where it appears as the messenger of Di (the High God). On bronze ritual vessels it stands beside the *taotie*, the representation of Di: this position is suitable for a vassal. Up till Han times the wind, which is pronounced in the same way as the word for phoenix, was regarded as the messenger of Di. Description of the other types of phoenix are found in the classics.

Bird-shaped deities other than the phoenix are described in chapter 9. These deities are few in number and little is known about their individual characters. Very few of the animal-shaped deities discussed in chapter 10 are found in large numbers, but some of them can be identified with the oracle bone characters representing the vassals of the Shang. Chapter 11 is dedicated to deities in human form, of which the most important is the representation of Kui. Kui was a famous legendary ancestor of the Shang royal family and a bronze inscription suggests that he was worshipped in a particular place.

At first sight decorative motifs known as the *wan liang*, discussed in chapter 12, look quite different from the animal-shaped deities. However, some of these motifs, whose shapes are the same as those of the characters, *liang* and *jing*, can apparently be matched with oracle bone characters for Shang vassals, and for this reason the motifs are treated as deities. The decorative types discussed in chapter 13 are similar to those considered in the previous chapter. However, they are generally more abstract in character and cannot generally be treated as representing deities. Such motifs are especially prominent in the late Western Zhou. The geometric patterns of chapter 14 are divided into two categories. The first type has counterparts in Shang oracle bone characters or in bronze inscriptions that depict heavenly bodies, or earthly and heavenly phenomena, such as stars, sunshine, whirling water. The explanation of the second type must be sought in the technology of other crafts, such as weaving and basket-work.